本书由暨南大学“高水平大学建设项目”资助出版

詹文浒文集

朱 磊 编

世界知识出版社

图书在版编目（CIP）数据

詹文浒文集／朱磊编．—北京：世界知识出版社，2016.8

ISBN 978-7-5012-5294-7

Ⅰ.①詹… Ⅱ.①朱… Ⅲ.①社会科学—文集 Ⅳ.①C53

中国版本图书馆CIP数据核字（2016）第206436号

责任编辑　刘豫徽
责任出版　赵　玥
责任校对　马莉娜

书　　名　**詹文浒文集**
Zhanwenhu Wenji
编　　者　朱　磊

出版发行　世界知识出版社
地址邮编　北京市东城区干面胡同51号（100010）
经　　销　新华书店
网　　址　www.ishizhi.cn
电　　话　010－65265923（发行）
010－85119023（邮购）
投稿信箱　lyhbbi@163.com
印　　刷　北京京华虎彩印刷有限公司
开本印张　720×1020毫米　1/16　34½印张
字　　数　528千字
版次印次　2016年8月第一版　2016年8月第一次印刷
标准书号　ISBN 978-7-5012-5294-7
定　　价　75.00元

《新闻报》时期的詹文浒

詹文浒编著《报业经营与管理》书影

詹文浒主编《英汉四用辞典》书影

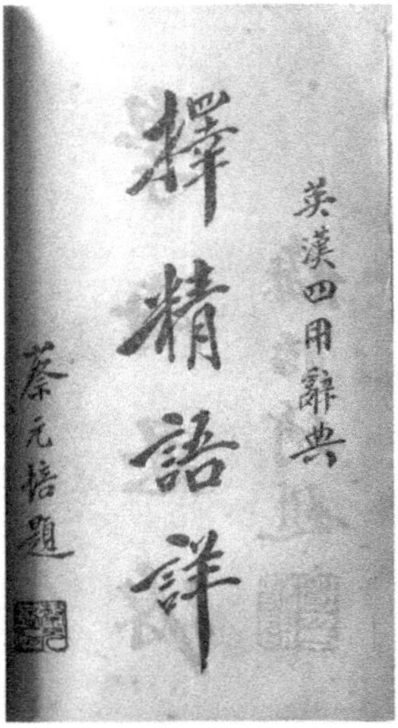

《英汉四用辞典》中蔡元培、梅贻琦的题字

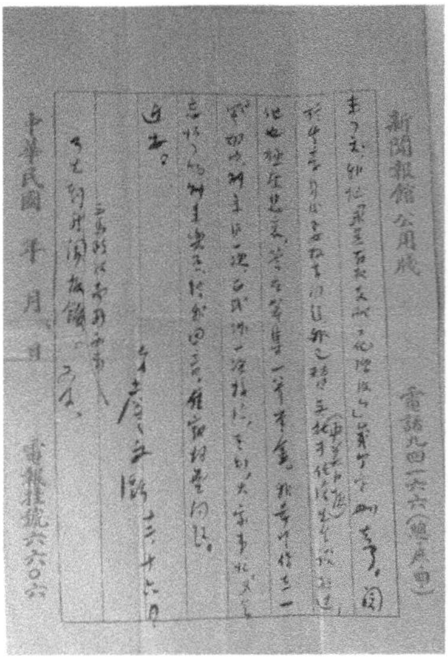
新聞報館公用箋
電話九四一六六
中華民國　年　月　日
電報掛號六六〇六

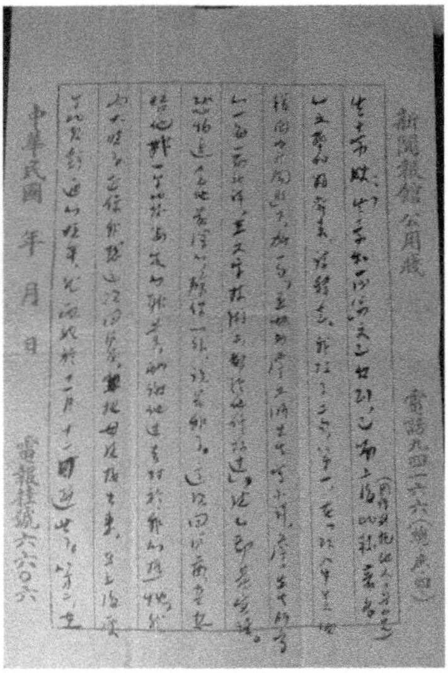
新聞報館公用箋
電話九四一六六
中華民國　年　月　日
電報掛號六六〇六

詹文浒致宋清如信札

序

我与詹文浒先生的交集始于1990年。当时我在中国人民大学新闻学院师从方汉奇教授攻读博士学位，开始研究中国国民党党报历史。其后发表的论文《论抗战时期国民党党报的发展》（刊《新闻大学》，1993年2月）、《论抗日战争时期国民党人的新闻思想》（刊《新闻与传播研究》，1998年6月），以及根据博士论文修订而成的专著《中国国民党党报历史研究（1927—1949）》（团结出版社1998年初版，台湾花木兰文化出版社2013年出版繁体版），都有提及詹文浒先生的著述和新闻思想。

本书收录的《报业经营与管理》是詹文浒先生的代表性新闻著作，不仅是我国媒介经营管理的创新之作，也为中国国民党“党报企业化管理”提供了理论依据，对后来中国的报业经营，乃至媒介经营管理研究都有着深远的影响。

我曾在《中国国民党党报历史研究（1927—1949）》中，专章分析了中国国民党党报经营管理体制。早在抗日战争中期，程沧波、陶百川、詹文浒等一批国民党报人就提出了“党报企业化”的主张。但是这些主张，在当时并没有得到国民党中央领袖的认可，特别是时任《中央日报》副社长的詹文浒在1943年春，“于营业编辑皆拟具远大之计划，惜任事不久，未得行其志而去”。同程沧波一样，陶、詹的主张和计划也为国民党中央搁置，二位皆悻悻去职。去职后，詹先生任中央政治学校新闻系主任，对党报企业化问题仍孜孜以求，终于在1944年8月著成《报业经营与管理》一书。他明确指出：“报馆之组织，以采取股份有限公司的制度最为相宜。”也就是说，党报应采取“《中央日报》以外其他各私营报纸的一般组织法”。詹先生这本《报业经营与管理》虽不为国民党中央所重视，迟迟不能出版，但却为日后中国国民党党报实行企业化经营提供了理论依据。

除了《报业经营与管理》，本书还收录詹文浒先生的其他著述，内容涉及广泛。报业经营、国际观察、青年教育、哲学研究和辞书出版等，无不洞悉原委，斐然成章，灿然可观。毋庸置疑，这部《詹文浒文集》出版之后，对研究民国新闻史以及媒介经营管理的学者，当是极其有价值的参考资料。

詹文浒先生曾任暨南大学新闻系主任，半个世纪之后，本人亦曾任暨南大学新闻系主任，并担任新闻与传播学院首任院长。时空交错，风物各异，但我们对暨南大学新闻学的热爱与奉献之忱是一致的。朱磊博士，谦谦君子、博古通今，不慕时华、潜心学问。他倾数载之力，搜集整理编辑出版《詹文浒文集》，不负丹青，有益学术，可喜可贺，令人钦佩。特以此文纪念《詹文浒文集》出版和暨南大学新闻系成立70周年。

蔡銘澤

暨南大学新闻与传播学院教授、博士生导师

2016年8月

前　言

詹文浒（1906—1973），原名渭，字文浒，浙江诸暨人。出生农家，家境清贫。家中有兄弟四人，姐妹两人。早年就读于教会名校嘉兴秀州中学，16 岁时，其长兄、父亲先后撒手人寰，在母亲和大姐的竭力支持下，才得以继续学业。詹文浒从光华大学毕业后入职世界书局，以突出业绩获得书局资助而留学哈佛大学。回国后，一路高升，先后任《中美日报》总编辑、上海《新闻报》总经理、暨南大学新闻系主任等职。

詹文浒的主要功绩在出版与翻译。他本身就是职业翻译家，从世界书局英文部主任做起，到书局编译所所长，为世界书局的发展立下汗马功劳，贡献了自己的青春。上海的 1934 年是“杂志年”，1935 年是“翻译年”，上海各大书局竞相出版各种读物，尤其热衷出版外国文学书籍，如郑振铎主编的《世界文库》、鲁迅翻译的《死魂灵》、李霁野翻译的《简爱自传》等。世界书局自然不甘落后，出版了《世界少年文库》等有影响的读物。詹文浒则带领一帮齐集在书局里的如朱生豪、苏兆龙、葛传椝等优秀外语精英，先后编写了《英汉四用辞典》《活的英文法》《英汉作文文法两用辞典》等外语普及读物，产生极大的社会和经济效益。尤其是费时五年、科学编排的《英汉四用辞典》，深受读者欢迎，一直热销至香港、台湾，盛况不减。詹文浒亦由此名闻上海出版界。詹文浒也善于提携俊才，更是促成朱生豪译莎事业的最重要功臣，在他的支持和鼓励下，被后世称为“译界楷模”的朱生豪才走上了翻译莎剧之路；朱译莎剧才得以出版、获奖，走向大众，为莎士比亚在中国的传播做出了贡献。

毋庸讳言，詹文浒更是民国时期的著名报人。1939 年，他从出版界奉调至新闻界后，一路升迁。先后任《中美日报》总编辑、重庆《中央日报》报社副社长兼总经理、《青年周报》主编、《新闻报》总经理等职。在新闻是政治喉舌的背景下，他作为报社的负责人，即使有“等因奉此”“笔违心愿”，也不可能不贯彻国民党政府的主张。但他提出：“办报要有创造力，办报要有勇气，办报要服务社会，领导群众”的主张，却是值得借鉴的。《中美日报》的“讨奸运动”，更是上海抗日新闻史上的光辉一页。他所著的洋洋十万言的《报业经营与管理》则是对新闻业务的一次全面、系统的阐述。

詹文浒也是一位新闻教育工作者，曾兼任国民党中央政治学校新闻系主任、国立暨南大学新闻系主任。在新闻教育方面，詹文浒非常重视实践教学，主持暨大新闻系期间，计划邀请当时上海各大报负责人到新闻系授课。如上海《大公报》编辑主任许君远就曾受詹文浒聘请，在暨大新闻系教授“新闻编辑”课程，其学生中有多人后来成为《大公报》编辑记者。1948 年，他在暨南大学校庆纪念会的讲词中就一再强调要致力于学问，“我们要以追求生活的毅力，来追求学问，将来才有一番高贵更有价值的造就”。——也许这是他的自我描写，也是他对未来新闻人才的希望。

在很长一段时间里，我们对于这样一位新闻出版界的文化精英所知甚少。直到我们收集材料，编撰他的文集，才逐渐认清詹文浒其人其事。本书主要将他各个时期发表的文章、著作，进行归类整理，试图勾勒出詹文浒治学经验和思想轨迹以及他在新闻出版、报业经营和管理方面的业绩。

《詹文浒文集》（以下简称《文集》）分为七部分。第一部分收录了詹文浒的代表性新闻学著作《报业经营与管理》；第二部分为报业经营与管理，收录了他公开发表过的报业经营管理类文章 10 篇；第三部分为国际观察，主要收入他分析当时欧美政经时事的文章，共 10 篇；第四部分为青年教育，多为青年励志和学习指导类文章，共 37 篇；第五部分为哲学研究，收入他的代表性哲学研究论文及译作、著作序言，共 11 篇；第六部分为外语辞书出版，共 3 篇；最后是附录部分，收录了 6 篇詹文浒书评或小传。由于原作者受所处时代和阶级的局限，在这些著作和文章中不可避免会出现一些错谬之处，这是读者在阅读时应加以鉴别和批判的。

为保持著作原貌，正确评价原著的价值，本书基本沿用原著的体例规范。对《文集》中用法不同的字、词、标点符号，以及原文中的缺失、错谬之处，则按以下原则进行处理：

（一）数字。有使用阿拉伯数字，如“1918年”，也有使用汉字的，如“一九一八年”，均依照原文录入。

（二）标点符号。报纸、杂志、书籍名称，原文用波浪线“～～～”、“「」”或“『』”等表示，《文集》中一律统一为“《》”。其余标点符号均依照原文，不做改动。

（三）原文中的明显文字错误，径自改正，不再说明。

（四）古今词语惯用法不同的，原文照录，后加编者注进行说明。如“那儿”（哪儿）、“澈底”（彻底）等。

（五）人名、地名等专有名词。对古今翻译不同的人名或地名，原文照录，必要时加注说明通用译名。如“支加哥”，今译作“芝加哥”。

（六）同一著作或文章中相同字词的注释，仅在首次出现时加编者注，如：“支城，即芝加哥，下文同。——编者注。”

（七）作者署名，若未在标题处作特别说明的，原文作者署名均为“詹文浒”，作者使用笔名，或其他作者发表的文章，均在题后加注说明。

（八）关于整段引用。《文集》上篇“报业经营与管理”部分，原作者在整段引用他人论述时使用了“「」”，为避免引号套叠使用，造成读者阅读困难，《文集》中将整段引用文字均改为楷体，整体缩进两字符，删除“「」”。

（九）原文中模糊或空缺的文字，统一用“□”表示。

编 者

2016年7月于暨南大学

目　录

第一部分　《报业经营与管理》

第二部分　报业经营与管理

第三部分　国际观察

第四部分 青年教育

第五部分　哲学研究

第六部分 辞书出版

附 录

第一部分

《报业经营与管理》

序

余初识詹君文浒，在三十二年之春①，时余任职中宣部，而詹君则为《中央日报》副社长。《中央日报》在中国报业，素以不易经营著称于世，詹君在《中央日报》，于营业编辑皆拟具远大之计划，惜任事不久，未得行其志而去。嗣后中央政治学校礼聘詹君为新闻学系主任；中央政校僻居重庆南温泉，距渝市可数十里。自三十二年秋至胜利之日，二年之中，余与詹君踪迹甚疏，然每闻政校师生言新闻系之新猷，于詹君才调，辄为之神往。三十四年十月，余与詹君同时奉命，办理《上海新闻报》，自是与詹君朝夕相见。阅半年，詹君出其旧作《报业经营与管理》一书，求序于余。余反复雒诵，知詹君数年来于欧美报业成功之绩，观摩深切，史冬②北严③诸氏之微言谠论，研究精微。夫蕴之久者其光远，积之深者其流长，詹君在报业未来之成功，又岂可量哉。余弱冠橐笔走四方，二十年来，上下古今手不释中西坟典，独少泛览新闻学书籍，今对詹君此书，文质并茂，乃悔昔日疏狂之非。余尝与詹君论办报之道，曰以高度智慧文化指导编辑言论，以最新效率发展业务；曰有报无我，报事以外屏绝公私一切；曰勿藉报求一己之名，毋因报求一己之利。此与詹君书中所论，当有相互发明之处，亦于詹君用其所学，不无他山攻错之助。是书今将杀青，风行于世，而詹君于新闻界发扬蹈厉，勋业方隆，余既乐为之序，益将卜其无限之成功焉。

中华民国三十五年五月程中行沧波④

---

① 民国三十二年，即1943年。——编者注

② 史冬（Melville E. Stone，1848－1929），于1875年12月23日主笔创办《支城日报》。——编者注

③ 亦作“北岩”，英国现代新闻事业创始人。——编者注

④ 程中行（1903—1990）字晓湘，笔名沧波，江苏省武进县人。中华民国新闻界人物。——编者注

自 序

在中国出版界，关于报业管理这一类的书，本不算多，而本书的编著，又与已出版的报业管理书籍，不尽相同。

本书特重成功报人的故事，他们的切身经验，就是青年报人的有力启示。他们在创业的过程中，有时进行顺利，有时遭遇挫折。遭遇挫折而又克服挫折，这是他们的伟大；克服挫折，需要特殊的方案；这些方案，在某种意义之下，又是经营报业的特殊心得，而为报业青年所当悉心领会。本书第一篇“经验的背景”，引用史冬创办《支城日报》①、纳尔逊创办《堪城星报》②、奥区史复兴《纽约时报》③、北严建立报业帝国等故事，以及《泰晤士报》的风度，其目的无非想请这班报业巨子现身说法，激励志在报业的年青④朋友。

第二篇《创造自己的事业》，这所谓事业，当然指报业而言。我们在这里，具体指出后来必须居上、建立自己的报誉、广布新闻网、联络读者群等原则，我们相信，对于自立办报的人，必甚有用。这两篇的材料，在一般“报业管理”中，不甚多觏，我们特别郑重提出，盖亦有所感而然。

第三篇以下，方才论及一般报业的问题。第三篇“组织之道”，先从组织公司、募集资本入手，渐次及于声请登记、组织系统、经营政

① 即《芝加哥日报》，下文同。——编者注

② 纳尔逊（William Rockhill Nelson）和莫尔斯（Samuel E. Morss）于1880年在美国密苏里州堪萨斯城创立。该报曾获八次普利策奖。——编者注

③ 今译奥克斯，即阿道夫·西蒙·奥克斯 Adolph Simon Ochs（1858—1935）美国报纸发行人。1896年，他借了75000元收购了濒于破产的时报，当时发行量约为9000份，负债30万且每周亏损2500多美元。奥克斯在接办《纽约时报》时确定了时报的新闻报道原则：“力求真实，无畏无惧，不偏不倚，并不分党派、地域或任何特殊利益。”——编者注

④ 原文如此，下文同。——编者注

策各项。第四篇“发行原理”，除介绍关于发行的基本知识外，特别注重报贩的组织，解决目前办报人最感头痛的问题；又介绍美国发行稽核局①，因为我们认为这是我国报业于走上正轨，必须举办的一件大事。别人的现成方法，在诸多方面，尽可供我们参考。至于“推广办法举隅”一章中所说的，乃是切合实用的推广报纸销数②的办法。

第五篇“报纸广告”，先述一般的原则，其次再述广告人员的训练、分类广告的撰述和推广，以及广告刊费的计算法。因为本书在一定意义之下，是一本比较专门的书籍，所以关于报业的若干专门知识，也不能阙而不论。唯作者敢于自信的，在本书内，决不会③有任何部分因为叙述的不够显明，或有难使读者了解之处。在本篇及前一篇内，我们有意把一般报馆所用的表格单据略去，因为第一，这些表格在排印是非常困难。第二，表格刊在书内大小不一，长短不齐，翻阅异常困难。第三，遇到真正办报之时，只须向任何报馆取阅全份，什么都包括在内。至于那④几种表格最所急需，那几种表格可以省用，只要我们懂得一般的运用道理，就不难随时鉴核取用，在本书内实无详细附列的必要。

第六篇“排印问题”，特别介绍西文的自动排字机以及中文排字的改革方案，因为我们相信，中文排字字架自 1860 年经美教士姜别利氏（William Gamble）设计成立以来，迄今八十余年，尚无重要革新，其不合理之处甚多，实有澈底⑤改革的必要。现有的若干方案，对于启发研究一点，甚为有用，故不惜详为介绍。至于新式的印机设备，亦在“铸版与印刷”章内，作了概括的论述。

第四篇“理财原则”，着重预算的控制、紧急局面的应付、报纸商誉的估计、一种现行会计制度的介绍，关于报纸理财的各种问题都已概括无遗。

---

① 今称美国发行量稽核局，该机构成立于 1914 年成立，旨在为广告主、广告代理公司和读者提供报纸发行量的非营利性报刊发行量进行认证。——编者注

② 即销售数量。——编者注

③ 即绝不会，下文同。——编者注

④ 根据上下文语境，即“哪”，下文同。——编者注

⑤ 即彻底，下文同。——编者注

本书于编著时取用下列各书的材料甚多，谨此向各原著人致谢：

1. Ason Rogers：Newspapers Building. 此书出版已久，但著述的人，即是办报的人，故所说的话、所取的材料，都很切合实用。编者著述本书，受其影响最大。

2. Frank Thayer：Newspapers Management，1938.

3. James E. Pollard：Principles of Newspaper management，1937.

4. Willard. G. Bleyer：Main Currents in the history of American Journalism，1927.

5. Kurt vonStuttorhoin：The press in England，1934.

6. Wickham Steed：The press，1938.

7. 苏士清译：《活版印刷术》。

又，林故主席①之秘书邓亚魂②先生，曾于主席逝世之年，将其所藏全部新闻学书籍，计西文的二一七册，中文的一四九册，赠送中央政治学校、政校师生，得此藏书，各种教学工作都可顺利进展；上开诸书就是邓先生赠书之一部。我们对于邓先生的热忱，始终铭记莫忘。

还有，本书于出版前，承蒙畏友马星野③兄悉心校阅一遍，改正错误颇多，合此向星野兄志谢。

中华民国三十三年八月詹文浒谨识于小温泉中央政校④

---

① 林森（1868—1943）福建林森县（今闽侯县）人，近代著名政治家。1931 年至 1943 年期间任国民政府主席。——编者注

② 邓亚魂，广东番禺人，邓铿之子，林森义子。——编者注

③ 马星野（1909—1991）浙江省平阳县人。著名新闻学者，曾任中央政治学校新闻系教授、系主任、国民党宣传部新闻事业处处长、《中央日报》社长等职。——编者注

④ 前身为 1927 年创办的中央党务学校，1929 年改名为中国国民党中央政治学校，是中国国民党训政时期培育国家政治人才的主要基地。1937 年，抗日战争爆发后迁至重庆小温泉。——编者注

目　次

第一篇　经验的背境[①]

第一章　《支城日报》的故事

公元一八七五年十二月二十三日，亦即耶稣圣诞节前二日，美国的《支城日报》，第一次与支加哥[②]读者见面。那虽是仅仅包括四页的小报纸，但对美国以后报业的发展，具有别开生面的大贡献。它的主笔是史冬（Melville E. Stone）[③] 先生，它的版面，是史冬先生的崇高理想的具体实现。在《支城日报》出版以前，美国的报纸几于千篇一律地，都受政治与广告客户的影响，真正独立的报纸，真正代表主笔心意的报纸，实不多觏。史冬先生和他的同事所启示的，不仅是报纸应当独立的原则，而且是独立自主的报纸，不仅可以存在，抑且照样可以赚钱的事实。报纸需要广告，但不能依赖广告。报纸应以读者的利益，为其先决考虑，绝不能离开读者，背叛读者。报纸要达到这目标，自不能不有一个独立的经济基础。报社生产报纸，需要一定的成本，报社根据成本，加上一定的利益，确定报纸的批价，所以只要报纸卖得出去，报社决没有不能维持的理由。在这假定之下，报纸的广告，不能影响编辑，反之，编辑者尽可根据读者的利益，严格选择广告，其有不合报纸条件者，尽管是报社怎么大的收益，编辑者俱可严加剔除，不予刊载。至于广告客户企图运用经济力量，牵制编辑，使其或多或少地对自己让步，替自己做各种有利的宣传，那更是无法求达目的的妄想。这样的报纸，全然是可能的，在美国报业史上，《支城日

① 即背景，下文同。——编者注

② 即芝加哥，下文同。——编者注

③ 今译梅尔维尔·斯通。——编者注

报》就是一个具体例证。

史冬先生原是一位有经验的编辑，他懂得如何处理版面。他对于每条新闻，都加极严密的考虑，他首先考虑的，究竟某条新闻，是否配合他的报格？是否会对一般读者，引起不良的后果？是否会使年长的读者，因为读了某条新闻，觉得对于自己的子女，可能产生不良印象，因而禁止他们阅读？他和他的同事，严格遵守一条规则，即凡《支城日报》所刊的新闻，每一年青的女子，都能在大庭广众之间，高声朗诵，并不感觉羞涩。这样，所有刺激性的黄色桃色新闻，自然不会在他们的版面上发现了。他第二个考虑，是在众多不同的正确新闻之间，究竟应该刊登那一条？为什么要刊登它？因此刊登在《支城日报》的每一条新闻，都是审慎比较，详细考虑的结果。因为该报是一张地方报，地方报的读者所最关心的是本地新闻，所以一般性的新闻，不是特别重要，总是刊载从简。这是编辑人应当特别注意的一点。有人批评中国的报纸，满纸国际新闻，满篇国际论文，对于本国本地目前迫切的问题，反略而不论，犹若与己无关。这就违反了新闻重心的原则。史冬先生特别注意这点，《支城日报》克尽自己的责任，其结果，自然引起了广大读者的热烈欢迎。

史冬先生自述处理《支城日报》版面的原则说：

> 我在一八七五年，并没有多少钱，却创办了《支城日报》，那时，我树立了若干原则，相信照此原则做去，必可获奏成功。现在，我快乐，因为这些原则，已使我的报纸成功了。所可惜者，我所依循的原则，不仅当时美国的报纸很少采纳，即在今日，还有许多报纸不能完全采用。第一个原则：我们应为读者大众的利益而办报，报纸定[①]户的利益，是我们最应注意的事。
>
> 我们认为编辑部的主要任务：第一是刊登新闻，第二是指导舆论，第三是供给娱乐。我依照这个顺序，因为我认为这是唯一正确的顺序。有人把供给娱乐看作第一件事，用种种不同方法，配合读者的兴趣，我相信这是错误的观察。至

① 即订，下文同。——编者注

于指导舆论，虽属重要的事，但与刊载新闻相较，究处于第二位，刊载正确的消息，乃是办报的主要任务。因此，我们总把消息刊在第一版，那是报纸中最显著的地位；我们用全副力量，把全世界的当前事实，正确叙述，供读者阅读。

我们确立规则，即凡我们报上所刊的文字，任何一个年青[①]女子，均可在大庭广众之间，高声朗诵，不感局促。我相信，从纯营业的眼光来看，这是确切有用的规则。尝见支加哥其他报纸，因刊载陋说猥闻，而销数突增；可是这样的报纸，不准进入家庭，因为它的广告价值非常之低，到了究极，还是报纸自身的营业受了打击。

我们另一个规则，是报上所载的消息，应当公正确实，倘有传闻失实，或一时失检，就当毫不迟疑，承认错误，勇于更正。我知道，在许多报馆内，编辑部自作聪明，永不认错。他们在读者面前，摆出编辑人“永不错误”的面目，这是极大的错误。“永不错误”的名誉，是无法建树的；可是“勇于改过”的态度，最易感动读者。我认为报纸之建立信誉，犹如个人，个人犯了过失，率直悔改，勇猛精进，就会引起他人的尊敬；反之，明明犯过，而又不肯认过，一味敷衍搪塞，期求推诿，其结果，未有不遭人蔑视的。个人如此，报纸亦然。主持报纸编辑的人，应知他的一笔褒贬，可以确定他人一生的前途，设因报纸报导[②]失实，累及他人的名誉人格，其祸人之烈，远非他事所能比拟，故勇于认过，急于更正，实为每一编辑人员的基本义务。我们在《支城日报》的同事，俱各以此自勉，并以此互勉。

我们所立的第三条规则，即编辑与营业，应当绝对分离，后者不能以任何理由，干涉前者的正义感。因此，在我们的报纸内，没有一条读物，受到别人的津贴。我们各用宗教性的虔诚，遵守这条规则。任何性质的广告，都刊在广告栏，使读者一望而知其为付了刊费才登出来的广告。

---

① 即年轻，原文如此，下文同。——编者注

② 原文如此，即报道。下文同。——编者注

以上是我们处理新闻的基本原则，我们不必酬谢朋友，不必惩罚敌人，更无利用读者的企图，因而我们有充分的自由，可替自己的报纸，树立永久的基础。我们为欲保持充分的自由，故与同伴的人，相互约定，绝对不买支加哥公用事业的股票。我们用各种方法，使读者相信我们的诚实，而我们所发现的最简捷的路，就是我们确实是诚实的。

以上说明史冬处理版面的原则，其次，他对于处理业务，尤其对于处理广告所持的政策，即在七十年后的现在看来，亦属新奇难得，然而它所代表的，确是报业管理上的重要原则。早在七十年前，一个报纸的主持人，竟然公告读者说，他的报纸只能用刊载新闻所余的地位刊登广告，这不能不算是件奇事。更奇突的，这位报纸的主持人，能用一贯的诚实态度，划定广告价目，不对任何的人，稍示优遇。这在当时的广告客户，简直未之前闻。但是我们的史冬先生，全力坚持这个原则，绝不通融，我们试读他自己的一段记载说：

说明营业部分，我们也采用同样严密的规则。我们确认广告是合法的营业，人们是否愿意刊登广告，完全出于自由。个中情形，正像人们是否愿意到杂货店里去买杂货，或到布疋[①]店里去买布疋，完全出于自由一样。

办报的人，尝谓广告户有在报上刊登广告的义务，殊不知这一类话，迹近威胁，决非事理之真。至于《支城日报》的营业部，则一反其道，有时常对顾客说，他的广告最好不刊在日报上。

自最初一期起，我们即把每天的发行实数刊在社论栏首，明白告诉读者以日报的实际销数，这在那时并非一件平凡的事，而在事实上，在那时候，除《支城日报》外，没有一家报纸，会如此照办。

我之所以如此做者，因我相信广告户之是否愿刊广告，全出自由，假如他愿刊广告，那他对于报纸的销数，就有确

---

① 同布匹，下文同。——编者注

实知道的权利。买布疋的人进入布疋店，一定要问布的价格若何，布的色泽是否经久，布的阔度是否合乎标准。我们不能希望人们在麻袋中，选择他所愿买的小猪。我们报告确实销数，在使读者知道报纸的广告效用，我们并欢迎读者，用各种方法，审查我们的报告是否确实。

因为在我们的估计中，读者的价值超出广告户，读者的地位高于广告户，所以纵然我们愿把极大的公道寄予广告户，但决不能列在读者前面。因此，我们确立规则，每一广告所据的地位，必须由发行者决定，不能由广告户自己选择。在报纸版面的组成上，消息与文字占据首要地位，广告的地位不得不列入次等。

我们又立另一规则，即我们的广告价目完全划一，在任何情境之下，都不允许折扣。关于此点，个人曾遇极有趣的事情：那时管理营业的人虽不是我，而是我的同事劳生（Victor F. Lawson）先生，但我们二人的意见，完全相同。我们的报纸，还是年青，还得在挣扎中过活。有一天，支加哥某大商行的职员到我那里，欲和日报订一长期广告合同，但广告的价格，应照九折计算。我对他说：

折扣一事，报馆在过去未有先例，今后亦不欲破例，我们的意思是不愿在诸多广告户之中，稍示厚薄。但我承认你们商号的重要，故愿在一个条件之下，和你订立合同。在事实上，我们的广告价目划一，无所谓优待，我们的价目，刊列报端，有目共覩①，不容变更。可是，要是你能同意一个条件，那我愿意给你一个折扣。”他问我的条件是什么，我说：“第一，我妻子到你店里购物，你也要比众不同②，特别给她九折优待，同时，又允许我在报上，公布这个事实。

天啊！那会把我们的商誉毁灭，因为谁都知道我们的商号，价目划一，童叟无欺。

① 同睹，下文同。——编者注

② 即与众不同，原文如此，下文同。——编者注

他闷闷地走了，可是，隔不数时，也就依照我们的价格，订了一个长期合同。

以上所述的二件大事，即：第一，把报纸的每日销数，刊列报端，静候人们的审查；第二，广告的刊例，绝对划一，在任何情境之下，都不允许折扣；在十九世纪末叶之时，都是崭新而无前例的事。可是《支城日报》的前途，并不如一般所想的那般顺利。问题的重心，倒不在报纸的销数不广，因而推不出去；恰巧相反，因为报纸的销数实在可观，而原有的印刷设备，却无法印出足够的报纸，供应需要。史冬为欲解决这个困难，就在各处物色合作的人，终于在 1879 年，找到了劳生先生，充任日报的营业主任。

说起这位劳生先生，对于印报油墨，特别有好感，他在日报服务多年，筋疲力竭①，心神憔悴。医师警告他，倘不立即离开报馆，作较长时期的休养，他的健康就无法恢复。他不得已，只好变卖报馆股份，到欧洲去休息。可是油墨的香味，每日在吸引他，要他重新回到新闻界来。他敌不过报墨的感召，同时，他的健康也逐渐恢复了。他重返美国，创立合作性质的通讯社，那就是现在名闻全世的美联社（Associated Press）。这是后话，姑且不说。劳生参加《支城日报》后，跟史冬一心一意，按照既定原则，发展业务。他对于日报的主要贡献，是特别注重“特写”的地位，认为优美的特写文字，足以增强报纸的特色，故不惜提出特别预算，尽量收罗特写稿件。他所预约的特稿，远超过日报的容受量，为的要使编者有充分的选择，可使特写稿的内容，益趋于充实完美。他的观念又经事实证明其为非常正确。

据统计，《支城日报》于出版后第二年（一八七七年）一月份的每日销数，是一一，四二九份；及至四十年后（一九一六年）同月，其每日销数为四三一，八六零份；及至一九二六年该报改组时，其财产总额，已达一九，〇〇〇，〇〇〇美金，其中属于发行、商誉、美联社社员权，以及图书馆的估计，竟达一二，〇〇〇，〇〇〇美金，约占总额的三分之二。我们看了这几个数字，对于史冬处理《支城日报》的成功，已可得到概括的印象。

---

① 即精疲力竭，原文如此，下文同。——编者注

第二章 纳尔逊的启示

史冬创办支城①日报后五年（一八八〇），纳尔逊②于1880年9月18日创刊《堪萨斯市星报》（以下简称《堪城星报》或《星报》）。美国前总统哈瑞·杜鲁门和作家欧内斯特·海明威都曾在该报短暂工作。）在美国堪萨斯州的堪萨斯城，创立他的《堪城星报》（Kansas City Star）。其时，堪城是通美国西部的门户，人口已达五万五千人。整个的市容虽然简陋不堪，城内的街道虽然零乱泥泞，交通工具虽然仅仅包括骡车，笨重迟缓；可是纳尔逊凭着他的智慧，知道不久以后，堪城必成为美国中西部的大城市。所以他在支加哥住了些时，把《支城日报》的情形，观察一个大概后，毅然决然地创立他的《堪城星报晚报》，其第一期于一八八〇年九月十八日，正式和读者见面。以后在三十五年的长期间内，纳尔逊矢勤矢勇，忠于自己的事业，在塔夫脱总统③任内，他有机会去做美国的驻法大使，但他不愿意，并且公告读者，认为他当时的工作，比塔夫脱总统所能派遣的任何工作还重要。他离开《堪城星报》④ 的日子，也就是他离开人世的日子，那就是一九一五年的四月十三日。

纳尔逊的一个重要观念，是“一角钱一周”。用他自己的话来说：“《星报》是为每周付一角钱的读者而办的”。他开办时候，每日出四页，每周出六期，收报费一角。十四年以后，到了一八九四年，他增刊《星期星报》，连同原有的六期，每周出七期，报费还是一角。七年以后，到了一九〇一年，他收买《堪城时报》，改为《星报》的晨刊。

---

① 即芝加哥，下文同。——编者注

② 即 William Rockhill Nelson。——编者注

③ 威廉·霍华德·塔夫脱（William Howard Taft，1857－1930），美国第27任总统。——编者注

④ 以下简称《星报》。——编者注

每周增刊六期，计共十三册，但他对读者的收费，还是每周一角。他的报价最便宜，但报纸的内容，并不因为价格的便宜而降质，反之，却正因为报价便宜而愈求充实，愈求精彩。所以任凭有其他同业，要在堪城竞争，但没有一家是他的对手。用极便宜的报价，供给极精美的报纸，这在纳尔逊，是求达成功的一个主要观念。对我们志在报业的人，也应该是一个重要启示。

纳尔逊的另一个启示，是："认真办你的报，不让其他的人，影响你的报纸。"真的，"只要你每日求进步，而在事实上，每日的确有进步，那你就可自慰"。至于其他的报馆，在做些什么，或用什么新颖方法，增加报纸的销数，那是他们的事，与你无关。这所谓其他报馆的事，可从两方面说：其一，是版面的式样。其时，美国的报纸，都用特号字体、大字标题，以及彩色漫画等，相互竞争，且因适合美国人的口味，销数突增。唯独纳尔逊的《星报》，始终保持原来形式，平稳切实，整洁大方，绝对不受他报的影响。所以就版面而论，《星报》是比较偏于保守的，实则与其说它偏于保守，毋宁说它不肯徇俗，它始终保持着整洁大方的形式。其二，是报纸的内容。我们知道，办报的人是极敏感的。你来一栏"学校新闻"，受到读者欢迎，其他各报都会随即仿效；你刊运动消息，增加了销数，其他各报也会毫不踌躇，如法炮制。办报而日求长进，取人之长，补己之短，原不算是坏事，可是事事模仿，亦步亦趋，不仅丧失自己报纸的特点，且易使读者生厌。尤其在中国，报纸的数目根本不多，各报的主持人只要稍能用点心思，就不患没有新的改革，引起读者的注意，何必一定要事事模仿？弄得报纸的内容千篇一律，没有新的发展。

纳尔逊所最憎恶的，就是报与报间的相互模仿，以致丧失报纸的独立个性。他在版面方面，不愿模仿其时美国各报的大标题及彩色画等。他在内容方面，也不肯追随其他各报，竞刊诱人消息，讨好读者，因而引起销数的激增。他只是办他的报，按照原有的特点，继续改良。例如他有一个见解：认为《星报》除一般的消息与社论，应当尽量求其完满正确外，还得供给读者以一个文艺欣赏的机会。所以遇到好的文艺作品，无论其为《星报》专稿，或从英国的报章杂志转载，都不惜用最显著的地位加以刊载。有时刊在社论旁边，有时竟代替社论。

他确认《星报》的一个使命，是发动舆论，揭破政治的黑幕，制裁社会的贪污，代替社会最下层的人民说话。他遇到类此[①]的事件发生，就细心刺探，全力研究，倘认为证据属实，自己的法律地位站得住脚，就毫不迟疑，发出“Play it up”的命令，把这种消息，刊在最显著地位；以后继续探访，配以严正社论，不俟该项不法事情绝迹，决不中止。他最得意的一句话，是：“假如你自认立场正确，就不必惧怕，执住你的观点，力求贯澈[②]。”这是革命的精神，也是办报者的必备精神。我们必须用革命的精神来办报，而后我们所办的报，方能真正合乎社会的需要。同时，我们的报也就不怕没有适当的出路。纳尔逊常说：“任何报都能刊载消息，但《星报》的使命是要发挥建设精神，那才是办报的真正意义。”他用这种创造与建设的精神，来办《星报》，读者都喜欢这种精神，所以一般事事模仿的报纸，尽管巧取迎合，希望取代其位，但堪城报业的领导力，始终操在他手中。他勇于创造，勇于建设，他所特别重视的，是每一报纸的独立个性。因为如此，所以他最憎恶模仿，最蔑视雷同。他尝说：“别人做些什么，不关我的事。一个报纸，倘希望从别的报纸，吸引注意，那它的失败是注定了的。要知我们是为读者而办《星报》，并不是为其他报纸办理我们的《星报》。”

纳尔逊的个性，是算得倔强，可是没有个性的人，能办报吗？能办得成创造性与建设性的报吗？他有主张，他要贯澈主张，问题就在用什么方法来贯澈主张。主张不能离开方法，而方法是要我们自已去找的。在这里，纳尔逊也给我们一个有力的启示。我们在前面说过，他的主张之一，是报价必须低廉，论周计算，“一角钱一周”，论日计算，二分钱一份。其时堪城的其他报纸，都售五分钱一份。考其所以如此者，因为那时美国西部流行的货币，是镍币，那是五分币。因为没有分币，所以《星报》的报童，在两找[③]的时候，极感困难。纳尔逊为欲解决这困难，特与造币厂磋商，铸制大批分币，光明洁净，换给报童。办报人的应付，是多方面的，这就是一个实例。

---

① 即类似，原文如此，下文同。——编者注

② 即贯彻，下文同。——编者注

③ 即找钱。——编者注

纳尔逊的第三个启示，是确定《星报》的任务，专为公众服务，这是《星报》自我检讨的主要标准，其余的事，均退列次位。就中尤以“贤明政府”的组织，最为《星报》所关心。一八八一年三月，是《星报》成立的第七个月，其时堪城举行选举，《星报》于三月十日，以“本市选举”为题，发表社论说：

> 《星报》没有私心，没有自己的候选人，也没有所属的党。它的唯一兴趣，是堪城的建设与繁荣，是市政的贤明处理，是举出贤明的人主持政府。至于此人之属于何党何派，则在所不计。据此标准，我们认为两党的候选人都不合乎要求。无证件的律师，私人五元钱的案件，不愿请教他们，现在他们却想做市府的辩护士。不负责与无能力的人，私人不愿聘任他们做出纳员与簿记员，现在他们却想做市府的会计。愚蠢的烈酒贩卖员，现在想做市议会的议员。这班不自量力的候选人，倘不自加检点，善自引退，《星报》将把他们的真实情形公布出来。本市的每一选民，都有权利知道候选人的实情：他们的品格如何？他们的能力又如何？然而他们无法从两党的宣传机构中，得知这些实情！

我们从《星报》的言论中，可以看到无数类此的评述，既勇敢又有力，而最重要的一点，就是《星报》始终不忘公共的福利，并为公共的利益而服务。例如当米苏里①议会讨论“工人抚恤法案”时，有势力有钱财的人，尽其所能，阻止此案的通过。因为他们怕此案通过，他们的身家将遭受打击。《星报》本其既定立场，竭力替工人说话。纳尔逊公告读者说：“我不相信煤矿顶层的人，不能保护其自己，我所关怀的是煤矿底层的人，亦即真实在那里开煤的人。”

纳尔逊根据自己在政治与商业上的经验，认为有两种改革，急切需要，应当力求实现。其一是关于选举的，其二是关于法院的。关于前者，当时的惯例，由有钱的人担负竞选经费，这样，就无异把选举的重心，落在能够支持经济的人的手中了。关于后者，照例两造②的辩

① 即密苏里。——编者注

② 指诉讼的双方。——编者注

护律师，由两造自请，有势有利的人就能聘任最有名的律师，无势无利的人只能请次等或劣等的律师，担任辩护。其结果，诉讼的胜负，不以理义的曲直作为决定，却以财势的多寡判断一切。试问这还谈得到公道吗？他的具体主张：第一，所有竞选的费用都由公家负担；第二，法院的律师都由公家聘请，归公家出资，犹如法院的法官陪审，由公家出资聘任的情形一样。

他在逝世前数年，致函《星报》同人，对于类此的改革，曾有扼要的指示，他说：

> 本市选举的落选，在《星报》看来，并非怎么了不得的事，因为它所致意的，是比充任官吏更为重要的事。我们在选举中所当关心的是：候选或当选的人能否促进重要的改革，或反足阻迟此项改革的实现？
>
> 《星报》所致意的事，不论其为大事或小事，每一参加《星报》工作的人，应当有份。每一个工作同志，对于这些事情的性质与目标，应当清楚认识，时时存在脑海，无论其为新闻或情报，只要与这些事情有关，就当全力发挥，促其实现，千万疏忽不得。
>
> 每一位记者，每一位撰述，每一位编辑，应把这些永久事件，看作永久的工作，有意见就应当贡献，有建议就应当提出，有机会就应当运用报纸，加以发挥，有新的情报与消息，就应当改用新的方式，促成该项事情的完成。

他于1912年，致函前总统罗斯福（Theodore Roosevelt），泛论前述两项主张说：

> 关于政府的一般政策，我不欲论述，我的中心主张，是要把钱的势力，从选举场与法院中驱逐出去。各种选举的费用应由政府负担；法院中的公道不该仅是名义上的，应该是名实相符的。
>
> 倘使我们希望政府的基础稳固，那就不能像现在般地把公道出卖。在法院面前，穷人与富人应当完全平等。

> 目前，谈不到如此。不仅烦琐的司法制度，法官的人事关系，都对富人有利，而且因为富人有钱有势，能够聘任就地最有名的律师，可以威吓穷人，使之不敢出头。在这种情形之下，我们还能希望法院主持真正的公道吗？
>
> 我们都承认律师是法院的官员，他们的费用应由公家负担，不能由诉讼者本人出钱。现在公家供给法官与陪审，倘有人主张：由诉讼者本人给养法官，那必严遭驳斥。律师既与法官相似，同为法院官员，那何以单独例外，可由诉讼者本人出资聘任呢？……
>
> 关于这一个问题和选举的问题，我只说了大概。我不希望这两个问题，能在我生之内解决，也不希望到了下一世代能够完全解决，我将把它们当作遗嘱的一部分，要《星报》的同人继续努力，以求贯澈，希望能有一天，不问其为穷人或富人，在选举官员与起诉法院这两件事上，都能获得真正的公道。

一九〇七年，堪城的饮水发生问题，纳尔逊对一位到职未久的外勤说：

> 我们应当帮助堪城。《星报》的义务，是要克尽所能，为堪城的人民服务。我现在指定你一种工作，不是一天、一星期、或一个月的工作，而是永久的工作，你一日在《星报》服务，就一日担任此工作。你得运用《星报》的力量，帮助堪城。请记住，《星报》是每周出一角钱的男男女女的代言人，凡对他们最有利的，也就对《星报》最为有利。
>
> 现在堪城的人民，需要好的饮水，我请你到堪城去，今天、明天、甚至每天都去，一直到你的任务完成。我们得替堪城人民研究一个办法，究竟用什么最简捷最有效的方案，可使堪城人民得到最好的饮料。有了方案，就可坚决主张，求达目的。

而在事实上，他不仅对那位年青记者如此说，他对每一位《星报》的同事，都作同样的启示：“请记住！《星报》除单纯地刊载消息以外，具有更大的使命。它是相信做事情的。我可聘请许多的人，替《星报》撰稿，然而一位成功的记者，知道怎么从力行中，求达结果。”

那位奉命研究饮水问题的记者，多次出动，俱无结果，内心颇觉惭愧，但经每一次与纳尔逊谈话以后，就得到新的勇气与新的决心，把他多次所碰遇的困难，都看得并不严重。同时，关于饮水的问题，提出市议会、州议会、法院，最后，且要人民自己投票解决。那位年青记者，经过长期的观察与研究后，忽然得到一个启示，他报告纳尔逊说：“就我个人而论，在目前的政治情形下，我不赞成饮水市营，不过，就饮水问题而论，也许除了市营而外，没有其他更好的办法吧？”

纳尔逊因为当时的政治组织并不怎么健全，故于提高政府权力一点，素所反对，但这次听到记者的报告，却说：“我要你知道，《星报》是全世界没有‘固定政策’的唯一的报纸，它不执成见，只为最有用与最有效的事情而服务。它昨天主张的事，假如到了今天，足以阻碍今天所发现的更好的事的完成，那就可毫不迟疑，把昨天的主张‘踢开’。”于是《星报》展开运动，力主市府购买自来水厂，经营饮料，成为美国公营事业上的一个佳话。

凡替纳尔逊工作的人，都知道《星报》对于每一问题所持的态度如何。例如选举之时，《星报》同人都知道《星报》对于某候选人的态度如何：是拥护，还是反对？对于其他社会或政治上的问题亦然。他们所持以评衡的唯一标准是：这个候选人、这个拟议、这个方案，对社会全体是有益的，还是有害的。倘系前者，《星报》无条件地拥护；倘系后者，《星报》无保留地攻击。这是《星报》的一贯政策，也是《星报》自负的极大使命。

《星报》要完成这个使命，当然要遭遇诸多困难，尤其《星报》记者的地位，最易受人诋毁。纳尔逊对于每一个记者，澈头澈尾[①]加以保护，从不推诿责任。有一次，一个政客的随行，遭受《星报》记者的批评，那位政客恼羞成怒，公然向纳尔逊诘难，指斥那位记者，说和他私人有仇，因而借用《星报》势力，企图把他驱逐出境。纳尔逊对他的率直答复是：“决无此事，我知道该记者的一切。”政客不让步，

---

① 即彻头彻尾。——编者注

纳尔逊就把那位记者请来，当面对质，结果，那位记者援引许多事例，证明政客的说谎与无耻。然而就因为这个缘故，堪城的政客狼狈为奸，乘着某次《星报》对某事的记载稍有失实，群起质难，并控诸法庭。在他们的意思，以为纳尔逊只能在报馆里面扬武耀威[1]，一离开纸笔，就无能为力。他们就想乘此机会，给他一个棒喝。纳尔逊接到法院的传票后，就把负责的记者找来，问他经过的情形怎样。那位记者满面歉意，但纳尔逊问他：记载的内容，是否大体正确。当他听到"然"的时候，他就抚案作声："朋友！不要怕，我们要对讼。"试想，一个著名的主笔，因着记载稍有出入，引起当地政客的联合攻击而对簿公庭，这是够新奇的新闻。法院里面挤满了人，原告的政客集团扬扬得意，以为这次必可在众人面前切实奚落纳尔逊一番。白发的记者进来了，镇静而有把握，庄严而有威力，相形之下，愈显出政客集团的虚浮躁急。当场受辱的不是纳尔逊，正是那班无理取闹的政客。群众欢呼，法官肃容。春秋大义之笔，究竟镇服了妖魔孽障。

有一次，《星报》的一位记者因患心病，突然逝世。在举行葬仪之后，纳尔逊派人到他家里，询问孀妇的处境怎样。他得到的报告：三个儿子尚未毕业，最大的一个可于二年内卒业，同时，分期付款的房屋，尚得几个月后方始偿清。他随即知照会计，把这位记者的姓名，仍旧列在薪水册内，继续支薪二年。以后每逢发薪日期，就由他的一个儿子到《星报》出纳室具领他父亲的薪水。

纳尔逊不仅是个名记者，同时也是一个好上司。

《星报》于一八八〇年九月十八日创刊，"一角钱一周"，销数三千。

一八八三年年底，销数增至一万；一八八六年，每日平均销数为二万五千；一八九二年，增至五万；一八九六年，增至六万。其时，所有堪城的其他日报总合起来，还不及《星报》的销数之半。一九〇〇年是《星报》创立后的二十周年，其时销数已达八万七千；到了一九一一年搬入新厂后，销数增至一七一，一三四份。

一八九〇年，纳尔逊为乡村农夫的便利，创立《星报周刊》，订报

[1] 即耀武扬威，原文如此。——编者注

一年，取费两角五分；订购《星报》者，合并送阅，而其价格还是“一角钱一周”。创刊号发行四万五千；三年内增至十万；十年后增至十五万。

一九一五年四月十三日，纳尔逊逝世，《星报》出售，其时的售价为一一，〇〇〇，〇〇〇美金。

第三章 《纽约时报》的复兴

奥区史（Adolph S. Ochs）接办《纽约时报》（New York Times）的那年，是一八九六年，其时该报已经到了将近破产的地步。该报创于一八五一年，主笔政者为雷蒙特（H. J. Raymond，1820–1869），他在创刊号的社论中，说明该报的政策："每天刊登世界各地的消息，使其成为纽约市内最优越的日报。它的兴趣偏重在道德、工业、教育、与宗教方面。"他在同一社论中又说："我们不相信社会上的每一事情，不是绝对的好就是绝对的坏，我们对于好的，希望保留改良，对于坏的，希望摒除消灭。"他又说："我们不受激动之时，决不装出激动；我们将力自抑制，不使自己的感情，时受冲动。在这世界内，实在没有多少事情真正值得愤慨，而且这些事情，根本不是愤慨所能改进的。"

雷蒙特的目标，是要把这张报纸变成深入家庭的报纸。他颂扬伦敦《泰晤士报》，但于它的缺少家庭读物，甚表遗憾。他认为在英国可办这样的报纸，因为英国的妇女并不怎么喜欢看报，但在美国，妇女界对于报纸的兴趣并不减于男子，所以一张专从男子着眼的报纸不甚相宜，且亦很少前途。他在一八五二年十月十四日的《时报》中写着说：

> 伦敦《泰晤士报》是着眼男性的报纸，它的对象是咖啡馆和俱乐部的读者，它的题材很少涉及"英国的快乐家庭"。英国的妇女很少看《泰晤士报》，…… 一张大报而缺乏家庭题材，不能不认为极大缺陷，这个缺陷在英国并不严重，在美国却为致命打击。因为美国妇女对于报纸所感的兴趣，并不减于男子。美国的报纸必须注意这点，必须包括各种的题材与多项的兴趣，而为伦敦《泰晤士报》所毋须致意的。我们

的报纸必须具有家庭报纸的特质，必须适合家庭的习用。它们不仅对办公室与商店里的人说话，而且同时应对洋台①与会客室的读者说话。

他办《纽约时报》就特别注意这一点，所以说："我们竭尽全力，使它在各方面成为家庭中的优美日报，凡与此目标抵触的题材，应当尽量删削。"这个观点即从单纯的营业着想，亦非常正确。因为唯独一张能够深入家庭的报纸，它的销数方可非常稳定，在它上面所载的广告方可特别有效。就全体而论，购买广告所介绍的商品的人，主要的是家庭的妇女，不是每日忙于公务的男子。他存着这样的观点，故于报上的广告，不主聘人招揽。他在创刊后第四期中公告读者说："我们不聘用广告招揽员，我们要使广告客户自动来登广告。在他们尚未感到此种需要以前，我们不愿派人搅扰他们。我们看得很清楚，没有一张报纸可把广告当作别人赐予的恩物，因而维持其生存。商人在没有认识广告的利益以前，决不肯把大幅广告给予任何报馆。"雷蒙特的这种看法自然十分正确，因为在事实上，只要努力把自己的报纸办好，销数增加，而且大多数的报纸都销在普通的家庭当中，那就不怕广告不上门。可是反过来说，报纸的广告地位，其本身即是一种商品，商品的质地虽好，要是搁在一边不加推动，也就难期畅销。大抵雷蒙特所着意的，是广告的自然推动，不是急求近功的强制招揽。

雷蒙特在一八六九年逝世后，《时报》由琼史（George Jones）接办，极具成绩，在一八七五年竟能付发百分之百的股息。翌年，琼史因欲控制公司全部股权，购进十股，每股的票面额是一千美金，琼史却不能不出每股一万五千元的代价。因此，在创刊二十五年以后，《时报》的价值，已自原有的资金十万美金增到一百五十万美金。一八九一年琼史死了，他的孩子无力维持营业，出卖与密勒（C. R. Miller）主持的公司，售价一百万元。密勒的经营亦未得当，更兼资本短少，无法周转，不得不再度出售，于是在一八九六年，《时报》就转到奥区史手里。

奥区史接办《纽约时报》之时，仅三十八岁，但已富于报业经验。

① 即阳台。——编者注

他从十一岁时当报童起，报纸各部分的工作都参加过。到二十岁时，以二百五十元美金购进《雀坦诺迦时报》（Chattanooga Times）[①]，自任发行人兼主笔，把本来每日二百五十份的销数，提高到每日五千五百份。正当《纽约时报》打算出售之时，奥区史正欲离开小市镇，希望在像纽约那样的大都市中一显身手。他在新组织的公司中，投资七万五千美金，并与公司相约，经他接办以后，倘能继续三年不致亏本，那他就得增加股权，控制全局。他在不到四年的短时期内，居然达到这个目标。

《纽约时报》不靠特大的标题、惊人的消息或其他征求悬赏等方法，号召读者，因而增加销数。它全靠消息社评，稳扎稳打，取得读者的信任；又经读者转相介绍，从而提高它的社会地位。它打的是硬仗，走的是正路，不像美国的其他报纸，多少都用报纸以外的方法，博得读者的好感。它是美国报纸的正统，它的成功，犹如一个雪球愈滚愈大，都是一片一片的雪花累积起来；又如一座房子，都是一片一片的砖从底建筑起来的。就在这个意义上，它的成功更值得我们志在报业者的特别注意。

奥区史在一八九六年接办《时报》的时候，《时报》的销数，仅九千份，奥区史凭着他过去的经验，一心一意，致力于报务的开展，用力愈勤，收效自宏。但因他所用的全是报业的正统方法，主要的依靠读者的转相介绍，故其进步全是累积性的。我们试一检阅《时报》从一八九八年四月到一九一七年四月的销数进度，立刻就可明白它的这个特点。

二十年间《纽约时报》销行进展表：

一八九八年四月二五，七二六（份）

一八九九年四月七六，二六〇

一九〇〇年四月八二，一〇六

一九〇一年四月一〇二，四七二

一九〇二年四月一〇四，三三〇

---

① 今译《查塔努加时报》。——编者注

一九〇三年四月一〇五，〇七二

一九〇四年四月一一〇，八三三

一九〇五年四月一二二，三一〇

一九〇六年四月二二六，九一五

一九〇七年四月一四四，一一四

一九〇八年四月一六五，一五五

一九〇九年四月一七六，〇二三

一九一〇年四月一八一，二七〇

一九一一年四月一九一，四五二

一九一二年四月二二五，三九二

一九一三年四月二四六，三八六

一九一四年四月二六六，六一六

一九一五年四月三一七，八六二

一九一六年四月三三四，五四五

一九一七年四月三四六，八六四

这也是奥区史所预期的销行进程。我们现在要问：他用什么方法求达这个预期的结果呢？或换言之，他的成功之道，究[①]依靠什么呢？

我们说过，《纽约时报》以消息与论评制胜。奥区史对于各种消息，全力搜集，要把各种适于刊载的消息，在他的《时报》上，全部刊载出来。这是他的努力目标，他创制“All the news that’s fit to print”(各种适于刊载的新闻）的标语，表示他的心愿；并把这个标语首先刊在社论顶端，后来刊载首页报头左边，作为号召。这所谓“各种适于刊载的新闻”，首先当指世界各处的消息。他在一九一六年六月全国主笔人协会的演说中，曾说到《时报》搜集消息的努力：

约在一年以前，教皇为世界吁请和平，内中有一句话，说：“首先献出橄榄枝条的人有福了。”美联社所发的电报，仅是全文的摘要。经总编辑查询后，知道美联社所发的稿子

① 即究竟，下同。——编者注

仅此而已。时已深夜，《时报》为欲争取此消息，立即电告罗马通讯员，要他就地调查，倘使美联社确未拍发全文的话，就由《时报》自己拍送。清晨《时报》付印前，吁文全稿果到。可是，报馆早于两小时前，接到美联社拍发的全文。原来美联社的罗马分社果然未发全文，但它的巴黎分社，却把全文发送美国。于是我们自己发送的千字电稿，只好静静地躺在《时报》编辑部的字纸篓中。

另一个例：当德国徐柏林式飞机第一次袭击英国时，英国的新闻检查异常紧密，我们用各种方法，都不能经由海底电线得到任何报告。美国全国的报纸只好等待英国开来的第一艘邮船，从那里得到袭击的详情。可是凭着马可尼式无线电的运用，我们知道第一艘驶抵美国的船现已抵达何处，于是化①了几千元美金，设法抵达该船，就在该船的乘客与邮件中，得悉袭击的详情。我们得于该船抵港以前二十四小时，把这个消息全部刊载出来。所有美国其他的报纸都落在《时报》后面。然而《时报》所做的，都只是商业上的正常工作。

欧战（第一次）爆发之初，海底电线忙碌不堪，欧洲发出的消息，总要经过几天才能收到，因而新闻也过时了。有一天，我们几百元美金的电报费全然枉费。这够证明报纸用以搜集消息的费用，是如何的可观；然而这还是日常的事。至于搜集北极的发现以及地坦尼舰②遭难等特讯所需的浩大费用，当更足惊人。……

奥区史所说的这几个例子，在一方面，固足说明现代报纸采访费用的浩大，但同时亦足说明《时报》对于采集消息特别勤勉，它要刊布“各种适于刊载的新闻”，它愿用巨大的支出，和其他报纸来打“消息战”的硬仗。

一九〇一年九月，是《纽约时报》创刊的五十周年纪念，奥区史用种种方法，与伦敦《泰晤士报》交换新闻。两报各以自己的消息送

---

① 即花，下文同。——编者注

② 即泰坦尼克号（Titanic）。——编者注

给对方，供对方独家刊载，这也是《纽约时报》对于消息征集的努力。奥区史与《泰晤士报》订约时，《泰晤士报》尚受华脱系[①]的管辖，后来，北岩爵士接办，因与奥区史的意见不合，在第一次欧战[②]之时，中止新闻的交换。

《纽约时报》刊布“各种适于刊载的新闻”的第二个特点，是不惜用巨大篇幅，刊布国际间各种宣言文告的全文。第一次欧战爆发后，它于一个月内，获得英德二国的白皮书，立即发表其中两国发表引起战争的各种事实。它不仅在报上发表，还把这些文件印成专册，仅照印刷的成本出售。继此而后，又把法比奥俄诸国的同类文件，用同样的方法发表印卖。这样，在几个月内，美国人民对于引起第一次大战的各种事实，都非常明白，它尽了报道的极大努力。然而它的努力尚不止此，它以上项文件作为依据，加以综合的分析与研究，并将研究结果，在一九一四年十月二十五日的报上发表，算是两国的案情说明书，提供给“文明的最高法院”；后来更以“案情的证据”作为题名，印成专册，广为发售。因为研究的结果，确认那次战争该由德国负责，所以协约诸国，无不设法转译翻印，形成报业史上的空前盛事。然而《时报》对于这步工作还不认为满意，更进一步，约请国内国外的名家，对于协约同盟双方所持的理由，撰述专稿，展开讨论。美国前总统罗斯福，更以“美国应得的教训”为题，撰述多篇专文，陆续发表，加强美国人民对于那次战争的认识。《时报》经过这次努力后，声名大著，变成美国全国性的报纸。到了战争近结束时，平均每日销数达三十七万份。创办《纽约世界》[③] 起家的普利宰（Joseph Pulitzer）[④]，每年以金章一枚赠给该年最著功勋的报纸。一九一八年发给的第一个金章，即为《纽约时报》所得。

《纽约时报》平时的版面，比较近于保守，但其新闻的充实，论评的正确，在美国各报之中首屈一指。它除星期日照常出版外，又加十六页的杂志增刊，用上等纸张印刷，并有图画。此外又有八页篇幅的

---

① 即沃尔特森家族时期。——编者注

② 即1914—1918年间发生在欧洲列强间的战争。——编者注

③ 即《纽约世界报》。——编者注

④ 即普利策。——编者注

书评增刊，对美国以及全世界的优越书籍，对读者作广泛的介绍。这对每一个《时报》读者，自然更觉有用。此外，它还发行《每周财政评论》专刊，随同星期一的《时报》发送。总之，它的一贯主张，是刊布“各种适于刊载的新闻”，以消息与论评二者制胜其他报纸，它的主张是贯澈，它的成功是应得的。

《纽约时报》在奥区史的主持之下，很有机会赚钱，然而奥区史为欲求达论评的绝对独立，绝对不受任何方面的影响，故于他报认为合法的收益，他都拒绝接受。例如有一次，纽约的市参议会选定六个报纸，刊载一八九六年选举的全部结果，《时报》被列入六报之一，但《时报》的当局拒绝这个荣誉。因为仅此一个刊载，需耗公帑二十万美金，《时报》认为绝不妥当。又有一次，纽约的市政府愿将市政府有关的广告，全在《时报》刊载，一年的广告费当在十五万美金以上。《时报》拒受这个拟议，因它认为它的销行主要地是在外埠，在纽约本市的并不算多；一个在本市销行并不广大的报纸，居然承受本市市政府的广告，这是很易受人责难的。一九〇〇年举行总统竞选时，《时报》于十八年的长时期内第一次支持共和党。共和党竞选委员会要它撰述一篇与该党有利的社论，那天的报纸即由委员会承销一百万份。《时报》的当局坚持拒绝，因为它要撰述该项社论时，它自会撰述，不必任何方面建议，更不必任何方面承受推销。我们应当记得，诸如这类的事情都发生在一九〇〇年以前，其时《时报》的经济备极困难，而且这些要求，在美国社会并不算作特别，在其他各报看来，都认为合法收益。但奥区史宁可自己经济拮据，却不愿以任何特殊方式收入款项，因而逐渐逐渐地减少自己言论的独立性。奥区史的立场是正确的，正确的立场必会收获可喜的效果。奥区史处理《纽约时报》的经验，就是我们极大的启示。

《纽约时报》的第一个特点，是刊布“各种适于刊载的新闻”，以充实详尽的消息与正确独立的言论，制胜他人；它的第二个特点，据奥区史自己告诉我们，是全部人事的健全，每一个从业的人都对《时报》的使命有透澈[①]的了解，对《时报》的事业有深切的爱护，对

---

① 即透彻，下文同。——编者注

《时报》的前途存共同的期望。奥区史这个声明，我觉得对于中国新兴报业的发展上，特别具有意义。因为在中国办报（实则何止办报，办任何事业都莫不如此）最感困难棘手的，就是人事组织的不健全，以及因此而发生的各种精力的无谓消耗。作者亲自参加过几个事业机构，同时又观察其他的事业机构，深觉主持的人至少要用七分以上的精力应付人事，只能用三分左右的精力真正办理事业，就连这三分精力，也因各方面的牵制和顾虑，而不能贯澈到底，这是多可惜的事！现在大家都谈中国的现代化与工业化，我认为阻止现代化与工业化的最大障碍，就是一般人的私心太重，事业性太缺乏。我们且听奥区史讲述他自己的经验（一九一六年六月对美国全国主笔人协会演词）：

我在报业上的经验，使我得有充分机会，观察全国各阶层的报业，我的结论是：此时以前，从未有如现在的机会，可使每一个人在报业上获得名利双收的后果（作者附注：此时在中国的机会，当比一九一六年时的美国更多）。

从各方面看，美国的新闻界急切需要有能力的人，他们必需[①]具备俭约、公道、节制、坚忍等基本道德；爱护他们的国家和同胞；具有勇气与信念；具有理想与远见；任劳任怨，贯澈始终——把自己的工作引起为荣，竭全心力以赴之；不以为自己知道一切，随时向他人学习；继续不断地研究别人的工作成果，遇有可取之处，立即施诸自己的事功；熟习报业的各个部分，懂得报业的各种设备，理解报业的重要技术；不仅有嗅取新闻的鼻子，而且有侦查罪恶的嗅觉；具有比例与价值的感觉，对于版面排列的是否等当，可于一瞥之下立即辨明；在发行上，知道真实销数与人为销数的区别；在广告上，知道确实与欺骗的分野；尤其重要的是具有实际的经验、热烈的心肠、冷静的头脑，能把各种新闻诚实而无成见地加以陈述，独立而又公道地加以解释。

这所说的似乎太苛求了，似乎办报需要完人了；而在实际上，办报的人倘能在道德上、习惯上、和知识上愈臻于完

① 即必须，下文同。——编者注

美，就愈易抵达成功。这固然不仅办报为然，但于办报为尤甚。

我同意一位同业的话：“办一张好的报纸的人，比处理任何其他事务的人，更需要勇气、常识、学问、经验以及普通的智力。至就机会而论，办报当然是顶好的机会。……我的意见，以为一个适当的主笔，同时即是国家最有用的公民。”

二十五年前，我以内地小型日报发行人的资格，被邀出席同一协会的年会，讲述办理日报的意见，那时我的演词都根据二十五年的报业经验，其中一半年月，是当内地小型日报的发行人。

自从那次讲演以后，又是二十五年过去了，其中有二十年的岁月，我都从事大都会的报业。再隔五年，我参加印刷业与报业的岁月，将达半个世纪，最初做印刷公司的“小鬼”——那就是我的中学与大学；除了自己所创造或自己的信用所能通融者外，简直没有一点现成资本。

二十五年以前（一八九一年），我在全国主笔人协会年会中，关于人才方面，曾说：一个办报而希望成功的人，必具备下列各条件：

“第一，必须是实际而有智慧的印刷家，懂得什么是营业，是经营。

第二，在开始办报以前，对于自己的前程应当乐观，确认自己的职业是快乐的，前程是远大的，竭全心力而为之，绝不退让萎缩。

第三，不受任何经济的津贴，不对任何人负债，或担负任何私人义务，因为这是很危险的。对你有所赠赐的人，很容易把你一手抓住，使你不敢作公正的记载与论评。

第四，对于全体的最大利益，应当竭尽忠忱；随时代前进，不怕改正自己的错误。

第五，不对任何人或任何事屈服，一方面公平坦直，勇往向前，另一方面谦恕温和，尊重异己者的意见与地位，须知所有的人，其意见决不一致。

第六，必使每一个人信服他的报纸是公正不偏的，尤其要使异己的人有如此的认识。

第七，不怕恶意的批评与谩骂，要能勇敢应付。

第八，主笔和发行人并不一定要是拳术家或决斗者，但他在内心上，一定要有这样的准备，方可把以此自豪的蛮横者压制下去。

第九，因努力而趋于繁荣时，切勿为自己的成功所麻醉。

第十，应以赠赐、捐助、贿赂等事认为极大危险，努力避免，因为这些事情，不仅在心理上对人负了一笔债，有所顾忌，不敢秉笔直书；而且在生活上，因为凭借不义之财享受惯了，将来要靠薪水收入，度受简单生活，就感痛苦。”

一个具备这些条件，懂得这些规定，而又全力施诸实行的人，他到任何地方去办报，他的成功是注定了的。

一个成功的经理，力能鉴别他人的条件，又能获得他人的尊敬，取得他人的信任与合作。

我经理《时报》，平素最引为欣慰的，就是能够得到诸同事密切无间的合作。凡在《时报》中占据负责地位的人，我不能希望他们更忠实更负责。他们不懈的努力，持久的热忱，始终如一，维护这个报馆，保留它的最好传统，维持它在新闻界中所据的最高标准。他们对于报馆的贡献绝非金钱所能买到，他们都把《时报》的发展当作他们自己的荣耀。我个人，倘有任何足以自豪的事，那就是能够得到这一班有优越才能与崇尚心灵的工作同志的合作。他们确信我的内心是热烈的，我的意想是健全的，我的希望是可成为事实的。

奥区史最引为自豪的事，也就是促使《时报》成功的主要因素。

第四章 北岩建立报业帝国的经过

被称为报界拿破仑的北岩爵士（Lord Northcliffe），在未受勳[1]前，叫哈姆华斯（Alfred Harmworth）[2]，于一八六五年七月十七日生在近杜勃林的一个镇上。父亲是英国籍的小律师，母亲是爱尔兰人。写传记的人都看重这个血种的混合，认为北岩所承受的，是爱尔兰人的才智与英吉利人的固执。较此更重要者，则为哈姆华斯家系所处的中级社会的环境。因为北岩在中级社会的环境中成长，所受的教育与所接触的人，都是中级社会的，对于中级社会的智力程度与知识要求最为熟悉，所以他的计划与拟议，易为中级社会所接受。他只须[3]想他自己的念头，可是在同时间，他的念头也就是广大群众的念头。他只须问：我对什么事情感觉兴趣，一定的，他的兴趣也就是广大群众的兴趣。同样，他自己的要求也就是广大群众的要求。他并不故意要办大众化的报纸，藉以推广销数，增加收入。尽管萨力斯保利爵士（Lord Salisbury）批评他所创办的《每日邮报》（Daily Mail）只是当差人办给当差人看的报纸，但他却认为自己所办的报纸，是可能范围内最好的报纸。他不仅是《每日邮报》的创办人，而且是该报的忠实读者，他爱读该报。他后来虽则收买《泰晤士报》，并且改聘编辑人员，减低它的知识水准，但他并不怎么爱读，非独不爱读，而且有点讨厌它。他部下尽管有许多知识分子，但他自己决不是[4]知识分子。他虽富于生活经验，但始终是素朴性质的人，凭着本能和灵感工作，绝对不作强迫的运思。他到了老年，虽则有地位有声誉，但他不曾改变他的个性，

① 同勋。——编者注

② 应为 Alfred Harmsworth，今译哈姆斯沃思。——编者注

③ 即只需，下文同。——编者注

④ 即绝不是，下文同。——编者注

遇有记者获得特殊消息，他会像年青[1]人一样地欢呼狂笑。可是，要是有人得罪了他，或不照他的命令做事，那他也会像年青人一样暴躁狂跳。他有魄力，有勇气，有热忱。他崇拜拿破仑，后者的像片[2]，在他的书室内准有一个份儿；他试戴拿破仑的帽子，感慨系之地说："这真适合我的头寸。"他批评英国，它太迟缓、太舒服、太看重外交，他所要求的是坚决的行动。他颂扬美国，说它年青有为，勇于向前，不受任何传统的束缚，不作任何悲观的忧思。而在事实上，他在英国报界的一个贡献，就是完成英国报纸的美国化。北岩带领部下，确有拿破仑的作风，命令绝不含糊，管理绝不松弛，但对于部下的生活安全，绝对负责保障。有一次，他派一个记者到水果店里去访问水果店主，对于最好的苹果究作怎么的处置？那位记者认真访问了一番，他所得到的唯一答案是：陈列在玻璃窗内。他找不出其他答案，只好如实具报，而北岩的答复："这真是你所当做的。"原来那位记者，曾在若干场合，并不能把新闻中最动人最精彩的部分，排列在最显著地位。他的这个指示，把撰述新闻和编辑新闻的基本原则一语道破，谁能听到这个故事，而不在内心之中起了极大的共鸣呢？又有一次，一个负责的部下，因为不得他的允许，擅定另一同事的薪水为一镑一週[3]，他就把那位负责人的薪金按周减除一镑，以示警诫。他对于部下的工作要求极高，但他对于部下的日常生活亦极关怀。他是够忙的人，但不时巡视职工宿舍，以视他们的生活是否相常合理。即在他逝世之前，还要出五十万镑的巨额，发给他的部下职工。他竭力提高记者的身份，他要他的记者住最好的旅馆，穿最整洁的衣服，遇有记者在访问稿中，写上"承蒙某内阁大臣接见"，他必要把这类字句删除，因他不愿他的记者执帽在手，卑躬屈节地请求他人接见。他的编辑或记者要是在外面遇到困难，遭受攻击，那他就像家长保护子女般地，全力支持，绝不推诿。原来他自认为弗里特街（英国的报街）的拿破仑，拿破仑的将帅，只有拿破仑自己才能训斥，其他的人都不配。自然，他的这种态度，会引起多方面的不满。他声势最盛时，反对他的人会用这样的

---

① 即年轻，下文同。——编者注

② 即相片。——编者注

③ 即周。——编者注

话挖苦他："内阁辞职了，北岩爵士已经差人唤国王去了。"可是在事实上，不问赞成他的人也好，反对他的人也好，无不承认他是数一数二的天才。在这一点上，他享受着比他同时人劳合·乔治（Lloyd George）更高的盛誉。

北岩一生办报，感受纽纳斯（George Newnes）的启示极大，他的初步成功就是纽纳斯赐给他的。谁是纽纳斯？他是曼彻斯特州一家蔬食馆的主人。他每天在服务顾客后，喜欢把他所听到所读到的琐事讲给大家听，作为餐后谈助。有一天，他对太太说："我们每天所讲的琐闻，可称为 titbits（意即谈片），为何没有人办一个谈片报，那一定受人的欢迎。"到了一八八一年，他就搜集各项谈片，印成一个周刊，大奏成功。考究成功的理由，一方面果由于谈片的受人欢迎，另一方面也由于他的二个新颖观念：其一，替读者保铁路意外险，读者有在铁路上遭受意外者，均可领具赔赏费[①]；其二，出题悬赏，例如他出题回答，其第一名可获得一座别墅，称之为"谈片别墅"。这在我们看来，似亦平常得很，但在一千八百八十年代，是够新奇的措施，够足以号召读者。又如他设一奖，得中者，聘为谈片报的职员。就在那一次悬赏中，后来创办《每日快报》（Daily Express）现属皮佛勃罗克爵士，为全世界销行最广之报，一九四〇年的每日平均销数为二百六十五万份）的皮尔生（Arthur Pearson）初次崭露头角。纽纳斯在英国报界的贡献：第一是栽培了皮尔生，第二是挽救了北岩的厄运。

原来北岩在十五岁辍学，到二十三岁就开始办他自己的报，是一个周刊，取名《答案》（Answers）。照《谈片》的样，对小群素朴的读者说话。他们提出什么问题，我们的年青办报人，就替他们解决。可是销行不广，于是未来的报界拿破仑，只好和他的弟弟哈罗特·哈姆斯沃斯（Harold Harmsworth），将剩余的报挨户去送。眼看他们就要破产。忽然，纽纳斯的悬赏办法侵袭北岩的脑海，他取用其法，又加上自己的心裁，凡能在指定之日，确实估计英格兰银行的存金总额者，由《答案报》每周赠金一镑，直到得奖者寿终正寝为止。这是一笔颇大的奖金，应征的人必须有几个证人签字担保。他特别重视这点，因

---

① 即赔偿费。——编者注

为这样一来，《答案报》和哈姆华士的名字，至少可在许多人的脑海里种下深刻的印象了。他的收获非常可观，到了出版后一年有半时，《答案》的销数已达二十万份。后来他又陆续办几个报。到一八九五年，他收买《晚讯报》（Evening News），因为那是一个政治性的报纸；又因该报的主笔琼史（Kennedy Jones）富于资产，既与北岩共事，无异做了北岩的报学导师，所以该报对于北岩一生的出入关键很大。可是北岩的另一个大胆尝试，厥为于一八九六年五月廿八日创办他的《每日邮报》。

《每日邮报》虽到五月底出版，但它的试报，从二月份起来就开始编印。每天大批新闻稿，专稿只是往编辑部里送，编好了，又往印刷房里送。各部分战战兢兢，好像报纸明天就要出版的样子。北岩和他的编辑导师，每天都亲自动手，观察编排印等部门的进度。现在有许多试报，收藏在英国博物馆，其中有很好的小说，很好的专稿，然而这些稿件，在实际上从未被人读过，都做了试报的牺牲品。北岩在试报时期，计共化[①]去四万余镑。第一期的《邮报》，在版面、印刷及其他技术上，都与伦敦其他报纸相似，只是报费便宜了一半，人家卖一辨士[②]，他只卖半辨士。这是《邮报》初步成功的要诀。至于内容，一八九六年的《邮报》，从现在眼光看来，似亦不过尔尔，但在那时候，实为一大革命。迂回曲折的叙述绝迹了，单刀直入，开门就可见山；所用字眼语句，尽量简单生动，务使稍受教育的人都可以读得通看得懂；至于题材，冗长烦闷的叙述既绝迹了，余下的地位都用以刊载“人间趣”的材料，也许是简单的生活问题的解答，也许是读者对于若干问题的意见的交换。总之，《邮报》肯用足够的篇幅，商讨书记们，工人们及其他低级职员所感觉兴趣的问题，就中尤其注意这班读者的太太们和女儿们的兴趣。北岩很明白：倘使《邮报》希望打到普通家庭中去，太太们和女孩子的意见是不能不尊重的。这是北岩成功的一个诀窍，同时也是我们每一志在报业的人所当特别记取的一点。

除此而外，北岩又在《每日邮报》当中，加入优越无比的新闻报道，致使一般蔑视《邮报》，确认它的“人间趣”题材不值一读的读

---

① 即花，下文同。——编者注

② 即便士，下文同。——编者注

者，因为它的特殊专讯，也不得不购买一份，满足他们的新闻欲。北岩认为每一报纸倘使真正希望显露头角①，就当不惜巨资探求“白热的消息”，尤其是“特有的专讯”。《邮报》不仅要和其他固有的报纸竞争，而且要制胜它们，制胜的最大诀窍，就是新闻的丰富与迅速。因为只要别报没有的消息，《邮报》能独家刊载，《邮报》就不怕没有人读，不愁不能竞胜他报。因此，《邮报》编辑部的每天课题，就在有什么特殊消息可资号召，他们为欲达到这目的，有时虽或牺牲新闻的真实性亦在所不惜。北岩的指示是：“每天应有一块卵石，掷入新闻的池塘。”他每天询问编辑部：“今天的号召是什么？”倘有现成的新闻，问题就简单，否则，他就发挥才力，于平凡的题材中创造一个头号要讯，或则改写新闻，或则发动特别的运动，例如要求标准的面包、汽车、飞机等。过去，曾有报纸把纳尔逊的“特拉发伽战役”看作“小孩被汽车碾死”的故事一样，简单数语，刊载了事。而他呢，却一反其道，要把“小孩被汽车辗死”的消息，看作“特拉发伽战役”一样的重要。他的判断是正确的：因为一般读者，只要能对报纸的记载感觉兴趣，他们就表示感激，决不会自寻麻烦，去找新闻的真实内容的。只要他们对《邮报》发生兴趣，相信它每天能把有趣的消息供给他们，他们就变成它的忠实信徒。他们对它起了瘾；既起了瘾，就永远不会离弃它。于是编辑部的第二课题，就在用新的题材，打动人们的好奇性，因而招求新的读者。北岩本人原是最知道中级社会心理的人，又是最能发掘新奇消息的人，所以他是《邮报》最有力的指导。

英国的弗里特街，曾见无数新起的报制胜原有的报，造成后来居上的地位。他们遇到这种情形，就表示惊奇，可是他们对于《邮报》的成功，却表示愤慨，因为他们认为这是对于英国报界的侮辱。可是不管他们的观感如何，《邮报》的一鸣惊人，总使他们视同奇迹。《邮报》经过近四个月的试验，第一期创刊号，就销二〇二，〇七七份，然而这还只是开头。到一八九八年，它的每日销数高达四三九，四久久份，翌年增达六一〇，三二三份，到一九〇〇年增至九八九，二五二份，距离整整的一百万份，相差极其有限，北岩成了英国报界的无敌将军，再加上他弟弟哈罗特的理财力，他的声势益复浩大。

---

① 原文如此。——编者注

可是到了一九〇三年，哈姆华士又遇到困难，好像拿破仑面对滑铁罗的厄运了，原来在那一年，他们创刊《每日镜报》（Daily Mirror），是一张由妇女办给妇女阅读的报纸。北岩的假定，认为一般的妇女虽无机会穿着晚会的盛服，但愿讲求礼服的穿法，至于平日穿着的便服，她们却不愿理会；同样，她们虽无能力用几打鸡蛋或几只鸡子烹制一道名贵的浓汤，但她们愿意知道这种浓汤的烹调，至于每日饮用的白菜牛肉汤，因为太平淡了，却无意讲究。这是可钦佩的发现，他就根据这原则，办理《镜报》，可是结果大失所望，他为妇女特办的报纸，英国的妇女界却不理会它。他好像走上滑铁罗①的路径了。英国报界的人，都在用得意的神情向他讥笑。可是就在这时候，他心机一转，立刻改变《镜报》的对象与作风，改成书报性的日刊。这在英国还是新颖的产品，立刻销数激增，与它的姊妹报《每日邮报》，媲美于英国报界。他崇拜拿破仑，而又超越过他。

因为《邮报》、《镜报》的惊人成就，北岩弟兄的经济基础绝对稳固了，不仅稳固而已，且在英国报界，无人能与竞争。于是在他的报业帝国里面，付着最高的薪给，维持最庞大的通讯机构，发给最巨额的悬赏。伦敦的地方太窄了，他雇用专车往外省发展；英国的范围太小了，他发行《邮报》的海外版，因为销数的增加，读者的拥护，他在无形中独霸英国的舆论，因为英国是民治国家，舆论的权力超过一切，所以他因为操纵舆论，也就操纵了政权。然而他在报业上的雄心，并不以此自足。

一九〇七年前后，伦敦的《泰晤士报》，陷于不拔的绝境，不仅经济困难，而且内部百余主人意见分歧，无可救药。就在一九〇七至一九〇八年间，《泰晤士报》的财产，公开宣布出售。凭着倍尔（Moberly Bell）的协助，以三十二万镑的金额，我们的报界拿破仑又做了不可一世的《泰晤士报》的主人。弗里特街咋舌了，从《答案报》到《泰晤士报》，哈姆华士的发展究将伊于何底呢？至于哈姆华斯自己，那自然是长久的愿望的实现，一旦主权在握，自然心满意得。可是在哈姆华斯一生，假如确有使他不能满意之事，那就是主持《泰晤士报》。他有

① 即滑铁卢，原文如此。——编者注

克服一切的能力，但他面对印刷广场（《泰晤士报》印刷所在地）的环境，着实有些踌躇了。可能的解释，因他出身中级社会，一旦遇到印刷广场的高级智慧，自然无力应付，个中情形，正像一个热烈的煽动家，能使万千群众听得感慨激昂，但在正式的宴会席上反而说不出话了。他对百万的《邮报》读者全然掌握得住，但对少数《泰晤士报》的高级读者，却不怎么具有把握。任凭他怎么更动编辑部的人员，但印刷广场的传统，加上《泰晤士报》读者的高傲，终使他无能为力，他无法改铸《泰晤士报》，使之成为自己满意的报纸。幸而隔不数年第一次欧战爆发，反德奥的宣传变成英国报界一致的任务，就在这共同任务下，他又表显他的特长。

假如北岩在一九一三年死了，他只是一个报业巨头；他多活了九年，经受大战的时期，并在大战中发挥极大的效能，于是办理《答案报》起家的哈姆华斯成了历史上的主要人物。在英国，在同时期内，怕只有劳合乔治可以与他比个高下；而在事实上，劳合乔治的地位，在某种意义之下，还是他提携起来的。他在战事进行之中，不以做政府或军队的公仆认为满足，他自认为全民的领袖，专替全国人民说话，他把英国的军政领袖看做①自己的编辑，只要他们稍犯错误，立刻就把他们除名。他在报馆中惯用的命令是："把某某撤职！"现在他把同一命令用到执政者阿斯几疵（Asquith）、海尔屯（Haldane）、克区南（Kitchener）等人身上去。真的，在战事进行期内，要是他发出"把乔治撤职"的命令，也许不可一世的战时首相也将束手无策。英国的将帅只统率了几个师团；英国的内阁只统率了几百位国会议员，而他却统率着英国全国的人民。他运用舆论，运用宣传，可使千百万的英国人民，都想他所想的念头，都说他爱说的话。他本是中级社会的人，是群众中的一员，他懂得群众，谙习他们的心理。他不说英国的炸弹无用，他只告诉某乡镇上的某太太，要是英国的军需部确能克尽厥责，也许她的儿子可以免死。他反复宣传这一点，直至全英国的母亲们，都知杀害她们的儿子的是英国自己，是英国政府中不负责的官员，于是阿斯几疵、哈尔屯、克区南等，都只好引咎离职了。我们说过，他是一位讲实行、讲效率的报界统帅，不论在什么时候，只要他感觉政

---

① 即看作，下文同。——编者注

府的处置足以阻迟胜利，他就毫不迟疑，在舆论上发动袭击。谁受袭击，谁只好引退。你说他太暴躁吗？他对享受惯了舒适惯了的英国官民，实是一个极大刺激。他常说：要是对德奥作战的不是老大的英国，而是日耳曼人自己，德奥的武力早就被解决了。

他看不惯老大的与迟缓的行动，他竭尽全力，要使每一个英国官民都像他自己的部下一样，对于当时正在进行的战争，都能尽其最后的一点热血，加速胜利的来临。他之攻击阿斯几疵和克区南，他之拥护劳合乔治，其理由即在乎此。就在这一点上，他对英国人民的贡献，已经莫可言喻。同时他对军需与服役的宣传，也是促进胜利的主要事项。关于服役之事，他的理论很简单，每一个英国人应该看报，读过书的看他的《每日邮报》，未曾读书的看他的《每日镜报》——一张富于图画的日报。同样，每一个有力掮枪的英国男子，就当加入军役，争上前线。他是有魔力的群众宣传家，他的宣传当然是百分之百的成功。

他所主持的反德宣传，尽管有人说他捏造事实，有反报纸的公道，有丧报纸的风格，但说这些话的，归根究底①，还是老大的心理在那里作梗。他看得很清楚：协约国的军队倘希望在前线获胜，必须后方的人民都起敌忾同仇的愤慨；而他的反德宣传，其主要鹄的，就在乎此。用兵不厌其诈，纸弹的战术亦何能例外。他用各种方法传述德兵的残酷暴行，诸如强奸、掳掠、屠杀婴孩、格杀教士，甚至塞入炮口，和炮弹一并射发出去等，自是每日宣传的主要题材。有时，文字语言的能力有穷，又恐文字的叙述不能深入群众，故又取用他称为照片的直接材料，而这些照片当然一半是根据他自己的想象的。“作战要像个作战”，各方面都要配合作战，就中报纸的宣传占据最重要地位。这在第二次世界大战爆发后，已成为天经地义，但在第一次大战时，却没有认识得这么清楚。

英国的政府虽有点讨厌北岩，但都承认他的宣传力，尤以战时首相劳合乔治，认识他的才力最为清楚。一九一七年初夏，英国的战时使团往访美国，团员人数在一万以上，团长就是北岩。以他的才智，当然不会有辱使命。后来乔治又请他运用全力，摧毁德国的士气。乔

① 即归根结底，原文如此。——编者注

治给他的信，说他对于摧毁奥国士气一事已奏成效，现在应向德国进攻了。北岩很明白：德国的士气不能凭空摧毁，必须战事进行到相当阶段，军民对于战争的胜利逐渐丧失信念之时，方能发挥力量。所以从飞机气球投掷前线德兵的册子，在一九一七年六月仅仅一百六十万册，到八月增至三百九十万册，到翌年十月增至五百三十万册。同时，又发动德国战壕报，每周发印二十五万份到五十万份，算是德国自己出版的，取名秋叶；封面是德皇威廉的照片，周围是橡树花圈，定价是德币十分；内容是用不亢不卑的情绪，表现德国人的爱国心，有时批评发国难财的军火商人，有时叙述后方的艰苦生活，有时刊载德国俘虏的来信，尽量夸大自己的爱国心，但到适当关头，却表示自己在俘虏营内并不怎么受苦，协约国对于德国士兵并不特别仇视，只对德皇威廉第二表示不满；又有时候，在有意无意之间透露美军登陆的消息，每分钟登陆7人，每小时420人，每天10080人，每月三十万人。这种种都与德国士兵的情调配合，宣传的分量并不太重，因为太重了，足以引起读者的疑虑。配合大众心理，篇篇恰到好处。不用说，北岩和他的部下又获得预期中的成功。其时著《世界史纲》的威尔斯（H. G. Wells），亦在北岩幕下，发挥奇才；不过不俟大战结束，他已辞职他去了。

对德国的“纸弹”攻势，是北岩的最后杰作，他的星宿暗淡下去了。劳合乔治会曾利用过他，但到利用的时期过去后，就开始挫折他，绝对不让他在政治上占据实际的地位。他想在和会上分着一个席次，但被乔治拒绝了。关于这事，他气愤得很，可是他衰老了。他到德国的科伦[①]去游息，好像他对德国毫无纠葛一般。他关于德国的两篇论文，曾在自己的报告上发表，其余的却被拒绝刊载。他被送回英国之时，已是一个昏迷的人，在他逝世之前几天，他请其时《泰晤士报》的主笔司蒂特（Wiekham Steed）前来，要求在《泰晤士报》上用一页地位，替他发个讣闻。

一九二二年八月十四日，讣闻付印，这位报界的拿破仑，生着是为办报，死了还是忘不了报。

北岩爵士是政府慰劳功勋所给的封号。

---

① 今译科隆。——编者注

第五章 《泰晤士报》的风度

伦敦是世界报业的重心，伦敦出版的报纸，虽则形形色色，花样繁多，但概括起来，也不外晚报、日报与星期报三种。其中日报的势力，到现在为止，还是压倒晚报与星期报。在日报中，又可分成“上流报”与“大众报”两种。在前一个范畴内，包括《泰晤士报》和《每日电讯晨邮报》；在后一个范畴内，包括《每日邮报》、《每日快报》、《新闻纪事》、《每日民声》。此外，虽还有《金融时报》(Financial Times)《金融新闻》(Financial News) 以及两张著名的画报，即《每日镜报》(Daily Mirror) 和《每日素描》(Daily Sketch) 等等，但最占势力的究属前述的六种。就中尤以《泰晤士报》的势力，超越一切。

《每日电讯晨邮报》的原名为 Daily Telegraph and Morning Post，是《每日电讯》于一九三七年十月一日合并《每晨邮报》以后的联合名称。它是《泰晤士报》的竞争对手，一九四零年的每日平均销数为八三七，一八五份，四倍于《泰晤士报》的销数。后者在一九四〇年的平均销数为一九五，九三六份。《每日邮报》的原名为 Daily Mail，北岩爵士创办，现由其长侄主持，一九四零年的平均销数为一，四四一，六四八份。《每日快报》的原名为 Daily Express，主权属于皮佛勃洛克爵士 (Lord Beaverbrook)，现为全世界销数最大之报，一九四〇年的平均销数为二，六六五，二四九份。《新闻纪事》的原名为 Daily Herald，是正式代表工党的报纸，一九四零年的平均销数为一，二五〇，〇〇〇份。《每日民生》的原名为 News Chronicle，一九四零年的平均销数为一，七五〇，〇〇〇份。所有这六大报纸，除《泰晤士报》外，均售一便士，而泰晤士报的售价则为二便士。它的销数最小，但它的势力极大，这究为了什么呢？

《泰晤士报》不仅资格很老（一七八五年创刊的《全球纪事报》，就是它的前身，一七八八年改组，即用今名），而且是全英国甚至全世界最优越的报纸。北岩爵士于一九二二年逝世后，该报的主权落入阿斯托（Major Astor）手中，现任主笔是道荪（Geoffrey Dawson）[①]。《泰晤士报》的读者，对于北岩时代（一九零八至一九二二）的处置甚为不满，目之为巴比伦族的侵据，深恐同样不幸的事情再度发生，故于该报主权的转让限制极严，不得某一定团体的许可不得转让。原来《泰晤士报》有一个传统，有一种风格，它的特点就依这个传说[②]和风格上，北岩爵士把它看作纯粹企业性的东西，自然要遭旧传统的反对，现在总算十足恢复它的本色了。

它是一家报纸，但不仅仅是报纸；它是一种企业，但不仅仅是企业，它除记载消息，报道新闻，每年四季各出索引一册，供读者的便利查阅以外，同时又是国家利益的拥护者与保障者。在这意义之下，经济与政党的兴趣，退处次要地位。它的政策比较保守，但他并非无条件的[③]支持保守党，亦非无理由地反对社会主义者的首相。它判断事情，仅从该事本身的功过着想，凡有利于国族者，它全力支持，否则它就毫不迟疑，予以断然的批评和挞伐。它只在少数极端场合反对政府，大体都拥护政府，可是我们决不能因此之故，即目之为政府报。唐宁街的政府要人，休想它刊载片言只字是它自己所不同意的。他的记者造访英国外交部，他们的谈话可以继续至一二小时之久，但外交部的人员，休想它的记者接受指示，政府尽管发表政府的意见，但它的记者只把它看作政府的意见，不是报纸本身的意见。它的记者回来后撰稿，稿上写些什么，主张些什么，那是报纸的事，与政府绝不相干。不过有一点政府可以放心，即政府认为机密的消息，它决不随意宣布，偶或在字里行间透露一点真情，亦决不使政府为难，至于它对某特殊问题的评论和意见，完全依照它自己的良心，以国族的最高利益作为权衡标准。因为这缘故，所以印刷广场（《泰晤士报》所在地）固对唐宁街的处理感觉极大兴趣，同时唐宁街亦对印刷广场的意见，

---

① 今译道森，即杰佛瑞·道森（1874—1944）。——编者注

② 为“传统”之误。——编者注

③ 即“地”，下文同。——编者注

予以极顶的重视。因为这两方面的主持者，隶属统一社会阶层，接受同样的教育，具有同一的目标，所以在事实上，他们的意见亦多不谋而合，相互融洽。英国的民族原是单纯的结合体，而《泰晤士报》和政府的主持人，更于单纯之中同出一源，所以他们对于大多数问题都作同一的结论。一般多说《泰晤士报》社论反映政府的政策，考其所以然的理由，即在乎此。有人说：政府授意《泰晤士报》作如此这般的论调，这是错误的推测，《泰晤士报》决不肯做唐宁街的喉舌。它和唐宁街同是政纲政策的决定人。

因为这缘故，《泰晤士报》的主笔当其撰稿之时，都把自己设想为内阁的要员，或明日即将入阁的要员，备极慎重。他们用极度的抑制，不露锋芒，不尚新颖，更不过作惊奇议论以资号召。他们注重事实，注视现实，他们只在简洁流畅的文体上，显示他们是记者，至在其他方面，都牺牲记者的特长，致意于可观的问题的解决。更具体言之，他们决不逞能渲染，置国族的利益于不顾。我们认为《泰晤士报》的论评，最能代表英国政治的特质，没有预定的计划，只就目前事实解决现实问题。正像一般所说的："大英帝国的本身只是一个偶合。"英国的伟大，不在她的五年计划，却靠她的"五分钟计划"，在适当的时会，能有适当的措施，而在事实上，他们的措施又往往偏于迟缓，决无过激之虑。事实只不过是平常的事，唯独完整的计划，悠久的理想，才能吸引注意。现在《泰晤士报》用同一态度撰述论评，处理版面，无怪对于一般群众索然寡味，不足号召。只有少数真正关切时事的人，才能在它的论评中间，发现一个或两个暗示，从而窥知某一事情的动向，某一问题的主要演变。因而爱好新颖、爱好刺激的人，都把《泰晤士报》搁在一边，不予理睬，让少数真正希望了解某月某日英国国情与英国对于国际问题所持态度的人，在那里揣摩体会。他们决不会失望，他们愈揣摩得仔细，他们的收益愈多。《泰晤士报》供给他们的消息，准是最正确最可靠的消息。《泰晤士报》对于新闻的处理，真是谨严无比，它宁可延缓二十四小时，让其他的报纸出奇制胜，先发制人，却不愿意刊载可疑的消息。它所发表的消息，在某种意义之下，就是将来最正确的历史；而它每隔三月出版一次的新闻索引，也是研究现代问题最有用的助力。它的收获亦极可观，因为无论在英国国内或世界各地，都把它的报告，看作最正确的消息，在没有其他报纸提出反证以前，都愿意信任它的报告。而在事实上，它的错误机会是极少的。同时，《泰晤士报》对于新闻的撰述，最忌夸张，富于涵蓄①，因而吾人阅读之时，不能浮光掠影，随便翻阅，却要详细的体会，认真地揣摩。

也因为这个缘故，所以《泰晤士报》不是大众的读物。他的读者是政治家、外交家、法官、学者、教士、高级官员、海陆军将帅、一部分市镇的贵族和地主以及一般称为上流社会的人。为欲了解英国的社会生活，也有一读《泰晤士报》的必要。他的分类广告多于伦敦其他各报，分类广告所刊载的事，尤其关于人事一项，例如喜庆、婚丧、到达、宴会等，一般人都在该报登个小广告就算了事，故为英国（尤其是伦敦）日常生活的要览。这些广告与新闻本身无关，然而它们是《泰晤士报》的资产，因为要是缺了它们，英国全国妇女界永远不会去看这张阳性报纸。反对《泰晤士报》的人，都说订购的人并不一定看它，只放在会客室里当作装饰；拥护它的人却说，这样优越的报纸纵使订而不阅，也是很有意义的。

《泰晤士报》的读者，虽对北岩时代的办法表示反对，喻之为巴比伦族的侵据，但北岩对于《泰晤士报》的贡献究亦不能抹煞②：第一，他把该报的经济基础一次奠定，这对它今后的健全发展关系极大。第二，他把比较有利的编辑方法渗入它的编辑部，例如社论方面，他主张正论以外，加上短小精悍的论著，其最后一篇则涉及智慧与幽默；又如在新闻方面，过于冗长的通讯逐渐绝迹，有力的标题与新闻分类也使它减少许多篇幅上的浪费。这些都是北岩爵士对于《泰晤士报》的贡献。北岩逝世后，《泰晤士报》的主权归入阿斯托，组织董事会，确立宪章。此后《泰晤士报》的股票只能售给阿斯托或华忒（John Walter）倘有售给外人者，须得董事会的许可。其用意无非欲使《泰晤士报》的主权，不致落入董事会认为不甚妥当的人，这个用意很好，但有一种危险也不能不预防，诚如北岩时代该报主笔司蒂特（Wiekham Steed）在《报界》（The Press，938）一书所说的：

---

① 即含蓄，下文同。——编者注

② 即抹杀，下文同。——编者注

上述计划可以保障《泰晤士报》的长期独立性，诚值得钦佩；但其危险，很易使该报的职员自认为某一国家机关的保护人，而自忘其为报人。报人所办的报，其能否稳固立足，完全视报纸的成绩而定；倘仅以保护人自居，就不免难求长进，以致丧失该报前主笔巴纳斯（Thomas Barnes）、台伦（John T. Delane）等人的大无畏精神。没有任何宪章能够保全《泰晤士报》的势力和价值，假如它本身不努力而远远拖在报业竞赛的后面，又假如它的素质的精悍和政策的正确不能和它的劲敌竞争。《泰晤士报》售价二便士，售数仅仅二十万份，可是它的有力对手《每日电讯》售价一便士，销数却又六十五万份，而它们又都向同一阶层的读者进攻。假如《每日电讯》能更用点劲，发挥它结实的精神；而在事实上，它在一九三八年九月国际局势极度紧张时期所发挥的精神，已为大多数读者所悦服，那很可能在若干年月之后，又需要像巴纳斯甚至像北岩等人的支撑了。（页九三）

《泰晤士报》的版面安排，假如我们以二十二页计算，那最初三页是广告；第四、第五页是运动消息；第六、第七页是评论及公共集会的消息；第八页是读者来函；第九页是国内消息；第十页是娱乐指导；第十一页至第十四页，称为“帝国及国外消息”，那是该报最重要的部分，也就是一般读者最重视的部分。《泰晤士报》对于国会的报告，普通分两个部分：其一为全文的记载，其二为报告的要点。它对于其他文告演词的记载，亦取同一方法。关于扼要的记载，它刊在第十一至第十四页，专供一般读者阅读；至于报告或演词的全文，却用较小字体刊在其他地位，专供少数专家研讨。第十五页是社会栏，第十六页和第十七页的一部分是图画照片；十八、十九、二十以及二十一页的一部分是商业经济等。其余二页又是广告。遇到国会等重要团体开会，它的篇幅就看需要之不同而酌为增加。总观它的版面内容，不外四个支柱，即广告、运动、四页主要消息及商业贸易。它的配列方式，同时亦即英国各上流报的配列方式，在这一点上，它做了其他各报的示范。

以上仅就《泰晤士报》本身而言，此外还有：《泰晤士特刊》，每逢星期四出版，售价四便士；《文学增刊》，亦在星期四出版，售价三便士；《法律报告》，星期五出版，售价一便士；《贸易与工程增刊》，星期六出版，售价三便士；《教育增刊》，星期六出版，售价三便士；以及关于某一问题的专刊，无固定日期，但其内容，精美绝伦。关于上述各种增刊、特刊，均请全世界专家名流执笔，其水准之高亦非其他各报所能望其项背。专家被约撰稿，无不乐于应命，不仅稿费可观，且系极大荣誉。《泰晤士报》运用这个办法，就能尽到学术普遍的任务。还有，《泰晤士报》的“读者来函”，也是极顶重要而又极有贡献的一栏，无论其为一般诘难、政治建议、外交意见，读者只需致函编者，编者无不乐于发刊；有时候，老年政治家或者著名经济家的数行来函，就可转变政府的决策。其次，如牛乳的供给，公共车辆的管理等，读者也往往用来函方式陈述意见，促进改良。没有一个有为的政治家敢忽视此栏，因为它是民意的总汇，谁忽视了它，谁就与人民脱节，谁就不能安于其位。在这意义下，《泰晤士报》的“读者来函”栏，在本质上就等于英国的国会。我们看到《泰晤士报》的成就，对于自己报纸的如何栽培此栏，使成为民意的真正发扬场所，实为刻不容缓之事。我们倘希望办报成功，必使读者有参加版面的机会，而“读者来函”的设置与重视，就是达到这个目标的有效办法。

第二篇 创造自己的事业

第六章 后来必须居上

以上我们述说了若干报业巨子的办报经验，他们所能做到的事，我们没有理由不能做到，问题只在入手的方法如何。

办报的第一课题，是竭尽全力创办一张最完美与最精彩的报。中国的报业虽不特别发达，但在像上海一带地区，相互间的竞争已相当激烈。我们创办一张新的报纸，希望它与人竞争而又出人头地，就得在篇幅上、版面上、印刷上胜过原有的报纸。一般当有这样的观念：以为任何一张报纸，决不能于立时之间办成尽善尽美，所以在创刊时，只求能过得去，以后不妨逐渐改良，逐渐进步，终使读者满意。又有人想：初办报纸，对于报纸前途并无特别把握，万一办理失败，则投资愈多损失亦愈大。不如创办之初，先从小规模下手，庶几万一失败，所受亏损亦可稍有限制。这两种见解，都是错误的。

先从第一点来说，读者订阅报纸，全从报纸本身作评衡[①]标准，倘使在事实上甲报的确优于乙报，他就订阅甲报，放弃乙报。在办报的人，因为感觉自己的报纸在那里进步，固足引以自慰；但在订报的人，他不会用历史观点，研究你所办的报是否确实有了进步。他所致意的是你出的报是否的确比他家好。即使你的报纸，的确比他家好，但因为你的报纸新出，在社会上尚无固定地位，在读者心理上尚无订阅习惯，还是不能和他家竞争。倘新出的报根本不及原有诸报，那就根本没有生存余地，还谈得上竞争与发展？再就第二点来说，在投资的人

① 即评价衡量。——编者注

或以为投资较少，所受损失亦可随而减轻。殊不知损失的数额或可因而减轻，但成功的可能却因而全然丧失。换言之，如此打算的人，他的失败是注定了的，是无法挽救的。一方面是亏损的可能减轻，一方面是失败的全面决定，其为利弊得失，固不待智者而自明。

为欲达到“后来居上”的目的，第一，在形式上必须不落人后。例如原有的报日出二大张，那我们就不能日出一张；原有的报用西报纸印，我们就不能用土报纸印；原有的报售价一角，我们就不能提高一分二分。虽则这些条件齐备，并不保证你的报纸必告成功。但倘使你连这些基本的条件亦不具备，那你就休想和人竞争。

第二，倘使你在形式上希望与人竞争，那就必须在排字、印机等设备上作充分的准备，切勿在开头时因印数不多，只求勉强应付，不作切实准备。平常错误的观念，总把勉强的应付看作合理的节省，殊不知印机等件之需要休息犹如工人。一架过分运用的印机，其耐久力必较一部有适当休息的印机为短。考起所以如此的理由，一方面固因为过高的热力，可使机轴折损，同时亦因印机不得休息，不能时加察视，小有不合立即予以修理，因而微损变为巨损，巨损变为停机。在惯熟印务的人，听了印机开动的声音，就可明白印机的开转是否正常，小有不合即可停止印刷加以修理。自然，这种轻微的修理，是轻而易举之事。可是在没有休闲印机的报馆，因为必须在一定时间内赶印一定数量的报纸，纵令管理印机的人发觉印机的微损，亦必无法停机修理，于是印机的损耗增大。然而这还仅就印机本身的损耗而言，万一印到一个时候，印机遭遇障碍，印刷无由继续，倘没有休闲的机器等在那里可以立刻换机印刷，那就影响报纸的发行，减少当天的收入，并在一般读者的观念上发恶劣印象，这对报馆，更是无法挽救的大损失。一个精于报业的人，绝不吝于印机、印料的置备，他必按照实际需要，另作大额储藏准备。这是实际经验的一大收获，初办报纸的人决不能忽视这一点。

第三，初版报纸的人为欲达到“后来居上”的目的，必须在自己的预算上，替最初数月的广告准备一笔巨额的广告亏损。广告虽然是报纸的收入所系，但它对于报纸的意义，并不仅限于收入，它是组成版面的主要部分，也是读者深切注意的部分。我们研究战前上海的报纸，《新闻报》没有社论，在编辑的配列上，也不见得怎么超过他报；但它的销数一直列居首位，这究为了什么？唯一的理由就因它的广告多，而读者都是喜欢读广告的。不论是永安、先施等大公司的百货广告也好，文化事业的出版广告也好，电影剧场的戏目广告也好，婚丧喜庆的人事广告也好，征聘出租等分类广告也好。总是《新闻报》刊载的最为众多最为详尽。此外，它本着一贯的营业政策，除上述各报所共载的正当广告以外，它又有“按摩”、“响导”①、“舞场”、“XY光”等不堪入目的广告，然而正像黄色新闻是一般读者所最欢迎的新闻一样，《新闻报》式的黄色广告也是读者找寻刺激的主要媒介。我们在这里，不愿对过去《新闻报》的作风做出任何褒贬得失的论评，我们只借它为例，说明报纸的广告亦为构成读物的主要部分。我个人的经验，我并不怎么看《新闻报》，但在我家里却不能不订阅一份。因为家里人共同的意见，认为单订一份《申报》和《字林西报》是不够供全家人的需用的。我常听见朋友说：“我爱看某报，可是我家里的人以及不时到我们家里来的戚友，都要订《新闻报》，因为它上面的商品广告与戏院广告是上海日常生活的主要指引。”这是战前上海人的一般意见，也是世界各地各国的人的共同意见。我们明白这一点以后，当知一张新出的报纸，倘希望在竞争剧烈的地域求得生存，而又竞胜之，就不得不对广告部分加以深刻注意。我们要用各种可能的方法招登各种适宜的广告，其若干大公司与大戏院的广告，更宜特别招揽，毋使读者对于你这张新出的报纸感觉某项必须刊载的部分被忽略去了。倘一时招揽无法，就是义务刊登亦在所不惜。这似与前引《支城日报》广告刊费划一的理论不合，在原则上，我们应当实行“刊费划一”的主张，但有时候现实的需要不容我们不酌为变通，一俟广告的基础打定后，我们就可贯澈《支城日报》的主张。至于征求、应聘、出租、出售等分类小广告，更宜用尽全力广为吸收，因为它所代表的不仅是报馆的收入，抑且是读者的便利以及报纸对于读者的服务。我们知道《支城日报》的一个成功，就是它的分类小广告特别众多，曾有一个时候，每次出版以前，总有千百失业的人伫立等候，其目的是希望根据它的“征聘”广告，获得一个适当职业。同时，伦敦《泰晤士报》的

① 原文如此。——编者注

一个主要特点，也是它的分类小广告，在伦敦各报之中首屈一指，它对于读者的真实服务，仅就这一点而论亦甚可观。

第四，我们创办新的报纸，倘真希望“后来居上”，那就必须于新闻与论评方面尽最大的努力。广告虽居版面的重要部分，读者对于广告的部分虽亦深感兴趣，但报纸之是否成功，是否能尽报与导的功能以服务社会，那就全然要看它的新闻与论评，以及与新闻论评有关的各种特写专稿。基于这个理由，我们主张办报的人，于发行创刊号前，先对原有各报作详细的研究与调查。在他办公室内，应当齐备全国代表性的各报以及国外著名的报纸，每天会同主笔、编辑仔细研究，求出各报的特点何在？缺点又何在？各报的对象是谁？它的版面能否适合它所预期的对象？对于他们的实际生活有无指示？对于他们的求知欲望能否满足？对于他们的共同意见能否代表？自己拟办的报究以何者为竞争对象？又以何者为竞胜工具？是否自己的新闻能比他报充实？是否自己的专稿能够邀约头等专家轮流撰述，因而制胜他报？是否自己的副刊独具特点，为其他的各报所不及？诸如这一类的问题，都当根据自己的最高理想，参照现有的著名报纸，理出一个具体纲目，全力求其实现。我们劝他订阅各报，综合研究，并不是叫他事事模仿他报。专事模仿的报，是没有个性不能独立的报，其不能受人信仰，正像没有固定意见和独立人格的人，我们只觉得他是大堆软骨的结合体，根本不会对他发生任何尊敬观念。创办《堪城星报》的纳尔逊说：“朋友们！不要让其他的人来办你的报，你当办你自己的报，你自己所喜爱的报。你所应当致意的是：你自己的报能否按照预定计划，日益进步；不必浪费时日注意他报的动作并从而模仿之。”志在报业的人，对于纳尔逊的这几句话，应当特别体会，替自己的报树立独特的风格。

研究他人的报纸，确立自己的编辑方针，大体还是偏于理论方面的事。办报而仅仅有理论有计划是不够的。你的计划尽可很好，你的方针尽可非常正确，但正式排入版面，未必一定合式。就因这缘故，所以我们于正式出版之前，必须先出试报。我们不会忘记北岩爵士的经验吧？他的《每日邮报》，在一八九六年五月廿八日创刊，可是它的试报在二月份即已开始。他不惜巨资购订国外专电、名家专稿、特约通讯及其他各种特写文字，每天都俨乎其然地编报、排报、印报。他那态度的审慎与夫用力的辛勤，谁都不会怀疑他在正式出报，然而他仅在那里出试报。经过四个月的长期试验，化去试报费用四万镑，到了出版日期，果然一鸣惊人，后来居上，销数达二〇二，〇七七份。

纽约有个《地球报》（The Globe），原名《商业广告报》（Commercial Advertiser），一七九三年创刊，售价二分，销数一万。可是到了一九〇四年二月一日，它的面目突然改变，《广告报》变身为《地球报》，原售二分改售一分，原有销数一万现在改为十万，相差一天，销数突增九万，这似乎是报业界的奇迹。但使我们注意它的幕后试报工作，就觉突销十万并非什么了不得的事。

原来《地球报》的主持人，在办公室内已经准备三月之久了。他们第一件事当然是版面的革新，把死气沉沉的老牌《广告报》，一改而为新鲜活泼的《地球报》。可是仅仅版面上的革新还是不够，他们的推广工作殊足惊人。他们在三个月的时期内，先把纽约百老汇路的广告牌都包了下来，漆上最鲜艳的颜色。他们预备好十万份雏形样版，又预备好十万张推广卡片，又用德意法英诸语言印成大宗传单，告诉卖报的人：《地球报》的批价是一分钱四份，他们对读者的售价是一分钱一份；又告诉他们：倘有人订报，就把推广卡片送给他们，请他们立即订阅，《地球报》对于每一张署名卡片，额外致酬一分。诸如这些东西都事前预备好。到了二月一日，百老汇路的大小招贴板都贴满了《地球报》；各报的封面都是《地球报》的广告；《地球报》雏形连同推广卡片大宗付邮。总括一句话，整个的纽约市，都是《地球报》的场面。发行的第一个月（二月份）平均日销八六，七二二份；三月平均日销九六，五〇三份；四月份达到一一二，七三一份。

《地球报》所希望的是后来居上，它确实达到“后来居上”的目标了。

第七章 栽培声誉的例

我们的报纸经过相当时期的准备、搜集和试验，终于和读者见面了，我们的成绩虽不一定能像北岩爵士的《每日邮报》，创刊号就销二十万份，或像纽约《地球报》，过了一个晚上，就把原销一万份的《广告报》改为实销十万份的《地球报》。可是我们只要切实把握"后来必须居上"的原则，在编、排、印、销各方面都作同样的准备，那我们的成绩必亦相当可观。我们有了基础，就当继续培养，自强不息，精益求精。我们在本章所讲的，就是继续培养使其基础日益稳固的有效方法。我们不想提原则，只想举几个具体的例，读者可举一反三自去领会。

我们先述纽约《地球报》的"洁食运动①"（Pure-food Campaign），主要的材料取自该报发行罗洁士（Jason Rogers）所著《报业经营》（Newspaper Building）一书中的第十五章。

我们说过《地球报》的改组是一九〇四年二月一日，到一九一二年十二月，它在知名化验师麦肯（Alfred W. McCann）的主持下，开始刊载纽约市的"洁食"论文。原来在那时候，纽约市的食物非常复杂，有的原料不合标准，有的运输方法不良，致使原属于优良的食物变质；更有根本不是优良的食物，但因主持者资力充实，声势雄厚，推销得力，居然成为纽约全体市民的主要食品。这是多危险的事！但没有人敢于检举。纽约全市的市民都睡在梦里，不知他们认为富于营养的食物，压根儿有碍健康。《地球报》发动"洁食运动"，其动机原为公共福利，但所谓后果，不仅公众受利，经营洁净食物者受利，即《地球报》本身亦获得极大利益。单就发行一点而论，"洁食运动"所给它的

① "洁食"，即符合教规的食物（犹太教），下文同。——编辑注

好处，是四万余份的新定户①；至于它那社会地位的提高，更属不在话下。

“洁食运动”初发端时，《地球报》的处境自然困难，那班经营不洁食物的人有钱有势，又有地痞流氓作为掩护，根本不能轻易开罪。麦肯先生的论文发表后，恶势力就集中攻击，他们不仅煽动同行的人群起胁诱，且用巧妙手段恐吓《地球报》从速转变作风，否则将以全力应付。《地球报》不为所动，约有十六个月的时间，每日刊载麦肯先生的论文，指斥食物商的欺诈与罪行，揭发不正当的贸易方法，致使若干罪迹昭著的批发商与零售商遭受逮捕。在同时期内，《地球报》的读者不时询问麦肯，究竟那几家的食品清洁卫生，合于营养条件。基于读者的此项要求，《地球报》于一九一四年四月，开始刊印“洁食目录”，凡经麦肯化验而认为满意的食品，陆续刊布报端，供读者的参考与购买。同时，麦肯得读者之助，大量征集标准食物，分别予以介绍，说明它们的内容与特质，以及它们所以合乎标准的理由。当时若干同业，以为《地球报》真的改变作风，一改过去对于食物的攻击，变而为对于食物的推荐；更有人甚至怀疑《地球报》的诚意，以为它之所以发动攻击者，其终极目的只在吸收广告，补充它的“洁食目录”栏。同业尽管如此控告，但广大读者的认识却要敏捷得多，纯洁得多。他们知道这是《地球报》必须经办的事，因为既有不洁食物的攻击，警告读者不去购买，其势必须提出洁食物，指示读者，供读者采购。

《地球报》的“洁食运动”是一个新的观念，其本身即是新闻，而且是比新闻更新的观念。它的结果是很容易推测的，成千万的《地球报》读者，一方面拒购不洁食物，另一方面却去争购麦肯所认为洁食卫生的标准食物。若干平时不知名的食物，现在却变为群众的主要食品，它们利市百倍，而从社会正义的立场来说，那正是它们的应当利得。该报发行人罗洁士曾接许多食品公司的信，说明它们的营业，因着“洁食目录”上小小二时的广告而突飞猛增，他们所表示的都是感激之情，不用说，他们将是《地球报》的永久广告顾客。我们且举数信为例：

---

①　即订户，原文如此，下文同。——编辑注

挥脱华斯的饼干，因为产量少，又因为无力与批发零售商合作，故其销售亦极有限。它在《地球报》的“洁食目录”栏中登了二寸小广告，在六十天内（一九一四年六月二十九日），《地球报》接到它下面的信：

执事先生：当我们代表挥脱华斯饼干签订合同，在贵报“洁食目录”内刊登广告的时候，我们的初意原是大家为了公共的福利。可是自从第一期刊出后，我们不仅接到大纽约市民与零售商的信，即远如支加哥的主妇，也多写信问起挥脱华斯饼干的情形。我们的主意变了，我们对于今后的销售方法与分配计划，不得不重为布置。我们希望不久以后，能在“洁食目录”栏内刊载更大的广告，并在《地球报》上发刊封面广告。我们相信贵报的“洁食目录”，实为推广挥脱华斯出品，使之成为全国闻名的食品的主要力量。……

这里是另一封信，是经营挪威腌鲱鱼的诺曼那公司寄去的，该公司在“洁食目录”栏内，登了六星期广告，它的收获是：

执事先生：商业上的欺诈是诚实商人的最大仇敌。我们对于《地球报》发起的洁食运动竭诚拥护。我们认为在各种欺诈当中，食物的赝制品最不能原谅，它不仅打击诚实的竞争者，抑且贻害消费者；它所表示的不仅是不诚实，而且是罪行。

你们开始“洁食目录”的时候，我们愿把诺曼那的出品刊列在内，因为我们相信你们的办法，最能提高商业道德；但其结果，远出我们预料之外。我们经营无骨的腌鲱鱼，只是今年一月的事，在我们自己的监督之下，在今年二月三日开始装罐，历史未久，知道的人不多。但自我们的广告列入你们的目录以后，各处的信件、电话络绎而来，有的且私人电话给我，询问腌鲱鱼的情形，这种结果确非我们初料所及。

地球报的洁食运动已经收获极大效果，发生极大效果，发生极大力量，我们自己已经目击实证，我们钦佩麦肯的努力与工作，希望他的权力能够日益提高，使不洁食物的经营者永远绝迹。……

以上两信，都是纽约本市的证据，然而洁食运动的效力，决不限于纽约。这里是支加哥捷尔开公司（J. F. Jelke Co.）的去信，那是一家制造好运牌人造牛酪的公司，它所制造的人造牛酪，郎通称为“麦琪琳”者，在纽约市推销十一年，并未吸引纽约市民的广泛注意，可是自从它被刊入《洁食目录》以后，情形突然改变，它“打进纽约的市场了”。据它自己说：

执事先生：我们觉得这是我们的责任，也是我们的心愿，报告你们《洁食目录》的效力，以及我们从它那边所得的好处。它能使大纽约市的住民打破对于麦琪琳的成见，而广为采用。我们的麦琪琳，品质本高，用以涂佐面包最为相宜，但我们并未得到预期的效果。

我们已有三十年历史，在支加哥制造好运牌麦琪琳，我们的产品每年已达四千万磅，它的去路，是美国全国各地。我们在十一年前开始到纽约来经营，我们竭尽全力，欲使纽约市的住民能够熟悉我们的出品的特质。

不久以前，我们把麦琪琳的样品送给麦肯先生，请他化验，他允许我们，刊入“洁食目录”。我们的广告，在四星期以前方始刊出；可是它的结果，在我们看来已经近乎奇迹。我们在纽约市的销行已经三倍于前，每天总有麦肯先生的拥护者，陆续不断地到我们店里来询问，仅在这一个月内，我们已开始百余新定户，我们的推销员都享受前未之有的合法利润。

我们接到许多远处来信，他们都提起“洁食目录”，都因为你们的介绍而感觉兴趣，而发生信念。我们对于你们的介绍极表感谢，此后当全力支持，使贵报的无价服役，更能普及与市民大众。

我们又可提出另一封信，那是经营麦麸的凯洛格食品公司（Kellog Food Company）的去信，它说：

执事先生：我们写这封信，因为我们相信，自从凯洛格麦麸在你们的《洁食目录》中刊载了二十八行的广告后，它的近况如何，必为执事诸君所欲知。我们认为它的效力简直惊人。迄今为止，已有四百余起的询问到我们店里，他们或通书函，或用电话，或则亲来询问，他们究竟可从什么地方买到凯洛格麦麸。每一次，他们都提起《地球报》以及他们对与[①]麦肯先生的拥护和信仰。我们的小广告，于四月六日星期四，在你们的《目录》中刊出，迄今二十日星期二，我们在纽约本市已销出麦麸一，一六〇包。凯洛格公司营业已达四十年，出品已达一五〇种，但我们的广告几全限于样品和试用，刊登《洁食目录》，还是我们运用报纸广告的第一次，但经这次试验之后，我们方知报纸广告的效力实甚可靠。……

据《地球报》发行人罗洁士的报告，该报的《洁食目录》既告成功以后，纽约市的食品公司，竞[②]把它们的出品送往麦肯先生检验，请求在《目录》内刊登广告。麦肯先生根据一贯立场，凡合标准的食物立刻替它刊载，并为之介绍，其有未合标准的，则说明理由，着其改良。有的按照指示立即改良，有的无法改良，无形中就成了《地球报》的仇人。但《地球报》正以有这一班仇人为荣。《地球报》在“洁食运动”中，替社会完成极大的服务，那是报纸应尽的本分。我们在这里应当特别指出的是：经此“洁食运动”的努力以后，《地球报》在纽约全市市民，甚至在美国全国国民的脑海中，永远种下深刻的印象，它服务社会，又替自己的报誉增了无比的光辉。它的信誉卓著了，它的地位稳固了，它的基础结实了。

经营报业的人，在世界的每一角落都可发现像《洁食目录》那样相同的机会，问题只在主持人员的善为运用。我们试再举《纽约世界报》（New York World）的“筹募自由神像基金”为例。

说起《纽约世界报》，普利宰于一八八三年的接办《纽约世界报》，

---

① 应为“于”。——编者注

② 此处是指众食品公司竞相送检。——编者注

其本身就是美国报界的一大盛事。普利宰（Joseph Pulitzer，1847－1911）是匈牙利人，出身颇佳，十七岁时自家出亡，目的是要从军，但因视力不佳，身材瘦弱，并不受人欢迎。其时适有美人在德国汉堡招军，他就应征，加入林肯的骑兵队，入伍仅六个月，美国南北战争结束，他不经一战而被解散，身边莫名一文，心意亦殊沮丧。他暂住纽约派克路的法国大旅社，亦因房租无着而受侍者驱逐。其后参加报纸工作，由记者而变为报纸的共同拥有人，终于购买美国圣鲁易州①的《快报》（Dispatch），合并同州的《邮报》（Post），出版《邮快报》（Post－Dispatch），获利甚巨。一八八三年，他因工作过度，身体欠佳，又因《邮快报》攻击当地一个律师，致使后者被杀，心境亦殊抑郁，特到纽约去休养。就在那时候，纽约的《世界报》出售，就用三十四万六千元美金，把它收买过来，全力经营。他的主要方针是标题醒目，消息惊人，增刊图画以广销行。尤其注意社论一项，对当地各种应行兴革之点，列举项目，逐一检讨。他本是前进的人，用前进的版面，提前进的办法，热烈讨论，坚决主张，自然容易引起读者的共鸣。在他接办前，《世界报》的销数是一五，〇〇〇份，接办后三个月内的平均销数是三〇，三二六份，增加一倍；一年以后，增至六一，一五二份，增加四倍；到了第二年度终了，增达十万份；到了一八八六年九月，增至二十五万份。这在当时，"是美国销行最广的报纸"，其影响所及，致使当地各竞争报纸不得不因此而减低售价，或作其他版面的改进，以资对抗。一八八八年四月，他购买派克路的法国大旅社，建立《世界报》大厦，规定大厦的屋顶必须高过任何其他附近的建筑，包括《太阳报》的屋顶在内。我们记得同此旅社，于若干年前，因他无法清付房租而被侍者驱逐出去的一幕，当知他在报业上的成就为如何了。可是反过来说，他的《世界报》，在纽约一带虽已盛极一时，在美国全国人士的心目中还没有深刻的印象。《世界报》虽有发行基础、经济地位，然而它的社会地位还限于纽约左近，不能在美国全国普遍建立，那就需要更进一步的努力。而它在普利策主持下的"自由神像建筑费募捐运动"，就是最成功的一着。

现在的纽约港口，树立着自由神像，一九四四年六月五日欧洲第

---

① 今译圣路易斯市。——编者注

二次战场开辟时，自由神像上面，满点自由之灯，象征自由之光重照大地。这是纽约市的主要名胜。发起建筑此神像的是法国，她于一八七六年（美国获得自由的百周年纪念），发动全法人民捐助巨款，赠送美国建立此像。法国全民的捐款备极踊跃，惟因规模甚巨，建筑费浩大，法国全民的礼金实在无法供应。美国的国会，在理论上无法补足此款；纽约的市民委员会虽经发动募款，亦无成就。大家都在企盼此事之早告厥成，但没有一个团体或机构能够完成这步末了工作。《世界报》于一八八五年就担负起这个任务。它对纽约以及美国全国的人民宣称这说："《世界报》是人民的报纸，现在吁请全民齐心协力，募足自由神像的建筑费。"它知道这步工作是艰巨的，由一角或五分的细数积成十万美金的巨款，当然不是容易的事。但它耐心着，宣传者，鼓吹着，希望全国人民都能各尽所能，促成此事。经过五个月的苦工，用社论来劝募，用新闻来鼓励，用全副毅力来支持，终于十二万的捐款人凑足十万美金，建筑自由神像的未完工程。

自由神像永远立在纽约港口，俯视纽约港口的各种进出口船只，并供历年万千游客的攀登观赏，《世界报》的声誉也跟着自由神像基础结实，地位稳固，永远印刻在纽约人甚至全世界爱好自由人士的脑海。《世界报》为完成自由神像，发动劝募运动，任苦任劳，替广大的读者群众服务，自由神像的不朽，也就是《世界报》的永久声誉。

亲爱的读者们，我们志在报业，发挥自己所办的报的功能，就不怕没有像纽约《世界报》的机会，问题就在我们怎样把握它们，并运用它们。在这里，请原谅我用亲自参加的经验，述说抗战报《中美日报》的"讨奸运动"。

第八章　《中美日报》的“讨奸运动”

被认为破坏和平，重庆捣乱分子创办的上海《中美日报》，它一生的命运可算是艰苦的了。它诞生在二七年十一月一日，时国军西撤将近一年，而租界的四周尽被敌寇包围。上海一般的正义报纸，都受敌寇的忌视。他们指使公共租界工部局，凡敢公开刊载抗日言论者，一律予以处分，小则警告，大则停刊。《中美日报》的主持人，正是年富力壮的血气男儿，其所以创办此报者，也全凭着一股热血。他们没有办报经验，创刊第一期，新闻社论均甚平平，唯有一篇论述“中国固有道德”的文字，洋洋五千余言，用四号字排，最引人注意。因为一般看报的人，都不懂得这篇文字的用意，更不懂得如此一篇长文，为何要用四号字排，而且占据偌大的篇幅。这原是没有办报经验的铁证，同业都在暗中讥笑它，关心它的读者无不暗中替它耽忧①。它的销数当然不会怎么好，它的地位自也不会怎么高，它的组成人员，《民报》班底不少。我们若记得《民报》的版面，对于创刊初期的《中美日报》也可领会一个大概。

二八年春，上海的抗日报纸为《文汇报》、《大英夜报》等，因刊载委座的言论，以及中央的主张，被迫停刊，《中美日报》不能幸免。停刊两星期后，照理各抗日报都可继续出版，但真能顺利继续的，恐只有《中美》一家。这其中的缘故，将来写中国报业史的人一定很感兴趣，我们参与工作的人不能不有概括的记录。

原来自从敌寇侵占上海，推出一群败类组织所谓“上海市政府”后，凡在租界出版的中国报纸都须送请检查，例如《新闻报》在组织西董会以前，就遭受许多说不出的麻烦。唯独外人主办的报纸，因为

① 即担忧。——编者注

享受治外法权，可以免予送检。这检查的关口是去不得的，凡经伪市府顾问官的手的文稿，都变成似通非通、不痛不痒的报道，不要说读者不会满意，就连编辑人自己也感觉乏味极顶。大家于无办法中想出一个办法，就是组织西董会，请美国人或英国人做报纸的发行人，对外由西人出面，对内由国人自理。我们在这里应当特别提出一点，原来若干美英籍商人所以愿做挂名的发行人，倒并不完全因为报纸送给他们的少数报酬，主要的还是因为私人的友谊，以及对于中国抗战所表的同情。可是他们到了紧急关头，亦会利令智昏，出卖朋友的交情。在停刊期满后，《文汇》之所以终于无法复刊，《大英》之所以必经改组而始能复刊者，就因发行人的心理变了。《中美》的创办人吴任沧，个性素强，听说用四号字排五千字的论文，就是他的主张；可是这样的个性，用以对付发行人，就免除了诸多麻烦。他和发行人签订合同，报酬数量尽可磋商，但股票签署后必须由他自己保管，股票不在发行人手里，发生于《大英》、《文汇》的事故，就不致发生于《中美》了。

敌寇压迫《中美》，原想摧残《中美》，可是它的结果却替《中美》做了极大的广告，二①星期的停刊，致使上海正义人士都认《中美》为应读之报，但尚未变为必读之报。同时《中美》的一般版面不能有特别表现，也着实有积极改良之必要。因为要改良版面，改进内容，我们几个主持的人，就开始寻求《中美》的读者对象。

上海的报业竞争，即在国军西撤以后还是相当剧烈。《新闻报》始终贯澈它的营业立场，未经停业；《申报》在汉口出版若干时后，仍至上海复刊；《文汇报》在停刊前，因为敢于说话，又因它的副刊喜欢捧鲁迅，讲“普罗”作风，颇引起读者群众的注意，可惜一度停刊以后，终于无法复刊。我们当时分析《新闻报》的读者，因为它历史久，广告多，各种刺激人的桃色黄色新闻都有，而陶菊隐主持的国际逸事，亦足掌握一部分读者。中美不能和它竞争，而在事实上似亦没有和它竞争的必要。《申报》的读者水准要比《新闻报》精选一些，它诚然不愿忘记营业，但有时候似亦能于营业之外打开一条新路。它一度迁

---

① 原文如此，当时“二”与“两”不分，下文同。——编者注

移入内，在沪停刊多时，故一部分读者都被《新闻报》吸了过去，现在要恢复销数，不能不在售价上格外低廉。但它缺乏固定方针，要亦为有目共睹的事实。它的政策正像它的人事，时时在那里波动。我们当时的观察，好像觉得《申报》的处境甚为困难，它要走《新闻报》的路，但没有《新闻报》一贯商业立场的历史；它要一反《新闻报》的办法，另外开辟一条新路，似乎它的人事配备又稍嫌不足，何况在那时的环境下，走前进的路很易引起误会，牵涉它的全部资产。它确实举棋不定，莫知所问。我们体认《申报》的苦闷，感觉《申报》应走的路，要不是因为它是有近七十年历史的老牌报，应该是向前的与进步的路。《申报》所不敢走的路，《中美日报》毫不迟疑地定了下来。简言之，我们办报的目的是为了青年，为了上海的职业青年与求学青年，以及其他有青年热血与青年头脑的壮年中年，或甚至老年。我们的对象确定了，我们的政策和版面也就容易配合了。

二十八年初夏，汪兆铭叛国来沪，勾结敌人，在敌寇主持之下活动“和平”。汪兆铭初来之时，一般沪地住民都莫测高深，而他的臭恶爪牙就利用机会，捏造“双簧”“谅解”等流言从中煽动。一时上海市民俱信汪逆的倒行逆施，似亦有所根据者然。大势所趋，一般忠实市民俱将为其利用，听其指挥。这是够危险的局面，挽救这个危机，责任全在报界。

我们择定青年为《中美日报》对象，我们要挽救危机，就从教育界入手。当时教育界的情形确实复杂，其中不少油头滑面的投机分子，他们从前自称为“爱国干部”，满口国族至上胜利第一，各种救国集会都有他们的分①，各种救国行动都由他们主持，在一班纯洁无疵的青年心中，他们都是头等爱国分子。然而他们毕竟是油头滑面的败类，他们从前爱国，并不是真正爱国，只因爱国对他们有利。现在国军西撤一年多，四周都是敌伪的势力，随着敌伪势力的扩充，又是许多升伪官发国难财的机会。他们怎肯放松？他们怎肯安分？于是鬼鬼祟祟地与敌寇接近。他们以数百万的优秀青年作为他们的资本，对敌寇讨价还价，争求自己的地位。他们骨子里是卖国叛徒，可是在表面上还是

① 原文如此，应为份。——编者注

最热心的爱国者。他们借用中央的口吻，替敌寇宣传，要求整个青年界的合污。《中美日报》把他们这一群调查得清清楚楚，准备向他们发动盛大攻势。可是在技巧上，我们不得不详加考虑，还是总共揭发呢？还是择尤猛击呢？我们觉得后一条路较为安当，因为：第一，集中挞伐首凶，较易收效；第二，首凶被挞伐了，其他可左可右的人，或有幡悟可能；第三，他们鉴于首凶的遭遇之惨，或许打一下算盘，感觉得不偿失，纵不立时悔悟，亦不敢肆无忌惮，热中[①]叛逆。当时可挞伐的人很多，但我们选定尖头秃顶的陈济成，作为挞伐主的。他是公共租界工部局华人教育委员会的委员，是中等教育界的流气闻人，开设一个私立上海中学，学生有二千余人。我们咒诅他，我们揭发他的逆行，我们列述他和敌伪接洽的经过，我们指出他次一步的阴谋。我们的证据确实，故在《中美日报》的版面上，毫不迟疑地斥之为上海教育界的汉奸巨魁。我们在教育版上揭发事实，在社论栏中提出申讨，又在本市版上诉述他过去的各种罪状。我们第一个要求是：私立上中的学生应当本着纯洁无疵的良心，群起对陈逆反抗，反抗汉奸，反抗做汉奸的喽啰，反抗以洁白的心地被陈逆拖累，将来世代子孙永蒙不白之冤。我们树起正气蓬勃的义旗，向上海整个教育界的败类，作代表性的征伐。我们准备好三天材料，预料他不到第三天一定崩溃。我们真受上海青年界的感动，我们发刊挞伐的第二天，私立上中就罢课，要求该校长陈逆明白表示态度；同时更致函教育版记者，誓必追随《中美》，扫除上海整个教育界的妖魔。陈逆的油滑下流真出我们意料之外，他一方面跑到南京去就伪职，可是同时竟敢到《中美》广告栏来登启事，全文含糊其词不值一驳。我们只列举事实，证实他的罪状。他一切为利，从前假冒爱国是为利，现在出卖国族，出卖青年是为利，这次他出面刊登启事也是为利。原来他要保全私立上中，那是他的生财大道，过去个人的挥霍都取给于此，将来子孙的豢养当亦不外乎此。他的活儿纵大，虽在众矢齐集之时，还能抬出上海数一数二的闻人辈替他作挡箭牌，藉此保全他的私立上中；但在正义民气的照妖镜下，他无论怎么满天筋斗，也都隐不住他的原形，他倒了，他的其他布置都变成枝节问题了。

---

① 原文如此，即热衷。——编者注

揭发陈逆的第三天，我们又提出私立上海女中的校长吴志骞。他的情形本与陈逆相似，但他究竟多读几年书，知道在紧急关头痛自检点，他提出有力的证据，在中美广告栏中刊登启事，内有“头可断，志不可屈”之语。这是正气的表示，但亦是敌伪的严重打击。他们怕其他大小汉奸们从此拆伙，故对吴君的这个启事绝对不能原恕。在初夏的一个早晨，吴校长正在办公室内批阅文件，突然几个暴徒闯了进去，不问是非，连发几枪，把手无寸铁的吴校长立时击毙。吴校长的初步行为，殊不可谅，但他以后的表示，光明磊落，正气磅礴。《中美》救了他的精神，但敌伪连一个血肉之躯也不肯放松。汉奸们知道利害结合之无法维系，都引此为戒，从此俱各稍稍敛迹。可是《中美》的处境，以后就愈弄愈苦了。直到卅年十二月八日太平洋战争爆发，敌伪侵入《中美》报馆，致使我们出一个午刊，发一个“告别上海民众”的机会亦不可得为止，无时不在过着心惊肉跳的生活。可是《中美》的全体同人，如今回想起来，真不知道还有什么生活比那个阶段更有意义，更足兴奋。

我们在这《中美》迄未复刊，同人四处星散，大家过着颠沛流离生活的卅三年六月二十七日，检讨当时的“讨奸运动”，除了有无限的感慨，汹涌心头之外，觉得那一次的集中讨奸，对于《中美》以后的地位，实有注定性的贡献。诚然，敌伪把以后的《中美日报》，视为天字第一号的重庆捣乱分子的结集，利用他们的军队实力，或则假手工部局，压迫我们，致使《中美》在以后二年内，遭受勒令停刊者计凡三次。或则直接行动，打发三十余暴徒，雇用云飞出差车，手提轻机关枪、盒子炮、手榴弹等，袭击爱多亚路长耕里的《中美》日报馆，致使《中美》在馆同人受伤者四人，毙命者二人；同时在路上与巡警格斗，又击毙《中美》对面酒吧间的美籍主人威尔逊。他们又恐吓《中美》编辑同人，开明他们的地址，限他们于三日内脱离报馆，一切日常生活所需，均由沪西七十六号负担，否则严厉制裁，“不可谓言之未预”。可是他的残酷措施，非独不能征服同人，反因之而内部更为团结，行动更为谨慎，少数不稳分子的脱离，更使以后中美分子的构成，益发清一色，益发健全有力。他们又威吓中美的广告户，不能在中美刊载广告，否则亦以协助捣乱分子论罪，但中美有它固定的读者，广告户知道中美的广告可以收效，经过短时期的犹豫后也就不以为意，中美还是有它应得的广告。他们又用抢购手段，每晨《中美日报》在望平街批发时，他们整批购进，运到虹口去焚毁。中美初遇此事，殊感棘手，后来研究他们抢购之时，总是总裁有重要文告发表之日，每逢这些日期，我们加倍印刷，抢购若干，就增发若干，他们又黔驴技穷。他们又发动工部局警务处，加紧检查《中美日报》，记得“九一八”九周纪念时，我们发刊的四大页中，连广告仅仅两页文字，其余均“开天窗”。记得我们的社论标题，是《春秋复仇大义》，全文仅留第一句：“春秋复仇大义，虽九世可也，”我们全力争持这二句，我们总算在版面上保留了它，我们认为满意了，其余全文是空白。到了第二天，我们接到四封信，内中都附一篇社论，填满《中美》社论栏的空白，他们还问如此气慨的论评，是否够得上中美标准？这是多令《中美》全体编辑兴奋的事。

汉奸们又肯花钱，特在爱多亚路《中美日报》对面的大小旅馆，租用房间，派遣特务人员，专门观察中美同人的行动，但中美有它自已的情报。原来在他们的万恶集团中，也有少数稍有良心的人，他们事前报告我们，并要求我们保留他们的亲笔函件，作为他们异日“将功折罪”的证据，关于“抢购报纸”的消息，普通[①]都由他们供给，而且十九皆中。我们郑重保留他们的函件，但在太平洋战争爆发的一天，一切值得纪念的宝贵函件，都只好忍心焚毁。他们不准我们的报到沪西越界筑路区去卖，因而该区的中美报价特别提高，自有能干的报贩，把《中美日报》夹在汉奸报中，混过检查线，到沪西一带去求善价。他们又去搜查社长吴任沧的住宅，敌寇十五六人、挟持各种武器，前后包围，如临大敌。幸而吴君和他的太太藏于他寓，仅捕其听差以去。吴太太的一张照片，被他们带去了，累得她在赴港之前，扮得异形怪状，活像一位高丽小姐。

可是，除了这一切以外，《中美日报》的社会地位，读者群众对于《中美日报》的坚定信念，却一次建立起来了。我们的销数，从原有的二三千份突增至一万四千。我们发动寒衣献金，到了结束期间，成百

---

① 即普遍，下文同。——编者注

的青年代表他们各自的单位，经受三四次的盘问搜捕，在我们的钢骨水泥门后面排成长列，诚诚恳恳地献款。我国发动“签名慰英运动”。足有八万余人签成各种不同的花式，我们把它裱成三尺阔二十丈长的横联。据接受裱书的伙计说，他们自裱装以来，从未做过如此巨大的工作。我们在廿九年的“七七”纪念日，代表全沪青年，请驻沪英国使馆代表，转献丘吉尔首相及英国全国军民。相信战后到英国去游历的人，必可在大英博物馆内看到《中美日报》读者赠给英国军民的礼物。最使本人感动的，是廿九年初冬的一个晚上，时间已在十点半后，忽有两个青年指定要会总编辑，经过适当的初步盘问后，我出去会他们，他们率直地拿出二张船票，就是当晚十二点钟就要启程的船票，他们说：这是市党部派送他们到内地去的，他们不知来源是否可靠，是否上了船就会被派到华北去做敌伪治下的工作。本人当时不知底细，当然不能予以确实的答复。但他们说：只要《中美日报》的总编辑能给他们下个判断；他们就满意了。后经半小时的电话查询，证实船票来源的正确。他们在脸上的那副感激神情，会使任何人看了都受莫大感动。他们把报馆的职员，看做①他们的至亲好友了。这些都是《中美日报》的宝贵收获，也是时时可遭暗杀毒手的全体中美同人的至上安慰。

有一次，有一个朋友从重庆转香港到上海，他住在旅馆里，要向报贩买《大公报》。报贩想了一想，给他一份《中美日报》，并且说：“这是上海最正派的报纸”。我们的朋友就在那次真正认识了《中美日报》。

像《中美日报》那样的机会，也到处存在，问题只在我们怎样运用它们。

一张新的报纸成立了，初步的根基有一点了，接着第二件事就是在你的周围左近，寻找一二件最有意义的事，展开一个最有力的运动，目标要正确，态度要公允，精神要贯澈。任凭怎样的压力，加在我们身上，我们不亢不卑②，不屈不挠，沉着应付。正义总是制胜强权，公道总是折服霸道。等到运动成功了，目标达到了，精神贯澈了，我们

① 即看作，下文同。——编者注

② 即不卑不亢。——编者注

所办的报纸，亦就取得读者的信任，树立最稳固最结实的基础。

办报要有创造力，办报要有勇气，办报要服务社会，领导群众。我们上面所举的几个实例，都是志在报业者所当细心研究深切体会的几条门径。

同时，我们也要记得，报纸的本分究竟还是报与导、复兴《纽约时报》的奥区史、提出“刊载各种适于刊载的新闻”，这究是报纸的根本重心。我们希望替自己新办的报纸，树立一个永久基础，其主要关键还是注意报纸本身的事。因此，我们在这部分的材料内，还想提出“新闻网”与“认识读者”的二点。

第九章　报纸的吸力

我们在前面说过，北岩爵士办《每日邮报》，其主要原则，犹如水果店的主人，每日必把最上等的苹果陈列在橱窗内。奥区史办《纽约时报》，其主要原则，是刊布“各种适于刊载的消息”。这所谓“适于刊载”，有其消极与积极的两种意义。从消极方面说，各种有关风化道德的新闻，在刊载之前应当郑重考虑；即刊载了，亦当审慎其词，不作过分的夸张，投读者所好，从而贻害读者。现代报学对于犯罪新闻究应怎么处理的问题，迄今尚无定论，有的拒绝刊载，其理由为：各种罪行的描写，可于有意无意之间引起读者的仿行，至少可在一般读者的心理上发生极不正常的印象。而在事实上，据美国法院的宣称，各种重要的罪犯，其犯罪行为，多少都从美国时行的影片获得有力的暗示。基于这个理由，所以美国的《基督教科学箴言报》，干脆拒绝犯罪新闻的刊载。自然这也太过分一些，因为犯罪新闻之为新闻，究属不可抹视①的事实。可是从另一方面说，过分夸张犯罪或关于性欲的新闻，藉以吸引读者，推广销数，亦为正统报学所不取。现在一般的办法，是刊载犯罪新闻，但谨慎其词，不使其有启发新罪行的副作用。奥区史所说的“各种适于刊载的新闻”，其第一点意义，即属如此。他这句话的第二意义，自系竭尽全力，搜集各种新闻，不仅要迅速，而且要正确，不受任何方面的牵制，不为任何方面所利用，尤其不顾私人或有关团体的关说，秉公直书，充分表示记者应具的大无畏精神。我们要求达这目标，自然不是容易的事。我们可从通讯社取获消息，可是通讯社的消息普遍发给各报馆，一家完全依靠通讯社的报纸，永远不会崭露头角。普通②都从通讯社的稿件中获取经常消息，关于消息

---

① 原文如此，即抹杀忽视。——编者注

② 原文如此，即普遍，下文同。——编者注

的解释与批评，都要倚靠自己派驻各地的通讯员。这还仅就一般的消息而论，至于特殊的专讯，却更非自己的记者去采访不可。

采访消息的技术，只能意会，极难言喻。我们可有一比，做记者的人必须具有像狗那样的"鼻子"，方能追踪消息，寻获消息。至于怎么具备那种"鼻子"，那就有待于经验；同时，偶然的机缘对于新闻的发掘，亦有决定的作用。我们且举伦敦《泰晤士报》前主笔史蒂特（W. Steed）的话作为例证（见其所著《报业》一书第九章第一九三至一九七页）：

> 在我的记者生涯中，曾有好几次，凭着偶然的机缘，获得国际间的大新闻。我事前没有任何准备，也没有任何计划，只是凭着偶然获得它们。当然，一个记者的兴趣愈广，他能获得的机缘亦愈多。
>
> 也许一二个实例可说明此点。一八九五年至九六年，我在巴黎大学念书，同时又在法国国立图书馆研究德国和中欧的自由思想史，有一个同学介绍他的表兄给我，是在文坛上稍有声誉的法籍犹太人，名叫拉撒尔。其时他在研究特来费士上尉（Captain Dreyfus）的坐罪案。早在十五月前，那位上尉曾因出卖法国军事秘密给予德义[①]二国的罪名，充军至鬼岛，那是法国最坏的充军地。据拉撒尔研究的结果，特来费士全然无罪，他送一份研究报告给我，著名的爱米尔佐拉曾根据这篇报告，写成《我无罪》的论文，引起国际间极大的风波，即所谓"特来费士案"者是。
>
> 后来希特勒广为利用此"特来费士案"，作为反犹太人的论据，当时在法国，也引起反犹太的高潮。因为判决这案件的是法国军事法庭，倘谓这件判案不公，那就等于指斥法国军部；又因审判案件的人，多半是天主教教士，所以法国的天主教徒亦力主维持原案。可是法籍的犹太人和非天主教士，亦即酷爱真理的普通平民，却坚持这个案件必须重审。替特来费士辩护，等于侵及"军誉"，足以碍及国家治安，同时也

① 今译德意，即德国和意大利，下文同。——编者注

牵连到德义二国，形成国际间的大案件。

自然我对于这个案件的发展，非常留心。到了一八九八年八月底，此案的酝酿已达于顶点，无人不在希望此案的速决。在同时期内，俄皇发出通告，邀请欧洲各强国都到海牙去开和平会议。那时我是《泰晤士报》的驻罗马记者，同年八月三十一日，我为了俄皇的通告，特去访问义大利①首相贝鲁将军（General Pelloux），问他对于那张通告的观感如何。出乎意料之外，他把我的问题搁在一边，认为并不重要，却郑重地说："今晨各报均载法国亨利上校（Colonel Henry）在巴黎被捕的消息，那是比通告重要得多的新闻，他是主要卖国者之一，无论如何，特来费士的罪名在实质上该由他负责。特来费士全然无罪。"

这真是全世界人等候着的大消息。在特来费士审判期内，贝鲁是义国的陆相，他的说话一定可靠，他所告诉我的，自然是特号大消息。后来又得到事实的证明，原来到第二天早晨，亨利上校已在狱中自缢了。特来费士的无罪，从此亦大白于世界。

另一件事，发生在一九〇九年三月十九日。那时我是《泰晤士报》驻维也纳的记者。原来奥匈帝国，曾于一九〇八年十月，侵并②了塞尔维亚的一块土地，两国的关系非常恶劣，到了次年三月，紧张达于极点。奥匈一面对塞国边境动员，同时亦对帝俄边境动员。奥皇储斐迪南大公，且将于三月十九日离开维也纳，到塞国边境指挥。全欧洲的人，甚至全世界的人，都在等候这件事情的转变。因为大家都明白：万一奥匈真的对塞宣战，全欧洲的大战立即就会爆发。

当我在罗马工作的时候，曾与教庭四周的人保持密切联系。他们中间有一位，曾于一九〇八年春季到维也纳说教，翌年另有一位义大利教士也到维也纳来讲道。我对第二位教

① 今译意大利，下文同。——编者注

② 即侵略吞并。——编者注

士略尽地主之谊，予以照顾，使他在维也纳的生活甚感舒适。他准备一九〇九年三月二十日回义，约我于十九日下午五时在寓稍候，因他要向我来辞行。我请他早点来，因为我的工作在下午六时必须开始。

可是，他来得很迟，他很抱歉，说明所以迟来的理由。原来是另一个集会延误了时间。那个集会原为庆祝教皇的“题名日”而开，必须等候费煦神父；而这位神父因为是斐迪南大公的施洗人，故与斐迪南大公的友谊极笃。他之所以迟到，就因大公留住了他。后来费煦神父到了，主人当然替他解释，主人说：“大概军情紧急，所以大公留住阁下，有所商讨。”神父回答说：“不然，不然，战事的危机已过。大公刚才告诉我，一切都用和平方法解决，他也不到前方去了。”

我的那位宾客，亦即明日即将返义，今日特来辞行的教士，他不知道他已给我特号大消息了。多少人在等候这消息——费煦是斐迪南大公的亲信，斐迪南大公是幕中的主角，他们口头的话自然是头等题材。我接连发出二个专电，《泰晤士报》得了最迅速最正确的特号大消息。

以上借用史蒂特的自述，说明新闻的偶然性，但正像史蒂特所说的，平日兴趣愈广的人，获得偶然机会的次数也愈多。同样，一个新闻网布置得愈密的报馆，它的特殊专讯亦愈胜过他报。奥区史以刊布“各种适于刊载的新闻”自豪，就因他有巨额资金，可以命令自己的记者电发一千字的教皇吁请和平公函，结果因为美联社已经发了，只好掷诸字纸篓；也因他有巨额资金，故可特派专艇驶入大西洋中，去求德国齐柏林机首次袭英的消息。一家新办报纸，当其初步规模既具以后，其第一件事即为建立并扩充自己的新闻网。报纸的基本工作，究竟在报与导，因而报纸的制胜要道，亦就在报与导。世界著名的报纸，例如伦敦《泰晤士报》与《纽约时报》，就全靠迅速与正确的新闻建立信誉，引起读者对它的信任。即如前面说过的《支城日报》，亦无不依靠迅速正确的报道，确立稳固的基础，我们且听主笔与发行人杂志所记该报主持人劳生（V. Lawson）的一段自述：

不久以前，一个美国人访问英国内阁的一位要员，在谈话中，那位阁员表示英国阁员所能知道的实战争消息，只限于报纸所载，而报纸的消息又如此之少。言下有不胜唏嘘之慨。

那位美国人回答说："可是你们的报纸并不刊载战事消息，它们对于作战的记载都挟持偏见，即有所知亦不直说；且因它们不载德国与其同盟的消息，故其记载根本不全。我们美国人所知的战事消息，要比你们英国人方便得多。"

那位阁员说："那一家美国报纸刊载战事消息最为详尽可靠？"

"《支城日报》。"

"可否请你替我代订一份，每日送到办公室？这样，我就每天可读它的战事消息了。"

现在我们要问：为何战时英国内阁的大员，要靠《支城日报》，阅读战时最迅速最正确的消息？为何《伦敦纪事报》，在一九一五年七月十九日的一期，颂扬《支城日报》，誉之为"世界最优越的晚报？"并谓它"比任何其他美国报纸，刊载最有力最详尽的战事特讯？"为何《支城日报》在战事消息的记载上能够独具风格，胜过世界任何其他报纸的记载？为何它的国外新闻稿，为美国各报所订阅，并为坎拿大①甚至伦敦报纸所订阅？

我们且让完成这些任务的劳生先生，自己来回答这些问题。

他说："我们用十六年时间，准备对于世界大事的处理，第一次大战爆发了，我们的准备齐全了。

我们在十八年前，布置自己的国外新闻网。为什么？因为我们感觉：凭着一般通讯社，不能取得所有的新闻以及我们所需要的新闻。那时美联社已粗具规模，它的报导当然没

① 今译加拿大，下文同。——编者注

有现在的完备，其他的通讯社如英国的路透社、法国的哈瓦斯、德国的伏尔夫也都不能供给我们所需的消息。当时美联社的消息，颇多经手其他通讯社，因而缺乏美国人的观点。

早在一八九八年，我发行《记录报》（Record），特在伦敦建立新闻局，后来《记录报》出售，新闻局归《支城日报》所有。我们即以之为基础，发挥扩充，训练自己的人员，并由这班人员训练其他的助理，并把这班助理布置在不设专局的城市。

我们只能从经验中学习，起初我们不知道，还是雇用通当地语言谙熟风俗人情的人好，还是从美国直接派人出去好，我们根据经验，才知用后一种方法可以收获较好的成效。

例如我们派一个人到柏林去，经过二三年后，他就成为报馆的主要资产。他懂得德国的语言、人民、法律、政治，他结识柏林的政治家与名流，他接受德国的风度，但保持美国人的观点。他能采集消息、侦查内幕，而在动笔写的时候，了解本国人的心理，所以写出来的东西，很易为他的本国人所欣赏。”

“你们怎样挑选人员呢？”

“他们都是很好的记者，大学毕业，我们挑选的标准，第一是采访的能力，第二是写作的能力。例如伦敦局的主持人培尔，先是本报的访员，充任本报访员之前，曾任某地方报的总编辑。他在大学毕业之前，就因访问某铁路公司的罢工事件，而深负盛誉。又如巴黎局的摩勒，在被派赴法之前，亦在本报担任本市记者而胜任愉快。又如驻柏林的通讯员史文，从前亦是报业出身，在外勤界中颇负声誉。他们当中的一部分，曾从国外新闻局中就近提选，但他们当中的大部分，却从美国本国选派出去。”

因此，当一九一四年第一次欧战爆发时，我们已有很完美的新闻网的布置，内中包括训练有素的报人，优良的通讯员，可靠的记者，他们的共同特点，都能书写有力而又配合国人胃口的文字。他们的人数在三十以上，分布在世界各重要城市。

这一班人的贡献实堪钦佩，我们可举许多实例作为佐证，最著名的当是勃郎纳（Louis Edgar Browne）关于塞尔维亚军队的记载，曾使世界各国的报纸都向《支城日报》低头。那时塞尔维亚军队经过英勇的激战后，退入阿尔巴尼亚山林，世界各国的记者，只有勃郎纳一人随军撤退。在七星期的长时期内，得不到他的任何报告，即连《支城日报》的伦敦局也不知他的踪迹。

经过长期间的挣扎，他搭到一只货船，但因有奥国潜艇，中途阻止，不得已又折回原地。后来终于抵达罗马，那是他能用海底电报与支加哥通讯的最近地点。他的简略报告一到支加哥，劳生就觉意义非凡，立即发令出去，不惜工本全部拍送。由此每天都有二三千字传述塞军作战情形和撤退经过。那是大战史中最惊人的一页，可是仅有一位英语记者知道个中底细，并能用适当体裁加以报导。

伦敦各报对于此事的记载仅寥寥数段，不足引人注意。北岩爵士知道这个故事的重要，想尽种种方法，希望为伦敦《泰晤士报》与《每日邮报》，谋得勃郎纳的记载。劳生答应了，于是勃郎纳的记载，经过陆地电报、海底电报，又用陆地电报从罗马转达支加哥。到了支加哥后，又一字不易地用陆地电报送达纽约；又用海底电报送达爱尔兰；更从那里用海底电报拍送伦敦，刊登《泰晤士报》与《每日邮报》。北岩爵士凭着这个最伟大最具体的记载，压倒欧洲各报，但在北岩压倒欧洲以前，勃郎纳的记载，已使劳生的《支城日报》压倒整个世界。

在这里，劳生尽可很自豪地对人说："我们记者的伟大成功，真不知有若干次。伦敦局的贝尔①曾于战争的外交方面，发出最正确最惊人的消息。他曾访问哈尔特爵士，从他那里得知爵士曾于战争爆发之前亲赴柏林，磋商和平。这次访问

① 原文如此，与前文所提"倍尔"为同一人。——编者注

稿发表后，单就单行本的发印已达十余万份，并曾在柏林政界，引起剧烈的论辩。后来他又访问华忒、任锡曼（英国贸易局局长），对于英德两国的财政情形附有详细的说明与比较。他这次的访问稿，比前次的稿件更受广大的欢迎。”

“还有关于勃郎纳的另一个故事。假如英国的军事长官，确能按照命令严格执行，非独报学史上将成为永久盛世，即连整个战局亦将为之改观。他报告地中海上对土耳其的战争，申称英国的军队如何在苏佛拉湾和安撒克登陆，并谓即将通过半岛，切断土军主力，通达君士坦丁堡的道路为之大开，君士坦丁堡的攻克殆为指顾问事。当时没有一家报纸刊载这个故事，而且没有一家知道。这是压倒一切的独特消息。可是以后的军事发展，证明英军未曾通过半岛，土军未被切断。在大战进行中，这是他第一次的报告错误，而且是极严重的错误。我要知道原因，故特电给他，请他说明。

我们调查的结果，发现勃郎纳的报告，即在最细微处亦极正确。他从英国最高军事当局获得消息，当局亦认为战局必将如此发展。问题发生在英国指挥官，他获得命令，本当一经登陆，立向半岛推进，他却在海岸等候三十六小时，那就给予土耳其人以充分准备。他们部队齐集了，英军在剧烈抵抗之下无法开展。真的，要不是因为英国指挥官的误期，也许东战场的局面要全部改观。”

劳生绝不吝惜新闻费用，他为了远东的某项简单消息，曾付九四〇元美金的电报费而毫无吝色。

“战事发生以后，我们知道《日报》服务读者的机会到了。我们决定政策，不惜人力，不惜才力，一定要在各方面取得最迅速最动人的消息。去年我们所付的国外电讯费，是一四八，〇〇〇美金；今年要到一六〇，〇〇〇美金，也许要一七〇，〇〇〇美金。我们每周的采访费是三千美金，有时可减少些，但大部分的时间都是超额。”

正像一位著名的美国女士所说的：“劳生先生，到处都有

> 你们的人，我在伦敦遇到贝尔；在巴黎遇到摩勒；在罗马遇到另一位摩勒；他们都在等候我，给我种种方便，种种指示。《支城日报》的国外新闻网的确可以自豪了。”

《支城日报》的真正成功，亦就系于此处。如今《纽约时报》和伦敦《泰晤士报》对于这方面的努力，更在《支城日报》之上，它们的成功当然更属可观。我们志在报业的人，对于如此周密的新闻网虽不能必至，至少亦必须心向往之。记得陈博生先生办《中央日报》时，每日仅是四页，大多数消息都由中央社供给，而他的采访部却任用十一人之多，一般的人都批评他用人过多。而他的打算：即使这班人一字不写，每天坐在采访部接电话，谈闲天，或在集会场合，听听讲演，看看场面，也是好的。我当时另有一种感觉，现在愈想他的话，愈觉他的话中含有至理。我要加上一句：主持采访的人应当负起全责，来指导这班未来的名记者。

第十章 认识读者

办报的人每天编印报纸，发行报纸；看报的人每天购买报纸，阅读报纸。办报的人经过报纸与看报的人发生关系，所以从整个过程来看，报业所包括的，只是一个人与人的关系，人是感情与理知的动物，读者凭着理知来批评版面，诸如新闻的速迅[①]正确，论评的公正合理，特写的深切敏锐，有助实际，副刊的生动活泼，合乎需求，都是满足读者的知识欲望，增进读者对于报纸的信任，提高报纸的社会地位。这些都是报纸的无价资产。但除此而外，读者又是有感情的人，倘能联系得当，使每一报纸定户，不仅是版面的欣赏者与钦佩者，同时又是报纸的爱护者与支持者，使他感觉你所办的报纸同时亦即他的报纸，使他在你的报纸的组成上，发生共与其份的感觉，那你的收获，必比一般仅仅办报的人要大得多，倘你希望办到此点，那就必须于版面的充实精彩之外，更致意于读者的联系与接触。这是报纸的另一重大资产，而为每一个认识真办报的人所当亟切讲求的。

第一，我们必须设法使一般读者，都能在你所办的报纸上，参加他们的意见，提出他们的贡献。纵令你是大了不起的办报专家，亦必因为每日必须处理经常事务，又有其他或大或小的事情随时可以发生，随时需要应付，所以在事实上，断不能对于报纸的每一部分、每一角落，都有详细周密的观察。可是你的读者，因为他们人数多各人的兴趣不同，各人的注意点迥异，往往能对你所素不经意的地方，提出许多宝贵意见。其次，你在版面上的表现，只代表你们少数人的意见，也许你们的意见完全正确，可以代表整个读者的意见；也许你们的意见根本错误，不能引起读者的共鸣；也许你们的意见，在创办之初，经过广博的征集，悉心的研究，可以代表读者，但时过境迁，潮流在

① 原文如此，即迅速。——编者注

那里转变，别人在那里进步，一般人的心理在那里更动，而你们却固执成法，拖曳在后，渐渐变成落伍的报纸。所以无论从各方面看，我们都有随时申请读者提供意见之必要。又次，一个人最感兴趣的事就是他躬与其分的事。我们办报自有我们基本立场，以及根据这立场而产生固定政策，但同时广大读者的意见，也未始不足修正我们的立场，加强我们的政策。至于其他技术方式等问题，广大的读者群众，更可集思广益，促使我们的进步。我们征取他们的意见，接受他们的贡献，并在自己报纸的版面上逐步逐步加以实现。这对报纸而论，每日都在那里进步，自是最可欣幸的事；对读者而言，他们发觉我们的报纸有他们的具体意见参加在内，自必特别发生亲切之感。他们不仅认为你的报纸是他们爱读的报，同时亦即他们自己的报。倘你真能办到这点，那你的报纸才算真正成功了。

我特别提出此点，因为许多自称为办报老手的人，很少肯向广大的读者群众征取意见，他们认为办报的人应有自己的办法，不时请教读者，足以减少自己的尊严。他们不从日新又日新的观点上去树立信誉，却用顽强与固执的态度去强求尊严。他们靠老牌，靠历史，正像一个顽固的老朽，不从与时俱进的基本精神上树立青年人对于他们的尊敬，却想凭借他们的秃顶白须，要求青年人的折服。他们的年岁固高，他们的精神却早就朽了。这样一个报纸的必然结局：新兴的报纸起来了，能够配合读者的要求，能够引起读者的共鸣，它将如垂死之躯，奄奄一息，朝不保夕。

我们应当不怕改进，应当时时征取读者意见，作为改进的张本。纽约《地球报》曾以下列一类具体而切实的问题不时征询读者。在问题中不包括新闻部分，而侧重于副刊特写等材料。其理由，因为第一，新闻只能发掘，可求而不可即；第二，副刊特写之类，可由编者自己选择，作主观的决定，因而亦可经读者的提议，而随时更改；第三，副刊特写之类系报纸的特色，每一报纸的个性，很可从这些项目中充分表显，而且是吸引读者的主要部分。各报消息的来源大致相同，只碰到大的事情，方能凭着各报新闻网的是否周密而显示能耐，其余日常报告相差无几。但副刊特稿之类，却可因报纸的地位、报纸的经济力、编者的学术造就、人事关系，而大相径庭。因之，近代报纸的竞争，多偏向到这个方面去。纽约《地球报》根据它自己的特栏，拟为征询读者意见的问题如下：

一、你读《地球报》的长篇连载小说吗？

二、假如读的，你喜欢它到怎么程度？

三、假如不读，你为什么不读它？

四、据你看，刊载长篇连载小说，能否增进读者兴趣？为什么？

五、你读过《地球报》的妇女栏吗？你觉得它是好？还是坏？还是根本无所谓？你为什么理由作如此存想？

六、你喜欢华来的专栏吗？为什么理由？

七、你喜欢美国时装这一栏吗？为什么理由？

八、你喜欢笑话一束这一栏吗？为什么理由？

九、你喜欢克伦博士的散文吗？你对它们的估计怎样？

十、你对于梅逊的有韵散文，估计如何？

十一、你对《地球报》的社论，感觉兴趣吗？

十二、你能对这些论评提出改进之点吗？

十三、你喜欢《地球报》的夜谈吗？

十四、你喜欢《地球报》是短篇睡前故事吗？

十五、你认为《地球报》所刊的运动消息，已经足够了吗？

十六、你喜欢《地球报》所刊的历史上著名的妇女吗？

十七、你喜欢我们所刊的漫画吗？那几种你最喜欢？

十八、在上述各专栏中，请指出你最喜欢的一种？

十九、附注。

美国各报征询读者意见的方式很多，大体上都很相像。我们看了《地球报》的征询函，当知它的重心偏在各种特栏，我们在一方面可知纽约《地球报》的特栏之多，尤其它的“睡前故事”最受读者欢迎，几于每一儿童在每晚就寝之前，都会要求母亲，把纽约《地球报》上的“睡前故事”讲给他听。纽约《地球报》仅凭这个特栏，已足使它深入家庭，变成每一儿童的恩物。我们有意办晚报的人，对于像纽约《地球报》那样的睡前故事值得特别研究，予以重视。同时更知征询的问题，愈具体简要愈好。而在事实上，对于中国的一般读者，上述各种问题还嫌太抽象些，满纸“为什么理由”，会使读者头痛，最好用填空或划错的题式，例如就前引第一、二、三问题来说，最好改成下列题式：

一、你每天读长篇连载的小说吗？

二、假如每天读的，在什么时候读它？（请在适合你的习惯一项后面的括弧内，填一“+”号）

1. 在读新闻之后（）

2. 在读新闻与社论之后（）

3. 在读新闻与……特栏之后（）

三、假如不是每天读的，为什么理由？（请把你认为妥当一项后面的括弧内填一“+”号）

1. 对小说的内容根本不感兴趣（）

2. 喜欢一气读完全篇，不愿分次陆续阅读（）

3. 没有时间看长篇连载的小说（）

我在这里不过随便举一个抽象的例，在实际上，我们尽可根据实际情形，造成更简单更具体的问题，务使读者不必多用脑筋，只须[①]根据我们的提示作一判断，并于其上加一像“+”“-”之类的符号就算完卷。这样，就容易诱使读者填写，否则，就中国一般读者的水准与脾气来说，决不能得到许多答案。以上是就题材内容来说，此外在办法上，应把上项问题印得清清楚楚，附上一个黏足邮票的信封，上面印就报馆的地址与街名，以及整理此项问题的部门。第三，在征询上，最好根据发行定簿，就定户的职业、年龄、地区分别发信，而且一次发出的信不必过多，以二百封左右最为相宜。

当然，我们应办自己的报，不该事事迁就，迎合读者的欢心，但读者所爱好的并不一定是坏的，照我们过去的经验，只要我们诚意征询，每次都有极好意见可供办报者的参考，共同改进报纸的素质。认识读者，联结读者，并从而组织读者，这虽是报纸本分以外的工作，惟于报纸的开展与发达都有密切关系，要为我们奠立报纸雄厚基础时不容忽略的事。

---

① 原文如此，即只需，下文同。——编者注

第三篇 组织之道

第十一章 创设报馆

第一节 报纸的组织

在报馆的组织问题之下，包括两个主要项目：其一为经费的筹措，其二为报馆的内形。关于前者，我们主张采取股份有限公司的组织，理由当在以后说明。关于后者，又为分成两点讨论；其一为组织的系统，研究内部权力的划分、人员的分配以及部门与部门之间的相互合作。其二为经营的政策，确定报馆的编辑政策应当如何，业务政策又当如何。这所谓业务政策，包括发行定价、广告刊费以及信用推销等问题，在实质上，包括报业经营学的全部。本书所欲研究的重心，即系乎此。因此在本篇内不拟专章讨论。本篇所欲讨论的，主要为下列三点：

第一，经营报业的股份有限公司应当如何组织，方始合法。公司成立以后，又当经过怎么一个登记手续，方可正式发刊。

第二，报馆内部的组织应当遵守怎样的原则，树立怎样的系统。从纵的方面来说，上下之间，分层负责，责任分明；从横的方面来说，相互之间通力合作，步伐整齐。

第三，报馆应当采取怎样的编辑政策，方始对自己能够取得读者的信任；对社会能够发挥服务的效能。我们现在先从第一点讨论入手。

近代的报纸已经商业化了。报纸既为商品之一种，则出版报纸之报馆，自亦为一商业机构，其创设也，除独资经营而外，亦当按照公司法规组织，或采无限公司的组织，或采两合公司的组织，或采股份有限公司的组织，或采股份两合公司的组织。

（1）无限公司全以无限责任股东组织之，即公司财产不足清偿公司债务时，其股东全体对于公司债权人，负连带无限之责任。

（2）两合公司以无限责任股东与有限责任股东组织之，其无限责任股东之性质与无限公司之股东相同，而其有限责任股东以出资定额为限，对于公司负其责任。

（3）股份有限公司全以有限责任股东组织之，公司资本预先确定，且须分为股份，每份金额应归一律，不得少于二十圆，但一次全缴者，得以十元为一股。至各股东之责任，以缴清其股份之金额为限，唯其如此，故有股份有限公司之称。

（4）股份两合公司股份两合公司之股东，至少应有一人负无限责任。其有限责任股东所凑集之资本，分为股份，故称为股份两合公司，而与两合公司有别。

公司的组织，虽有上述四种之不同，但一般组织公司者，均采第三种股份有限公司。考其所以，则因股份有限公司有下列各利，而为他种组织所不及：一、能吸收小资本集成大资本，足以增加一国之生产力。二、国中大利所生之事业，免为富豪所独占。三、股份有限公司之营业状况，常公示于众，一任投资者之选择。四、股份有限公司之股票得自由转让，因之投资者无以流动资本化为固定资本之虞。五、足以刺激一般劳动者之储蓄心。六、具有高深之学识者未必有雄厚之资本，既无资本，即不能有所建树，惟股份有限公司有时得利用他人之资本以发抒其才具。七、企业之利益大者其危险性亦大，个人虽富于财力，多不敢冒险以从事，析为股份，则责任有限，负担较小，故此种资本最易募集，而其魄力亦最为雄厚，自来敷设铁道，疏凿运河等艰巨工作之经营，多采取股份有限公司之组织。

报纸虽为一种商品，但究与其他商品不同，负责鼓吹舆论，提高文化水准，决不能任其由少数富豪之士独手把持，从而控制一般民众之思想意识，理应由一般民众尽量参加，从而代表一般社会之共同意见。股份有限公司每股之股款有限，可使一般民众易于筹措而乐意参加。报纸应为民众所有，出版报纸之报馆，应让民众多有发挥主张之便利，而股份有限公司之组织，则可达到该项目的。因此我们认为报馆之组织，以采取股份有限公司的制度最为相宜。

第二节 公司的设立

股份有限公司之设立颇费手续。因股份有限公司须有确定之资本，故订立章程后，更须认足股份或募足股份。其股份由发起人认足，缴齐第一次股款，并由主管官署派员检查后，更经设立登记而公司成立者，谓之“发起设立”。其股份未经发起人认足，另行招募足额，缴齐第一次股款，召集创立会，迄该会完结后，更经设立登记而公司始成立者谓之“募集设立”。它们的共同程序是先有发起人，次订立章程，又次设立登记，则又莫不相同。因此我们的叙述，先为“发起人”，次为“订立章程”，又次分述“发起设立”与“募集设立”的不同程序，最后述说两种设立所须办理的“设立登记”。

先就发起人而论：股份有限公司的设立，必先有发起人，发起人的人数应在七人以上。盖因此种公司规模较大，资本较厚，人数过少，易滋流弊，且所认之股份亦必难以足额。更何况在发起设立之公司，于董事及监察人之选举，亦有不敷分配之虞。因此公司法规定发起人应在七人以上。

再就订立章程来说：股份有限公司之设立，须先由发起人订立章程，并签名盖章。其章程应载之事项，得分为绝对的与相对的二类。绝对的记载事项为章程之要素，苟或缺乏，章程即归无效。相对的记载事项为章程之偶数，记载与否可以自由，章程之效力不受影响，惟非经记载，则其事项在法律上不生效力。兹就两类事项，分别述之：

甲、绝对的记载事项：

1. 公司之名称。

2. 所营之事业。

3. 股份之总额及每股金额（股份之总额即公司债务之唯一担保；每股之金额即股东责任之范围，故此二者必须分别报明。）

4. 本店支店及其所在地。

5. 公司公告之方法（应载明公告之方法者，盖欲使股东及债权人易知公司所公告之事项。）

6. 董事或监察人当选之资格（此所谓资格系指当选为董事及监察人者应有股份之数。凡以股份为标准规定董事监察人被选资格时，在董事，其股银不得超过资本总额千分之三；在监察人，不得超过千分之一。）

7. 发起人之姓名住所。

乙、相对的记载事项，项目繁多，最主要者有下列诸端，设非载明于章程，不生效力：

1. 解散之事由（否则日后临时发生争议，将无所依据。）

2. 股票超过票面金额之发行（此所谓超过票面金额之发行，乃指额面以上之发行而言。至于额面以下之发行，因其妨害公司资本之充实，故为法律所禁止。）

3. 发起人所得受之特别利益及受益者之姓名（特别利益之种类颇多，或分派盈余，多提成数，或添招新股，尽先分认，或公司解散得优先享受财产之分派。发起人当受何种之特别利益，其人之姓名如何，皆须明载于章程，始生效力。盖发起人往往于公司成立以后，挟持前功，诛求无厌，若不预为规定，公司将受其累。）

4. 股款迟缴之违约金（股东缴款迟延者，应加算利息，如章程定有违约金者，公司得请求违约金。）

5. 股东会之决议方法。

又次，就发起设立而言，发起设立的特质，是由发起人认足股份总数。股份总数既由发起人共同认足，则无待另募，应即按股缴足第一次股款。其第一次缴纳之股款，不得少于票面金额二分之一。

发起设立之公司，认股人均系发起人，被选为董事及监察人者亦均系发起人，所订章程有无情弊，无创立会为之监督，故法律责令董事于就任后，应即呈请主管官署选派检查员查验之。而检查员所应查验者，为第一次股款是否缴足，并下列各事是否确当：一、以金钱外之财产抵作股款者，其姓名及其财产之种类价格，与公司核给之股数；二、应归公司负担之设立费用；三、发起人得受报酬之数额。检查员并应将其所得结果报告主管官署。

又次，就募集设立而论，发起人认定股份总数之一部，其余之股份另行募足者，谓之募集设立。其程序为：一、招股，二、认股，三、开创立会。兹分别论之：

一、招股凡设立股份有限公司，应先具备营业计划书、发起人姓名、经历及认股数目，连同招股章程（应载明募股期限及各发起人所认股数），由全体发起人具名，呈由主管官署备案后，方得开始招股。凡设立股份有限公司呈经核准招股后，因故停止招募时，须于十日内结束，呈报主管官署备案，并须将已收股款如数发还；所有筹备用费，由发起人连带负责担任。发起人所认股份总数不得少于总额二十分之一，其股本总额在百万元以下者，不得少于十分之一。惟我国公司之创办，其发起人往往借重名人，以为号召，而名人多不认股，如对各个发起人而不规定其应认之股数，则滥备名人之名，以行诈欺之弊，仍不能免。惟应认之款究应多少，殊难规定，故法律规定：各发起人所认股数应于招股章程中载明。

二、认股发起人应备联单式之认股书，以供登记及保存之用，认股书上由认股人填写所认股数、金额及其住所，并签名盖章。股份总数募足时，发起人应即向各认股人催缴第一次股款。第一次当缴之股款，不得少于票面金额二分之一。

三、开创立会创立会是集合各认股人使其参预①关于设立公司事务之会议，它是认股人的大会，而非股东会。它是决议公司与废存亡之机关。它的主要理由，在使认股人澈知筹办之原议，洞悉个中之详情，免致受欺而贻悔。创立会应由发起人召集，其时间应在第一次股款缴足后三个月内。创立会的权限，主要者为：一、董事及监察人之选任；二、发起人所订章程之修改；三、公司设立之废止（创立会召集之宗旨，虽为设立公司，但亦有因经济社会之变迁，国家法令之更动，公司已无设立之必要；或发起人与认股人意见歧异，冲突丛生，与其解散于成立之后，毋庸废止于成立之前，故创立会得为公司不设立之决议。）四、设立程序之调查，其所应当调查之事项，其主要者为：1. 股份总数已否招足，若尚有未认定之股份，应由发起人连带认缴。2.

---

① 原文如此，即参与。——编者注

各认股人第一次股款已否缴足，若有已认而未缴第一次股款者，应由发起人连带认缴。3. 发起人所得受之特别利益及受益者之姓名，是否确当，若有冒滥，创立会得裁减之。4. 有以金钱外之财产抵作股款者，其姓名并其财产之种类价格及公司核给之股数是否确当，若估价过高者，创立会得减少其所给股数或责令补足。5. 应归公司负担之设立费用及发起人当受报酬之数额是否确当，若有冒滥，创立会得裁减之。

末了，就设立登记来说：股份全由发起人认足者（发起设立），应于主管官署检查完结后，股份非全由发起人认足者（募集设立），应于创立会完结后十五日内，由全体董事监察人，将下列各款事项向主管官署声请登记：1. 公司之名称；2. 所营之事业；3. 股份总数及每股金额；4. 本店支店及其所在地；5. 公司为公告之方法；6. 各股已缴之金额；7. 董事及监察人之姓名住所；8. 定有解散事由者其事由。

登记后之效力则如下述：1. 公司成立；（公司非在本店所在地主管官署登记后不得成立）；2. 登记后须于六个月内开业；3. 公司经设立登记后，认股人不得将股份撤销；4. 公司经设立登记后，得发行股票；5. 公司之股份于设立登记后，始得转让。

第三节　公司之股份

我国公司法规定：每股金额不得少于二十元，但一次全缴者，得以十元为一股。

公司之股份依股票面为之区别，可分为记名式与无记名式两种。就股东之权利而言，又有普通股与优先股之别。普通股即财产权利平均之股份，而优先股为财产上有特权之股份。

股份之证券为股票，公司非经设立登记后不得发行股票。

股票应编号，载明下列各款事项，由董事五人以上签名盖章：1. 公司之名称，2. 设立登记之年月日，3. 股份及每股金额，4. 股款分期缴纳者，其每次分缴之金额。

缴纳股款之程序，详言之，有下列各端：

一、缴纳之催告股份有限公司股款缴纳之程序，有一期缴纳与分期缴纳之分，而实际上多系分期缴纳。盖公司开办之始，无需全数之资本，分期催取较为得策。股款为分期缴纳者，公司须逐期收取股款，公司于每届收取股款时，应于一个月前向股东分别催告及公告，所以予股东以筹款之余裕。

二、再催告及失权之预告第一次催告后，如有届期不缴者，公司得再定一个月以上之期限，分别催告及公告，并声明逾期不缴当失其股东之权利，使股东知所警惕。若股东缴款迟延者，应加算到期以后之利息；如章程定有违约金办法者，又得向该股东索取。

三、失权处分倘股东经两度催告及公告而仍不照缴者，则非实无资力即有意迟延，即失其股东之权利。

四、催告各转让人如股东失其权利，而其股份为受让者，其所应缴之股款，得定一个月以上之期限，催告各转让人缴纳其应缴之股款。如各转让人受催告后，于公司所定之期限内，先缴纳股款者，取得其股份，重为股东。

五、股份拍卖若经过期限无人照缴，则公司得以拍卖之方法转售其股份。若拍卖所得之金额不敷应缴之股款时，公司仍得依次向原股东及转让人请求补偿。

第四节 公司之机关

股份有限公司之机关可分为三：一、股东会，此为公司内部之最高意思[①]机关；二、董事，此为公司之执行业务机关；三、监察人，此为公司业务财产之监督机关。

一、股东会。股东会之召集由于董事，但监察人认为有必要时亦得召集之；股份总数二十分之一以上之股东，亦得以书面记明提议事项及其事由，请求董事召集股东临时会。召集临时会之请求提出后十五日内，董事不为召集之通知时，股东得呈经主管官署许可自行召集。

股东会之召集，应于一个月前通知各股东，使其为到会之准备。对于持有无记名式股票者，应于四十日前公告之。因该项股东须于开

---

① 即最高决议通过的机关。——编者注

会前五日，将其股票交存于公司，公告以后，股东未必即知，故应提早十日公告也。至于临时股东会之召集，应于十五日前通知各股东；对于持有无记名式股票者，应于二十日前公告之。

各股东之表决权，以其所有之股份为标准。原则上每股有一表决权，惟依此原则而行，小股东之利益必为大股东所剥夺。故法律规定一股东而有十一股以上者，应以章程限制其表决权。然仍恐大股东之专横，复设一种最高限度之规定，即每股东之表决权及其代理他股东行使之表决权，合计不得超过全体股东表决权五分之一。

至于股东会之决议方法，就一般而论，即股东之决议应有股东过半数、代表股份总数过半数者之出席，以出席人表决权之过半数行之。开会人数若仅以股东人数为标准，则小股东操权太大；若仅以股数为标准，则又嫌大股东操权过重，故一以人数为标准，一以股数为标准，二者兼取，乃得其平。出席股东不满定额时，得以出席股东表决权之过半数为假决议，并将假决议通知各股东。其发有无记名式之股票者，并应将假决议公告，于一个月内，再行召集股东会，其决议以出席股东表决权之过半数行之。此系就通常决议而言，至于特别决议，例如变更章程、增减资本等，则须以法定股东表决权三分之二以上之同意行之。

二、董事。董事为代表公司执行业务之常设机关，对内则执行业务，对外则代表公司。董事之资格，公司法规定：公司董事由股东会就股东中选任之。其人数至少限度为五人。其任期不得逾三年，但连选得连任。董事之执行业务，除章程有订定外，以其过半数之决议行之，关于经理人之选任及解任亦同。

三、监察人。监察人为股份有限公司之监督机关。公司之监察人必为股东，非股东不能充任。其人数之多寡，公司法无明文规定，一任章程定之。至其任期，公司法定为一年，但连选得连任。

因为我们所注重的，是股份有限公司的报社之创设，故在叙述方面，偏重创设之程序，其他公司法中所定各项，如会计、公司债等，与创立程序无关，兹姑从略。

第五节　报纸登记

报纸的公司组织完成后，其次一步就是举办报纸登记，应注意者为：1. 发行登记2. 变更登记3. 注销登记三种。兹分别说明之：

1. 发行登记依据《修正出版法》第二章第九条：

为新闻纸或杂志之发行者，应由发行人于首次发行前，填具登记声请书[①]，呈由发行所在地之地方主管官署（这所谓地方主管官署，依据出版法第七条：本法称地方主管官署者，在省为县政府或市政府，在直隶于行政院之市为社会局），于十五日内转呈省政府或直隶于行政院之市政府核准后，始得发行。省政府或隶属于行政院之市政府接到前项登记声请书后，除特别情形外，应于二十日内核定之，并转请内政部发给登记证。

内政部于发给登记证后，应将登记申请书，抄送中央宣传部。登记声请书应载明之事项如左：一、新闻纸或杂志之名称；二、社务组织；三、资本数目及经济状况；四、刊期，发行新闻纸者，并应载明其版数；五、发行所及印刷所之名称及所在地；六、发行人及编辑人之姓名、年龄、经历及住所。

上开第三款之资本数目，依据《修正出版法施行细则》第六条的规定：

出版法第九条第二项第三款所定登记声请书应载明之资本数目，如系刊行新闻纸者，得依照左列规定，定其数额：一、在人口百万以上之省政府或市政府所在地，刊行报纸者一万元以上，刊行通讯稿者三千元以上。二、在人口未满百万之省政府或市政府所在地，刊行报纸者六千元以上，刊行通讯稿者一千元以上。三、在特别行政公署、县政府或设治局所在地刊行报纸者一千元以上，刊行通讯稿者二百元以上；但该地向无报社或通讯社之设立，而创刊报纸者得减低至五百元以上，创刊通讯稿者得减低至一百元以上。

以上所述声请登记书，依据《修正出版法施行细则》第九条，应一式填写四份。

---

① 即申请，下文同。——编者注

声请登记书之格式如左[①]：

<table>
<tr><td>复核意见</td><td>考查意见</td><td colspan="8"></td><td colspan="3">名称</td><td rowspan="15">新闻杂志登记声请书</td></tr>
<tr><td rowspan="14"></td><td rowspan="14"></td><td colspan="3"></td><td colspan="2">刊期</td><td colspan="3"></td><td colspan="3">类别</td></tr>
<tr><td colspan="8"></td><td colspan="3">社务组织</td></tr>
<tr><td></td><td colspan="5">经济状况</td><td></td><td></td><td colspan="3">资本数目</td></tr>
<tr><td></td><td colspan="3">地址</td><td colspan="4"></td><td>名称</td><td colspan="2">发行所</td></tr>
<tr><td></td><td colspan="3">地址</td><td colspan="4"></td><td>名称</td><td colspan="2">印刷所</td></tr>
<tr><td colspan="8">编辑人</td><td>发行人</td><td rowspan="2">姓名</td><td rowspan="8">发行人及编辑人</td></tr>
<tr><td></td><td></td><td colspan="2"></td><td colspan="2"></td><td></td><td></td><td></td></tr>
<tr><td></td><td></td><td colspan="2"></td><td colspan="2"></td><td></td><td></td><td></td><td>籍贯</td></tr>
<tr><td></td><td></td><td colspan="2"></td><td colspan="2"></td><td></td><td></td><td></td><td>年龄</td></tr>
<tr><td></td><td></td><td colspan="2"></td><td colspan="2"></td><td></td><td></td><td></td><td>学历</td></tr>
<tr><td></td><td></td><td colspan="2"></td><td colspan="2"></td><td></td><td></td><td></td><td>经历</td></tr>
<tr><td></td><td></td><td colspan="2"></td><td colspan="2"></td><td></td><td></td><td></td><td>是否党员及党证字号</td></tr>
<tr><td></td><td></td><td colspan="2"></td><td colspan="2"></td><td></td><td></td><td></td><td>住所</td></tr>
<tr><td colspan="8"></td><td colspan="3">附注</td></tr>
</table>

① 原文为竖排，左即下。——编者注

兹因发行谨依出版法第九条及同法施行细则第九条之规定开具右列[1]

事项声请登记谨呈

某某省某某县（市）政府

市社会局

某某特区行政公署

省某某设治局

具声请书人某某社发行人某姓某名（盖章）

中华民国年月日

说明：

一、凡为新闻纸或杂志之发行者，应由发行人向地方主管官署领取此项声请书依式填具四份声请之。

二、类别栏须填明新闻纸或杂志或通讯稿。

三、刊期系指日刊、旬刊、月刊、季刊等刊期等而言，应于本栏内填明之。

四、发行人指主办新闻纸或杂志之人，如有二人以上时，应互推一人具名声请之。

五、编辑人指掌管编辑之人，应于本栏内分别填明。

六、考查意见栏由地方主管官署填写，复核意见栏由省政府或直隶于行政院之市政府填写。

二、变更登记依据《修正出版法》第十条的规定：第九条所定应声请登记事项有变更者，其发行人应于变更后七日内，按照登记时之程序，声请变更登记。

前项变更登记之声请，如系变更新闻纸或杂志之名称或发行人者，应附缴原领登记证，按照第九条之规定，重行登记。

又据《修正出版法施行细则》第十四条：新闻纸或杂志因转让发

---

① 即上列，下文同。——编者注

行而声请变更登记者，应由前发行人与新发行人共同具名声请之。

变更登记声请书之格式如左：

复核意见	考查意见		名称		新闻纸杂志变更登记声请书
			发行人姓名		
			原登记核准之年月日		
			登记证号数及发给之年月日		
			首次发行之年月日		
			原登记者	声请变更事项	
			现变更者		
			变更之原因		
			变更之年月日		
			附　注		

兹依出版法第十条及同法施行细则第十四条之规定开具右列事项声请变更登记谨呈

某某省某某县（市）政府

市社会局

某某特区行政公署

省某某设治局

具声请书人某某社某姓某名（盖章）

说明

凡新闻纸或杂志，因登记事项变更，声请变更登记者，应由发行人向地方主管官署，领取此项声请书，依式填具四份声请之。

三、注销登记依据《修正出版法》第十五条：新闻纸或杂志废止发行者，原发行人应按照登记时之程序，声请注销登记。新闻纸逾所定刊期已满三个月，杂志逾所定刊期已满六个月，尚未发行者，视为废止发行。

又据《修正出版法施行细则》第二十四条：新闻纸及杂志因事暂行停刊时，其发行人应呈报地方主管官署转报内政部，并由内政部函达中央宣传部。前项停刊日数每年积计，在新闻纸不得逾三个月，在杂志不得逾六个月，违者得注销其登记。发行人违反第一项规定者准用《出版法》第三十八条之规定处罚之。（按：处二十元以下罚锾。）

注销登记声请书之格式如左（见下页表）：

<table>
<tr><td></td><td>名称</td><td rowspan="7">新闻纸杂志注销登记声请书</td></tr>
<tr><td></td><td>发行人姓名</td></tr>
<tr><td></td><td>原登记核准
之年月日</td></tr>
<tr><td></td><td>登记证号数及
发给之年月日</td></tr>
<tr><td></td><td>废止发行之原因</td></tr>
<tr><td></td><td>废止发行之年月日</td></tr>
<tr><td></td><td>附注</td></tr>
</table>

兹依出版法第十五条第一项之规定开具右列事项声请注销登记谨呈

某某省某某县（市）政府

市社会局

某某特区行政公署

省某某设治局

具声请书人某某社发行人某姓某名（盖章）

说明：

凡新闻纸或杂志，因废止发行，声请注销登记者，应由发行人向地方主管官署领取此项声请书，依式填具四份，连同原领登记证声请之。

第十二章 组织系统

我们先说组织的形式。一般企业的组织不外三种形式：其一为军事式（military type），亦称直线形，其主要特点犹如一个金字塔自上而下统摄一切，宜于小企业的管理。其二为职能式（functional type），其主要特点是每一部门按照委托职权，完成本部工作，既不必与他部会商，亦不受他部牵制，它的职权是一次被委定了的。其三为会商兼直线式（staff and line type），那是军事式与职能式的混合制度，各部门处理事务，均各按照等级，一面受上层的管辖，一面又与同层人员，相互会商。报业的组织以采取第三种的会商兼直线式较为相宜。我们先以报务为例，说明这三种组织形式的内容。

先以编辑部与军事式的组织为例。在此组织形式下，发行人的命令就是最高权威，总编辑执行发行人的命令，主任编辑执行总编辑的命令，其他各栏各版编辑，都执行主任编辑的命令。我们只要想到军事管理自上而下的系统，对于这个军事式的组织形式，就可全部明了。

次以排字房与职能式的组织为例，并假定所做的工作，是排组一幅广告。在排字房中本有排广告的人专司其事，他的职权事先被指定了是排组广告，所以广告稿到了后，就有一个人接收稿样，一个人采字，一个人校对，一个人拼版，一个人记录。每人负责一部分工作，并按照事前的指派，完成该项工作。各人所成的工作就是最后的工作成绩，不必再加改变。要是报馆采取军事式的组织，那排字房的领班就可随意更改版样了，但在职能式的组织形式下，却不能如此。我们明白它的性质，当知该项组织形式实不宜于规模较小的报馆。

又次，以管理处与会商兼直线式为例。管理处的最上层，是总经理或发行人，他是整个管理处的主脑。在他下面，分设广告、发行、稽核、编辑诸部。决定报馆的整个营业政策或经济政策时，发行人就当邀请各部主脑共同会商。研究报馆的发行问题时，发行人就当邀请发行部的职员共同会商。在发行部下面，也许分设个股，例如推广股、邮递股、运输股等。在各股自己的范围内，各股都可自作决定，但遇商讨整个发行问题时，他们就须出席会商。发行部如此，其他广告、编辑诸部亦莫不如此。他们运用会议方式，协同主管人员制定一切决策，不仅上下层间有联系，即部门与部门之间，亦收通力合作的成效，故一般企业都采取这种组织形式，报业的组织亦不能例外。

上面所说的组织形式，在实质上只是关于原则的决定，我们研究报业组织的人，似应注意实际的组织系统。

美国的大型报，其销数在五万与五十万之间者，普通采用下列的编制：

一、执行部（Executive Department）

1. 出版人（Publisher），决定政策，综理全部。

2. 总经理（General manager），管理各部。

3. 审核员（Auditor），稽核一切账目（在中国，该项职务由会计室主理）。

4. 出纳员（Cashier），负责现金收支。

5. 购料员（Purchasing agent），购买材料用品。

二、编辑部（Editorial Department）

1. 总主笔（Editor in chief），社论委员会主席，决定社论及新闻政策。

2. 总编辑（Managing editor），负责收集并编写新闻与特稿，并代表发行人，解决经理部与编辑部的联系问题。

3. 新闻编辑（News editor），监督新闻的编写。

4. 电讯编辑（Cable editor），负责电讯的编辑。

5. 本州编辑（State editor），审阅本州各地的特约通讯。

6. 艺术编辑（Art editor），负责各种照相的编辑。

7. 本市编辑（City editor），负责市区及市郊新闻的采编。

8. 运动编辑（Sporting editor），负责运动栏的特殊消息。

9. 财政编辑（Financial editor），编写各种特别财政金融稿件。

10. 社交编辑（Society editor），编写各种社交新闻。

11. 其他各栏编辑，编辑汽车、地产、无线电等新闻，并编辑文学栏、妇女栏等。

12. 图书馆管理员，管理参考书及资料等。

以上是编辑部的人员支配，我们所可注意者，他们没有所谓“采访部”的组织，每一主编之下，同时有外勤（访员）与内勤（编辑员）。其次，增设总编辑一职代表发行人，兼理编辑部与经理部的联系问题，亦为美国报界的特色。在英国，近亦渐采其制。

三、广告部（Advertising Department）

1. 广告经理（Advertising manager），主理广告的设计及推广，并与广告社及广告特派员发生密切联系。

2. 分类广告经理（Classified manager），主持分类广告事宜。

四、发行部（Circulation Department）

1. 发行经理（Circulation manager），主持发行及发行推广事宜。

2. 邮报监督（Mail room superintendent），主持邮递报的包折递送。

五、机械部（Mechanical Department）

1. 排字房领班（Foreman composing room），监督新闻与广告的排组。

2. 铸版房领班（Foreman stereotyping department），监督纸版的制打及铅版浇铸。

3. 照相部领班（Foreman photo engraving department），监督照相艺术版的制造。

4. 印刷房领班（Foreman pressroom），监督印刷工作，提高印刷效力。

美国规模较小的报纸，其销数在五千份以内者，普通采取下列的编制：

1. 发行人，决定各部的政策，对外代表报馆，出席各种集会。

2. 营业经理（或称广告经理），管理各种零售广告；关于批发广告，则与全国广告特派员发生密切联系。

3. 广告经理（或称广告襄理），招揽本地广告，并襄助营业经理（或广告经理）。

4. 主笔，撰述社论，采写当地政治新闻，督导其他编辑部人员，倘时间允许，还得协同编稿。

5. 电讯编辑，编辑通讯社电讯稿并本地通讯稿；协助主笔决定版样。

6. 运动编辑，采写本地及四周之运动消息，有时撰述体育论文；有时从事当地竞赛事宜的组织。

7. 社交编辑，采写俱乐部及一般社交的消息。

8. 采访员，采集大街、车站、法院、市政厅及商业区的消息。

9. 簿记员，负责各种账目及记录；在发行人指导之下，监督分类广告。

10. 发行经理，主管报纸的递送，管理报童，并催收报费。

11. 乡区发行推销员，在乡区推广销数，催收报费，并报告特殊的消息与事项。

12. 办事员，管理发行记录，办理改变地址等手续，兼理打字工作。

13. 校对员，校对新闻及广告，间或招揽一二种广告。

14. 机械部领班，主管排字房与印刷房，监督拼版；需要拆版时，主持拆版并分配还字工作。

15. 三个或四个“赉纳浇排机①”的技工，从事排组工作。

16. 印刷技工，管理印刷，并协助排字。

17. 学徒，供差遣兼服勤务。

18. 十六个报童，递送市区市郊之订报。

---

① Linotype，今译作“莱诺整行铸排机”，美籍德人麦根泰勒（Ottmar Mergenthaler，1854-1899）发明于1886年，是世界上第一部“风箱式”自动行式铸排机（Linotype Slur Casting Machine）。下文同。——编者注

19. 六十个乡区通讯员，分布在半径二十至二十五里的乡区范围内，报告消息，撰述通讯。

我们可注意的，一家日出三千五百到五千份报纸的报馆，其所用人员，连六十位乡区通讯员在内，还不到一百人。当然，美国排字机以及其他机器的发明，都可减省工作人员，但工作人员的负责与夫工作效率的提高，都是减省人员的主要因素。在这里，我们不妨把我国《中央日报》的编制附列于后，俾便参照比较。

《中央日报》的发行人是社长，综理全社事务，其下设主笔一人至三人，（首都《中央日报》社，得社总主笔一人），又设二部（编辑部经理部），一处（总务处），二室（会计室人事室）。

编辑部设总编辑一人，其下设编辑、采访、资料三组，必要时得设电务组。编辑组设主任一人，编辑助理编辑各若干人，校对长一人，校对若干人，采访组设主任一人，采访若干人，资料组设主任一人，编辑员征集员保管员各若干人，电务组设主任一人，电务员译电员各若干人。

经理部设总经理一人，其下设发行、广告、工务三组，必要时得设承印组。各组设主任一人，组员助理员各若干人。工务组下设印刷工厂。

总务处设总务主任一人，其下设文书、事务、出纳三组，各组设主任一人，组员助理员各若干人，必要时得设诊疗室。

编辑部、经理部、总务处得酌设练习生。

会计人事二室各设主任一人，其下又有总干事、干事、助理干事等的配备。

因为这个组织相当庞大，其编制系统需用二页以上地位方刊得下，我们为节省篇幅，故从略。

《中央日报》在三十二年春季以前，组织较为简单，总务处隶属经理部，后来因为特种关系，将总务部分划出，独立成处。当时的理由，认为编辑、经理二部，在一般报馆中不时发生意见冲突，如今把总务部分划出，叫它在编经二部之间，作为缓冲，并“侍候”两个部门。殊不知报馆的重心工作之一，是树立健全的经济基础。就中收支二项，尤须有整个计划全盘打算。在从前，管理收入部门的发行和广告，与夫经管支出部门的出纳，同属经理部分。总经理全盘打算，应收者收，应付者付，遇有经济比较困难时，可作催收缓付等紧急措施。整个的报馆收支，即在经济极端困难之际，仍可勉强应付。现在收支两部划分，而主管这两部分的上司（即经理与总务主任），又处于同等地位，而他们的共同主管社长，则在事实上必须随时向外接洽，不能贯注全力处理报馆的日常收支。在这种情形之下，倘经理部与总务处的主管，不幸私人发生了意见，将使报馆的主要业务，处于非常困难地位。划分总务处的用意，原想减少编经二部的摩擦，现在倘使摩擦的原因主要地系于人而不系于事，则多一个平等主管，就更多摩擦的可能。倘使摩擦的原因不系于人而系于事，则从前的制度，编经二部职权清楚，根本不会发生摩擦；现在经理部与总务处的可能冲突，却真的会从职权中产生了。

我们在这里，很想提出一个比较合理的组织，也是《中央日报》以外其他各私营报纸的一般组织法。报纸的发行人是总经理，对董事会负责。其下设一处（总管理处）、三部（编辑部、营业部、印刷部）。

总管理处设主任，其下设事务、进货、文书、出纳、会计诸科，关于总管理处的全部政策，由总经理会同处主任，召集各科科长，组织处务会议决定一切。

编辑部设总编辑，其下设社论委员会、电讯编辑、其他各版各栏编辑、采访科、校对科、资料室、电务室。关于编辑的全部政策，由总经理会同总编辑，召集社论委员会、各版各栏编辑、各科科长、各室主任、组织部务会议决定一切。

营业部设营业部长，其下设发行、广告、承印三科，关于营业的全部政策，由总经理会同营业部长，召集三科科长，组织部务会议决定一切。

印刷部设排字科、铸版科、印刷科，关于印刷的全部政策，由总经理会同印刷部长，召集各科科长，组织部务会议决定一切。

总经理对内对外，工作繁重，可另设秘书一人，协办对内工作。

如此上下系统严明，前后步伐整齐，既合乎会商与直线的基本组织形式，又可集中职权，节省人员。营业不比办公，开支要尽量节省，效率要竭力提高。公家的报纸要办得好，亦必定要参照私营企业的办法。

第十三章 编辑政策

报纸的主要机能是刊载新闻、撰述评论、介绍娱乐。就第一项而言，我们在事实上无法刊载所有的新闻，我们必得选择。选择的标准究是什么？就第二项而言，各人对于每日发生的事情，见仁见智，各不相同，各人的立场不同，各人的观察亦自相异。我们应当采取怎样的立场，从而贯澈报纸的主张呢？第三项所谓娱乐，盖指特栏、副刊、特写、小品等文字而言。我们更需确定标准，作为我们约稿收稿的标准。我们的标准，又是什么？诸如这类问题，我们每天都会碰到，每天都要解决，各报的编辑政策，主要的就是确定若干原则，藉以作为解决问题的指针。

报纸诚然是一种企业，但它的本质与公用事业相似，以服务社会为其主要鹄的。它的版面、它的宣传，在在足以影响社会，转移风气。要是没有健全的编辑政策作为指针，纠正各种可能的错误与分歧，那它对于社会，对于国家，非独无益而且有害。我们现在且从对国家、对社会、对商业的三方面，说明每一报纸所负的责任，报纸的编辑政策，就应从自己的责任感中产生出来。

先就报纸对国家的责任来说，任何一个国家，其立国必有一基本精神作为准绳，全体国民努力以趋。中国为三民主义共和国，一切设施，均以三民主义为指归。

……

我们既以此情理法三者俱当的三民主义，作为立国基础，就当一心一德，悉力拥护，这是我们选择新闻、撰述社论、介绍娱乐的最高原则。

……

其次，就报纸对当地社会的责任来说，办报的人，在同时期内，既是社会的领袖，又是社会的仆役。他是社会的领袖故当领导社会；他是社会的仆役故当服务社会。他所用以领导并服务社会的方法是刊载新闻，撰述论评，介绍娱乐。他欲求达此任务，最好事前决定几个简单扼要的政策，俾资遵守，下面几条原则，我们认为对于办报的人，非常有用：

一、积极性的原则

1. 维持纯洁的标准，务使自己所办的报，在每一纯洁的家庭中均表欢迎。

2. 作忠实的报导，须知新闻是舆论的基础，我们应用忠实的报导，栽培公正的舆论。

3. 作公正的报导，确认任何问题发生后，都有赞成与反对的两面，我们在报导时，对于两方面的意见都当公平处理，不要偏执太过。

4. 善意听取被压迫者的呼声。

5. 维护国家法令，支持地方政府的合法措施。

6. 多作建设性的指导，少作破坏性的批评。

7. 保持宽容精神，凡事以同情的态度出之，须知同情的了解，实为人类最有力的语言。

8. 确认社会的兴替，风俗的盛衰，其主要责任负在每一善良公民的肩背上。

9. 忠于自己，凡属自己认为正当的事，不避艰险，努力奋斗。

二、消极性的原则：

1. 勇于改过，凡有记载失实或持论不当之处，应当立即更正。

2. 切勿歪曲事实，抹煞事实真相。

3. 切勿渲染过甚，丧失新闻的真实性。

4. 切勿揭发隐私，致无力的个人无法自卫。

5. 切勿以凭空的推测，替代实际的报告。

这些是抽象原则，我们且举具体的问题为例。

第一，我们研究犯罪新闻的处理问题。犯罪是社会上的变态事情，唯其是变态事情，不是日常所遭遇到的，所以最能引起一般人的注意。

在英美各国的报业史上，有专以刊载法院新闻，夸大描写，以藉引起读者的兴趣，并从而推广报纸的销行的。在中国，我们只要提起《时报》的名字，就可回忆它的红色标题，以及与此红色相称的桃色新闻。这种办法，当然不是正常的。我们知道，犯罪是变态的事，犯罪的新闻，其本身即可诱使犯罪。人们在电影上多看犯罪的行为，很可能于不自觉间获知犯罪的方法与秘密，这对整个社会的秩序，固属可虑，而对于一般人道德水准的低降，尤属无法挽救。基于这种简单理由，所以现在有若干报纸，例如美国著名大报之一的《基督教科学箴言报》，就绝对不刊犯罪的新闻。

可是，从另一方面来说，犯罪是社会的事实，因其不是经常的，故特具新闻价值，除非是像《箴言报》那种大报，声誉卓著，不登犯罪新闻还不致影响它的销数，要是普通一张报纸，对于此类新闻屡加拒载，其结果必会引起读者的不满，继而影响它的原有发行。倘在同时期内，有其他一家竞争报纸，特别致意于犯罪事实的描写，以引起一般读者下意识中的快感，则其可能结果当不容想像，在这个问题的处理上，主持报馆的人实处于两难地位，究竟应当怎么办？

我们明白这问题的涵义①，再翻阅上述积极性与消极性的若干原则，当可获得一个结论：简言之，我们在一方面固不能抹煞②犯罪的事实，同时却不能过分渲染，特别铺张，从而引起社会的可虑恶果。我们应当像滤水器般地，经过层层的提滤，其渣滓部分业经滤去，保留下来的部分应当可以进入每一家庭，供一位十六七岁的少女的阅读了。

其次，迎合读者的兴趣，是若干报纸的共同现象，这在某种意义之下，不能过分责难。因为报纸要深入社会，须先取获读者的爱好，而迎合读者兴趣，实为促使读者爱好的有效方法。问题就在我们怎样树立确定的界限。趣味有低级与隽永之分，究竟怎样的趣味是低级的？怎样的趣味才是隽永的？那是文艺鉴赏与文艺批评上的问题，就是文艺批评学上也没有具体明了的界限作为标准。我们办报的人，应当明白自己是负有社会教育的人，社会风气的转变，其主要部分就负在我们肩上。我们希望自己子弟知道的事情，同时亦必为读者们希望他们

① 即含义，下文同。——编者注

② 即抹杀，原文如此，下文同。——编者注

的子弟所知道的事情。我们不希望自己的子弟多看淫猥的书报，我们亦当在自己报上竭力避免这些材料。我们希望自己的子弟多看有教益同时又富于启发性的读物，我们就得多获此项稿件，在自己的报上发表。这虽是编者的主观问题，但此项主观是有相当的客观尺度的。这是我们所当时刻反省的第一点。

实则所谓兴趣，本含有教育的成分在内，社会希望自己的公民具备怎样的趣味，就当时时以该项趣味教示他们。男女间的桃色案件固足引起兴趣，科学上的新发明、工程上的新建筑、军事上的新武器，循至日常应用上的科学常识，也何尝不能引起兴趣？问题只看我们怎么指导兴趣。庸俗的人只知迎合兴趣，投好读者；有理想有抱负的人，却要更进一步而提倡兴趣，提高读者的鉴赏程度。负有教育使命的报人，就要特别从后一方面努力。国策所需要的是国防科学，是现代化与工业化的知识，是民族固有的优美道德，是领袖全力提倡的新生活习惯，诸如这一切，都可用文艺、美术、木刻、漫画等方式加以阐述，加以描写，使之深入读者脑海，逐渐逐渐地把整个民族的兴趣，从而为之转变，这是我们应当郑重策划的第二点。

又次，就忠实的报导来说，切忌以凭空的推测，代替客观的报告。我们可随便举一个例：上海某望族的年青太太，她的丈夫在天津做事，有一天那位年青的太太到苏州去探亲，另有一位朋友恰巧要到上海，就请她同乘自己的汽车返沪。这原是合情合理的事，不料车子开到中途，遇了故障，两人都受了伤，某报记载此事，却谓那对男女在苏州过着好快乐的生活。如此一句插语，试问叫一位年青太太如何经受得起，尤其在中国的望族社会。后来虽经事实证明，某报的上项记载全无一点根据，可是那位年青太太的声誉受了极大打击，要是她的丈夫，贸然听信该项记载，那位太太的一生幸福岂非就此终结？这是罪恶，是读者不肯轻易原谅的罪恶。报纸多载此类向壁虚构的消息，积而久之，信誉坠地，受其恶果者，还是报纸自己。

又次，就忠于自己来说，办报的人应有崇尚的理想、伟大的抱负，他的目标不仅在于办好报纸，且要善用报纸，发挥舆论力量，图谋社会与政治的改革。创办《堪城日报》的纳尔逊，以提倡公家担负选举费用与公家聘请律师二事，引为己责，且欲以此为《星报》的传统职责，一日不达到目的，一日不放弃努力。《纽约地球报》因鉴于市民食物的不清洁、不卫生，毅然发起“洁食运动”，虽因伙食公司的反谋，致使广告收入大受影响，循至无法维持，但主持的人继续向前，从未退却，终于大获成功，报纸的地位与读者的福利交受其益。我们不怕外界的压力，只怕自己没有理想，以及实现此理想的毅力，否则，无事不可为，无事不能成。我们既办了报，负起教育社会的责任，就当各本良心，纠正社会的错误，完成应有的改良。因循敷衍是忘记了自己的本分，同流合污是犯了极大的罪恶。

一家健全的报纸，除对国族社会负有应尽的责任，而如我们前面所述者外，对于当地的商业亦负有调节与建树的职责。报纸的本身是企业，但因它所从事的是新闻的搜集与传播，又是新闻的观察与研究，所以它对于当地商业的发展与前途，具有更清楚的认识与了解。当地工商业的繁荣，不仅是当地住民的繁荣，同时也是报业本身的繁荣。报纸需要广告的收入应付开支，广告的是否拥挤，就全看当地的工商业如何以为决定。所以就从报纸的本身利益来说，也有积极发展当地工商业的必要，何况除此而外，协同发展工商业，更是报纸服务社会的基本大道。

报纸服务当地工商界的办法，不外调节与开拓二端。所谓调节，意即调和各业的利害冲突，使其不敢过分自私，只求一己的发展，不顾他业的生存。所谓开拓，意即利用就地情形，图谋新企业的树立与繁荣。报纸本身虽亦为一种企业，但在各企业中间，应处于主脑地位，应替整个工商界作各种必需的统计与计划。它应该发挥舆论力量，替现有的各项企业谋发展，替未来的可能企业谋建树。它应该是各业的精神投资人。它应该策动自己的资料室，利用全国或甚至全世界的商情报告，替自己所在地的社会理出一个工商业纲目，并运用自己的版面，善为报导，使所在地的社会，对于未来的工商业趋势有一个概括明了的认识，应当预防的地方可以预防，应当补救的地方可以补救，应当开发的地方可以开发。报纸能做到这点，才算真正尽了对于当地工商界所负的责任。

世界各国的前进报纸，对于这样的工作已经悉力以赴，但在中国似尚未有任何报纸，作同样的工作准备，作者在这里讨论编辑政策时，其所以特别提出此点，盖有见于此项工作的重要。一家真正以社会服务为目标的报纸，再也不能漠然置之了。

附我国报人信条草案：

一、我们应终身服膺国家至上、民族至上的信条，积极为国家民族的利益立言记事，决不作任何妨害国家民族利益的言论与记载。

二、在抗战时期，我们应坚持军事第一、胜利第一的目标，积极为抗战致胜，鼓舞人心，寻求并结纳国际盟友，决不作任何妨害军机、沮丧士气及有伤国誉的言论与记载。

三、我们应终身把握意志集中、力量集中的宗旨，积极拥护国家统一及民族团结，决不作任何动摇国本或鼓动分裂的言论与记载。

四、我们记述新闻正确第一，凡一字不真，一语失实，不问有意歪曲或无意致误，均不自恕。

五、我们评论时事公正第一，是是非非，善善恶恶，一本纯洁动机，冷静思考，精确判断，忠恕宽厚，以与人为善，勇敢独立，以坚守立场。

六、我们从事圣洁的新闻事业，应有高尚人格，冰霜操守，必期做到富贵不淫，贫贱不移，威武不屈，浮名不惑，誓不挟私自便，誓不受贿肥己，誓不谄媚权势，誓不落井下石，凡良心未安，誓所不为。

七、我们应将物质享受减至最低程度，精神道德提至最高标准，发育乐观的态度，开阔明朗的胸襟，坚定卓越的意志力，发挥热烈的同情心。

八、我们应随时注意学业的进修，知识的研求，以期日新又新，而不落伍。

九、我们应戒绝一切不良嗜好，斩断一切私欲私利，养成规律谨严的生活习惯，锻炼体魄，注意健康，以为吾业作任重致远之奋斗。

十、我们应有救国济世的抱负，待人接物，均宜谦诚敬慎，而不稍涉骄慢欺诈，同业之间，声应气求，尤须相爱相助。

第四篇 发行原理

第十四章 发行的原理

我们读过第一、第二两篇，又凭我们的常识判断，当知一种报纸的能否行销，能否确立基础，建树信誉，全看版面的内容如何，新闻是否迅速正确，特稿是否充实有力，副刊是否生动活泼，因此有人主张：发行经理的责任，与其浪费金钱从事各种强制性的推销工作，毋宁根据实际经验，例如从门市部听取读者的批评，从批发人及零售报贩征询读者的反应，向编辑部及印刷部作各种有意义的建议，使自己的报纸，真能：

一、成为可能范围内最优越的报纸；

二、刊印最上乘的特稿；

三、从事真正的社会服务工作；

四、从事实上，证明你的报纸确属大公无私，纯洁正直。

假如一种报纸，确能达到上开四个目标，那纵使没有任何推广工作，亦会不胫而走，深入社会群众。伦敦《泰晤士报》的行销，其主要部分还是依靠读者的相互推荐，转为介绍。《泰晤士报》的读者，其所以肯做这种义务推销工作者，就因它的版面、它的内容确能使英国的上流社会，以及全世界的有学之士，得到实惠真益。在这个意义上，上述一班人的意见，全然正确，不容訾议。当然，办报与办理其他工业一样，必须出品价廉物美，而后它们的销行方有切实把握。可是，反过来说，要是你的报纸没有《泰晤士报》的悠久历史、既成地位，在这报业竞争算得剧烈的社会情形之下，纵令它的内容充实，论评正确，也就难得开展。报纸的行销，在一方面固有待于版面的优良，在另一方面也未始不有待于推销的。

只要你的报纸，能够保持一定水准，他们就会养成订阅的习惯。等到读者养成了阅读习惯，一天不阅你的报，好像还有什么事情未了似的，那时，你的报纸就有了适当的发行基础。

我们现从发行经理、发行因素，以及发行种类三项，论述报纸发行的主要原理。我们先从发行经理入手。

第一节　发行经理论

在美国，正像在其他国家一样，发行经理的地位，向不受人重视。他未经受特别训练，他每天的工作，只是按照固定程序配报发报，报馆里的人并不怎么看重他，他自己也觉得没有受人重视的理由，且有报馆并无设置发行经理的必要之感。可是在本世纪①三十年代的经济恐慌中，一般的商业均由不景气而濒于破产，他们没有能力刊登大幅广告，报业的收入大受影响。同时，又因报纸本身，在某种意义之下也是一种商品，一般购买力薄弱的时候，报纸的行销自然也受影响。因为广告的收入减少，报纸欲打开销路，不得不从发行入手；又因发行数字受着一般不景气影响，本来在那里低降，现在欲从发行方面，获得一部分经济的接济，自然需用极大努力，而发行部和发行经理的成绩亦由此而大着。

从此以后，发行经理的地位与前大不相同，他在报馆中占据极重要地位，不仅关于发行本身的问题须由他来主持，来解决，即对于出版的一般政策，他也具有决定性的发言权。在若干报馆内，发行经理的地位仅次于发行人而已。唯其如此，他的资格与能力亦须与前不同。对上而言，他须取得总经理或社长的信任；对下而言，他须获取整个部下的爱护；而他自己，尤须对于本分工作具有极大的兴趣与忠忱。他所应当全力以赴的，不仅是发行数目的增加，而且是发行品质的提

① 20世纪。——编者注

高。这所谓发行品质，主要的系指广告客户所能获取的实益而言，我们以后论发行的种类时，当详为解释。我们在这里，只在指出发行经理地位的改变与重要。

上述发行经理地位的改变，自系最自然不过的事。因为在全报馆的人员中，唯有发行经理最与读者接近，最知道读者的要求。他知怎样的版面可以增加销数，怎样的版面可以减低销行总额。他根据实际经验，知道怎样的消息应当怎么配列；在什么情形之下可以发行号外；那一种特稿对报纸最为有利，编辑部应当订阅刊用；那一种印机装备可以增进报纸的美观，引起读者的注意，经理部应当设置装配。他知道其他同业都在准备什么，我们倘欲竞争胜利，不得不谋适当应付，而且因为他是报纸的耳目，深入读者的群众，他所提出的办法，在事实上往往也是有效的办法。在这意义之下，他是报馆的中枢，而且应当是报馆的中心。

所可惜的，一般办报的人，因为传统的恶观念在那里作祟，迄今未能纠正此种错误。尤其编辑部的成见，更是纠正此种错误的巨大阻力。他们自视甚高，以为只有他们才懂得办报，其他报馆职员都应绝对听他们的话。发行部对于自己的报纸，因为听到外面的批评，偶有意见陈述，编辑部即认为存心挑剔，有意寻衅，各种内部的不洽，遂由此发生。而主持报馆的人，又往往左袒编辑部人员。同时，社会对于办报的人，似乎只认得编辑记者，对于一般营业人员，则视同商店伙计，绝不予以重视。报馆主持人的态度如此，一般社会的观感亦如此，无怪多数有志新闻工作的人，莫不以担任编辑记者认为莫大荣誉，竞相争求，而于报纸生命所系的业务工作，则认为颜面攸关，不愿屈就。作者在中央政校①主持新闻科系工作，每有机会，无不提出“业务第一”的口号，希望毕业的新专同学多从事于报纸业务，可是到了毕业期近，他们填列志愿之时，还是编辑记者占绝对多数，以业务为第一志愿者实不多觏。于是在事实上，各报馆的业务人员不能不由一般的营业人才担任，他们对报纸的情形并不特别熟悉，他们对报业的前途，并不怎么关心，他们只用一般的商业态度来经营报业，这不能不

① 即国民党中央政治学校。——编者注

认为中国新兴报业的极大障碍，我们对中国报业前途抱有热忱与期望的人，对于这种传统的错误观念应当首先予以纠正。

我们希望纠正此种错误，似乎美国几家报纸的办法可以采用。它们[①]的主持人，抱定主意：凡有愿意参加他们的外勤工作与广告工作者，必须先在他们的发行部实习。你要做一个记者吗？好，先到发行部去，在那里住上若干年月，实际参加发行工作。他在那里，可与报贩接触，知道读者所需要的是什么，所厌恶的又是什么。有时读者来信，或者新定报纸，或者停定报纸，或者对于递送情形表示不满，有时迟到，或有时根本不到。那时，就是他的工作，也就是他的机会，他奉派出去，对于这些读者作个别的拜访。就从这一次的拜访中，他熟悉读者的心理，知道社会的情形，以后正式做记者撰稿，任编辑编稿，就绝不致闭门造车，而与实际的情形完全隔膜。尤其重要的，他因做过发行工作，知道经营发行并非容易之事，至少不比编辑或记者的工作来得悠闲。这样，业务人员与编辑人员之间，相互了解，取得密切联系，各种莫须有的摩擦与嫉视亦可减除大半。他们对于经营广告的人，亦必要他用若干年月在发行部工作，在实际的接触与观察中，明白读者的心理，以后处理广告，自然事半功倍，易奏成效。作者认为这种办法，在中国报界实有积极仿行的必要。

作者不能忘记自己的一点经验。作者在民国二十三年担任上海世界书局的编辑行政工作，我们的编辑部在虹口大连湾路总厂，我们的发行所则在四马路中市。我于开始编辑计划之前，用足足一个月时间，到发行所门市部去办公。我先在门市部和店员混在一块，观察每天的营业实况；后来又轮流到商务、中华、开明、北新、扫叶山房诸书局去观察。我混在顾客群中，看他们最爱买的是什么一类书，置之不问的又是那一类书。我根据自己的记录，和门市部的主持人商酌。我不妨告诉读者，世界[②]以后出版的《英汉四用辞典》以及影印普及本的国学丛书，就从这一个月的观察中获得雏形，在过去曾解救了世界相当严重的经济困难，在现在虽因影印版子未能携入，在这一般书籍荒的中国不能有多大表现，可是在将来书业复员之时，这几种书之必然

① 即他们，原文如此，下文同。——编者注
② 即世界书局，下文同。——编者注

成为世界收入重心盖可断言。至于对社会的贡献，战前只须化一二元，就可购得影印白报纸国学名著一种，有《四部丛刊》《四部备要》等的好处，但售价要低廉二分之一；即连错字叠见的《扫叶山房》石印本，其售价亦无世界影印本的低廉。这一切都是作者在四马路棋盘街一带逗留一个月的收获。

我们能否提醒一般的报馆主持人，当知一般的报馆内外勤记者，与现实脱节是办不出好报的，多与发行经理接触，多向发行经理学习，才能避免与现实脱节的弊病。我们能否提醒一般社会，当知中国报界最缺乏的人才并不是编辑记者，而是真正有志气有抱负有热忱的业务管理人员。一部分主持新闻教育的人早经注意及此，他们所希望的，是社会上一般人的观感都能随同改变，尊敬业务管理人员，鼓励他们多献身于报纸业务的管理。

第二节 决定发行的因素

就决定发行的因素来说，主要的计有六项，即：一、经济的，二、社会的，三、地理的，四、政策的，五、机械的，六、推广的。我们先述经济的因素。

一、经济的因素。从编辑的立场来说，报纸的重要作用是社会性的；从营业的立场来说，报纸的主要作用却为经济性的。报纸要生存，必须有经济基础；报纸要建立经济基础，必须有销行市场。这所谓销行市场，包括两个方面：其一，必须有足够的人口、足够的购买力订阅你的报纸。办报不能无读者，一般人的能否变成读者，从经济的眼光来看，其主要决定力就是他们有无购买力。其二，这班读者的购买力不仅以订阅你的报纸为限，还得更进一步去光顾报纸的广告客户。做生意的人，其所以愿出很多的钱到你报上来登广告，其主要目的，就是希望你的读者看了广告，去买他的货，作成他的生意，倘使你的读者没有购买力，不去做成广告客户的生意，那他们的广告就会立刻停止。总之一句话，我们必须有足够的人口、足够的财富、足够的商业活动，方能组成一个报纸市场。

而且这所谓商业活动，最好是多面的活动，不是片面的发展。常见若干区域，因有一个工厂设在那里，成千的工人率领他们的眷属到得那边，一时衣食住行俱须供给，可使那个区域顿时繁荣起来。开铺子的人来了，邮局设特约所了，银行设办事处了，类乎工人子弟学校、工人俱乐部等机构亦开始组织成立了。可是，这一切都筑基于那个工厂，那个工厂所率领的成千工人，以及他们的眷属。万一那个工厂倒了，那个区域的繁荣自然顿成泡影。这就是我所谓片面的商业活动。我们不能在这种地方建立永久性的企业，自亦不能发展报业。我们应当选择商业活动方面较多的地域创立报纸，庶不致因一二活动的停顿而牵连自己。这是我们选择报纸出版地点的第一要素。

二、社会的因素。盖谓组成报纸的市场者，不仅是当地人民的购买力，而且是当地人民的社会特征，包括识字人数的多寡，教育程度的高低，人民对于政治兴趣的浓淡，对于宗教对于文化的是否具有热忱而言。假如当地识字的人很多，教育程度颇高，喜欢谈政治，讲学术，讨论国际的形势，注意局势的变迁，不仅以物质的繁荣自足，而且以文化的进步自豪，那必组成有力的报纸市场，而为每一个报纸发行人所歆羡的。就因这关系，所以通都大邑人文会萃[①]之地，比较容易办报，而在边区内地文化比较落后的区域，报纸就较难推销。也就因为这关系，所以文化水准较高的英美诸国，报纸的销数动辄数十万份甚至数百万份，而在中国，能有十余万份的销数就认为大了不得。这是我们选择报纸出版地点的第二个标准。

三、地理的因素。这所谓地理因素，范围甚广，包括地形、人口、山川河谷、市镇距离等广泛条件而言。一般而论，人口愈多愈密的地域比较容易办报，因为稠密的人口，究是报纸发行的主要对象，纵令暂时之间人民的购买力不大，文化水准也低，但经过社会各方面的努力，很容易把它逐渐改善，使之逐渐繁荣起来。有人口的潜在力蕴藏在旁，将来总是报纸的有力顾客。而且报纸本身，也可提高一般的文化水准，使之逐渐养成看报的习惯。其关于地形与市镇距离者，沙漠荒野之处，市镇远隔之区，究竟不是办报的理想地域，因为不仅人口

① 聚集之意。——编者注

少，报纸读者的蕴藏力不厚，而且因为地区荒野，山川远阻，没有便捷的交通工具递送报纸，也是极大的困难。至少报纸的运输费必比交通便捷，且有廉价公共车辆可资利用的地方要增高得多，这是我们选择报纸出版地点所当注意的第三点。

四、政策的因素。就报纸的政策来说，对于一个报纸的销行关系极大。例如美国南部的人民都是民主党人，共和党气味极重的报纸，就难期在那里畅销。又如天主教气味极重的报纸，在一般对宗教并不特别感觉兴趣的中国人脑海中，就不会发生特别好感。一家具有健全编辑政策而又富于社会服务精神的报纸，迟早之间总会得到广大读者的拥护。它的态度尽可独立自主，不受任何方面的支持，但它愈能做到这点也就愈能掌握读者，而且这班读者将永远跟随着它，轻易不肯改阅他报。从发行的立场来说，这是最基本的因素，发行部的主要工作是推广与递送，推广的先决条件是报纸本身的内容好，新闻迅速正确，论评独立严正，特稿充实有力，副刊活泼生动，这种种俱有待于正确政策的决定，而为我们创办报纸时所当特别致意的一点。

五、机械的因素。新的印机的设备，鲜艳的色泽的应用，美丽的图画的刊印，都足增进报纸的发行。尤其重要的是印刷速率的讲求，必须在短期间内，能够印出充足数量，应付市场；否则出报迟缓，别人争先致送读者，那怕[①]你有精美的版面，也就无法争取读者。因为这个缘故，所以我们在第二篇内，特别提出“后来必须居上”的原则，不能存苟且之念，以为我的报纸，不妨尽先出去，以后陆续改良，当可见谅于读者。殊不知读者所要求的，是一张完整无疵的报纸，不是渐求改进的报纸。因此我们的具体建议是不惜工作，把各种应有设备一并齐全，宁可出报延迟时日，但一经出版，就当精美完整，后来居上。总之，机械的添置与设备，以及因此而产生的整洁版面，亦为决定发行数字的主要因素之一。

六、推广的因素。推广也是极重要的工作。两家水准相同的报纸，其一注重推广工作，其一让它自然发展，不用人栽培，两者的结果如何，不必我们详细研讨，已可得知大概。办报就如建屋，必须一步步

① 即哪怕，下文同。——编者注

地从底层奠基起首，再用一块块的砖片依次加筑上去，而后基础方能稳固。每一点的成功都是每一滴血汗的表现。这所谓推广的因素，应该包括各方面的努力在内。实则在上开六因素中，除经济的、社会的、与地理的因素外，其余政策的决夺、机械的设备都可列入推广的范围内。因为必须政策与设备各方面配合起来，而后我们的推广工作方能杀敌致果。

第三节　销数的种类

普通所谓销数，盖指一个报纸所有的读者总数而言，在报业学上，下列几个名词非常普遍，而为我们每一个报业人员所当熟悉明了。在一定范围以内，它们相互成对，懂得其中之一的意义，即可推测其他一个的意义，因为在原则上，它们是互相对立的。我们先说它们的意义，然后再就它们对于广告所生的关系，述说一个大概。

一、总销数与净销数。总销数指某日发报的总数，包括一切以后的退报[①]、广告报、交换报、赠送报及报馆内部用报在内，英文叫 gross circulation。净销数指某日实售报数，即在总销数内，除去以后的退报、广告报、交换报、赠送报、内部用报等的实际售出之报，英文叫 net circulation。

二、自然销数与强制销数。自然销数指某报在某一定市场内所能销售之报，根据所在地读者群众的多寡，运用合理方法，求达自然销数，英文叫 natural circulation。强制销数指某报用强制推销所得的销数。所谓强制推销，例如派遣大批人员四处兜销；采用极端与惊人的编辑政策，迎取读者欢心；高奖悬赏，引起读者注意；代保寿险、意外险，给予读者实益等推销方式。报馆运用这种方法，固可使每日销数突然增加，但其本质究属不健全的，经过若干时日，它的销数仍会往下倾跌。这种运用强制推销使其数字激增的销数，我们称之为强制销数。英文叫 forced circulation。

---

① 疑为退订的报纸，下文同。——编者注

三、表数销数与商品销数。表数销数与总销数相似，只言其销行总额，并未涉及它对广告的效率，在英文中，称为 numerical circulation。商品销数指对广告直接有效的销数，在英文中，称为 merchandise circulation。某报之销数对广告愈有效，则其商品销数的比例亦愈高。例如一般都认为集中市区的销数，对于广告客户最为有利，因居住市区的人看见报纸的广告，倘有资力购货就会立刻购买，不像外埠读者因距离商号甚远，虽有购买意志，未必一定完成购买行为。在这意义之下，销数愈集中市区的报，它的商品销数，亦愈占优越比例。

四、重复销数与重叠销数。重复销数指同一读者购买一份以上的当天报纸，例如他在家里本预订一份，而他在报贩手里又购买一份。重叠销数指同一读者订购二种或二种以上相互竞争的报纸，例如某甲既订《申报》，又订《新闻报》，就《申报》与《新闻报》的销数而言，某甲所订的报纸，就成为重叠销数。在英文中，重复销数叫 duplicating circulation，重叠销数叫 overlapping circulation。报纸的重复销数比数不高，广告客户尽可漠然视之；但遇有重叠销数比例过高时，广告客户就当决定政策。倘使他所刊登的广告，需要重复叠见多次刺激读者，那就不成问题；倘使他所刊登的广告不必频频刺激读者，那他不必空化刊费，只须在两报当中选登一报已很足够。

五、核定销数与公家报告。核定销数指美国发行稽核局（Audit Bureau of Circulations）所核定的销数，其详细办法，我们当另列一章，专为介绍。公家报告指美国各报每年二次依法报告邮政总局的实售净销数，因其由发行人自动报告，虽曰誓必正确，究属有所出入，不及核定销数之严正确实。在英文中，核定销数叫 A. B. C. circulation，公家报告叫 government-tatement。

六、无用销数所谓无用销数。对广告客户而言，乃指不生广告效力的销数；对发行人而言，乃指耗费甚巨，所得不偿所失的销数，在英文中称为 waste circulation。原来在报业学上，公认报纸的销数，愈集中市区愈生广告效力，其中理由原极简单。广告客户之刊登广告，其唯一目标在以报纸为媒介，赖报纸的宣传，诱使读者购买。居住市区的读者看了报纸广告，倘使广告上所举的货品、所说的服务对他有利，触动他的购买欲望，那他就可立刻去买，反应甚速，收效亦巨。其次，居住市郊的人，因距离市区不远，还有机会入市购买，但其反应没有市区住民那么迅速，必须延缓数时。至于居住外埠的人，因交通往返须历时日，邮汇购买颇多麻烦，往往有购买欲望甚强，而卒无法实现购买行为者，这对广告客户而言是徒然的耗费。因此，广告客户所特别重视的是报纸的集中销数。围绕报纸出版地点四周的销行区域，称为直接收益区，意谓在这区城以内，报纸的广告，可以直接收效。离市较远的近郊销行区，称为延缓收益区，意谓广告的效力纵就有效，亦必延缓若干时日。又次如无用区，意谓在这区域，报纸的广告等于无用。

观此，可知报纸发行的原则，不仅应求销行总数的增加，而且应求销行区域的集中，唯独销数集中的报纸，方能使所登广告发生极大效力。广告客户的利益，归根结底，究竟还是报纸本身的利益。

第十五章　怎样组织报贩

任何一家报纸，它的服务对象总是三种不同的人：其一为住在市区的人，其二为住在近郊的人，其三为住在外埠的人。因为他们的住处不同，报馆用以递送报纸的方法亦不同。一般习惯，称这三种不同住处的人所订的报为家庭报、郊外报、邮递报。当然，行销市区的报并不仅止家庭报，尚有叫卖报、报摊报等，不过家庭报占据首要地位，要亦为有目共睹的事实。再从广告是否有效的观点来说，则上述家庭报、郊外报、邮递报三种，又约略相当于上章所述的直接收益区、延缓收益区、无用区。

我们先述市区报的处理。

市区报的主要部分是家庭报。目前中国报界对于家庭报的处理，不外两种办法：其一，为直接定户报；其二，为报贩定户报。前者指读者直接向报馆订阅之报，后者指读者向报贩订阅之报。先就前者来说，读者既向报馆直接订阅，则递送收账等事均由发行部直接处理，发行部于收到读者的订报通知及报费后，即由报馆雇用之报差按址递送。它的好处在读者的地址直接留在报馆，有需要时可直接与之通信。例如第二篇中所说的征询函件就可按址发送。因为这缘故，所以一般报馆都很注意直接订户的吸收。可是此制之缺陷，在于：一、报馆要用两批人员处理此事，其一为发行部职员，负责计算收账等事；其二为报差专司每日递送之事。二、送报的报差按月支薪，每月送二十份报固支一定工资，每月送一百份亦支相同工资，他只是被动地奉命送报，非独不会积极地拉拢新订户，而且憎恶新订户的增加，因为订户增加了，他的工作就要繁重得多。而且此项订户根本是报馆的订户，订报满期之后，是否继续订阅，根本与他无关，故平日的服务亦不怎么认真。因为在事实上，直接订户的报纸往往总比报贩订户的报纸迟到，有时竟完全不到。也就因为这缘故，所以报馆虽然希望直接订户之增加，而直接订户的数目总是占据极小比例。

所谓报贩订户的办法，是由报贩按照批发价钱向报馆批购，既批得后，即按照固定路线，沿路叫卖。倘有家庭订报，他就按照零售价出订，以后按日递送；到了月底，就由他自己收账，与报馆全不相干。因为他自己是老板，每日订出的报纸愈多，他们收入亦愈可观，所以他对订户特别客气，服务亦特别周到。据一般的经验，他的报纸总比直接订户的报纸早到。同时，报馆和他所生的关系，只是每晨的批发手续，而且批发之时多用现款交易，偶有拖欠，亦必月底结清，极少周折，这在报馆的用人与开支上自可大为减省。可是在这报贩订户的制度之下，报馆的发行基础完全建筑在报贩身上，报纸要涨价，须得报贩的同意，报纸的回佣制度如欲修正，事前亦须征取报贩的意见，甚至报纸因成本关系，有时要减少篇幅或酌减印数，事先亦须商得报贩同意，否则他们就会强词夺理，做种种不近情理的要求，要求不遂，更会集体拒销。那时在报馆方面，自可另派人员暂为代理。但这种办法，在理论上尽可通行，在事实上决难办妥。因为原有的报贩遇到这种场合，就会困兽图斗，对代替人员施以各种可能的报复。从前在上海，确有几家报馆就因措置不慎，整个报纸销数俱毁于报贩之手，这是值得警惕的事实。其次，中国社会的一般剥削风气，在报贩群中亦非常盛行。几个老奸巨猾的报贩头子，手下率领一群小报贩，每天替他派报，替他赚钱，而他自己则坐享其成，他的唯一工作即为依据地方恶势力，对报贩剥削，对报馆敲诈。这是正义的报馆、正义的记者所最不能容忍的事。

上述的直接订户制，约当于美国报界所说的报馆收账制（office collect system）。派报的路线与订户为报馆直接所有，报馆雇用报差送报，一切收账交涉之类的工作全由发行部直接处理。因它必须雇用两批人手（报差与职员）处理同一件事，可谓不经济之至；又因报差在此制度之下，不能发挥个人才具，仅以递送报纸引为本分，所以到了现在几乎已全部废除，而由另一种比较经济、比较有效的制度取代其位。这新兴的制度普通称为初级商人制（junior merchant plan）亦称小商人制（littlemerchant plan）。在此制度之下，报童是独立的零售商，不是支薪的雇员，他的收入完全依靠他的能力和努力，报馆给他的助益是严格的训练和切实的指导。报馆约用报童，首先经过严格的选择；应征者首先填送申请书，附同他们的学业成绩。他们的年龄有一定限制，以年青能干者为限；他们必须请人介绍，在必要时还得请人担保。

应征者申请合格后，其第二步即为充任学徒，随各报办法之不同，或任报童助手，或在街上叫卖。经过这个阶段之后，他的经验逐渐丰富了，同时他的耐心与责任心也可逐渐观察出来了。尤其重要的一点，报馆有这批预备军准备在那里，万一若干路线的初级商人发生障故，即可派人补充，不致接不上气。

经过若干时日以后，报馆要开一条新的路线，就在这批预备军中选择其一，着其负责。他经过初步的试验，懂得其中的门径，自然接充以后不致感觉生疏。他的路线经报馆切实规定，他的能力就须在这路线上发挥。他不仅对原有的订户要负责，要尽极大努力按时送报，绝不迟误；而且还要吸收新订户。报馆方面不时给他指导，给他鼓励，务必要他在短期间内建立该路线上的发行网；当然，他自己亦乐于为此，因为每一新订户的增加，对他个人是增加一笔收入；同时报馆对他的信任，亦因新订户的逐渐增加，而随同提高。他所最关切的，是这路线当中，有无新的住家搬了进去，要是有的，那他立刻进攻，务必使这新来的家庭变成他的忠实顾客。

初级商人根据批价进报，而以零售价售给顾主。他确实是商人，确实在做卖买。他必须在指定期间缴款，因而必须在指定期间向订户收款。收款是麻烦的事，在报馆收款制下，必须发行部的职员亲自动手，而且因为和顾客不接近，不知他们的生活习惯，不知到什么时候去收款最能收效，所以呆账、倒账之类在所不免。现在一概由初级商人自去催收，这对报馆不知要省却许多精神财力，更且呆账倒账之类可以绝对避免。

报馆方面对于初级商人的主要工作是训练与监护，每隔若干时日，总要召集他们一次，一方面询问他们的现状，同时即把基本的商业原则教示他们，他们有实际的经验作为依据，自然很易理会。同时又教他们推广的办法，服务的道德，接人的礼貌。这些都是报馆存于读者之间的无上资产，同时也是初级商人自立基础的必要条件。一方面报馆热心教，另一方面初级商人乐意学，教学两愿，收效自宏。同时报馆对于他们的生活，亦负道德上的义务，他们虽非报馆的直接雇员，但他们的福利娱乐，报馆全力办理。报馆无意谋取他们的订户，反之，却要帮助他们增加新订户。他们与报馆之间，只有依存的关系，没有对敌的形势，所以两者的感情非常融洽，报馆遇有征询读者意见之类的事情要办，他们极望自己的订户能被征询，因为这是他们联络订户的好机会，也是稳固发行基础的好办法。在这意义之下，他们的订户，在实质上也就变成报馆的直接订户。

我们认为美国报界所用的初级商人制，确是我们组织报童的极好参考。我们不能再让自己的发行大权落在少数地方恶棍之手。我们也不必徒费精神财力，勉强建立自己的直接订户。我们尽可从许多优秀青年中，选择自己中意的推销员，授以自己认为最妥当的推销方法、服务科目。当然在初办时必有许多困难，但天下那有轻易做到的便宜事？再则当我们把自己的报商一次训练成功以后，这是多大的安慰！又是多大的资本！

我们说过，在市区报的范围内，尚有叫卖报、报摊等项目，处理比较简单，可略而不论。市区报外，还有近郊报与邮寄报。近郊报是市区报的延长，邮寄报更是近郊报的延长。一般处理近郊报，多用设立分销站办法，先把报纸运到各地分销站，再由分销站递送当地订户。分销站对于报童的组训，亦可参照前述初级商人制办法，树立坚实永久的基础。至于外埠读者订阅的报，我们可酌量情形，或设分销站由分销站汇集转递，或则迳①由邮局寄递。战前上海出版的大报，如《申报》《新闻报》等，多是全国性的报纸。全国各著名城市如汉口、广州、西安等都有它们的读者，它们就用最迅速的方法（如航空、直达通车、公路车、轮船等）运至分销站（或称分馆），再由主持分销站的人分头递送读者。因为中国地域大，出版报纸的种类少，每一种水准较高的出版物，都需有分销全国的准备，因此我们不惜稍用篇幅，把战前《申报》设立分销站的章程转录于此，以供参考。

《申报》在外埠的推销机构，有分馆与分销处之分。

---

① 即径，下文同。——编者注

《申报》组织分馆的章程如下：一、每月五百份以上，方得称为分馆。二、分馆自负一切营业开支。三、分馆必须缴纳证金。四、分馆须自觅沪地铺保。五、分馆与《申报》订立期限，期内不得自行退办；惟若违背章程，得中止之。六、承办分馆须先划定所属界域。七、分馆对于已认定之销数，只能有增无减，否则亦照承揽上之数目结算收账。八、上月应付之款，不得延至下月十日以外。九、分馆所享权利如下：1. 价格优待，2. 介绍广告可提一折回拥，3. 凡遇法律上当行之事，而分馆力薄不能胜任时，可申请《申报》协助。

《申报》组织分销处的章程如下：一、每日销数十份起码。二、每份预存证金一元。三、批价每份大洋二分二厘（当时零售四分），销数多寡概照份数计算。四、下月十号前，缴清上月报款，否则，当欠款超过证金时停止发报。

我们现在且用些许篇幅，略论邮寄报。邮寄报适用的范围，并不限于外埠报，有时在近郊，或因没有直捷路径，或因该地距离较远，定报的人不多，专差递送极不经济，亦往往采用邮递办法。处理邮寄报是一种技术，也是一种科学。它的对象是远地读者，有的远在他国，更有的远在地球彼方，平素没有接触机会，全凭通讯①与版面，与读者保持联系，而这种间接联系普通总比直接联系困难。同时又因报纸及其他函件的递送，必须经过邮局的手，故与邮包的联系又须密切无间。又次，邮递报的报费，普通连同邮费一次收讫，然后寄报，这是必需的措施，也是每一报馆为保全自己利益之时所当特别致意之处。又次，处理邮寄报的手续或程序应当事先擘划，制定规程，然后顺序而行，不致有误。普通都在发行部下，成立邮递组，专理邮寄报事项，所谓邮寄事项，一面是报纸的发送，一面是有关函件的处理，一般都把这些函件，分成下列六类：一、新订事项，二、续订事项，三、改变住址事项，四、不满意事项，五、停报事项，六、其他零星事项。我们按照函件性质，妥为分类归卷，以后查阅起来，自然异常迅速。迅速与正确乃是处理邮寄报的基本原则。任何关于邮寄报的函件，倘能办到于六小时内全部覆出，例如有人寄款订报，邮递组可于接到函件以

① 即通信，下文同。——编者注

后立即开始工作，先算出所寄之款，连邮费在内可发报纸若干天；次即根据上项计算，开具发票；次即求出应退款额，用邮票折算，放在发票上；次即运用印成函式，将起讫日期，何日发报，余款若干随函用邮退回等项，填注明白；随即把这位新订户列入邮寄报户卡片，卡上填明该新订户之姓名、住址、发报日期、满限日期，按照一定检字方法，列入卡片柜，俾便随时查阅；次即连同发票、余款，将填注完整之印成函式一并付邮。那在自己，是今日之事今日办妥，心神愉悦；而在读者，则于初订报时即得极好印象，此后当更可增加满意。当然，最重要的一点，是信上注明何日发报必须在那天确实发报。这是近代的效率，是邮递组最宜致力的事项。

若干组织健全的报馆，不仅对于每一读者都有一个卡片，而且对于满限日期更有一个总索引。例如三个月后的第五天，究有多少订户要满期，就把他们的姓名、住址一个个地填列该日下面，庶几在满期前十或二十天可以发出通知，请其续订；假如第一次通知未能收效，读者并未汇款续订，那就应当视情形之不同，发出第二第三封信，告以倘未汇款，报纸即停寄。报业学上研究不续订的原因，不外三种：第一，读者不欲续订，第二，读者暂不置理，第三，读者不能决定续订还是停止。倘不续订的原因是第一种，自然各种函件俱属浪费；可是要是不续订的原因是第二第三种，那你的频频通知，必可收到预期效果。无论对报纸本身说，或对广告客户说，续订户比新订户更可珍贵，其理由本甚简单：第一，报馆不必用极大的努力去招致；第二，他对报纸满意，对它有信任，对它上面所刊的广告自亦随同信任。

第十六章 推广办法举隅

推广工作的主要目标在于加强出版物的销行，其设计动机，或为提高读者的兴趣，或为增加发行的份数。前者的重心系于读者，要从读者身上去打主意。简言之，即用什么方法增加读者对于报纸的好感，藉以保持老订户；吸引读者对于报纸的注意，藉以吸收新订户。后者的重心系于发行人员，要从他们身上去打主意，要用各种奖赏和激励方法，诱起他们的动机，提高他们的兴趣，从事于报纸销数的推广。两者可以分别举行，亦可同时举行，但以同时举行较易收效。因为一方面既引起读者的兴趣，同时又派遣人员向他们去工作，要他们订报，自然易奏成效。我们先述发行人员的激励。

第一节 激励发行人员

报纸必先有读者，然后才说得上读者兴趣的提高，所以我们的讨论，应自读者的争取入手。过去多用赠品、奖金等方法，吸引读者，甚著成效。但报纸究与一般商品不同，一般商品，可用大廉价、大赠品等方法，招徕主顾，但同此方式，用于报纸的推销，究属格不相入，且足降低报纸地位，引起读者对于报纸的蔑视。因此，现代主持报纸的人，多凭报馆推广人员的努力，从而收获增加销数的效果。

任何报纸的推销运动，其基本原则简单明了：第一，必须有效；第二，必须简单，不能过于繁复；第三，必须合乎经济原则；第四，必须争取优越读者，不以读者之量的激增，引为已足，且须注意读者之质的提高，使其对于报纸本身，对于广告客户均属有利。第五，必须注意读者之量的累积性的增加，所谓累积性的增加，盖指反于突然的跳跃而言。一次用强力取得的读者，不甚可靠，往往报纸用巨额奖金赠送读者，可于短时期内使读者的数量激增。可是这班读者多半为奖金而来，并非真正对你的报纸感觉兴趣，移时悬奖期过，或其他报纸的奖额较你所悬者为高，他们亦必如蚁附膻，如水赴壑而转订他报。他们决不是你的报纸的基本读者。唯独逐渐累积的读者，完全凭着自动的抉择选订你的报纸，其来也审慎，其可靠程度亦加甚。然而要争取此项读者，就得平时对版面努力，而一班基层发行人员的广续推动，尤为必不可缺的因素。

我们在上章介绍的初级商人制，对于此种经常推销工作最为相宜，因为它的基本精神就建立在效率与服役上，推销成绩愈好，他的报酬愈大，报馆发行部对于他的评价愈高，而他自己今后的升迁机会亦愈多。这是经常的办法，现在报馆举行特殊的推广运动，就只须用奖赏激励的方法，更诱起他们的推销动机，更提高他们的推销兴趣就好了。

报馆用以激励初级商人的奖品，必须实惠合用，尤须配合他们的胃口。脚踏车一类的实物、名胜区域的免费旅行券、一天或二天的免费远足会会券，以及其他合乎时宜的娱乐工具，都是初级商人的恩物，他们本有辛勤推销的习惯，如今又把这些目的物陈列他们面前，让他们自由争取，他们安有不出全力的道理？不过报馆在举行初级商人竞赛的时候，应当注意一点：即竞争的标的不要过高，竞争的日期不要太久。例如争取十个新订户，必比争取二十新订户更适合初级商人的心理；用一个月的时间争取十个新订户，必比用三个月的时间争取二十新订户更投合初级商人的欢心。这就合乎上面所说简单、有效的原则。当然，我们的目标也不能订得过低，否则就失去竞争意味。我们应当参照实情，订立竞争标准，不要太低，太低了得不偿失，究属徒劳；也不能太高，太高了初级商人望而生畏，难期彼等发出热情，求达目标。

美国佛琴尼亚州[①]查雷士登（Charleston）市的《新闻报》（Gazette），对于激励报童一项定有具体办法，行之有效。我们现在把它介绍过来，以明报馆对于初级商人，倘能组训得当，无时不可使其

① 今译西弗吉尼亚州。——编者注

发挥经久有效的推销作用。它的办法大概是这样的：任何应征的人经报馆录用后，一律称为报童。报童服务数时成绩卓著，就被升为初级商人。初级商人服务数时确具十分成绩，就被升为首级推销员（Master salesman），平均约有百分之二十的初级商人可望升入这个阶级。经过这阶级，就列入超级推销员（Super salesman），为数限于三十，全报馆的人都称之为三十人总会（30 Club）。各阶级的人都戴一定的臂章符号，极易识别。升入首级推销员后，每年都有一星期的假期，参加免费露营；至于列入三十人总会的人，更有特殊权利，可于他个人在耶诞节①前一星期的营业总额中，抽取二分之一的数目算作特别奖金，其数约在美金十元与十五元之间，尽够供耶诞节的费用了。

报童于一个月后，可以要求第一次的功绩臂章，证明他的成绩和能力，都可当而无愧。当然，是否要求全听他自己的便，报馆绝不强迫，但在事实上他非要求不可，因为他的地位升高了，他的订报回佣亦随同增加。例如报童每订出一户，得酬七分，而首级推销员则可得酬二角。不过他要申请，必须事前履行一个条件，即要在报馆特立的储蓄户上，存入一笔款项，其数相当于每周个人营业数额的百分之十，并要一次存足十周的数目。

经过两个半月的时间后，他有资格要求做初级商人；假如他能满足其他两个条件，即：一、他在两个半月内，已招揽十个新订户，二、他应存储的储蓄金业经存足，那他必被选为初级商人无疑。一获选后，他就接受报馆正式发给的运动衣上装，而他争取新订户时所得的回佣，亦自每份七分增至每份一角，他的服务时间总达六个月，同时他接受初级商人的学位已满二个月，他就可以要求被选为首级推销员。首级推销员的特权可以参加免费的旅行和露宿，可以领取耶诞节的特别奖金，可有资格加入三十人总会。同时，假如他的工作不能维持标准，而他的品格也着实可以疵议，那他的既得资格，随时可被取消。《新闻报》的这种办法，在一方面固可教育报童，使其步步向上，但报童每一次的向上，同时也就是报纸的进步，与夫报纸销数的增加（见一九三六年三月份出版的《发行经营杂志》页一二）。

---

① 即圣诞节，下文同。——编者注

美国大西洋洲的 *Georgian American* 报采用“荣誉报差”的办法，奖励优良的服务，增进销数，加速收款。被列为荣誉报差的人，享受下列各种权利：一、每周赠送戏券；二、接连四周为荣誉报差者，免费参加游园会；三、接连二十六周为荣誉报差者，领受美金五元的现款奖金。荣誉报差表每逢星期日公布。希望列入荣誉表者，必须办到下开诸点：

一、准时出席指定集会。

二、分销站主任，制定某若干晚间，出发征求新订户，他切实奉行。

三、过去七天之内没有引起读者的不满。

四、在精神上，在文字上，奉行分销站主任的各项命令。

五、经分销站主任证明，在过去一星期内，他确已竭尽全力，向顽强读者推销。

六、按照规定日期全部付款。

七、路程书[①]保持整洁，按时送呈分销站主任检查。

八、行为无可疵议，衣服整洁，彬彬有礼。

九、切实注意琐碎事项，如读者保险、附送杂志、改易地址等手续，都切实明了。经营全线订报事宜确有进步。

十、详细阅读推销手册，并能按照指示改进推销手续，收获成效。

诸如这一类办法，我们认为都可促使报差努力奋勉，无时无地不在求自己营业的开展。经此渐进方法所得的读者亦切实可靠，可望持久，不同强制推销，在推销期内固可增加销数，但时过境迁，销数又复倾跌。

以上所说的推销办法，侧重在报童、报差，及普通所说的初级商人。此外，关于邮寄报的推销亦拟略为论述。因为邮寄报都是预先付款，其预定期间，亦较初级商人报为长，而邮递组与订报人的接触，又多限于通讯，不能直接见面，所以它的推销方法亦必稍有不同。其

① 方便商旅者出门而印制的详细介绍行程的手册。以路引为主体，简洁记述水陆交通路线、各地的行程里矩和道路的起迄分合等。——编者注

中所包括的问题，先是吸收新订户，次是保持老订户，就中尤以保持老订户最关重要。因为邮寄报户普通都是远地读者，除设分销站可由分销站个别接洽外，其余全靠老订户的转向介绍，逐渐推广，故以既有订户作为基础，与之发生良好关系，实为首要政策。健全的报馆邮递组，普通都有“邮递订户索引表”，一望之下即知其若干订户将于某月某日满期，邮递组的主要工作就是促使他们续订，其办法依据一般报馆所实施的是：一、满期三星期发给通知，告以所订报纸的满限日期，并请其汇款续订，免使报纸中断；二、满限前一个星期，发给第二个通知，告以报纸中断的不便；三、就在满限这一个星期，发出通知信，告以所订报纸即在本周满期，为优待老订户，当于满期后续寄一星期，并请他随即汇款续定；四、满期后一个星期内，又发催续函件。当然，多次的通知并不担保读者的一定续订，可是要是他有一线续订意向的话，那频频的函催必可使他决定继续。我们于此应当提出几点：第一，催续的通知该用书信方式，使之发生亲切之感；第二，信的内容，应当清顺易读；第三，所用信封应当尽量大方，切忌淡黄牛皮纸信封，使其一望而知为广告信，不予注意；第四、信中附有回件信封，开列报馆地址，易使读者作覆①；倘能黏附所需邮票当然更为有效。

第二节 吸引读者兴趣

现在我们就要论到以读者为主体的推销方法了。

以读者为主体的推销方法，其主要目标有二：一为争取新读者，二为加强原有读者的兴趣与满意，使其继续做你的订户。美国报界普通所用的方法，计有赠品、竞赛、简易保险及编辑新特点的四种。赠品的方法从前用得很多，倘能用之得当，最易引起读者兴趣。而在事实上，报纸初发行时，并非以报纸为出售对象，而以其他日用器具为出售对象，即在出售日用器具时兼售报纸，或赠送报纸，算是优待顾

① 即复，指读者回信。——编者注

客。现在以赠品为推销报纸办法，至少已将报纸处于主位，而与从前大不相同。这个方法的优点：第一容易引起注意；第二容易打动读者的占有欲与买卖欲，具有坚强的心理基础。它的坏处：第一，用赠品来推销，易使报纸的身份降低；第二，用此方法得来的销数，不易稳定；第三，因为第二个理由，所以在费用方面甚不合算；第四，易被发行部误用，致与当地的零售商人，发行利害冲突。原来报纸所用的赠品，因成本关系，断难购取老牌货物，无限赠送，普通都用合乎标准的新出货品，在制造商方面，因该项出品的牌子尚未打出，极望报纸的宣传，报纸即利用机会，征收一定数量的广告费，同时又以最优待折扣选购货品，转送读者。如此一举两得，切合普通商业惯例。但正因为如此，有时报纸发行部分运用不得其道，很易侵犯一般零售商利益，使其对于报纸发生不良印象。然而这不是赠品办法本身的缺陷，要视吾人如何运用以为决定耳。不用说，报纸是文化事业，又是宣传事业，因而所用赠品也要从同类的物品中选择。报馆赠送书籍、文具以及无线电收音器等，无可疵议，倘以肥皂、火腿之类致酬，那就不合体统。这是常识上的判断，但为主持报馆的人所当随时留意。

用赠品销报的最大缺点，就是所得销数不能持久。皮佛勃洛克爵士推销《每日快报》的故事可作例证。他在一九三三年《每日快报》第一面的通告中，承认在三月一日到六月三十日中间，曾用一百万美金的经费作为征求新订户的礼物和奖赏，平均每一新订户花用美金二元。其结果，到六月份该报总销数达二，〇五四，三四八份。可是在这总销数中，到同年八月就减跌八八，〇〇〇份。他自认这个运动是失败的。其主要理由，就因用赠品征求读者，可获成功于一时，但不能保持功效于久远，故从整个财政打算是不经济的。

其次，说到竞赛。竞赛的方式甚多，小而至于悬赏征文、时事测验、摄影竞赛，大而至于名人竞选、政治批评等等[①]，都属竞赛范围之内。所悬奖额不必过高，有时一二百元的奖金即可引起极大注意，主要的要看所出奖题，能否奇兵突出，引起一般的好奇心以为决定。例如十余年前美国报界曾有“美国皇后”的竞选，先由各地方报选出最

① 原文如此，下文同。——编者注

著名的美女参加竞选，然后又作全国性的选举。报馆所用经费不多，但极能引起普遍注意，致使各处仿效，甚至救火会、店员郊游会，也要选举皇后共凑热闹。但当时发动诸报，确能收“读者竞赛”的特效。在中国报界，此种竞赛方式尚未至滥用程度，各报尽可参照各地实际情形详为布置，妥为运用。照作者个人意见，中国的社会教育向未发达，中国一般读者的常识不够丰富，因而报纸出题竞赛之时，就当以推广社会教育、充实读者一般常识作为主题，例如儿童健康竞赛、家庭卫生竞赛、户外运动竞赛、读者时事测验、一般民意测验等等，作为主要课题。至于皇后美女之类，因一般读者的兴趣不甚相宜，用力虽大，收效不巨，似可暂不试行。据作者个人经验，因国人对于象棋之类的游戏趣味普遍，关于棋赛之类的举行，亦足以引起读者群众的普遍注意。

我们知道报纸举行读者竞赛，其终极目的在于吸引读者注意，因而招徕新订户，并保持老订户。我们为欲达到这目的，有时设奖的金额可比较大些，竞赛的时间亦应当长些。前者较易引起注意，后者可使较多的人参加。不仅如此，这样的竞赛延长二三个月，频频刺激读者，使其不能不日常注意你的报，购买你的报。经过两三个月的竞赛时期后，他们对于你的报纸，逐渐养成阅读习惯，那时新订户的数字可以稳定，老订户的续订可无问题。

又次，说到版面的特点，我们认为任何推广办法的成功，必须符合一个基本原则，即报馆的各部分必须全力合作，通盘运用。发行部应当根据版面特点，充分加以发挥，编辑部亦当在发行部全力推广之时，在版面上益发加上特点，以资号召。如此合作无间，推销就易奏效。

我们在前面说过，一张不值得推销的报纸不必枉费金钱，盲目推广，即经强制推销之后销数激增，但隔不数时必遭读者的唾弃，而销数倾跌。所以我们既说到推广，就以该报值得推广为其基本假定，该报既有值得推广之处，那就需要发行部人去找推广资料了。题材既找到了，就当全力运用，尽量发挥。例如编辑部将在报上发刊长篇连载小说，发行部不妨利用这篇小说，作为推广设计，求出小说的主人翁为谁，他的个性如何，面貌如何，服装如何，态度如何，并以此为依据，做出一个具体模型，用种种不同方法，把他的姓名状况，深刻印入读者脑海。总要办到这个方案出去以后，社会一般人士都以此为谈话中心。然后小说发刊，读者的争先阅读殆为势所必然的事实。我们且举一个具体的例。

支加哥①的《美国人报》（American），曾以题名 Anastasia 的长篇连载小说作为推广材料，小说内容以美国的美容院作为主题，它的第一炮，就把这一个字用封面广告宣布，仅仅这一个字，不加任何说明。此炮发出以后，就用各种方式与之配合，所有该报的送报车上全是这一个字，又有十万上等肥皂，予以特别装璜，装璜纸的主要题材是劝读者阅读这篇小说。又用印上这个字的食巾纸分送各杂货店，叫每一个喝咖啡吃冰淇琳②的人，都知道这个名字。他们更用无线电广播，补充报纸封面广告之不足，至于市区四周的广告牌都贴上这个名字，更是不容细说的事。他们到了紧急关头，更在理发店与美容院中设计一种 Anastasia 式的烫发，促使整个社会的注意。这是多有力的宣传，对于《美国人报》的普遍销行，又是多大的助力（见一九三四年十月二十日出版的《主笔与发行人》杂志页四七）。

末了，说到简易保险，那是对于读者的一种实益。读者订阅某一种报，每年缴纳五角钱保费，万一遭遇不幸，就可领用五百元的赔偿，这是极动听的话，是每一个读者所无法拒绝的。然而只要你办理得当，你尽可和保险公司接洽达到这个目标，而且不必报馆亏本。关于它的详细办法，我们在这里不能细说。主要的一点：必使读者出一部分钱，否则，他会蔑视这种办法，把它看作一钱不值。

① 今译芝加哥，下文同。——编者注
② 即冰激淋，下文同。——编者注

第十七章 介绍美国的发行稽核局

有一天，某报的干部会议开会，发行部长提出一个严重问题。他说各报的对外宣传都很一致。例如销数，发行部长说一万五千，其余的人都说同一数字，所以尽管他们的实际销数也许仅仅二千，但外面人都相信他们实销一万五千。他们的广告也比较容易招揽。至于他自己的报纸实销一万二，但对外有人说五万，有人说三万，有人说二万，众口异词，充分显示自己所说销数的不确，因此广告受了影响。他提议从那天起，确定对外宣传的总销数为五万，比实际销数高四倍有奇。

这一段故事，充分说明各报销数报告的内幕。他们为着虚荣，为着面子，为着要拉广告，为着要抬高自己报纸的社会地位，他们只是欺骗着、虚报着。广告客户用钱购买广告地位，满以为自己的广告刊出以后，至少有四五万读者同时看到，殊不知真正看到他的广告的仅仅一万人，或是甚至数千人。幸亏广告客户多半都是糊涂虫，做生意不比公教人员，赚钱也比较容易，花一点广告费，结识几个报馆，在必需时，请来撑一撑腰，也着实值得。然而这岂是正常的事？报纸在社会上，要维护公道，要主持正义，在销数互相欺骗、互相隐瞒的报纸，配担当这种任务吗？办报是一种企业，等于其他的商业，商业上的第一条规则是货真价实，童叟无欺，虚报自己的销数是欺骗，是以不真的货去换过高的价，纵能欺人于一时，岂能欺人于永久？纵能欺骗不正派的投机商人，岂能欺骗有组织上轨道的正式企业？中国的工商业，在抗战完成以后必须走上正轨，将来广告客户的每一个钱，都要用在正当路上，岂肯随便受欺？将来工商业上轨道后，各界对于数的观念当更为重视，国家也有严令各业报告正确数字的权利，因为这是计划经济的首要前提。报纸既是正当企业的一种，且亦应在计划经济之下，发挥其应尽职责，国家岂有任其虚报销数之理？更何况战事结束之后，国与国间的往返合作，必比从前密切，人家都能对于自己的报纸说出具体真切的销数，我们岂能永久糊涂，永远说不出自己报纸的真实情形？正像《支城日报》的创办人史冬氏所说的：“我们到布店去买布，我们有权利知道布的尺寸如何？布的色泽是否经久？”同样，广告客户购买报纸的广告地位，他也应有权利知道报纸的销数如何？销售的地域是否集中？销售的顾客是否具有适当的购买力？我们迟早必须做到这点。也许美国发行稽核局（Audit Bureau of Circulations）的办法，可供我们参考。因而我们愿在这里把这稽核局的发展、经过和组织情形说明一个大概。

因有发行稽核局的组织，现在美国各报的真正销数已可完全明了，不仅各报的发行总数可以知道，即连各报的发行情形，例如销在市区，因而对广告有直接收益者占总销数的几分之几；销在近郊一带，因而对广告仅有延缓收益者占总销数的几分之几；销于报纸所在地以外区域，因而对广告效益几于完全无用者又占总销数的几分之几。不仅如此，广告客户也知道某报的发行数字，用什么方法造成，还是由于自然的销行，还是由于强制的推销。倘系前者，必然可望持久；倘系后者，仅系临时性质，久必倾跌，极难凭恃。诸如这类数字，都是每一广告客户最感需要，最有实用的。因有发行稽核局的组织，广告客户只须花一点钱，就可全部获得。这是多使人钦佩的事。然而我得报告读者，他们的这种成绩也不是偶然得到的，其中经过了近五十年的奋斗与努力。

从前，美国出版界也不肯把自己出版物的销数公告社会，充其量只把一般所谓“号称销数”和“估计销数”对外公布，绝对不肯把他们的真实情形，供诸同好。他们认为这是他们的业务秘密，业务秘密是不能轻易示人的。因此，当时的广告客户只在那里摸索，在实际上只在那里赌博，究竟他们所选的报纸，是否对广告最为有效，他们全不知道，他们只在那里瞎碰运气。

在这里，有几个名词，我们在“发行的原理”一章，已择要解释，现在应回忆一下：其一为“号称销数”，例如某报实销五千，对外号称二万，这二万就是号称销数。其二为“估计销数”，意谓旁人对于某报销数的估计，当然这种估计绝不可靠。例如某报号称行销五万，旁人觉得这个数字过高，给它一个估计说："大概二万份吧。"其三为"宣誓销数"，意即某报宣誓担保的正确销数。例如美国邮政总局规定，每一出版机关必须把它的正确销数，每年两次宣誓报告，美国官场所得的数字，就根据各出版机关的宣誓销数。其四为"证实销数"，不仅报馆自己宣誓报告此数，且经其他公证机构稽核证实，稽核所用的材料，如报馆的发行账目，每月定纸数量，机器生产力量等，都是极有力的证据。美国发行稽核局所宣布的数字，就是各报的"证实销数"，亦称核定销数，意谓经稽核局的核定，正确无误。广告客户所需要的，是核定销数，而出版家所供给的，只是号称销数或估计销数，其间距离极远，如何填补这个距离，是当时美国广告界急待解决的问题，也是以后产生发行稽核局的推动力。

美国报业的主要特点，正像它的政治机构，偏重地方报纸的发展。全国性的报纸，到现在还仅仅《纽约时报》《基督教科学箴言报》等数家。因为这个缘故，所以全国性的广告不能不到各地方报纸去登，藉求广告效力的普遍。当时的广告客户，对于自己所在地的报纸，它们的销行如何，它们的读者为谁，并不完全清楚，更谈不到全国各地方报纸的认识；而当时的交通方法又是非常困难。他们对于各地报纸的情形，简直无法捉摸。一八七〇年的报业情形大概如此。可是就在一八七〇年以前，从事广告生意的人已逐渐有所计划。主其事者为当时的广告经纪人。他们的主要营业像现在的广告社一样，是替各广告客户介绍适当的广告地位，从而取获佣金。因为当时的出版情形知道的很少，实则不仅出版情形知道的很少，即连某地有某几种报纸也没有适当的调查。处此情形之下，谁调查报纸的出版地点愈详细，谁知道报纸的名字愈多，谁的营业就愈大，谁的收入愈就可观。基于这种需要，所以当时的广告经纪人，无不竭尽全力从事于全国各地方报纸的调查。据《主笔与发行人》杂志的记载，经纪人的主要资本是"全国各地方报纸的统计表，谁搜罗得愈广，谁调查得愈多，谁的资本就愈大。他们所统计的当然不是报纸的销数，或报纸销数的素质，只是报纸的名字以及它们的所在地。他们尚未想到报纸发行的调查"（一九三四年七月廿一日，第三一〇页）。这是"发行稽核局"的雏形。

到了一八七〇年，另一事情发生，致使发行稽核局的发展进入第二阶段。就在那年，有一位名叫罗威尔（George P. Rowell）的经纪人，决定编印《全国报纸目录》。这不仅是件前未之闻的崭新大事，而且引起各广告经纪人的反对，他们说，假如《全国报纸目录》，公开出售，每一愿登广告的人都可购买一本，那不是把他们的秘密法宝公开了，他们的营业不是要受影响，他们的生活收入不是大受打击了吗？然而第一期《美国报纸目录》终于出版了，在它里面包括报纸名字、发行人姓名、发行人所报告的销数、报纸的定价、地点、读者以及报纸的政治倾向。

第一期《美国报纸目录》不仅受广告经纪人的反对，且亦得不到报纸发行人的密切合作，他们总是不肯把自己的确实销数尽情露布，他们还是坚守自己的业务秘密。那时，罗威尔发明一个办法，认为照此做去，定可转移发行人的观点。他创立一种“金标制”（gold mark system），凡报纸之以宣誓销数见告者，他就在报名之前，冠以圈中加点的金标。他自己不去调查，亦不加以证实，但为表示自己对于这些宣誓销数的信任，经常公开悬赏，凡能证实某报宣誓销数之不确者，致酬美金一百元。

同时，广告客户（亦即广告人，意即刊登广告的人）对于各报的发行情形，亦感极大兴趣。他们先欲知道各报的发行总数，到了后来，认为仅仅知道总数还是不够，他们要知道发行的详细情形。例如销到那里去，销给什么人，销行的数字是否经久稳固，抑只是临时性的。这些销数对于他的广告是否确实有效。为欲达到这些目的，他们就在一八九九年组织“美国广告人协会”，他们想利用当时发行人的不断声明（愿把各报的发行成绩公诸社会，并欢迎审查）而有所作为，可是结果，并不怎么圆满。他们因为限于人力财力，对于发行人之请求审查者，只能遵照规定收一笔手续费，发给一张证件，其余无能为力。他们希望认真审查吗？发行人不和他们切实合作，不肯把发行卡片账目提供出来，又有什么办法呢？于是我们的叙述，也不得不进入发展的第三阶段了。

“美国广告人协会”的组织一直拖下去，到了一九一三年，大家感觉前途暗淡，而且资助人的经济支出亦殊可观，倘没有新的分子共同参加，齐力负担，决不能支持下去，所以决定解散。不过在同时期内已有两种势力在那里逐渐成长：一个在美国东部，一个在美国中西部(支加哥)。它们的共同目的都在组织类乎全国性广告客户的协会，切实审核全国各报的销数。目标既同，自不必分头组织，所以终于合并。他们的计划，是要组织稽核局，以先前的“美国广告人协会”作为人事的与组织的基础。因为这个组织根本涉及广告人（即广告客户)、广告经纪人以及发行人的相互利益，所以三方面的人都感觉兴趣，发起人并首先筹集资金五千元，作为推动费。他们的先决问题在于能否筹集一笔资金，每年可有十万元的利息，足供稽核局的费用，到年底基金筹足了，工作也就开始了。

他们第一件事，将稽核局向依利诺亥州（Illinois)[1] 注册，并于一九一四年春召开第一次大会，通过章程、规则、细则之类，决定工作的进行计划。同年八月注册手续完毕，稽核局正式成立。

稽核局的主要目标在于：一、公布发行人会员的销数报告。二、稽核局认为必要时，派遣稽核员审查各种账据簿册，藉以证明该项销数报告之是否正确。三、为广告经纪人及发行人的利益，发布该项销数报告，给各有关会员。四、发布该项报告时，连同说明发行的数量、素质、分配以及求达此项销数时所用的推广方法。稽核局的任务，仅在报告事实，不加任何批评。

稽核局的会员包括六种人，即全国性的广告客户、各地的广告客户、广告社、特约广告社、发行人及其他零星会员。申请入会的人必须遵守稽核局的规章细则；必须有十三位董事的投票，方能入会；申请为发行人会员的人，必须预缴一年会费，必须缴送簿据账册以便稽核；必须负担第一次的审查费与稽核费。发行人所缴的簿据账册，必须适合稽核需要，倘有未合，必须照改。稽核局稽核报告的发送，表示申请人的入会手续已经完全，但在此时以前，申请人不能刊布稽核局证在申请中等字样。

稽核局的收费办法：对发行人，以各报销数的多寡作为标准，销行愈广的人纳费愈多。对广告人与广告经纪人，则以所用材料之多寡作为纳费标准。例如一个需要一百五十种报纸销数的广告人，他所纳

---

① 今译伊利诺伊州。——编者注

的费，必大于另一个仅需要八十种报纸销数的广告人。这是笼统的原则，至其具体办法则为：全国性的广告人年纳美金四十元，可得一百种出版物的发行销数报告和稽核报告。倘有需要一百种以上的出版物报告者，就由董事会另订费用，但其总数每年不得超过二百四十元美金。地方性的广告人，则以其所在地不同，接阅其所需用之报告，他们的纳费，随着报告份数的多少，从每年五元起到十五元止。广告社年纳一百五十元至七百元，其数额之多寡，视彼等上年度经售之广告地位而定，上年度经售广告地位愈多者纳费愈多，否则反之。特约广告社年纳五十元至二百三十元，亦视上年度经售广告地位之多寡，而决定其应纳年费。其他零星会员，年纳二百四十元，可得全部报告；年纳六十元，可得某一定部分之报告；年纳五至十五元，可得某一地方之报告。

至于发行人的纳费，则视其总销数之多寡作为准则。就日报而论，日销二千份者每年纳费五十二元，逾此每增加一百份增收五角；日销一百万份者每年纳费七百八十九元，以后每增加一百份增收半分。就独立的周刊、三日刊、二日刊而论，每次发行二千者取费五十二元，以后每增一百份增收三角。就报纸的星期刊而论，销行一百万份者年纳五五一元，以后每增加一百份增收一分。杂志的纳费标准稍有不同，但亦以每周一元的比例起算。

稽核局的管理与经营，操在二十七位董事手中，其组成人员为广告人会员十二人、广告社会员三人、日报发行人会员六人、杂志发行人会员二人、农业报发行人会员二人、商业报发行人会员二人。董事会提举稽核局的经理，但其人选应在董事名单之外。稽核局的董事对于各会员之违反规章及犯其他罪名者，得予以责难、停权、除名等处分。这所谓罪名，包括：一、发行人谎报销数；二、局方需要稽核，而发行人拒绝提供适当材料；三、违反局方的公布规章；四、不照规定缴纳年费并其他费用；五、不照局方规定按时呈送发行报告；六、拒绝接受董事会的处分等项。

稽核局的一个贡献，在把普通所谓净销数的意义一次确定，以后，都有一个共同标准可资遵守。在稽核局编订定义以前，一般对于“订户”一词的解释，尽可根据一己便利。予以种种不同的意义，也许仅仅是一个空名，也许仅仅是经常看报而从未付钱的人，也许是道地的“订户”，既看报又付钱，且能按时付钱。究竟怎样的人才算真正的订户呢？稽核局对于“订户”所下的界说，包括二点：第一，他至少付过相当于报价之半的数额；第二，他所拖欠的报款，不超过一年。我们并不批评这个定义的好坏，我们所致意的，是从此以后，美国报界对于“订户”一词的解释，总算有了共同的标准了。

第五篇 报纸广告

第十八章 报纸广告总论

第一节 报纸广告的特点

广告的方式甚多，但无论其为邮递的函件也好，电话的招揽也好，单行本的广告小册也好，沿路的招牌招贴也好，杂志书刊的广告也好，或甚至无线电的广播也好，总没有一种能像报纸广告的普遍并受人信任。其理由，自然因为报纸广告与其他广告不同，具有特殊优点，其主要者为：

一、读者众多

报纸发行的普遍与夫报纸读者的众多，自然是报纸广告的主要特色。中国的报纸销数究有若干，因为没有确切的调查，我们无从知道。不过我们凭一般的观察，又凭常识的判断，当知报纸在一般读物间所据地位的重要。在美国尚有新兴的无线电广播与之竞争，但在我国，因为工业的落后，以及一般人民的穷，力能购置无线电收音机者为数有限，播音广告之不能发生重大效用，自属当然之事。至于报纸的发行，虽亦不能像英美诸国一样日销三四千万份，但阅读报纸的人，究比听广播的人要多几十倍，即此一端，就知报纸广告在各种广告中所据的优势为如何了。在美国每天至少有三千万份报纸，进入各个家庭，供家庭中大小成员的阅读。它上面所刊的大小广告，自亦随同报纸的新闻论评同时印入全国人民的脑海。

二、与新闻联系

报纸广告的特点，不仅因为它的读者众多，而且因为在编排上，它和新闻论评连在一块，有相得益彰之妙。这种相得益彰的联系，在其他的广告介绍物中就不易得到。我们不能忽视这一点，因为没有广告的新闻，不仅因为报纸成本贵，售价高，读者将无力购买，而且在报纸上，根本缺去最生动的部分。时至今日，一张仅有新闻、论评，而无娱乐、买卖等广告的报纸，将不会引起读者的兴趣了。反之，一种仅有广告而无新闻的刊物，谁都知道它是商家的宣传品，任凭纸张怎么优美，印刷怎么精致，亦必不会引起读者的注意。现代的报纸，把新闻和广告两者联在一块，在版面上互相混合，在内容上互相调剂，读者每天要读新闻，就每天会看广告；而且因为有广告，更足引起读者对于报纸的重视。这是现代报纸的特质，也是报纸广告的特色。

三、效力集中

因为报纸的读者多，分布广，刊登广告的人就可利用报纸，作有效的宣传。某一定的报纸在某一定区域发行，以某一定的读者为其销行对象，广告客户希望对某几个区域的某几种人发动有力宣传，只需选择几种报纸作为宣传工具，既迅速，又有效，这是任何其他广告媒介物所无法竞争的。至于全国性的广告，那只需选择全国性的报纸，努力宣传，无不可收速效。

四、富于伸缩

广告客户随时要登广告，只须前一天准备稿样送往报馆，在平时情形之下，第二天准可见报。万一广告样式或文字内容欲有更动，只须一个电话通知报馆，第二天准可见报。万一广告样式或文字内容欲有更动，只须一个电话通知报馆，第二天一定照改。又如某种商品只须对某一定区域、某一定等级的人介绍，不必对全国的人同时介绍，那么刊登广告的人，只须在各种报纸之中选择几种，作为介绍工具。这种富于伸缩性的特点，现在因为大家运用惯了，并不感觉特别便利，可是，倘有一天，所有的报纸都告停刊，客户不能运用报纸作为宣传媒介物，一定要自己去准备，或是发传单，或是印招贴，或是建立广告牌，或是发行广告特刊，试问要用多少心力，要花多少时间？偶然有个错误，必须重新来过，又是多么的不经济。至于宣传的不能普遍，效力的不能显著，更属势所必然。

五、深得信仰

报纸的读者对报纸有信仰，这种信仰不能短时得到，必须经长时期的培养。可是报纸的声誉一经树立，读者对于报纸的信任一经稳固以后，纵欲故意损毁而亦有所难能。现在广告客户用少数的钱购买报纸的广告地位，在实际上等于购买报纸对读者树立的信用。读者对报纸有信用，在同时间亦必对报纸所刊的广告有信用。唯其如此，所以报纸在接收广告时，不得不十分慎重，稍或不慎，即足贻害读者，从而影响自己的声誉，阻碍自己的前程。亦唯其如此，所以报纸广告的效力特别伟大，决非他种广告所可同日而语。

不用说，报纸广告也有它的弱点：第一，因为报纸所用的纸张较粗，不能刊载精细的版子，只能用粗线条的铜锌版插入版面，不如杂志书刊之类，因为所用纸质较佳，又因为开数较小，便于插入精美的纸张，故于各式各样的版子，都可刊印。这诚然是报纸广告的缺点，但自印刷套色术普及以来，各报亦竞相采用，因而对于上项缺陷，亦可补救一部分。第二，报纸的寿命较短，读者约略翻阅一过，倘没有特别惊人的消息或特稿，就此搁置。反之，杂志的寿命就要延长得多，倘系周刊，至少在本星期内会受读者的频频翻阅；倘系半月刊或月刊，它的寿命自然更要延长。不仅如此，因为杂志所刊的文字，比较富于永久性，而其篇幅又较小，装订又较整齐，故易受保藏，因而它所刊载的广告亦可延长效力。这是报纸广告不及杂志广告的理由，也是报纸广告主要的缺点，其补救办法，就是同一广告的重复刊载。但从另一方面来说，报纸广告的这个缺点，更是播音广告的致命打击，因为广播台上的广告，有时讲得过快，连它的内容怎样也不容易摸捉①，更说不上对于听众印象的是否深刻了。

① 即琢磨，原文如此。——编者注

第二节 决定广告效力的因素

决定广告效力的因素，主要的有下面六种：

一、报纸的销数。所谓销数包括质与量两方面。在量的方面当然销数愈大看的人愈多，广告的效力愈大。近来研究报纸广告的结果，发现单纯的量并非广告效力的唯一征验，有许多报纸，专以标题惊人，发行时间提早，号召读者。也许它们的新闻内容还不及标题字眼的充实，其余特稿、副刊之类，更属海阔天空，不着实际。只因它们出版的时间早，读者随手购买一份，随买随看，随看随丢，决不会把它们带到家庭或办公室去。它们的销数也许相当可观，但它们的广告效力极为有限。

因为这个缘故，所以研究报纸广告的人，不仅以某报的销行数字作为该报广告效力的唯一凭证，他们还要进前一步，把报纸的发行总数详细分析一下。例如我们前面讲发行的种类时曾经说到的，他们要研究该报的直接收益如何，延缓收益如何，浪费而无任何收益的比例又如何，用比较通俗的话来说，直接收益代表报纸发行的集中，集中在报纸所在地的市区。延缓收益代表报纸发行的展开，展开到离市较远的四郊；因为离市较远，交通不便，读者纵有购买意欲，也未见得把此项意欲全部演成购买行为，故广告的取益要较为延缓，毫无收益代表报纸的分散，分散在辽远地区，也许报纸尚未寄到，广告的有效期间业经过去了；读者的购买意欲，在通常的情形下根本不会构成购买行为。它们对于广告所生的效力，虽不全等于零，在实际上亦与零无异。要是一个报纸的销行，集中在直接收益区域，它的广告效力自然大，要是分散在毫无收益区域，它的广告效力自然小，这是一个标准。

二、家庭订户的多寡。一个报纸的行销范围虽集中在直接收益区域，但因它的能否打入家庭，作为普遍的家庭读物，它的广告效力也大不相同。有人说："世界上赚钱的是男人，用钱的是女人。"这句话虽稍嫌过份①，但贴近真理。因为我们的薪水收入，主要的用于衣食住三项，而管理衣食住三者的人就是家庭的主妇。她是用钱的人，用钱的人并非即是浪费的人。因为主妇是用钱的人，而报纸的广告主要的是叫人用钱，所以广告到了主妇手里，才算真正物遇其主，得其所哉。美国支加哥城有二张著名报纸，其一为《支城日报》，其二为《美国人晚报》（Evening American）。后者历史不久，内容极佳，所可惜的，它所刊载的百货商店广告不多，所以家庭的主妇并不怎么喜欢它。在支城各家庭内，时可听到这样的对话：

“乔琪，你把《支城日报》带回来吗？”

“抱歉得很，玛丽，我忘记了另买一份。你知道，我是看《美国人晚报》的。”

“可是，我明天要上街购物，《支城日报》的商店广告，对我非常有用。我现在需要的，不是新闻，而是商店的广告。”

“事既如此，我就随手去买《支城日报》，请等一会。”

这段对话，在一方面证明报纸的能否打入家庭，是与它所刊广告的多寡、种类、和性质具有密切关系；在另一方面更证明报纸广告的是否有效，是与该报的能否行销家庭，供家庭主妇的阅读和参看也有重大关系。我们明白这一点后，倘感觉自己的报纸还不能深入家庭，就该特别努力，从新闻、论评、特稿、副刊、广告诸方面谋所以行销家庭之道；倘知道自己的报纸确已能打入家庭，受一般家庭成员的欢迎，那在招揽广告之时，就当引为莫大资本，促起广告客户及广告公司的注意。

三、读者的购买力。决定报纸广告效力的第三个因素，是该报读者的购买力。商家刊登广告的主要目的，是要人购买货物，他要达到这目的，必须办到二点：第一必须引起市民的购买欲，第二必须市民有购买力。关于第一点，固有赖于报纸的适当宣传，关于第二点，更有待于报纸的共同努力。我们知道，构成财富的真正要素，是人的劳力，是劳力的适当组织与应用。诸如义务劳动的提倡、公路的修筑、河道的开辟、水利的兴建，都可直接间接产生资本，增加财富，从而

① 即过分。——编者注

提高住民的生活水准，加强当地的购买力。因此，远见的办报人，不仅以利用现成的社会财富引为满足，他还要发挥报纸的教育力量，协助当地社会增加各部门的生产力，从而增加社会的总财富。社会的总财富增加了，住民的购买力增加了，商家的营业开展了，报纸的广告收入也就不成问题了。创办《堪城日报》的纳尔逊，就以堪城的未来发展，作为他的努力目标之一。他在堪城办报，就把堪城看作自己的家，凡属堪城应行与革提倡之事，他无不率先领导促其实现。堪城的基础稳固了，《堪城日报》的前途也就一次奠定了。读者的购买力是办报人的无形资本，他们的购买力高，办报人可以充分利用，增加他的广告，这是办报人的权利；读者的购买力低，办报人应当全力协助，使之逐渐提高，这是办报人的义务。

四、报纸的种类。按照发刊时间的不同，普通把报纸分成早报与晚报二种。在这二者之间，究竟那[①]一种的广告效力较高，这是我们现在所要研究的问题。关于这问题的解答，各人观察不同，有的说早报的广告效力较高，其理由为：一、早报清晨出版，读者看了当天的商业广告，立即可去购买；二、早报于极早时候即已进入商业区域，所有商业上的大宗买卖，在各办公室内可以随即接洽；三、早报的金融记载多是前一天的，可使读者明了昨日的发展情形，等到当天的金融买卖开盘后，读者即可根据昨天的发展，与夫今日的开盘，决定今日的买卖计划。综合这三方面的观察，当知早报的广告，以偏于商业的经营者较为有效。其主要理由，就因早报的主要读者是各公司各商号的商业经营人。至于晚报的利益则为：一、晚报进入家庭，其时读者的工作业经完毕，故可用较多时间看报，比早报更易受读者的注意；二、晚报进入家庭，不仅家庭的主人因时间较空可以看得较为详细，而且家庭中的每一成员都有机会阅读，因而它所包括的读者范围亦较早报为广；三、晚报所刊的是当天的消息，第二天的商业广告，因而对于主妇的购买计划极有助益。综括这三方面的理由，当知晚报的主要读者是家庭成员，故于一般消费品的广告特别有效。

直至现在为止，中国的晚报并不发达，我们无法根据事实，证明

① 即哪，下文同。——编者注

广告效力之孰为优越。惟自美国报界的情形观之，则晚报的广告多于早报，根据《主笔与发行人杂志》一九三六年一月十八日的记载，在一九三五年内刊载广告行数最多的是《华盛顿星报》，总达二一，八三七，七八九行，那是一个著名晚报；其次轮到《纽约时报》，计共一九，四二〇，九六九行，那著名的晨报。在该年刊载广告最多的前十家报馆中，晚报占六家，晨报占四家。专就每周出报六次的报纸来说(星期专刊除外)，在该年刊载广告最多的前二十家报馆中，晚报占十七家，晨报仅占三家。我们从这几个数字中，可知美国晚报的广告优于晨报；这在某种意义之下，亦足证明在美国商家心目中，晚报的广告效力实大于晨报。

五、报馆的服务。严格地说，报纸刊登广告，并不单纯为了一笔广告收入，其主要目的在于服务读者，并服务商家。而在事实上亦唯有真正知道服务的报纸，才能有满幅的广告，大量的广告收入。这是办报的人所当首先记住的基本原则。就广告而论，报纸可能服务读者的，有下开三端：一、保证广告中的话句句属实，没有夸大其词，企图欺骗读者之弊；或换言之，报纸绝对拒绝不负责任与企图欺骗读者的广告。二、编印《购买指导》一类的册子赠送读者。三、在报纸上，辟载“广告目录”，使从事购买的人，可于短时间内寻获他的购买对象。在以上三项中，二、三两项，不仅对读者有益，即广告客户亦必以报馆的这种措施认为满意。至于报馆对于广告客户的服务，其主要者，可有下开诸端：

1. 为制造商与批发商的便利，可从事就地的商业调查，包括下列各事项：a. 关于某一种货物（例如电灯泡)，在当地市场上已有那几种牌子在那里行销；b. 那一种牌子的销行最好；c. 它们的价格如何；d. 一般消费者对于各种牌子的观感如何；e. 在某一定商店内，某牌货物的年销总数究有多少。诸如这些问题，都是制造商与批发商所欲急切知道的，报纸能把这类材料不时供给他们，必可引起他们的极大好感，同时亦可帮助他们对于以后的报纸广告，作更有效的分配，这就增加了报纸广告的效力。

2. 把当地的零售商名单赠送自己的广告客户。

3. 协助自己的广告客户设计广告，布置橱窗。

4. 协助资力较小的商号，各按其营业性质不同，设计联合广告使其出钱较少，但所收效果仍极宏大。

5. 不时发印《商品小报》等刊物，除介绍各种商品供消费者的参考外，并把当地的商业新闻、商场动态、经商经验、服务道德、店员进修、广告效果等项编列进去，促使一般对于自己的广告客户的注意。

6. 采集各货的分销情形，供批发商与零售商的参考，使其因报纸的居间介绍，获得更密切的互助合作。

六、版式的排列。记得勃列斯朋（Arthur Brisbane）曾说过这样的话，一张好的广告，必须具备下列条件：第一必须被人看见；第二必须被人阅读；第三必须被人懂得；第四必须受人信仰。因为这缘故，所以一张广告的形式与地位，对于它的是否有效，是否受人注意，具有极大关系。在过去，广告客户喜欢自己指定地位，自以接连新闻或在新闻左旁，或在新闻中间，或在新闻上端者，最易受人注意。但这种办法在目前已渐被废用，虽有少数例外，可由客户指定地位，并由报馆收以较大刊费，但亦受一定限制，并非报纸的任何版面、任何地位都可让客户自由选择。

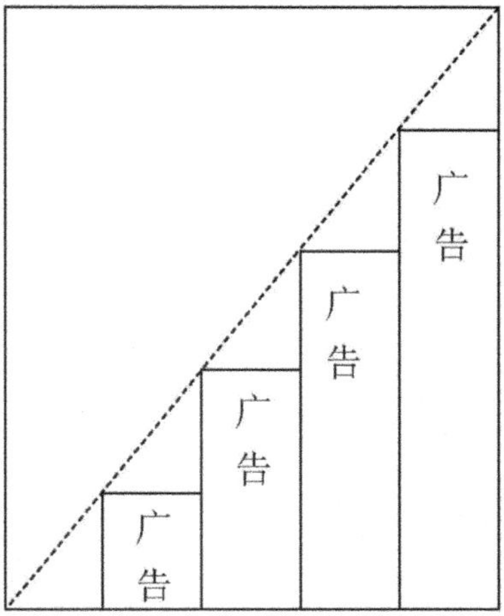

大抵报纸排列广告也有一定原则，其目的无非欲使版面整洁善观，同时，客户所登的广告，亦可收获效力，在美国报界最通行的拼版格式，即所谓“金字塔式”（pyramid make-up）者是，那是有物理学与心理学的原则作为根据的拼版方式。我们知道，英美人的看报习惯是自

左而右，同时又是自上而下，它所代表的是两种不同的力量：其一为自左至右的力量，其二为从顶到底的力量。二者的结合力量，依据物理学的原理，是从左上角延至右下角的对角线。在这情形之下，新闻或论评应当刊列左上角，因为那是最受读者注意的地位。至于广告则可刊在右下角。从版面的右上角，划一条线延至版面的左下角，以此作为金字塔的底线，把许多或大或小的广告，自右而左，按着地位的大小长短，顺次排列，最大最长的，排在右边，最小最短的，排在左边，其结果，就拼成金字塔的倒形，附图虚线所示的就代表金字塔的底线，读者看新闻时，自左而右，时在找寻注目标题，极易发现右侧的广告甲，再自甲而乙而丙而丁而戊，并及其他小幅广告，都可一目了然，概括无遗。版面的形式既整齐，广告的效力又显著，故英美各报无不乐用其式，我国报纸的排列，自右而左，如欲采取金字塔式的广告排列，则最高最大的广告，应当排在左边，最短最小的广告，应当排在右边，与英美报纸的形式，恰成一个相反。

第十九章　广告人员的训练

我不抹煞中国报纸广告人员的全部贡献，但就我所接触过的广告人员来说，实在不能全合理想。他们对于自己的报纸的贡献究有多少，姑且不论，他们的一般办法实在可以疵议。他们充满着私心，他们在报馆的服务，与其说是忠于报馆，毋宁说是忠于自己。因为忠于自己，有时竟不惜以报馆的利益作为牺牲，从而满足私人的利欲。他们在报馆服务数时，对外的人事逐渐熟悉了，广告的来源逐渐有把握了，就生出私心，在外巧立广告社的名目，凡属自己招揽的广告，都往广告社一转，先在广告社中抽取一笔回佣；广告转到报馆，又列入自己名下，再抽一笔回佣，经此七折八扣一来，他的腰包诚然饱了，报馆的收入却大受打击。他们的把戏有时尚未止此，明明是广告客户直接送上报馆的广告，但他们故意授意他们到自己的广告社一转，算作他们接洽的，报馆的收入又大受打击。我每次听到这样的鬼巴[①]戏，不禁义愤填胸，但天下的乌鸦一般黑，凡是有办法的广告员都多少要玩这一套。尤其在公家办理的报社内，此种陋习最为普遍。我们需要真正对报业发生兴趣的人从事报纸业务，因为唯独真正有事业心的人，才能对由于事业的爱护，转移他们的私心。我到中央政校的第一天，对新闻系学生讲话，直截[②]提出二点：第一，办报之道，业务第一，应由新闻学生管理业务，而后业务方能开展。第二，办公家报纸，良心第一，操守第一，其他能力才干还是次要问题。这是我的有感而发，但我相信，这几句平凡的话将永远是真实的话。

广告人员要训练，训练的第一要领是从业人员的操守。我们应当尽量提高他的事业心，使他用事业的创造欲，来替代他那私利的占有

---

① 即把。——编者注

② 即直接。——编者注

欲。这有待于主管人的公正廉明，以身作则，原是我们都同意的普通话，问题只在我们如何施诸实行。这个问题解决了，我们就可谈到其他的训练。

我们先说人员本身的训练。

美国的钢铁大王卡内琦[①]曾说过这样的话：假如他的事业被人占去，而他的人员还是誓忠于他，那他很容易创造另一新事业；可是要是他的人员被人争去了，那他的问题就严重了。事在人为，天下的事情都要人去做，都要做了才能成功。所以人的问题是任何事业的基本问题，其他资本生财之类都是次要问题。

关于广告人员的训练，我们应记住三个原则：第一，我们训练他们，是要他们争取营业，发展业务；第二，他们应当是适当的人；第三，他们应知与同工的人密切合作，实为争取营业，发展业务的基本要素。当然，最主要的还是负责选择的人，能用锐利眼光选择他所认为适当的人。他要注意他们的年龄、健康、仪表、人格以及他们的教育程度。还有他过去的经验以及他于广告事业的知识，也是很重要的考虑。假如他们在这几个方面都能合意，就可开始训练。他们应当致意的是下列诸点：

一、他们应当熟悉本报的历史与组织，关于本报的各种规章应该有一概括的了解。

二、他们应当熟悉本报的发行情形：每日总销若干，集中销在市区者若干，销在离市较远区域者又若干，销在外市外省者又若干，在市区内，行销家庭者若干，街上零售者又若干。诸如这类事情，他该完全熟悉，遇有询问都能对答如流不感困难。他们更应该知道，所有这类事情，对于广告的效力究可发生怎样的影响。

三、他们应当知道兜销的一般原理，尤其这些原理对于广告的运用。

四、他们应当熟习所在地的市场情形，例如人口、购买力、消费习惯、批发商与零售商的姓名住址、各种重要商品的售价，以及它们的分销回佣等等。

---

① 即安德鲁·卡内基。——编者注

五、他们对于广告上最常见的货物，它们的原料如何，成份[①]如何，用途如何，亦应有一概括的了解。

六、他们应当知道，在报纸广告上运用什么方法，推荐一种新的货物最为有效。

七、他们应当清楚明了自己的兜销门类和兜销区域。

八、他们应当熟悉报馆的各种手续，以及他们与报馆各部门的联系。

九、他们应当熟悉报馆的广告价目，能于短时期内算出广告的行数以及应付的广告费。例如几个新五号字，折合一个头号字，广告的一个长行包括几个新五号字，一定字数的广告究以装上怎样的头子最为相宜。诸如这类技术上的问题，他们都得在短时期内悉数学会。

十、他们应当熟悉时事，丰富的时事知识可以提高他们的地位，增加他们的营业。

在这整个人员训练的历程中，广告经理自身的检讨，亦属急切需要。他应该是全体工作人员的知己朋友，应该倾听他们的问题，解决他们的困难。假如工作人员的数字不多，他该竭力设法，认识他们的家庭成员，并常去看望他们，这是最能联系人心的办法。他的主要目标自是增加全体人员的效率，增加报馆的收入数字，他欲求达此目的，应当清楚认识，人终究是人，人的精神态度，究为一切事业的基本，人与人间的相互了解，真切合作，究为各种事业的无限资产。他对初来的人，自应严密管理，尤其对于最低限度的工作要求不能放松。不过在严格的督促之外，还得从友谊、从人与人的了解上，提高他们的兴趣，促进他们的向上性。

广告人员的工作竞赛，并不一定要花巨额的金钱，有时候像美国几个报馆所用的“子鸡与腌牛肉竞赛”，也是极有效的办法。广告经理把自己的工作人员分成两组，各人分头接洽广告，到月底结账时，就可算出二组的谁胜谁负，得胜的一组坐在桌子的一面，享受子鸡的美味，而负的一组却坐在长列菜桌的对面，安于腌牛肉的享受。两方面

---

① 即成分。——编者注

嬉嬉笑笑，过一个快乐的晚上，谁能不对下个月的营业，作更进一步的努力呢？而且这种集体性的竞赛，最能促使平日工作情绪较差的人提高兴趣，因为在这时候，他不仅只对报馆负责，而且又对同组的人负责，那一个人不要面子？那一个人愿受同事的指摘？工作的效率就倚存在这种最简单的人类心理中。有时候，他们请竞胜的人，会同摄影，存在他们的共同办公室内留念。这是不花钱的事，然而确能收到竞赛的预期效果。

广告人员的工作是招揽广告，他们的真正训练就是出去招揽。因为广告的性质不同，他们所用的招揽方法亦不能无异。有的经常在那里刊载，不必劝使他们刊载。例如从前上海永安先施等大公司，经常在各报上登载广告，招揽人员的责任，只在劝使他们多在自己的报上刊载。又如大光明、大上海、南京等几个影戏院，它们也经常发稿送请各报刊载，但因它们的广告预算有限，既与若干报纸订了合同，就难以增发稿子。当然这种说法在某种意义之下，也只能算是商人的“官话”，只要努力招揽，也未始不可改变他们的“政策”。像这类商家广告，都由商家自己设计，广告人员的责任只是努力去拉，一次不来继以二次，二次不来继以三次四次，只要人力到家，总可达到目标。本来不登的要它们来登；本来登的次数不多的要它们增加次数。在这种场合，广告人员所需要的是一般所谓“叫化精神”。我们在上海住过的人，都领教过上海的叫化精神吧？他们一看中了你，就会“太太少爷”地紧紧跟住着你，他们在跟的过程中，决不转移目标，任凭怎么来了一个贵客，在他锐利的眼光中，定可厚赐他一份，但他们宁可放弃那份，紧紧钉[①]住着你，要你感觉内心不安，而终于布施了他。我常说，他们是最懂得布施心理的人，他们的诀窍就是钉，郑重地钉，固执地钉。而在事实上，他们的地段分配，足够他们运用“哀求苦告”的技巧而获得报偿。我认为广告人员的必需精神，就是这种叫化精神。广告人员个人的力量不足，继之以友朋的疏说，甚至报纸版面的合作。尤其像戏院广告这一类，它们所揭示的每日节目，其本身就是一种新闻，是任何报馆所不愿落后的。戏院既不肯出钱来登，报纸不妨估定一个时期，义务送登，至诚所至，金石为开，最后的胜利必属于你。

---

① 即盯，下文同。——编者注

可是，有几种广告，却要广告人员运用脑筋才能取得。在每一个市镇里面总有若干殷实商铺，也许它们殷实之故，它们在传统的策略上，不大愿意登广告。但它们每逢成立纪念日，照例要举行廉价优遇主顾。因为这类商店普通都是旧式店铺，很少自动发刊广告。聪明的广告人员，在他们的备忘手册中总有这类店铺的名称以及它们的纪念节日。日期将近了，他们就会事前去接洽。有时候当广告人员前去接洽时，也许连他们自已还不曾想到。这对他们是一种惊奇，也是一种感激。惊奇的是你如此熟悉，感激的是你如此关心。它们的负责人多半都是店主，处在这种惊喜交集的场合，准会破例同意。这样的广告只要今年属于你的，而你设计的词句版样又合它们的心意，那明年、后年以及以后数年的广告，无有不属于你的。一次的触机，一次的设计，就有多次的收获，问题就在广告人员的处处留意，善为运用。

还有，我们在前面也曾说起过，在报纸所在地的市镇内，必有若干商店因为资本不多，规模不大，无力刊载大幅广告；同时又不愿意刊登小广告；而且因为人手的限制，也无一定的人专做推广事宜。聪明的广告人员就会利用机会，联合这些商店，设计联合广告，只要各家肯出规定的广告刊费，就有很美观很动人的联合广告出现。这在商家是节人省事，而在广告人员亦不过代花一点心计。可是一次联合成功，以后多次的生意亦必属于他了。市场上有多少种商业就可组织多少种联合广告。这种广告设计，尤其在广告生意较淡季节可以运用。

以上所说的广告，略等于美国报界所说的“零售广告”（retail advertising），亦称“地方性的广告”（local advertising），与他们所说的“批售广告”（general advertising）或“全国性的广告”（national advertising），恰成一个对照。它们的区别，概括言之，前者以消费人为对象，货物存在零售商店，叫消费人迳去购买；后者的终极对象虽亦为直接消费人，但必经由零售商人，然后售给读者。因为零售商的销货，着眼于就地消费者，故其所刊广告，亦称为地方性的广告；因为批售商须在全国各地找到零售商或设立分销处，而后才能销货，其对象为通过零售商的全国消费人，故亦称为全国性的广告。关于这种全国性的广告，报馆的广告人员要用什么方法去兜揽呢？我们且举例说明：

我们假定自己的报纸办在重庆，上海某厂制造的电风扇，要来重庆推销。要是我们有广告代表驻在上海，在上海就可开始接洽；也许重庆的其他报纸并无广告代表驻沪，只有我们独家派遣，那时我们因为接洽得早，就有优先订立广告合同的机会了。因此，我们得到第一个结论：在全国各重要工商市镇，我们应当派驻广告代表，倘有分销站设在那里，就可由分销站代理。我们为说明便利起见，姑且假定重庆各报，并无广告代表派驻在沪。该厂的推广人员携同样品，到了重庆，开始他的电扇推销工作。他当然要刊广告，也许在重庆各报都要刊登，也许限于二种报纸。假如重庆有五家报纸，试问谁是该登的呢？报纸的地位和销数当然有关系，但那个新来的推销员，也许对于重庆的报界全然隔膜。那时决定刊载与否者，全是报馆自己的广告人员。试问在这种场合，广告人员应用什么方式去兜揽，才可把该厂的全部推销广告都刊在自己的报纸呢？

广告员兜揽类此性质的广告，必先具备若干基本知识：第一，他对于当地的市场应当熟悉，这所谓市场，包括市场的范围大小以及自己的读者的散布区域。他要表示自己的报的广告效力，最好能引用历史，具体指出过去有若干商品推销运动，均因借手他的报纸而收获宏效。他不能批评他报的无力，但他尽可按照事实，述说自己的报的广告效力。第二，他对于当地的零售商人应当熟悉，应当经常有一个表，记述它们的牌号、地点、负责人员、营业种类、当地信誉。遇到这个场合，他就可以提出许多电料行、百货商店，供该厂推广人员的参考。第三，他对于当地的人口应当熟悉，这所谓人口，应当包括人口数字、他们的购买力以及他们的购买习惯。假如他们本有购买电扇的习惯，那只须述说新牌电扇的特点比众不同，已可引起读者的注意。假如他们本无购买电扇的习惯，那就情形不同，一定先要把电扇当做[①]一种新的商品介绍。第四，他对于当地业经销行的同类货物，它们的牌子是什么？它们的货品如何？售价如何？批发价如何？年销数量如何？亦应有个概括的了解。这些都是推广员最需要的知识，他不能太慷慨地赠予，但随接洽的进步，应当予以适当的指示。第五，合同签订以后，他还要继续替广告客户服务。说到这一点，我们想提出一个重要原则，

① 即当作。——编者注

即广告的是否有效，完全要看货物的是否经由零售商人，迅速转入消费人手中，以为决定。为欲达到这目的，被推广的货物（例如电扇）必须在推广运动开始以前到埠，否则有人要货而无货应市，各种推广费用全然虚掷。其次，制造商必须取得零售商的密切合作，而后各种推销事宜方能顺利进行；报纸所在地的推广员，因平素与零售商多有往返，相知自深，此时应尽己所能，促进制造商与零售商的友好关系。助人原为快乐之本，何况又有广告的营业牵涉在内。又次，近代制造商或批发商，似乎都犯一个共同毛病：都希望零售商人尽量批货，只是批了过去，存在栈房，并不真实出售。遇有意外事情双方俱受损失；尤其零售商的资金悬搁，更属危险的事。报馆的广告人员，因为经常与零售商人接触，对于他们的各种情形自必相当熟悉，遇有这种情形发生，就当提醒双方知所警惕。尤其与自己广告有关的商家更该加倍关心，不时提供宝贵而切实用的意见。

第二十章 分类广告

广告的主要种类，除上章提起过的零售广告与批售广告外，尚有所谓“分类广告”（classified advertising）者，亦称“需要广告”（want advertisement）。称之为分类广告，因它的内容较为简单，都用较小字体排列，并按其性质种类列入不同项目之下，例如征求人才与人才待聘性质相同，都列入“职业”的项目下，使人一望而知当天人才的供求情形。称之为需要广告，因它都代表个人或机关的需要，或需要人才，或需要房屋，或需要书籍，或有房屋出租，或有汽车出售，或有文具出让，总之都是个人或机关的需要的相互通告。它和零售或批售广告的主要区别，在于他的字数少，地位小，排在一定的版面，列入一定的项目，读者一望之下，即可明白其内容概况。

分类广告在中国各报尚未特别发达，谁愿蓄意提倡，谁肯努力推广，谁就可得优先地位。中国报界对于此类广告，其所以未经全力发展者，无非因为它的字数少，收入少，可是它的手续，还是同样的麻烦，同样的要接稿样，要开发票，要应付主顾。这诚然是事实，可是它的利益着实可以抵销麻烦，并替报纸打一切实基础：第一，分类广告是报纸服务读者的最好园地，读者有需要，报馆收少额广告费，可使读者的需要获得满足，这是有利于读者的事。第二，分类广告的内容，在某种意义之下就是新闻，而且在若干读者看来，或比一般新闻更有新闻价值。例如征求人才对失业的人是多大的消息；房屋出租对找不到住处的人，又是如何的佳音。因为这个缘故，所以分类广告可以招致读者，增加报纸的销行。第三，分类广告对于报馆的收入，亦占据重要部分。我们没有中国材料可资引证，据一九三五年美国报纸广告界的统计，该年九十五个主要城市的三六五家报馆，共刊广告一，九〇一，〇〇〇，〇〇〇行，内中分类广告占据三〇〇，二四七，一六七行，约占全数的六分之一，它们共得广告刊费四〇〇，〇〇〇，〇〇〇美金，其中属于分类广告的刊费，是七五，〇〇〇，〇〇〇美金。这是够动听的数字吧？

我们应当推动分类广告，但用什么方法去推动呢？在解答这个问题的时候，我们应当注意三点：第一，如何兜揽分类广告？第二，如何促使读者注意本报的分类广告？第三，如何教育读者，使其所刊的分类广告确能收获实效？我们先研究第一个问题。

报纸常劝商人刊载广告，同样，报纸本身亦当常在报纸上面刊载广告，推销分类广告的地位，这是我们所愿建议的第一个方法。不过，在运用这方法时，我们应当注意一点，报馆不能因为自己的广告地位不必花钱，随便浪费篇幅。它在刊登自己的广告时，首先应有篇幅的成本计算，究竟对于某一件事应给他多少篇幅的广告？其计算标准如何？普通一个商人，都在每百元的营业收入中，抽出三元或五元作为广告费，报馆亦可参照比例，倘有必须刊载广告时，即以该项目的收入的百分之五作为推广费用，并从而决定广告篇幅。当然假如它在自己报上刊载广告以外，尚须用招贴、传单、无线电广播等方法宣传，那还得在收入百分之五的数字中留起一笔准备。广告的篇幅决定了，其次一件事就是注意广告的式样，务使它生动活泼，引人注意，除陈述分类广告的省钱有效而外，还可以分类广告的撰述方法指示读者，使其定然收效。

除刊载广告而外，传单与电话接洽也是招揽分类广告的有效办法。这所谓传单，不是普通标语性或吹嘘性的东西，应当注重具体事实的引证，以及有效方法的介绍。例如美国有一家报纸为欲推进分类广告，特印关于分类广告的小册子，题名“如何撰述词句方能绝对收效”，在报上公告读者，凡有需要此类册子者可向报馆索阅。册子内容注重分类广告的撰述方法，全然是教育性的东西，印刷非常精美，使人看了以后不肯立即丢弃。还有一家报纸，其所用方法比上面所说的还要直截中肯。它指派人员守在火车站口，遇有人进出站时，即以预制的折帖递给他们，封面印着“倘使你是房东或房客，内中的话对你有益。”打开来第一折，说明撰述分类广告，为何要把货物房屋的价格列在第一项，其利益如何？那是指示分类广告的撰述法。从第二折起，就把该报当天的分类广告悉数转印上去，尤其致意于房屋地产的出售出租，引起房东房客的特别注意。对房屋的出租出让可作如此宣传，对其他分类广告的内容亦可作同样宣传。

电话上的兜揽，在分类广告的推动上，占据极重要地位。例如美国的《支城论坛报》（Chicago Tribune）①，每年有三十五万起的分类广告全从电话中得来。在该报全部分类广告中，要占百分之五十的比数。管理电话的人以女性为妥当，除注意其能力外，尤宜注意她的声调，说句笑话，总以在声音中微带笑容者最为适宜。她的工作不仅止于接收稿样，还要在同时期内建议读者，使其词句更为动人有效。电话上接洽的广告，普通以刊登七日最为相宜，太久了，万一刊户不甚可靠，报馆的损失必甚可观。同时也不付回佣，因为这是上门广告而接收稿样的人，是由报馆支付薪水的，不过，倘使这类广告由分类广告公司介绍，或事前有了接洽自当例外。

分类广告额收账问题，因为数目小，手续还是一样，比较麻烦一些，尤其在电话上接洽的广告，因无人与人的关系，收账更觉麻烦。我们在这里，愿意介绍《支加哥讲坛报》② 的办法，那是美国处理分类广告最著成效的一家报馆。他们于接受分类广告时，就把稿样用复写纸写成二份，一份立即送至收账处，查阅该户以前的账有未缴付。他们的收账处普通都列有清单，把尚未付账的户名登录在内，按照字母，一查即得。倘尚未付，立即由收账处电话客户告其所以，在前账未付清前，新的稿样不予刊登。假如在十天内款仍未付，则用函催，再隔数日又催一次，或即电话通知催其速付。假如这几种办法都不收效，那就可由收账处迳去收款，倘仍无效，就可把这笔款子折成呆账，《讲坛报》在用这方法以前，呆账的比数要占到百分之十以上，自从采用这办法后，很少超过百分之五，普通都是百分之三，这不能不算是极大成效。

以上是分类广告的招揽方法。其次一个问题，就是用什么方法可使读者注意分类广告栏，因而增进广告的效率。我们在这里，列举九种一般行之有效的办法：

---

① 即《芝加哥论坛报》。——编者注

② 即上文的《支城论坛报》，原文如此。——编者注

一、在分类广告栏上刊载各种受人欢迎的漫画、滑稽书等，读者看了滑稽书以后，就自然而然地去看分类广告，这是极自然的办法。在中国社会，刊载象棋、围棋谱等，应是很有效的办法。为吸引家庭主妇的注意，每日菜谱之类也是有效的方法。

二、在分类广告栏中，用颇大的篇幅刊载本报分类广告的效力，四边留出相当空位以吸引注意。刊登分类广告的人，其唯一目的，在使自己的广告有效，如今即以本报过去的成绩明白告诉读者，自易引起他们对于分类广告的注意。

三、在本报的其他显著地位，或竟在第一版内划一方框，四周留出颇大空位以引起注意。方框里面列举当天最吸引人的分类广告内容，例如在一般感觉住宅慌时，特别把当天的出租广告指列出来。又如把若干著名机关的征才广告摘要叙述。你想，读者看了这个方框，还肯不立刻翻到分类广告栏把当天的这些机会详细阅读一遍吗？这自然是最有效的办法。

四、在分类广告栏的广告中间，嵌入五个或十个姓名，从电话簿或行名簿中随意选取，凡属有姓名在内的人，可自报馆领取五天以后的电影票或其他娱乐场所的入场券，不取券资，并在第一版的显要地位，由分类广告登一启事，说明情形，请读者自去寻找。读者看了这个启事，自会很热心地到分类广告中去寻自己的姓名。他们当然看重电影券或其他娱乐机关的入场券，但他们更重视的是自己的姓名是否刊列在内，这是一种机会，也可以说是幸运。关于幸运的事，大家都是重视的。大家在寻找自己的姓名，同时亦即大家在阅读分类广告。诸如这种办法，报馆花钱不多，但尽够引起读者的趣味。倘能在实行这个办法之前二天，先发一个简单新闻，到了那天，报纸的销数亦可相当增加。这是第四种有效办法。

五、在分类广告上端，揭刊各种标语，不仅可以增加版面的变化，使之较为美观，且可诱使读者注意广告的内容。美国各报常用的标语如左①：

1. 聪明的人购地产！购买一座新屋，一面住用，一面让房价高

① 即如下，下文同。——编者注

涨着!

2. 他人的成功即是自我的榜样，刊载分类广告是成功的捷径。

3. 按照本栏的项目上街，既省时，又省钱!

4. 你有额外的款子可用吗?每日阅读本栏，可得许多实益。

5. 先看本栏，谁知今日的幸运不依于本栏?

6. 你要工作吗?这里是你的机会!

诸如这一类标语，各报都可按照自己的情形酌量采用。

六、发动“儿童商店”一类的名目，允许儿童刊登义务广告，无论儿童有什么玩具书籍出让或交换，可于二十五字的范围内，撰成分类广告附同姓名地址、电话、号码送请刊登。我们知道，父母最开心的是关于儿女的事，他们都希望儿女的广告能够收效，也许自选择玩具或书籍起，而至于撰稿、付邮，都有母亲的心计包涵①在内，这等于对父母们的宣传。要是报纸的广告效力确实宏大，那就立刻可于全家人的心目中种下深刻印象。至于他们在此运动期内之注意全部分类广告，自属自然不过的事。

七、报馆对若干种分类广告致送赠品，例如美国几家报纸，对于自己分类广告中所载的旧汽车买主，赠送汽油五十加伦，或赠送半年的免费洗刷证，或赠送半年的免费停车处，都是引起购买欲望的有力因素②，同时更可使读者和报馆发生更密切的联系。

八、在本市新闻版的显著地位，用方框揭示分类广告的效果，例如说:“扑灭十九件”，那就是说，在昨天的分类广告中，已有十九项收效。

九、在分类广告栏内刊载本市名人录，大家要知道报馆所推荐的本市名人是谁，自然都会注意这个栏目。

诸如这一类办法，都是美国报界行之而奏成效的。我们根据国情参酌应用，亦必可以收效。各报所用的方法尽可大不相同，但欲推广分类广告，必先促使读者对于该项广告的注意，要为不可否认的原则。

---

① 即包含。——编者注

② 即有利因素，原文如此。——编者注

又次，且论如何教育读者，使其所撰广告，都能吸引注意，确收实效的一点。关于这问题，我们应注意三点：第一，价格是任何买卖的中心，无论你所刊载的广告是出租房屋也好，出售汽车也好，聘请人手也好，出让家具也好，人们最开心的就是需要怎么一个价格，或肯出什么待遇。因此，我们撰述任何分类广告必须把“价格第一”的观念放在心头，不要吞吞吐吐含糊其词，不肯说出具体的价格，或把所定价格留在最末了处，有劳读者四处寻找。价格显明的广告，最易引起注意，因而也最易收获成效。第二，我们应当考虑，我们所提的条件是否公正？是否合理？是否太苛求了一点？刊登分类广告的人，应知天下的聪明人不止他一个，他要便宜，人家也要便宜，他要获利，人们也要获利。天下唯有至诚公正，方能相处得当而获其利，这是一般的营业原则，也是撰述分类广告时所当特别注意的一点，第三，广告的语句和层次，极关重要。一般刊载分类广告的人，都不是广告专家，都不懂得广告稿样的撰述，因而难以奏效。遇有真正不甚合用的底稿，经手分类广告的人，应当稍费心力予以纠正，在这种情形之下，最好的办法莫如就各个门类，制备一个大纲，应当包括那几个项目，其中那几项应当特别加重，那几项应当特别清楚，放在柜台近边，供广告用户的参看。以分类广告著名的美国《支加哥讲坛报》，就采取这个办法，极收成效。它曾就汽车交易、商业机会、征聘人员、家具出让、遗失报告、失物待领、寻求工作、商店出盘、征求合作、房屋公寓别墅等的出租出售诸项，各拟一个大纲，供一般广告用户的采纳。例如关于征聘人才一项，它拟纲目如左：

1. 所需人才种类：

是负全责的行政人员？

是各部门的主管？

是男性或女性的店员？

是办公的文书或打字员？

是工厂管理人才？

是听差或侍者？

2. 所需资格：

年龄限度（例如四十岁以下或二十岁以上）。

所需经验（例如必须担任过何种职务）。

仪表（例如身材、面貌等，都约略指明）。

3. 工作种类与工作情形：

目前情形与将来希望。

4. 每日工作时间。

5. 待遇。

6. 其他附属事项。

7. 申请地点与限期。

8. 征求人的姓名、住址或信箱号数。

又如关于“寻求职业”一项，《支加哥讲坛报》拟定纲目如左：

1. 所求职业种类：

说明工作的种类

2. 自己的才能：

什么是你的最好资历？根据什么理由，使你自信对于所求工作，可以胜任？

3. 过去的经验：

过去担任什么工作？担任多少年月？曾否发挥你的行政才具①？

4. 年龄。

5. 教育：

中学毕业？大学毕业？曾作特殊研究？曾受专科技术训练？

6. 现在职业：

担任什么工作？地位高低如何？

7. 改变职务理由：

要求较广的范围，较大的发展，是否因为目前的工作，没有多大的发展？是否要求较优的工作环境？是否因为现在的工作地点离家

① 指才能，能力。——编者注

太远？

8. 希望所得薪额：

每年多少？每月多少？每周多少？

9. 倘有机会，何时即可就任？

10. 征询处所：

关于自己的学历、资历及其他有关事项可至何处征询？

11. 其他有关事项：

已结了婚，还是单身？在此项目下，倘有任何于己所求工作有利事项俱可择要说明。

12. 电话号码或通讯地址①。倘租用报馆信箱，就说明信箱号码。

又如关于“房屋出租”，《讲坛报》所拟纲目如下：

1. 街名及号码（××街第×号）。

2. 房间数目（一件、二间、三间、四间）。

3. 单幢住宅或公寓房子。

4. 房间大小（长××公尺，阔②××公尺）。

5. 设备一览（例如新近油漆、柚木家具、双人铜床、单人钢丝床、写字台、摇椅、皮沙发、地毯、壁炉等等）。

6. 壁橱大小（例如大壁橱一间，可挂各种衣服，小壁橱二间等等）。

7. 卫生设备（抽水马桶、磁盆浴室附有淋浴等等）。

8. 取暖设备（火炉、水汀设备③等等）。

9. 电灯煤气等设备。

10. 朝向（例如外面房间朝南等等）。

11. 权利（例如公用厨房、会客室、汽车间、储藏室等等）。

12. 地段优点（例如近湖、近海边、近公园、近著名饮食店、在

---

① 即通信地址，原文如此。——编者注

② 即宽。——编者注

③ 指暖气设备。——编者注

住宅区域、闹中取静等等）。

又如关于“遗失与寻获”的广告，《讲坛报》认为必须包括以下纲目：

1. 物品名目。

2. 物品外形。

3. 物品标志。

4. 何处遗失？何时遗失？

5. 对拾获者有无报酬？倘有，其数如何？确实说明。

6. 送还何人？

7. 物品之价值如何？对失主的价值如何？对他人的价值又如何？

8. 失主地址及电话号码。

够了够了，我们看了这几个例，再把其他项目的广告内容，制定同样的大纲，随时递给客户，供其参考。这种办法不仅可给读者以诸多便利，且可增进分类广告的效力，使客户与报馆，交获其利。

第二十一章 广告的定价问题

广告定价的高下，可以两个标准作为决定：其一，为报纸本身的情形，例如它的销数如何，它的成本如何，它在社会上的地位又如何。其二，为客户对于报馆的要求，例如是否长期刊载，是否指定地位，是否需要套色，是否于购买广告地位之外，又需要报馆的服务。诸如这些问题将为本章讨论的重心，不过我们在开始研究它们以前，应对广告的定价单位作一扼要的说明。

第一节 定价的单位

定价单位，就是报纸用什么单位，作为收费的共同标准。以页为单位吗？例如每页收费若干，那是不很科学的计算法，而且在事实上也没有多少客户能有资力刊登全页的广告。以半页或四分之一页作为计算单位，也是不合科学的事。除页而外，美国报界又用“栏寸”(column inch)、“方块“（square）及“行”（line）作为计算标准。所谓“栏寸”，顾名思义，就是一栏阔、十四行高的地位。这所谓栏，因各报所用的白报纸尺寸不同，栏的阔度亦不一致。有的把一页的阔度划成九栏，有的仅划成八栏，其标准之不一，大可想见。这所为“行”，亦即目前最通行的计算单位，乃指英文七号活字所占的高度而言，至于一行的长短当然也要看各报划栏的长短作为决定。行是计算的最小单位，因而也是计算时最便利的单位。我们可把一页的篇幅化成行，可把栏寸的篇幅化成行，也可把方块的篇幅化成行。至于方块，其意义与栏寸相近，盖指一栏阔，十至十六行高的地位而言。这是美国报界所用的共同名词，我们应该记得。

我国报界的计算标准，普通分为二种：其一为行，其二为方寸。这所谓行，盖指新五号字体所占的阔度，至于高度则以栏为标准。中国的报纸自上而下分成十二个栏或十三栏，（英美报纸，自左而右分成八栏或九栏，）一行之占一栏高度者，通称为“一栏短行”，一行之占二栏高度者，通称为“二栏长行”，其余类推，称为“三栏长行”、“四栏长行”等等。普通每栏可排新五号字十二枚，长行六栏半，可排七十八字，故普通报纸之长行一行，计共七十八字。至于所谓“方寸”，意义原极显明，无庸[①]解释，用可排的字数来说，每长一寸可排新五号字八枚，每方寸可排六十四字。《中央日报》以行为计算单位，而《大公报》则以方寸为单位。个人意见则以用行计算较为妥当，因不仅计算便利，且客户亦较易了解。他只要计算各报每栏中所容的字数，即可明白自己的稿样要占几长行（包括六栏或六栏半），要化多少钱。倘多出一二个字，即可随时省略，免多占一行多付一行的刊费，这是相当便捷的事。

第二节　定价的标准

定价的单位叙明了，就可进而论述决定刊费的因素。具体言之，为何某报每行的刊费高于他报或低于他报？决定刊费多寡的因素，究竟是什么？关于这问题，我们刚才说过，可从两方面加以说明：其一，为报与报间的区别，为何此报的收费高于他报？其二，为客户与客户间的区别，为何对于甲客户收费较低，而对于乙客户却收费较高？今分别论之。

决定报与报间的区别者，为下列各因素：一、报纸的销数，亦即销数的量；二、销数的质，亦即某种销数对于广告的特殊效力；三、竞争对手的多寡；四、生产的成本；五、报纸本身的权威。

先从销数的量来说，自然销行愈广的报，其所收广告刊费愈多，例如日销十万的报，其广告效力高于日销二万的报，其所收刊费亦可

---

① 即毋庸，原文如此。——编者注

高于后者，但其款数不能依倍照加。前者的销数虽高出后者五倍，但前者的收费不能五倍于后者，否则将没有一个客户能够担负这样巨额的刊费。从广告客户的立场来说，在一般情境之下，自以刊载销数较广的报纸收效较宏，这是一个单纯的计算问题，我们可举具体的例子：这里是二家大报，它们的联合销数是二百二十万份，其中之一的广告刊费为每行一元六角五，其他之一的刊费为一元四角，登载这两报，每行的刊费共为三元〇五分。这里有另外五家报纸，它们的共同销数约等于前二者的联合销数，但它们所收刊费的总和却需四元（以平均每行八角计算）。在事实上，后五家的广告刊费决不致低至每行八角，仅及前二种报纸所收刊费之半；就算它们收费确有如此低廉，从广告刊户的立场看，还是刊载前二种报较为合算。因他只需三元〇五分刊费，即可使二百余万的读者看见他的广告，而在后一个场合，他要相同数目的读者看到他的广告，就需每行多化[①]一元钱。

次就销数的质来说，有许多广告客户，宁愿报纸的销数较少，但它的读者都是高级而又有购买力的上流人士，不愿到销数极大但其读者的购买力不甚强大的报纸上去登广告。尤其零售商的广告，以直接的消费人为其广告对象，需要集中的销数，即报纸的读者都集中收益区域；不愿分散的销数，因大部分读者都散在外埠外省，纵有购买欲望，亦因路途间隔，交通困难，不能实现他们的购买行为，因而他的广告几全不生效力。即连全国性的批售广告，亦须顾及读者的社会等第及其购买能力，美国的《纽约时报》，其所以最受广告刊户的欢迎者盖即为此。

次就竞争对手的多寡来说，这所谓竞争对手，在一方面指报纸广告与他种广告，例如无线电播音广告的竞争；在另一方面指报纸与报纸的竞争而言。我们这里所说的，限于后一种竞争。中国的报纸正像中国的其他企业一样，在过去都集中在沿海口岸，在战时，都集中在重庆、贵阳、桂林、昆明等几个城市，因而相互间的竞争颇为剧烈。所可惜的，大家没有正确的发型数字公诸社会，广告刊户只好凭自己的判断从中推测。在报与报间，谁也不愿落后，宁可七折八扣收账，

① 原文如此，全书同。——编者注

不肯根据实际情形，把自己的刊费酌为减低。同时，销行较佳地位较高的报，也不肯单独加价，定欲拖住其他各报一同加价。关于广告的刊费如此，关于发行的售价亦如此。大家既不愿依据自己的社会地位切实订定刊费，以增补自己的收入，其结果，大家都在售价方面一加再加，循至每一份报有售至十元以上者，增加读者负担，妨碍战时宣传，莫此为甚。然而真正受累的还是历史较暂，声誉较低的报纸。也就因为这个缘故，我们力主先进各报每日公布实售销数，树立诚正风气，使其他各报，迫于实际需要，不得不作类如布告取信读者。如此者经过若干年月，我们相信像美国那种核定销数迟早必可出现。其时，各报的广告刊费亦可因相互竞争，而订出差等与合理的刊费。亦必在那时候方有真正竞争原则之可言。

在竞争剧烈的场合，应当提出差等的广告刊费者，与其说是销行较佳、地位较高的报纸，毋宁说是历史较暂、信誉未孚的报纸。前者以拖住后者为有利，后者则以与前者脱离为有利。倘使后者不图与前者脱离，自己订立标准，招揽若干部分的广告，则所在地的广告刊户必竞向前一种报纸以趋，后者的广告将永无稳固基础之可言。必须后一种报纸斟酌自己的情形，度量自己的信誉，订立出合理与吸引性的刊费，而后较有信誉、较有地位的报纸，为欲保全自己的广告，不致被较廉的刊费系数吸收以去，方会认认真真地与后一种报纸磋商，在相互间树立差别等第。互惠的竞争必须经过诚意的磋商，这种磋商机会，应由处于不利地位的报纸自己去创造。

次就生产的成本来说，各报的生产成本不同，倘某报的生产成本高于他报，而在事实上又不能把该项成本减低下去，其唯一办法只能在发行售价与广告刊费中取得着落。报纸在实行这个措施时，应当特别审慎，万一处置失当，不仅不足的数字不能取得补偿，也许原有的收入会突然减低下去。例如一家办理得不怎么完善，而其开支又因管理不得其法，比其他同业为高的报纸增高刊费，从而弥补这笔开支，其结果未有不失败者，原有的广告刊户必相率他去，因而原有的收入必大打折扣。话虽如此，可是按照生产成本订定售价与刊费，究属天经地义的原则。我们根据长时期的经营与观察，知道报纸的财政，倘欲收支相抵，稍有盈余，必须有某一定数目的总收入。在这总收入中减去发行收入，把其余的数目用一年内所能刊载的广告行数来除，所得商数即为该报每行的广告刊费。因为各报的收支情形不同，所以各报的广告刊费亦有高低上下的区别。

末了，就报纸社会地位来说，有的以有力的社论著名，有的以充实的新闻著称，有以对社会的服务著称，有的以广告的效力著称，更有的以兼擅此数者著称。报纸的这种地位完全建立在读者和广告刊户对于报纸的信任上，是报纸最可宝贵的资产。报纸既有这笔资产，自可适当运用，藉以增进自己的收入，建立自己的经济基础。这是决定报与报间广告刊费各不相同的重要因素。

现在，我们要进而研究第二个问题，即同是广告刊户。为何报馆对于某几种刊户收费较高？另几种刊户，收费较低？决定此种高低的差数者究竟是什么因素？概括论之，可得下列数端：一、批售广告与零售广告的区别；二、大刊户与小刊户的区别；三、广告地位的区别；四、广告性质的区别；五、套色与否的区别；六、刊户需要报馆服务与否的区别。

一、批售广告与零售广告的区别

这是美国报界争论最多的问题。美国报纸对于批售广告收费较高，对于零售广告收费较低，所以然的理由，自因批售广告多由驻各地代表或刊户代表人的广告公司，转至报馆，报馆对于这一班人须付回佣，因而对于广告刊费不得不酌量提高，其提高比数至少在百分之四十以上。即同一广告地位对零售广告取费一元者，对批售广告至少要收一元四角。这种差别待遇自会引起批售商人的极大不满，虽有一部分人仍主维持现状，而大部分人则主用下列二种方法之一解决问题：其一，把这二者中间的差数尽量减少；其二，依广告的种类作为收费标准，不以零售批报之不同而差别收费。不过这个问题，在本质上属于美国报界，我们在此不拟予以详细的讨论。

二、大刊户与小刊户的区别

一般报馆对于经常刊登广告的客户，都给予特别优惠，其理由则因经常的广告客户是报馆的老主顾，在道义上固当予以优惠，在利益上亦可以予以优惠。报馆不必时时派人前去接洽，因而在人手上可以减少开支。账户只有一个，无论记账、催账、收账均可减少手续，因而减少管理费的开支。基于这些理由，同时又为奖励刊户多登广告起见，故在美国报界有所谓“收费渐减表”（sliding scale）的规定，凡能适合条件者都可一律应用，在计算上更称便捷。例如某报规定广告刊费每行取费九角，倘能签订合同年刊五千行者，减收百分之一；年刊一万行者，减收百分之二；年刊一万五千行者，减收百分之三；年刊二万行者，减收百分之四；年刊三万行者，减收百分之五；年刊四万行者，减收百分之六；年刊五万行者，减收百分之七；年刊七万五千行者，减收百分之八；年刊十万行者，减收百分之十二。

照此标准，凡能年刊十万行者，每行仅收七角九分二厘，用不着按照规定缴付九角。我们认为这种办法算得公道，有机会时尽可采用。

三、广告地位的区别

同是一张广告，因所刊地位不同，它的效力亦不相同。广告的目的无非要吸引注意，广告刊在一定地位，例如刊在新闻左旁，虽在素不留意的读者亦可一望而知其内容如何。因此，广告的刊费常因其地位不同而发生差异，普通指定地位的广告，例如两边都是新闻，称为“全面地位”（full position）的广告；仅一边有新闻，因而称为“半面地位”（half position）的广告；以及四面都是新闻，因而称为“孤岛广告”（island advertisement）的广告，都要比普通称为“划样广告”（R. O. P.）者，收费较巨。R. O. P. 是 run of the paper 的缩写，意即广告的刊在何处，全由报馆于划样时划定，并非由刊户指定者而言。刊户指定地位的广告，普通都有一定大小的规定，小于此规定者不得要求指定。就美国报界的情形来说，必须十四行以上的广告方得指定刊于何页；二十八行以上的广告方得指定刊于何位，否则，三五行的小广告也要指定地位，不仅报馆拼版人员将感觉不便，即在版面的组成上亦将鸡零狗碎，不成格局。指定地位的刊费，普通都在定价上面另加一个成数。例如有的报纸在刊例上作概括的注释：“优先地位，外加百分之三十五。”有的较为详明，例如说：指定在新闻（或其他读物）旁边，外加百分之十五；指定在新闻旁边而又必须接在另一新闻之后者，外加百分之二十五；指定在要闻版者，外加百分之二十五；指定在娱乐版或运动者，外加百分之二十五。

四、广告性质的区别

有的广告，例如娱乐广告、金融广告之类，因为刊户资力厚，利润高，老板出得起钱，收费较巨；有的广告，例如关于政党的广告，因为报纸并不怎么欢迎，多刊了或可引起读者误会，以为某报只是政党的宣传品，收费亦较大。有的广告，例如学校广告、慈善事业广告，因系社会服务或慈善事业性质，收费当比一般的刊费更低。诸如这类事例，各报的情形各不相同，不及备举，我们只须明白，广告的定价常因广告性质之不同而互有差别。

五、套色与否的区别

据测验所得，三色广告的效力比普通黑白广告的效力超过百分之五十三，所以加收百分之十五到三十的刊费不算过多。就从加收百分之三十来说，刊户还得享受百分之二十三的额外效力。何况加印套色，无论在手续上、成本上都要比黑白广告费时费钱，加收一定比数的刊费，实属天公地道。

六、刊户需要报馆服务与否的区别

有的刊户因为自己没有设计广告的人，需要报馆广告人才代为擘划；或在广告以外需要报馆广告人员的协助。例如批售商之调查当地商业情形或经济实况，报馆为发挥自己的服务精神，自然乐于从事。被服务者获得实益，酌致薄酬，聊表好意，亦属情理之常。基于这种理由，报馆常对额外服务酌收手续费，合在刊费之内加成计算，这是造成刊费不同的另一个因素。

第三节 定价的比较

我们看了上面二节，当知有许多因素共同决定报纸的定价，各报都根据自己的优点，称述自己的效力宏大，刊费便宜。究竟那一家的刊费便宜呢？为欲解答这问题，报业界不得不有划一的计算标准。根据这标准，可把各报的刊费用数字来表达，致使一般的人看了这些数字，立刻知道甲报的刊费廉于乙报或昂于丙报。我们为方便起见，姑称此种标准为“定价码尺”（rate yardstick）。关于此种码尺，现在已制定的计有三四种。但因制定的人，都以自己报纸的有利条件作为基础，显扬自己的刊费比其他报纸都为合理。例如有的报纸以集中销数著称，遂以此为前提，创立公式；又有若干报纸以自己读者的购买力著称，遂亦夸大此点，创制公式。它们都不能算为标准的码尺。但天下的事情都经累积与进步的程序向前发展，渐趋完善，也许现在的若干码尺就是将来标准码尺的基础，特为介绍之如左。

第一种码尺制，称为“百万行定价”（millinerate），是以百万份的销数作为基准，求出各种销数不同的报纸的定价，显示那家报纸的刊费合算。它的计算公式如下：

某报每行定价：（百万行定价）：[①] 某报销数：1,000,000

或 $\frac{1,000,000}{\text{某报销数}}\times\text{某报每行定价}=\text{某报百万行定价}$

这个方法的最大缺点，在于只注意报纸销数，而把发行数量以外的诸多因素都遗漏了。而在事实上，正像本章前二节所说的，报纸的发行数量只是决定广告刊费的一个因素，不能由它代表一切。基于这个计算法，销数愈小的报其刊费愈贵，销数愈大的报其刊费愈廉，所谓“百万行定价”就是指各报刊费之贵廉而言。例如一家报纸日销七七一，一九〇份，所定广告刊费为每行一元四角，它的“百万行定价”仅一元八角二分。另有一家报纸日销九七八份，其广告刊费亦为每行一元四角，但它的“百万行定价”高达四十元九角。从此可知后一家报纸的刊费实比前一家昂贵得多。

第二种码尺制，称为“实效行定价”（trueline rate），为斯克列泼斯·哈华特（Scripps-Howard）报系所创制，以报纸的集中发行作为计算的主要准则，而该系报纸则固以集中发行著称者也。它的理论，认为广告的目的在于奏效，唯独集中市区的销数，方可在广告上获得直接收益，计算刊费之贵廉，应视集中（或有效）销数之多寡以为决定，其公式为：

$$\frac{\text{某报总销数}}{\text{某报有效销数}}\times\text{某报每行刊费}=\text{（某报的）实效行定价。}$$

① 即：某报每行定价：百万行字定价=某报销数：1,000,000。——编者注

依此公式，倘某报的销数集中直接收益区，估总销数的百分之百，则其每行定价在实际上等于“实效行定价”。某报的有效销数愈多，则其实效行定价愈低，对广告刊户愈为有利；反之，某报的有效销数愈少，则其实效行定价愈高，对广告刊户，愈为不利。这是第二种比较计算法。

第三种码尺制，称为“购买力定价”（purline rate），即以读者的购买力作为计算准则，从而求出某报刊费之廉于他报或贵于他报。此制的理论，认为某报广告之是否有效全视该报读者的购买力以为决定，倘读者的大部分没有购买力，纵令它的销行非常广大，仍属无补实际，反不如销数较少而其读者个个都有购买力的报纸，更对广告刊户有利。例如美国洛杉矶市的《时报》，批评和它竞争的某报，认为它的发行有百分之四十销给受人救济的读者。试问受人救济的家庭如何会有购买力？刊户用一元的刊费刊登广告，其结果，四角钱的刊费等于虚掷，这是多大的损失。因此它创立“购买力定价”论，应以各报读者的购买力，作为测量刊费贵廉的标准，它的计算公式为：

$$\frac{\text{某报每行刊费的定价} \times \$\,1,000,000,000}{\text{某报读者的购买力}} = \text{（某报的）购买力定价}$$

据上述《时报》计算的结果，《时报》的刊费以读者购买力为标准，每行仅收六角五分，可谓便宜之至。其他四家报纸，有的合到每行一元八角九，有的合到每行一元三角七，有的合到每行一元三角，有的合到每行一元八角七，都不及它自己的合理和公道。

第六篇　排印问题

第二十二章　排字问题研究

第一节　自动排字机

在报纸的印刷问题内，包括两个主要项目：其一为器材的设备，其二为工场的管理。我们先说器材的设备。

工场收到编辑部的稿子后，其第一件事是排版，其次是铸版，又次是上架印刷。排版是排字房的工作，其中包括铸字、采字、排版、校对，以及拆版、还字等几步手续。我们现在排版，还得经受同样的繁复步骤。但在英美诸国自从采取自动排字机后，不仅手续简单，而且省时得多。我们虽没有自动排字机，但对于自动排字机的组织与运用不能不有概括的了解。我们虽因所用文字是象形字，不是拼音字，不能于短时期内造成自动排字机，但日本式的排字机已逐渐走上自动排字机之路。我们继以努力，安知若干年后不能有性质相同的自动排字机出现？华文打字机的发明更是我们极大的鼓励。

德人古腾堡（Gutenberg）① 的发明活版印刷术，早在公元一四五三年（我国毕昇氏的发明，在宋庆历年间，约当公元一〇四一至一〇四八年，较古腾堡的发明，更早四百余年），直到公元一八二二年，方有排字机的创议②。当时的主要观念，是把铸成的活字（或铅字）装

---

① 即古登堡，下文同。——编者注

② 即首次提议。——编者注

入机器上部的箱子，与机器的键盘相连。手按键盘的某一字母，凭着一定的机械装置，箱子内的该字母，就会一个个地落下来，顺次排列在铁盘内。这种排字机的发明，虽比以前的手工排字迅速得多，但事前仍须铸浇铅字，事后仍须拆还铅字，只在采字与排版部分比较省了手续，当然不能满足印刷界的需要。于是用字模的自动排字机，遂于一八八三年出现而取代其地位。首先发明此种自动排字机的人，是美国的马更推拉（OttomarMargenthaler）。此种排字机的主要特点是：第一，不用现成的铅字排组版面，却用字模代替铅字，藉以排组版面，并于排组进行之际随即铸成新铅字。第二，因为每次排组版面均可随时铸成新字，所以印刷完成以后，不必拆版还字，把铅字向熔字一倒就此了事。我们想到拆版与还字二者是排字技工最头痛的工作一点以后，当知这阶段的进步是不容轻视的。至于每次排版都有崭新的字面出现，使报纸的版面非常清楚，犹其余事。

根据上述原则设计的自动排字机，种类甚多，现在欧美最流行的不外赍纳浇排机[①]（Linotype）、因特排字机（Inter type）、和蒙诺排字机（Mono type）三种。就中因特排字机与赍纳浇排机，在机造上只有细小的区别，并无多大的异致，所以我们在这里仅仅说明赍纳浇排机和蒙诺排字机的大概。

1. 赍纳浇排机。读者为易于了解起见，最好把自动排字机意想为英文打字机，其上亦有按指的键盘，回转的杠杆报告一行业经完成的警铃。就中赍纳机的装配，除上述各项以外，又有装字模的箱库置于上端，铸字的铸造机置于左方，排字技工坐在赍纳机前面的椅上，根据编辑部的原稿，按动键盘。键盘的机纽与字模库相连，键盘上什么字母被按，字库中的该字模就单独落下来，经过皮带的运送，按着次序排列在与普通排字工人所用的手托相似的框盘里。遇有需要空格的时候，也用相似方法，嵌入空格模子，使字与字间，获得必需的适当距离。等到将满一行的时候，有铃声报告，某时排字技工只须运用空模机纽，使文字间的距离能够均匀整齐。空模的全身是楔形状的，所

① 原文如此，今译作“莱诺整行铸排机”，美籍德人麦根泰勒（Ottmar Mergenthaler，1854-1899）发明于1886年，是世界上第一部“风箱式”自动行式铸排机（Linotype Slur Casting Machine）。——编者注

以越向上推动距离也就愈大。文字的距离经此妥善规定以后，就算全行的排组完毕。随后再把杠杆回转一下，一行的字模就循着一定方向，转上铸造机的铸造轮上，当其抵达铸口之时，熔铅锅里的唧筒一转，铸铅就喷出来，就此铸成一行的铅字。熔铅冷固以后，铸造轮就带着全行铅字，作四分之三的回转。在这回转期间，因为在回转途中设有铇刀，可以削去脚部铸得不整齐的地方，全行铅字的修整工作也就一次了事。等到四分之三的回转停止以后，就有一个发条，把铸好的一行铅字从字盘上推下去，被摆在铁盘里等候拼版技工的应用。

铸造完了的字模，必须归入原来的字模箱去，这其间也不需要人工，仅凭机械的运用，就可把各个字模归入适当地位。何以能如此呢？原来字模箱的上端，是 V 字形的凹处，在凹的地方，作成许多锯齿，每个字模都有一定的锯齿，只能在锯齿相同的凹处，落入字模箱去。这样凭着锯齿的调节，一定的字母只能落入一定的地位，不能误入他处。至于已铸成的铅字则于用毕之后，倾入熔炉，一了百了，各种麻烦的拆版还字工作都可避免。

用赍纳机铸字，普通在一小时，约可排组一万字。

2. 蒙诺排字机（Mono type）。Linotype 是一行铅字的意思，Mono type 却是一个铅字的意思，因为赍纳机所排组的铅字是成行的，所以倘使其中错了一个字，整个的一行就须重按重铸，而在事实上，因为报纸的出版时间要快，不让你有充分时间把稍有错误的字条全部重铸，因而表现在版面的，错拼错排之处在所难免。这是赍纳机的一个缺点，但经蒙诺机全部修正。因它所排组的，乃是一个个的单字，校对发现错误之时可以随即更正。蒙诺机包括两个部分：其一为键盘（keyboard），其二为铸造机（caster）。排字技工坐在键盘对面的椅上，以指按捺键盘，同时有一卷纸自键盘上端徐徐而下，键触卷纸，就在纸上打成孔洞，不同的字母打成不同的孔洞，绝对不致弄混。这张被打满孔洞的卷纸渐渐转送过去，送到蒙诺机的另一部分的铸造机上，那是用电熔铅的机器。卷纸上有什么字或什么记号的孔洞，就丝毫不爽地替你排成那个字母或那个记号，而且顺着次序排列在铁盘内，因为每一铅字各自独立，不铸成行，所以遇见错误可以立即更正。在这一点上，它的设计都比赍纳机或因特机完善。因特机和赍纳机一样，都是以行为排组单位，因而纵然发现错误也不容易更正。

蒙诺机在一分钟内约可排组一六〇铅字，一点钟[①]可排组九千六百铅字，其速率比赍纳机略为迟缓，但其所排组的版面，因为易于改正，自可较少错误。

3. 日文排字机。所可惜的，类乎此种设计的华文自动排字机尚未发明，尚有待于我们继续的努力。在日本，曾有杉本京太其人研究日文排字机，在一九二〇年，完成日文排字机的制造，开始付诸实行。我们知道，日人[②]的文字大半取用汉字，同时又有一部分注音字，日人在设计排字机时所遇的困难，在实际上也是我们的困难，因之他们在这方面的成功，自然也可供我们的参考。中文与英文不同，不是拼音文字而是象形文字，人家只须配上二十六个字母，再有大写、标点等设备，就可开始应用，而我们中国的文字，最常用者亦达七八千字，要这七八千个字一一制成字模，装入字母箱库，自属困难，何况机上的字模盘不能太大，否则技工的腕长有限，无法应付，即其眼力亦不能及于辽远之区寻找所需之字。日文排字机的字模盘，约有一英尺见方，在它上面，排列二千三百万至四千的字模，在这二千三百到四千字的字模中，曾精加选择，把最常用的文字和符号置列字盘中央，以便寻找，犹如排字房的二十四盘字一样。杉本京太的日文排字机难在效率上、经济上、印刷品的精美上以及其他制版技术的联络上，远胜过手工排字术，但因所需技术上的习惯性，相当强硬迄今未被普遍采用。

第二节 中文排字的改革

我们现在只能安于手工排字术，不过我们认为这一部分无论在设置或配备上都有切实改进的必要。要排字必先铸字；要铸字，必先要制模。这样一步步推究上去，我们的叙述将为印刷术的专著，与本书内容不合。可是为了报业主持人的便利起见，我们想附带说明两点：

---

① 即一个小时。——编者注

② 即日本人，原文如此。——编者注

其一，为铅字的大小；其二，一磅铅的铅字量。关于前者，其大小比例如下：

初号为二号的两倍，一号为四号的二倍，二号为五号的二倍，三号为六号的两倍。四号为一号的二分之一，五号为七号的两倍，六号为八号的二倍，七号为五号的二分之一。

此外，尚有所谓新二号，新四号，新五号者，乃是比二号、四号、五号较小的一种字体。在报业中，新五号字的用处最大，几于全部新闻都用新五号字排列。甚至广告的行数，亦以新五号字所占的地位作为计算标准。报纸上的题目字多用特号大字，有七行字、五行字、三行字等名目，所谓七行字系指新五号字七枚的平方而积，五行字系指新五号字五枚的平方而积，三行字系指新五号字三枚的平方面积，都可用现成的字模铸浇。

关于铸字的铅，普通以下开成分最为相宜：即百分之八十三点五的铅，和以百分之十三的锑，以及百分之三点五的锡。至于铸版的铅，则以下开成分最为相宜：即百分之八十的纯铅，和以百分之六的锡，以及百分之十四的锑。每一磅铅的铸字量，自因字体的大小各不相同，而各异其数，根据一般的计算，则铅一磅（经过上述锑与锡的配合），可铸一号字二十枚，二号字五十枚，三号字八十枚，四号字一百枚，五号字一百七十枚，六号字三百枚。

我们知道上述概括的数字以后，在管理上当可便利得多。

一、铅字的整理。有了铅字，就要讲整理，其中包括两个主要问题：其一为字汇的选择。我国的文字数近六万，但实际应用的不过七八千字，究竟那些字汇是我们的日常应用，因而必须纳入字盘的范围之内呢？这是第一个问题。其二为字架的布置。在这常用的七八千字当中，倘再加以分析，当知其中一部分字平常用得很多，而其他一部分字平常用得较少。我们把它们一律看待，在字架上布置在同一地位，配备着同量字数，那不仅排字工人在采字（普通称为采毛坯）时，感觉非常困难，而且因为采用的次数不同，常用字的配备定感不足，必须随时补铸，冷门字的配备必嫌过多，或经年不用，让其藏在字盘，受灰尘的侵占，浪费物资莫此为甚。然则我们应当怎样布置，才能使多用的字排在显著[①]地位，易于检取；不常用的字铸字较少，可不致久藏不用？这就是字架的布置问题。

在我国印刷史上，最先注意铅字的整理者，不是国人自己而是美国的传教士姜别利氏在“中文排字改革的报道”一文，曾感慨乎论之，他在那篇报道中，首先述说向来所用的字架布置和字汇选择的实情。他说：

“现在全副字架，以五号字论，格有七〇一四字，分分装八十八盘，其中二十四盘为常用者，格有八四四字，通常即称为二十四盘字；又六十四盘为普通者，格有六一七〇字，通常称为部位盘字。两类字均先按部首，次按笔画排列。其所以独称普通字为部位字者，则因常用之八四四字，其先后位置为排字人所必须熟记，俾可一望而知者，只能按部首与笔画而检取。关于字汇的选择，则八四四之常用字中，有耶泰州等为目前不常用之字，而在彼时，则或因耶泰西州县等词应用颇广，尤其因耶泰西两词，在彼时传教士中最为常用之故。反之，在今日许多常用之字，却因二十四盘的范围有限，和彼时用字与目前不尽同之故，不得不退居于六十四盘的部位字，和许多罕见之字等视而并行。

又字架布置，如亦以五号字为例，则二十四盘所分诸格较大，每盘有三十六格，每格备同一之铅字八十八枚，其最常用者如十、四等字各占四格，即各备同一之铅字三百五十二枚；一、不、中等字各占三格，即各备同一之铅字二百六十四枚；上、下、三等字各占两格，即各备同一之铅字一百七十六枚。其他六十四盘，则每格面积较小，每盘分一百零八格，每格备同一之铅字二十四枚。其中较常用者，亦仿二十四盘例，同一字得占两格或三格，即各备同一之铅字四十八或七十二枚。此外另有所谓“栈房”字，即对于特别常用之字，难于字盘上多备若干格仍嫌不足者，计二百二十字，各为另备若干字以供补充之用。

八十余年前排字组机迄今鲜有改革，以现代人的眼光视之，自然不合理之处甚多，王云五氏在同篇内，指出不合理之处凡八，他说：

---

① 即显著，下文同。——编者注

“首先论字汇之选择。我对于我国的常用字汇作相当深刻的研究，其资料现皆陷于沪港无从利用，然研究结果所选定之常用字二千七百余，脑筋中尚能记其大概，而断非现在字架二十四盘之八四四字所能尽其功用。试举一显著之例：国父遗嘱全文一百四十五字，在目前实皆常用之字，然二十四盘中竟缺其十八字，约占全文八分之一。此十八字还不得不向六千余之部位字中，费许多时间去检取，其不合理者一。

部位字中许多应列入常用字者，如丁、刀、占、儿、宗、弱、急、效、敌、活等竟与冷僻字如乜、呷、嗢等并列，以致常用字因被许多冷僻字扩大其面积，淆乱其地位，而不易检取，其不合理者二。

常用字与普通字之分配，系根据百年前之读物与出版物情形，今字汇内容已随时代而有变动，以尚无彻底改革之故，致许多最常用之字仍留于普通字之范围内，而区区之八四四常用字，竟括有若干为今日所不常用之字，其不合理者三。

一字两种写法，如畧之于略，羣之于群，廠之于厰，廁之于厕等，以及俗体古体等字，皆宜标准化。此不仅于出版物之字体标准攸关，且一经标准化，便可删去若干不合标准之字，一方面可减检字之时间，他方面可省非必要之铅料。乃现有字架对此等两歧之字兼收并蓄，其不合理者四。

字之常用程度不宜仅分二级，尤以六千余之普通字中，实际上甚冷僻者如乜、呷、嗢等，常人一年间不易见到几次，排字人一年间更不易排到几次，乃亦每字各备同一铅字二十四枚，与丁、刀、占等实际常用之字相同。虽实际常用之字可多备一二格而备其不足，但实际冷僻之字各备同一之铅字二十四枚当然过多，而过多之结果，除多占面积，增加检字困难外，尚须多备铅料，多费资料，而使一部分资金置于无用之地，其不合理者五。

字架之面积愈小，则检字愈省力愈迅速，现有字架因补充不足之故，无论二十四盘字与部位字，皆就其较常用者各多备若干格，此项多备之格与冷僻字过分存备之枚数，均使字架之全面积为不必要之扩大，致检字时耗费一部分本不应费之力。实则既有所谓“栈房”字，专供补充之用，则字架上为若干字多备之格无异连床叠架，其不合理者六。

二十四盘既为最常用之字，同时利用之人必较多，然因其仅容八四四字，无论如何面积当甚狭小，不能容较多的人同时工作，因而效用不彰，其不合理者七。

此外，还有最不合理的第八点，就是部首检查之困难。许多大学毕业生不能按部首检得之字，而令小学程度之排字人逐日依此检字，因此，除二十四盘之字全赖熟记，致增加初学练习之时间外，六十四盘之部位字，在曾经多年工作者或亦可藉熟练而有助于检查，然在初任此项工作者遂不免重感困难。无怪乎学习排字者虽只须数月训练，已能开始检字，而能达相当速度者动需二三年以上。

二、王云五氏的改革意见。王云五根据上述的观察，就对我国的排字组织，提出五项改革意见，用他自己的话来说：

第一，把全副五号字七〇一四个字除按标准字体删除两歧之一及俗体古体约工数百字外，余则按其常用程度分为四级：第一级计五四六字，最常用；第二级一九六三字，次之；第三级二九八九字，又次之；第四级一一八八字，多系冷僻而不常用者。此四级又并为两类：甲类包括一二两级，共二五〇九字，即常用字；乙类包括三四两级，共四一七七字，即普通字。

第二，字架仿向来办法，分两部排列，以甲类之二五〇九字代替向来之二十四盘八四四字；以乙类之四一七七字代替向来之六十四盘五八四五字。

第三，第一级字五四六，在字架上各备同一之铅字六十枚；第二级字一九六三，各备同一之铅字三十枚；第三级字二九八九，各备同一之铅字十二枚；第四级字一一八八，各备同一之铅字三枚。无论何字，在字架上仅占一格。

第四，就最常用之字，选定二五〇，仿向所谓栈房字之例，各加备铅字自一百枚至五百枚，称为补充字，另行储藏，不与字架相混。遇字架上某字所备枚数将用完时，即从补充字中提出，尽量补充之。

第五，各字改按四角号码排列，以代向来之部首排列。

如此排列之新字架，其最大特点可以减少铅料，据王云五氏估计：

现在字架需用之铅量，以五号字论，计常用字二十四盘，每盘三十六格，共八百六十四格，每格铅字八十八枚，计七六〇三十二枚；部位字六十四盘，每盘一〇八格，共六九一二格，每格计字二十四枚，共一六五，八八八枚，两共二四一，九二〇枚。按五号铅字一七〇枚约重一磅计，合需铅一四二三磅。再加所谓栈房字二二〇，每字多寡不等，合三七，八〇〇枚，约需铅二二〇磅，全副五号字共需铅一六四三磅。

新字架第一级字五四六，每字六十枚；计三二，七六〇枚；第二级字一九六三，每字三十枚，计五八，八九〇枚；第三级字二九八九，每字十二枚，计三五，八六八枚；第四级字一一八八，每字三枚，计三，五六四枚；全副字共一三一，〇八二枚，需铅七七一磅。另加补充字即旧日所谓栈房字二五〇，每字自一百至五百枚不等，合计四七，六〇〇枚，需铅二八〇磅，两共需铅一〇五一磅，比之现在一般印刷厂之字架全副需铅一六四三磅者，计节省五九二磅，所省之铅量当原需要之铅量百分之三十六强。

而在实际上，真正节省之铅量，尚不仅止于此，何以呢？王云五氏继续着说：

现在字架常用字部分所占地位宽仅四尺，只能同时容两人工作；新字架甲类字三倍于原二十四盘之常用字，虽每字枚数有减，地位仍加宽二尺，合占六尺，故可容三人同时工作。向来检字者六人共需字架三副，今则两副已足，因此字架可减三分之一，用铅量亦随而减三分之一。如与前述所省铅量合计，则现在一般印刷厂之字架全副，需铅一六四三磅，仅供两人之用，每人计需铅八二一磅半，新字架全副需铅一〇五一磅，可供三人只用，每人计需铅三五〇又三分之一磅。是则新字架上之检字工人，每人需铅仅当现在一般印刷厂每人所需者百分之四十二强。其所省铅量之巨有如此者。

自然，王云五氏设计的新字盘，如废除部首排列制，改用四角号码排列，亦是它的主要特点之一，而在事实上，根据四角号码检字，比用旧式部首法检字确实学习较易，而收敛较速。问题只在一般的惰性，阻使这种较合科学的方法，不能施诸普遍的实行耳。

关于中文排字的改革，除上述王云五氏的设计外，我们还想稍用篇幅介绍日人奥知式的排字箱。它的主要特点，可使排字技工于工作时坐在一定地位不必足部停趾四处找字。

三、奥知式排字箱。奥知式排字箱的创制人是日本奥知宪式。它的主要特点是箱内的铅字不是重叠起来的，而是成为纵列，向字格里边推进去的。一般字架的布置是同一的铅字重叠在字格上面，字面字底齐平，字格的深度约等于铅字高度，而字格的面积，却等于同格铅字字面的总和。奥知式排字箱的字格面积不大，比一个铅字的字面大得有限，众多的铅字前后连接排成纵列，向字格后面推进，大抵每一字格，可纵列铅字二十枚，因为采取纵行的排列法，所以奥知式排字箱所估的面积就不必像一般字架那么宽。在一只高二十二寸宽三十二寸的小箱内，就要装置五号铅字三三六〇枚，以每枚各备相同之铅字二十个计算，该箱所装铅字总数就有六七二〇〇个。

前后连接的纵列铅字，如何加以采取呢？奥知氏为解决这个困难，就把装字的字格装成后高前低的斜坡，斜坡的底面都用黄铜板镶铺，其目的在使后面的铅字易于滑动至于斜坡尽端。在斜坡尽端处，亦即排字工人检字的孔口，则作三分弯曲的突出，庶几铅字滑溜下来，可不致落在地上。因为字格照上述情形设计，所以一个铅字被检出后，接在后面的铅字，就会循着斜坡溜滑下来，搁在格口供第二次的检[①]采。

另一个问题发生了，还字的手续，当如何进行呢？他为解决这个困难，在箱前箱后，都贴有青底白字的字表，看了这张字表，就知某一个铅字在某一格子内，检字者因以此为依据，还字者亦以此为准绳。不过检字者在字格的前面，亦即斜坡的最低处检取，而还字者却从字箱的背面，亦即斜坡的最高处拆放进去，既放入后，就会凭着光滑的

① 即捡，下文同。——编者注

黄铜板溜滑下去，与原有的铅字成为纵列，首尾相接。而且检字的人，仅可在同期间，从字箱的前后面进行格子的工作而不相抵触。

奥知式排字箱基于上述的设计，所占地位极小，在高二十二寸宽十二寸的小范围内，排字技工仅可坐在排字椅上，以安闲舒适的神情采取他所需要的铅字。我们综计它的优点有左开诸端：

1. 缩小排字人的眼界范围，可以坐着采字。

2. 前面采字时，后面可以还字。

3. 排字房所需地位，仅及旧式排字架所需者的三分之一。

4. 采字后用盖盖好，可免灰尘玷污铅字。

奥知式排字机，在汉字排字法中，是相当进步的设计，至于如何运用他的设计增加字数，以合中国报业界的实际需要，自系值得我们详细研究的问题。

四、另一个建议。在这里，我们还要提出一点，供报业印刷界的参考。

报与报间的竞争方法甚多，其中主要一点是出报时间的迟早。在其他条件相等的各报，谁出报早谁就可以增加销行，那是无需解释的明显事实。实则，就令某报在其他方面不及他报，倘使它的出报时间能特别提早，在市面上尚无其他报纸发售的时候，它已开始发行，那它的销数必可特别增加。读者有报可选的时候自要指定某报，但在市场上仅有一种报纸的时候，那他见报即购，根本无所谓选择。因此，在事实上常有以快制胜者。

说到快，当然要有各方面的配合。从编辑人的发稿起，到发行部运送止，每一部门三四分钟的耽搁，累积起来就是二三十分钟。出报时间的迟早，在各报竞争剧烈之处，倘不是某报特别具有把握，读者非购阅不可，或甚至一般的报贩不等它出来决不肯散开，那是不允许有半小时的差别的。在报纸编印的历程上虽然各部门的工作都可耽误时间，但最主要的还是在排字方面。排字技工采字，是按照原稿一个一个地采集的，但在原稿当中，仅有许多语句以词或短句为单位。而这一类词句，在报纸文字上又用得非常之多，例如在战时，每天都要提到轰炸机、战斗机、驱逐机等名词，但不问其为部首字的排列也好，四角号码的排列也好，或任何其他简易检字法的排列法也好，总之它们都是四处分散的。排字技工在一个部门采到“轰”字，又须到另一部门去采“炸”字，更须到第三个部门去采“机”字，每次遇见“轰炸机”三字，每次都得把同样的历程重复一遍。现在我们换一个方式，把这一类词句在还字时根本就列在一块，“轰炸机”三字根本就列在一处，我们找到“轰”字，同时也就找到“炸”“机”两字。那在手续上必可简捷得多，而在争取时间的一点上亦必极有助益。换言之，我们对于报上习见的语句，应当以语句为单位加以排列，检①到一个字，同时其他相联的字就跟在后面，一举手即可采入字盘。关于这类词句，我们随便举几个例，读者倘或感觉兴趣，定可于检阅一二个月的报纸后，求获一张比较详密的习用语句表，以此授给排字部分照样排列，将来采字之时必可省力省时得多。随便举个例，如：

三民主义 民生 民权 民族 建国 方略 大纲 实业计划 全国代表大会宣言中央 常会 总理 国父 总裁 主席 委员长 委员会 院长 部长 中国之命运 盟邦 敌寇 同盟国 轴心国 行政督察专员 地方自治 三民主义青年团国民参政会国民政府 记者招待会 献金

排字房的工作，除上述采字工作外尚有排版（亦称拼版）、校对、拆版等手续，但它们所包涵②的多是技巧问题，不是管理问题，因而我们在本书内，不便亦毋须详为论述。唯独拆版部分牵涉管理之处颇多，故略为论及。

我们在前面曾提到，拆版还字是排字技工最不愿意的工作，大家有懒可贪总是企图贪懒。管理人员分给他们还字工作，照理他们在第二天开始采字之前，应把分内的字分还完毕，否则字架子上的字，愈采愈少，循至每一字格空无所有，采字之事将无法进行。可是在事实上，排字技工都懒于还字，往往把应还的字向屋角或字架背后一倒，从表面上看，他们的工作似甚敏捷，而在事实上许多新铸的有用铅字都去往墙角地板下去，不仅耗费资财，抑且阻碍工作。为欲避免这种可能的浪费，在消极方面应当注意字架的四周有无可以倾倒铅字的场所，例如墙角的泥潭、地板的裂口、字架的夹缝及其他不易查察之处，

① 原文如此，检查之义。——编者注
② 即包含，下文同。——编者注

同时并严订规则，倘有任意倾倒铅字耗损报馆资财，并阻止排字工作之顺利进展者，一概予以最严处分。而在绩极方面尤须注意排字技工的训练，使之在道德心或责任感上都有深刻认识，纵令有倾倒场所，取巧机会，亦疾恶如仇不愿尝试。至于主持报馆的人，尤宜每隔一定时日往排字房巡看，注意字架上的字格是否满装着字，抑或东缺西空存字无多。大抵排字房的工作，到了一个时候忽然拖误时间，不能像从前一样地飞快工作，其主要原因，必系排字技工的拆还工作未曾按照规定切实进行。同时铸字房的工作亦必较前繁剧，铸字房的铅料损耗亦必较前增大。一个适当的措施，已属刻不容缓。在这意义之下，我认为拆版还字工作的管理，比诸一般采字、拼版工作的管理更为重要。试参观一个排字工场，看它字架子上的字格是否满装着字，就可断定该工场的管理如何，效率如何。

第二十三章 制版与印刷

第一节 制版的手续

所谓制版，盖指由活版制成纸版，又由纸版铸成铅版这一段历程而言。本来，活版亦可上架印刷，而在纸版法未发明前，原亦用活版印刷。可是用活版（亦即铅字版）印刷有种种缺点，例如：一、活版笨重，搬运不易。二、捆版的绳线，容易松解，版子易被摇动。三、用活版印刷，印过五六千张印刷品以后，铅字的字面就会磨平，以后再行印刷，字面就不清楚。四、活版重量大，面积广，不便保存。五、用活版保存，无异把大批铅字搁而不用，那是极大一批资金搁置。六、轮转机所用的版子不是平板，必须用圆筒形的版子，因而不经过制版手续，不能用轮转机印刷。

制版手续，主要者包括“制纸版”、“烘纸版”，与“铸铅版”三种。先把排字房排组之版（亦即活版），放在有厚铁板的台子上，并装入铁框。活版既装入铁框，随即用捏子把活版四周的捆绳解去，并用楔子嵌入活版与铁框之间，使其挤紧不动。又因活版经过打样搬动等手续，难免没有油墨灰尘黏附其上，所以必须用破旧布类蘸上煤油或其他挥发油洗刷一下。同时，又须在活版空处填塞硬纸，使其空处较浅，这样在打版时就不致震破薄型纸；在打好纸版铸浇铅版时，因为空白之处较浅，需要熔铅较少，同时熔铅之流布亦可较为匀整，不致铸出有凹点的铅版来。

于是打纸版的手续，可以开始了。打纸版的用纸主要的包括两种：其一为强韧的白厚纸，其二为具有强滑性的薄雁皮纸（通称薄型纸）。两者用浆糊裱合使其粘成一片，保持一定的湿度。到应用时，把裱纸覆在铅字的原版上，雁皮纸向下，同时又用一块湿度均匀的百布，覆在裱纸上面，开始用大刷子平均敲打。打的时候，刷子的面必须呈垂直形，否则一定失败，同时版子全面必须处处打到。约略经过十分钟后，打版的手续就算完成。

其次，就轮到烘纸版。把打好了的纸版连同活字版原封不动放在一块较大的锌板上，推入烘烤台去。烘烤台顶上，是紧松听便的螺旋盘。版子送上台子，就用二三十张白纸或印过报的报纸，覆在上面，随即把顶上的螺旋盘，向下拧紧，加强压力，其时，烘烤台下的热力渐渐向上，把印有铅字痕迹的裱纸，逐渐烘干。烘烤的时间，要看火力如何以为决定，普通用煤气燃烧需十五分钟。

有所谓云母粉的一种材料，用蚌壳类的壳质制成，非常光滑，在打版时敷在活版上面，或在铸版时敷在纸型上面，都可增加制版的便利。

纸版既烘干后，就可从烘烤台移至制版台上，把纸版从原版上揭离开来，详细检阅一番看其是否合用，倘有毛病就需设法纠正。认为没有问题了，才可将活版送还排字房，由排字工人分别加以拆还。

同时，制版的历程，也就到了铸铅版的阶段。所有铸铅版，就是运用纸版灌入铅合金的溶液，从而铸成铅版，以供印刷之用。供平版机用的铅版，只须铸成与活版同样的版式即可应用；倘供轮转机用，那就不能不把铅版铸成弧形。就中主要的是铸造机型的不同，平版型的铸造机自铸成平直铅版，圆筒形的铸造机自铸成弧形铅版。

铸版用的铅液最好用如下的合金，即百分之八十的纯铅，百分之六的锡，和百分之十四的锑。就中锑的主要功用是增加铅的硬度，并使铸成的铅版，能像活版的原模，高低分明，笔锋显露。在这合金液中倘使铅的成分过多，那就丧失硬性；倘使锡的成分过多，不但熔解温度低下，而且易起一种融合作用，使合金的分子过于细微化。在试验时候，品质优良的铅合金可在折断的缺口看见无数光明的结晶体。考其所以然的理由，就因锑冷却后就会结成无数小方的晶体。

我们先把纸版（或纸型）放入铸造机的铁盘，经过机械的运用，把纸型直立起来，即在铸口灌铅液进去，经过一二分钟的凝冷，铅版就此铸成，再用铡刀铡去四周凝铅，就可上架印刷。于是我们的制版工作亦大告完成。

制版工作完成后，即可进而论述印刷工作，最主要的材料是对于若干现代机的介绍。

第二节 现代印机介绍

关于印机的演进，可分成四个时期：自一四五〇至一八一一年为第一时期，其主要特点是用平面印床和平面压板，构成印机的基本原则。自一八一一至一八四五年为第二时期，其主要特点是用平面印床和圆筒压轴，构成印机的基本原则。自一八四五至一八六五年为第三时期，其主要特点为圆筒印床和圆筒压轴，构成印机的基本原则。自一八六五年于现在为第四时期，其主要特点则为高速度的轮转机的运用。

研究这段印机发明史，原是极饶兴趣而又极具启发力的工作，然而不属本书的范围，兹姑从略。我们现在只想就各报销数的多少，对于最低限的印机设备作一概括的拟议。

大型报对于印机的要求，是印得快、印得多、印得好。现在新式的印机就其构造的基本原则来说，不外两种：其一为筒板机（tubular plate press），其二为半圆版机（gemi-cylindrical plate press）。二者相较，前者更为新式而迅速。发明筒板机的人，是美国培区曼（Henry F. Bechman）他所应用的原则可比诸刨床的运用。普通刨床一类的工具，在刨刀退回时是不发生刨的作用的，因此在时间上有一半的浪费；为欲补救这种浪费，所以此采用磨钻的方式，割刀旋转不止，工作也没有些时停顿。半圆版机与筒版机的关系，犹如刨床与磨钻的关系。筒版机的铅版是没有一个时候不在那里继续印刷的。我们试把这个道理再作进一步的说明。

半圆版机的构造，是用两页报纸的长度，合成圆筒，因此在圆筒上，每页报纸只占半圆地位。甲版（或甲页）只能在圆筒旋转的上半转，发生印的作用，其时乙版（或乙页）失其印刷力；圆筒旋至下半转时，乙版接触纸带，开始印刷，但其时甲版已失其印刷效力。故经常只有一版在那里发生印的作用，其他一版却总在那里等候印的机会，其情形与上述刨床的动作，完全相似。筒版机的发明人就从此处着眼：如果将甲乙两页平行排列，再改半圆形为筒形，那么各版皆可继续不断地接触纸带，继续不断地印刷。单页式筒版的直径比两页式大圆筒小一半，所以大圆筒转一次的时候筒版就能转两次。因此，半圆版机每一转动只能印报两页，而筒版机在同时期内转动两次，却能印报四页，故其实际印报速度，要高出一倍。同时筒版机的机身较小，装运又较便利，所以现在英美各国报界莫不采用筒版印。

美国密歇根的杜泼来克斯公司（Duplex Printing Press Company），以制造筒版机著名。它所制造的八页筒版机，每小时能出四、六或八页之报三万份，每页只须铸版一块，用筒纸印刷，机上装有起重器，更换筒纸异常轻便。此机分两层，上层装筒两组，下层随时可以加装一组或两组，经此加装之后，便可印十二或十六页之报纸。下层加装一组或两组时，对于印机全部，并无影响，故无停工之必要，而且在任何一组都可用以加印套色。

它所制造的十六页筒版机能印四、六、八、十、十二、十四或十六页之报纸，每页只用铅版一块。此机亦分两层，每层分二组，随时可加装一层，改为二十或二十四页之印机。此外，亦可将两架十六页印机，连接为一，用以印刷三十二页之报纸，每小时的出品亦为三万份。

它所制造的二十四页筒版机，能印四、六、八、十、十二、十四、十六、十八、二十、二十二及二十四页之报纸，必要时可增至六组，印刷二十四页之报纸。

上面所说的八页、十六页、二十四页筒版机，都是每四页合成一组装置，每组用纸一卷；机上都装有起重器，更换筒纸全不费力。自然，这类的印机以供给大型报的应用最为相宜。

至于小型报纸销行在五千份以下，而每份的页数又在八页以内者，则可用高氏平板卷纸机（Gross Comet Elat-bed Web Press），每小时出品约为四千五百份。亦可用 A 式杜泼来克斯平版卷机纸（Duplex Printing Press，Model“A”），每时可印四、六或八页之报纸三千五百份，包括切、折的工作在内。此机长十一尺又九寸半，阔七尺，装置所需地位约为长十四尺四寸，阔十尺的面积，占据地位并不算多。

至于地方报之销数较少，而每份页数不过四页者，则可用现在后方流行的对开平版机，国内能造的厂家甚多，若运用电力，每小时的速率约为一千份。称之为对开机，因它所印的报的尺寸仅及西洋报纸之半，必须把西洋报纸对半切开，方能上架印刷。先印一面，再印他面，需用人力之处较多。因其机件不重，有时且可用人力摇动。普通日出二三千份，每份四页的报纸，能有类此的对开机两部，亦可勉强应付了。

第三节 印刷房的管理

我们在这里拟把印刷房的管理一并加以叙明。

高速度的印机必须保持清洁完整，活动的部分且须时时加添机油，诸如这些事情都是印刷房领班的事，我们在这里不必论述。印刷管理的主要目标是纸张、油墨的消耗问题。普通印报用纸的重量每令（五百张）不能少于三十磅，而以每令四十磅的重量最为相宜。太重了，不仅成本高，而且吸墨多，不易干燥。油墨池必须保持清洁，庶几油墨的分配可以均匀，印出来的报纸，可以清洁美观。普通八页的报纸，一千份需用油墨一磅半至一磅又五分之四；倘超过二磅，就须检查墨池和墨滚，看它们有无发生故障。油墨耗用过多时，不仅油墨费用加重，而且印出来的报纸一定印痕不深，字迹模糊，有损报纸的美观。

印报用纸机成报馆开支的大宗。各报所用的白报纸，其尺寸大小各不相同，一般地说，有整卷（full roll）、四分之三卷、和半卷的三种尺寸。整卷用以印八页一份的报纸，四分之三卷的用以印六页一份的报纸，半卷用以印四页一份的报纸。至于印十二页一份的报纸，那就需用一个整卷和一个半卷。关于这一切，都须事先确定，然后向纸商定纸。印报用纸不能储藏过久，故在平时，实以按月向纸商进货较为妥当。至于战乱运输困难之时，自当酌量情形妥谋应付。

因为印报用纸机成报馆开支的大宗，所以对于纸张的消耗应当特别注意，并加以严格管理。印刷管理人应当每天填送关于纸耗的报告，就中第一种是废白纸报告。原来纸卷在印刷之前，必须除去包皮和损坏的白纸。这两种废纸的重量必须妥为登录，以便稽核，其格式如下：

纸卷损废报告单	年　　月　　日
纸卷尺寸＿＿＿＿＿＿＿＿＿＿	
纸卷号码＿＿＿＿＿＿＿＿＿＿	
损废重量＿＿＿＿＿＿＿＿＿＿	
损废原因＿＿＿＿＿＿＿＿＿＿	
	印务管理人＿＿＿＿＿＿

上开报告单，应用复写纸填写二份，分别送会计室和材料储藏室，至于积存废纸，应当酌量多少，按时包扎成卷退回储藏室，以便拍卖或供其他应用。至于上了印机的纸卷倘有损坏，就当有印刷损坏报告，其格式如下：

印刷损耗报告单 ＿＿＿＿＿＿ 年　　月　　日　　印务管理人＿＿＿＿＿＿			
印机号数	捐耗张数	损耗重量	损耗原因
1			
2			
3			
4			
总　计			

上列报告单，亦须填写两份，一送会计室备查，一送材料贮藏室点收。

此外，报纸印好以后，管理印刷的人还得有出版报告单的填送，其格式如下：

出版报告单

____

年　　月　　日　　　　　　　　印务管理人 __________

印机号数	末版上机时间	印刷时间		计数机记录数	实印份数	每份页数	损坏份数	损耗纸量
		开印	停印					
1								
2								
3								
4								
总计共印时分				总计				

上表填写两份，一份送经理室，一份送会计室。

“印刷损纸报告单”与“出版报告单”的应用极大。前者的效用：第一，记录损耗的纸量。第二，报馆用以作为成本会计的资料。第三，管理人可以知道某号印机的效率，并对损耗的原因，切实加以纠正。后者（出版报告单）的效用：第一，可以比较各机的印刷速度。第二，可以比较从末版上机起至开印时止所需的时间消耗，此项时间消耗，主要用以校准页数及纸带，并用以试验油墨的分布是否均匀。倘消耗时间太多，管理人就可立刻注意加以纠正。第三，用以作为成本会计的资料。

第七篇　理财原则

第二十四章　预算的控制

在报管的理财问题中，确立预算制度实为最重要的一点。这是谁也不能置疑的事，问题只在如何编造我们的预算。

我们不能凭空编造预算，我们应当有数字根据，这所谓根据不外两种：其一，为自己过去的经验。究竟在过去几年自己的收支情形怎样。例如去年一年的总收入若干，总支出若干，在总收入项下，有几分之几是广告的收入，几分之几是发行的收入，几分之几充作发行费用，几分之几充作广告费用，几分之几充作其他费用。我们有了这样的数字基础，再研究本年度的工作重心如何，所需费用若干，能否从自己的收入中来开支；倘或不能，是否还要推广营业增加收入，求达普通。所谓开源的目的；倘或不能，是否可从其他部门的支出中约为减省，化零为整，应付这笔特别支出，以求报馆财政的收支相抵。这所谓收支相抵，当然要把应付股票利息等项计算在内。

其二，为其他同级报馆的数字用以作为参考。也许自己的收支分配未甚妥当，或则编辑部分的支出太大，或则管理费用太大，致使收支不能平衡；或则工房部分的费用太少，致使各种应有设备不能妥为购置，因而碍及工作的进行和业务的开展。诸如这一类问题，我们倘有其他同级报馆的数字分配作为参考，就可于相互对阅之后，发现自己的缺点所在，从而设法纠正，使之纳入正轨。自然，报馆的预算根据工作计划而来，各报馆的计划各不相同，而且在某种意义之下均有其业务上的秘密性，你要取阅他报的预算作为参考，他报未必肯借给你。这就有待于中宣部新闻事业处等机构，先就直辖党报作一正确统计，分送各地党报相互参考。万一各报的预算不愿公开对外宣布，那主持的机构，尽可根据各报数字作一标准预算，遇有数字相差过巨之处，特别加以说明，使参阅者知有伸缩余地，不必削足适履强求符合。我们认为这是有关中国报业前途最重要的一点，是有关各方都当尽早促其实现的。

美国的内地日报协会（Inland Daily Association）曾就上述原则，统计会员报纸的预算情形，供各会员报纸的相互比较。它在一九一九年开始做这工作，包括会员报纸三百家，其分布地域为美国中西部的二十州及坎拿大的二个省区；它们的总销数，共达六百万份。这是规模相当大范围相当广的一个统计，我们愿意稍用篇幅，把它的统计项目及统计结果约略作一介绍。

内地协会的成本比较，从收支两个总项目入手，其关于收入部分者分成左开三项：

一、发行收入，指从订户多收的总数而言。

二、广告收入，根据美国报界的广告种类，分成 1. 零售广告 2. 批售广告 3. 分类广告 4. 法律广告等四项。

三、其他收入，指废纸出卖等不属于上项收入的零星收入而言。

其关于支出部分，分成下列各项：

一、编辑与新闻，包括：

1. 薪给。

2. 本部费用，如通讯社稿费、特写稿费、照相费用、绘图费用、刻版费用、通讯员费用、电报电话费用、供应品及类似费用。

二、广告费用，包括：

1. 薪给。

2. 特派代表费用。

3. 本部费用，如推广费用、兜揽费用、邮信费用、印刷品等费用、广告铜版纸版等费用、车费、折扣。

三、发行与邮递费用，包括：

1. 薪给，包括发行与邮递两部人员的薪给。

2. 送报人津贴。

3. 发行费回用，如分销处开支、回佣、兜揽费用、赠品费用、印刷品费用、推广费及车资。

4. 邮递及送报费用，如打包人、打包用品、寄报邮资、快递、包裹、公共汽车等费用、汽车报车等费用。

5. 折旧，如汽车、报车等的折旧。

四、机械部分，包括：

1. 排字房薪给。

2. 铸版房薪给。

3. 印刷房薪给。

4. 本部费用，如动力、燃料、电灯、金属、字模设备、纸型原料、胶棍、垫绒、水、煤气等。

5. 折旧，如活字、机械设备、金属材质的折旧。

五、纸张油墨（指确实用去者而言）

六、行政费用，包括：

1. 薪给，指行政人员及各部人员以外一般职员的薪给。

2. 一般费用，如文具费、邮资、广告费用、捐赠费用、电报电话费、旅费、呆账、经常修缮费、图书馆、保险费、捐税、水、电、热力、房租、利息、现金折扣、收账费用等。

3. 折旧，指发行机械两部所用车辆、机械设备等以外的生财折旧。

在上述各项费用中，纸张油墨一项，各报依实际消费量填报；报馆自建房屋。不必支付租金者，则在房租项下填列房屋修缮费，外加房屋折旧费额。

以上说明内地协会的账目分科，分科既定以后，就可计算各科的单位成本。例如在广告的科目下，究竟每行的成本要多少，行就是广告科目下的单位。当然有些报纸，照栏吋[①]计算，那栏吋就是广告的单位，究竟每栏吋的成本是多少。又如在编辑与新闻的科目下，以栏为单位，究竟每栏的生产成本要多少。如此各科目的生产成本计算出来以后，各报就可按照相同的方法，算出相同单位的生产成本，而互相比较，倘或某科的单位生产成本太高，就当详为观察，仔细研究，究在什么地方可有节省余地而加以调整。因此我们所当继续介绍的计有二点：第一，内地协会取用什么方法计算广告、编辑、发行等科的单位成本？第二，它计算所得的结果如何？前者是计算的方法，后者是计算的结果。我们为说明便利起见，把这二个问题合在一处叙述，希望读者于阅读时能把这二点分别印入脑海。

我们先从广告说起。因为广告是报馆的主要收入，所以内地协会把广告的栏吋既当作生产单位，又当作销售单位。所谓销售单位，具体言之，就是每栏吋的广告地位，可卖多少钱？为欲决定这一点，必先知道每栏吋的生产成本。为欲知道每栏吋的生产成本，必先知道某特定期内整个报纸的生产成本。例如在一年内一个报纸的生产总成本共需若干。在这生产总成本内减去发行与其他零星的收入，其所余之数应是广告的总成本。所以称之为广告总成本者，因为这笔数目不问其大到如何程度，在原则上必须由广告项下的总收入来抵补它。我们再把这个所余之数，用全年出售的广告栏吋来除。

内地协会把近三百种的报纸分成十级，称为销数等级。例如从一千到三千为一级，三千到四千又为一级，一万五千到两万五千为一级，二万五千份以上，又为一级。根据这种等级分类，又根据上述广告每栏吋生产成本的计算法计算，所得结果约略如下页表：

---

① 吋，即英寸：英美制长度单位，一英尺的十二分之一。column inch，又称“栏寸”。报纸广告单位。约 25—40 个英文字。——编者注

销数等级(以千为单位)		、1—3	3—4	4—5	5—6	6—8	8—10	10—12½	12½—15	15—25	25以上
一九三三年	成本高者（分为单位）	34.72	46.31	42.15	48.79	58.99	62.34	57.00	66.12	99.53	116.58
	成本低者（分为单位）	19.53	31.02	25.70	29.61	24.48	36.72	27.62	48.64	34.93	80.05
一九三五年	成本高者（分为单位）	37.76	35.54	53.47	46.91	49.49	90.88	61.22	62.66	85.16	143.02
	成本低者（分为单位）	14.65	19.47	21.77	21.77	29.42	39.16	29.81	34.48	42.85	63.41

再就编辑成本来说，其计算方法则为将全年的编辑与新开费用，用该年的读物总栏数来除，其所得商数即为每栏读物的生产成本，列表如左：

销数等级(以千为单位)		1—3	3—4	4—5	5—6	6—8	8—10	10—12½	12½—15	15—25	25以上
一九三三年	成本高（分为单位）	$0.70	1.27	0.97	0.66	1.04	1.49	2.29	2.23	2.41	2.81
	成本低者（分为单位）	$0.36	4.30	0.52	0.47	0.40	0.64	0.77	1.11	0.92	1.85

续表

销数等级(以千为单位)		1—3	3—4	4—5	5—6	6—8	8—10	10—12½	12½—15	15—25	25以上
一九三五年	成本高者(分为单位)	$0.61	1.00	1.32	1.87	1.23	1.27	1.46	2.48	2.64	3.89
	成本低者(分为单位)	$0.33	0.36	0.34	0.49	0.62	0.74	0.64	1.16	1.00	1.37

再就发行成本来说，以每一订户作为单位，藉以决定发行费用。所谓每一订户，盖指一年之内每天递送报纸一份者而言。此种单位的总数，在实际上也就等于一年的平均销数。我们把全年的发行收入用一年的平均销数来除，所得结果就是每单位的发行收入。我们把全年的发行费用用同一数字来除，所得结果就是每单位的发行成本。内地协会所得的结果如下：

销数等级（以千计算）	每单位平均收入				运送及经常费				每单位净收入			
	1933 年		1935 年		1933 年		1935 年		1933 年		1935 年	
	高	低	高	低	高	低	高	低	高	低	高	低
1—3	$5.81	$2.38	$6.49	$2.06	$2.52	$0.63	$2.6	$0.85	$4.11	$1.16	$4.38	$0.69
3—4	5.30	2.62	5.34	2.74	2.70	0.61	2.01	0.52	4.18	1.56	3.35	1.04
4—5	6.30	2.11	7.37	2.39	3.76	0.74	4.05	0.47	4.12	0.93	4.21	0.97
5—6	7.18	2.77	7.93	2.76	3.24	0.61	4.33	0.57	4.20	1.17	3.94	1.60
6—8	6.24	2.18	6.62	3.91	2.81	0.89	2.75	0.79	4.79	1.04	4.91	1.98
8—10	6.76	2.51	6.74	3.22	2.68	1.01	3.37	1.18	4.47	0.86	4.58	1.14
10—12½	7.35	2.76	7.31	3.06	2.49	1.34	2.80	1.21	5.44	1.38	5.21	0.61
12½—15	8.21	4.12	7.34	4.64	3.87	1.38	4.13	1.64	4.34	0.75	5.57	0.67
15—25	11.50	2.07	6.57	3.87	6.31	1.12	3.86	1.22	5.19	0.80	4.23	1.01
25 以上	5.18	4.23	6.22	4.46	2.74	2.05	3.49	1.90	3.13	1.49	4.08	1.90

又次，就生产费用（production cost）来说，那是表示一般的生产

效率的数字，内地协会的计算，以二大张（八页）的一千份为单位。因为据它的统计，在同一销数等级内，这是共同性最大而差异最小的单位，其计算方法如下：

全年的总页数 ………………………………………… 4, 965

用平均的总销数来乘

求得全年的生产总数 ………………… $\frac{10,728}{53,264,520}$

用 8, 000（1, 000×8）来除，共有 6, 658 单位

全年的生产总费用，为 ………………… ＄149, 775, 41

用 6, 658 单位来除，即得每单位的生产费用： ＄22. 50

以上对于内地协会所用的单位成本计算办法约略加以介绍，我们读了以后，对于美国报界所用的普通计算法可有概括的了解。我们现在再根据内地协会会员报纸的预算经验列表于次，以示彼等对于报纸的各项开支作如何的分配，对于报纸的各项收入又作怎样的期待。我们并不以此作为标准的分配，但至少这是美国近三百种报纸的分配情形，在我们自己还没有求出共同的标准之前，这样的数字总不失为有用的参考。例如就收入而言，它们所期于广告者，在一九二二年是总收入的百分之七十八，在一九三三年是总收入的百分之六八点九六。我们不妨以此作为参考，检讨自己的广告收入，在总收入中究占据怎么的比例，是否与之相近？是否相差过远？倘或相差过远，我们就得设法在广告上格外用力。所可惜的，是我们自己的报纸迄今还没有适当的统计报告。内地协会各会员报纸的预算经验，综合论之可如下表：

	支出费用——总数：百分之百			
	1922 年	1924 年	1930 年	1933 年
编辑费用	15. 00	14. 28	16. 28	19. 06
广告费用	7. 00	8. 20	12. 41	10. 90
发行费用	11. 00	12. 97	8. 64	7. 42
机械费用	36. 00	37. 72	34. 24	35. 04
行政费用	18. 50	15. 07	18. 13	20. 58

续表

	支出费用——总数：百分之百			
	1922 年	1924 年	1930 年	1933 年
利润	12.50	11.76	10.30	7.00
	收入此率——总数：百分之百			
发行收入	21.00	20.24	27.60	29.00
广告收入	78.00	79.05	72.14	68.96
其他收入	1.00	0.71	0.26	1.14

第二十五章　怎样应付紧急局面

上章所讲的预算的控制是指平时的理财政策而言，但有时候，或则一般的经济恐慌袭击一般的企业，报纸也是一种企业，自亦和其他企业一样，不得不谋紧急的应付；或则某特殊事项影响一般的报业，例如纸浆缺乏纸张恐慌之类，一般的报纸也不得不图紧急的措施；或则某特殊事项贻害某特殊报馆，例如主持者不得其人，调度不得其法，致使报纸陷于非常困难地位，倘不速谋挽救，可使报纸沦于破产，遇到这种情形，主持或接办报纸的人究当怎样处置方可挽救殆局，使报纸的财政情形，重上正轨。诸如这类问题都是本章所欲研究的重心。

我们研究这类问题，都以一个假定作为前提。我们在上章也约略说到，那就是报馆的主要收入系于广告，我们要应付财政危机，就当从广告的收入着眼。我们不否认报纸的发行收入，也占总收入的主要部分。例如依据美国内地日报协会的统计，发行的收入要占总收入的百分之二十一。但是发行的收入具有一定限度，我们不能无限制地增收报费，藉资挹注，否则订户减少，广告的效力随而递减，减到一个时候，将使报纸的收入愈益感觉困难，非独不能挽救危机，且将愈益扩大危机。何况除此纯经济的计算以外，报纸还负有宣传与社会教育的使命，报费定价过高，将使若干读者无力购阅报纸，那简直是毁灭自己的前程。例如在这抗战期内，陪都所在地的报纸售到十元钱一份，至少一般贫苦的公教人员，就要认真考虑报纸的订阅费了。这就整个报业的发展来说，不能不认为相当失策。关于发行的定价，有的主张印报所用的纸张应当并入发行费内。归读者直接负担；有的主张纸张所需应当从广告上图谋补充，不能列入发行收入，直接向读者征收。虽各持所说，均有理由，但严正的见解应以后者为准。即计算发行成本之时，应以发行部本身的开支为度，其他应另谋出路。所谓另谋出路，换言之就是从广告上着眼，不到真正万不得已时决不增加报费，就到万不得已时，也当以尽量少加报费为最高原则。我们且根据这个原则进而论述报纸财政的紧急措施。

我们姑且设想一个局面：有一家报纸日销二万份，全年的广告篇幅计共三百万行，每行的刊费定为二分，依据报馆的记录，该报每年的总开支共十万元。我们把这几项假定列成数学公式，变为：

总开支 ……………………………………………	$ 100, 000
收入	
3, 000, 000 行广告，每行二分 …………………	$ 60, 000
发行 20, 000 份，每份全年收费 $ 1. 40 ………	$ 28, 000
	88, 000
	$ 12, 000

每年亏损一万二千元。十万元的投资，照理应有一万元的利润，如今非独没有利润，且须亏损。而且这笔亏损数字因为必须借债抵补，借债需付息金，息金愈积愈巨，亏损数字亦将愈后愈大，长此下去，将无法收拾。更何况任何企业的对外信用都有一个限度，过此限度，纵令你愿付息金亦必无人贷款给你。总之，该报馆所急需的是一个财政上的紧急措施。

一个有为的主持人，遇到这种情形，就需对这整个情形作一整个应付计划。他得把这些数字详细研究一番，也许报馆的全部开支，在实际上并不仅止十万元，也许他在十万元的开支上还须加入下开数项，成为下列一个总数：

原设总开支 ………………………………	$ 100, 000
加上你自己的薪给 ………………………	10, 000
加上折旧与添置费 ………………………	10, 000
加上推广费等 ……………………………	10, 000
加上百分之十的利润 …………………	10, 000
	$ 140, 000

在这十四万元的总开支中，减去发行收入二万八千元，短少十一万二千元。依据上述“广告担负一切”的原则，每行广告刊费，应自

原来的二分，增至三分七厘：

$$\$112,000 \div 3,000,000 = \$0.037$$

那是极大的增加数目，与原来的二分比较几于增加百分之百。照数增加吗？在事实上绝不可能。在报纸的版面没有切实革新、报纸的销数没有巨量增加以前，谁肯用加倍的刊费刊载效力与前相同的广告呢？倘他不顾一切贸然照加，其结果必会使他的广告收入突然惨落。然则怎么办呢？唯一的办法就是从开支、从节流方面着眼。他得把原定的开支切实省视一下，看有几个项目可以节减，可节减到怎么程度，也许他要作这样的布置：

总开支减为	\$80,000
自己的薪给，减为	2,500
折旧与添置，仍为	10,000
推广费用，仍为	10,000
	\$102,500

再从一〇二，五〇〇元的假定开支中减除发行的收入二八，〇〇〇元，尚短七四，五〇〇元。再用三百万行的广告，来除这短少数目，结果可得广告刊费每行二分四厘八，不妨迳改为每行二分五。以此作为根据向刊户说话，不能算是什么困难，而且他的销数日达二万份，不能不谓已有相当基础。倘他说明原委，取得同情，刊户知道他认真其事，亦必不致毫无同情。继此而后，他在编辑上更为努力，在发行上更求推广，逐渐逐渐地把每行的广告刊费由二分半增至二分七厘五毫，又增至三分，也是很自然的事。商业上的买卖，在某种意义之下，最为铁面无情，他的广告效力确够得上每行收费三分，他尽可放心加收。

我们在这里说明的不仅是一个紧急应付办法，同时亦是一个简单的成本计算办法。普通计算成本总不外三种方法：其一为“总数量法”（quantity method），其二为“直接人工法”（direct labor method），其三为“主要成本法”（prime-cost method）。我们在这里及以上章所取用的，即是第一种总数量法。它的主要原则是以过去年度的总费用（亦即除去直接人工的费用），作为依据，用同时期内的生产的单位数来除，再就除得商数加上每单位的人工材料费，其所得总和即为该单位的生产成本。上述每行广告的生产成本，就是根据这个原则计算出来的。它的手续简单，它的成份[①]也相当正确，它所提供的数字，仅供主管人员本人的参考已尽足够。我们之所以乐为介绍者以此。

报纸的主管人员，倘有这些成本数字放在手头，平常认为无法解决的问题，此时就觉并不特殊困难。例如我们就上述的报馆情形来说，假如它进展到一定阶级后，遇有某种事故，必须把每年的开支额外增加二万元，它就易于应付。它第一件应做的事，自应从纸张费与管理费入手。例如把篇幅节省十分之一，不是经常篇幅的减少，只是把某种额外的低张作通盘的节减，使读者并不特别感觉它的节减，这并不是一件困难的事。读者所要求的是充实的新闻内容，不是报纸的页数。只要编排的人运用得当，尽可把十分之一的用纸节省下来，绝对不致影响读者的观感。同时把经常的管理费用也酌量减少百分之五至百分之十。我们姑假定这两项的节省可以减少支出一万元，余剩下来的只有一万元的问题了。这笔余剩下来的一万元，加上百分之十的利润，在实际上应为一万一千元。以此一万一千元为三百万行的广告所除，每行仅派到三厘六毫，无论如何不致引起广告刊户的激烈反对。然而报馆每年二万元的额外支出，却可很便捷地应付过去了。

我们且用一家报馆的实例，说明上述紧急应付的原则。罗洁士(Jason Rogers)在其所著《报业经营》一书第三十六章中，曾自述其应付额外支出的经验说：

> 一九一六和一九一七年是美国印报纸张飞涨的两年。一九一四年十月我们接获纸商的通告，希望会同报纸发行人，对于纸张势须涨价一事作一预先的商磋。制造纸张的人要求每吨涨价美金五元，我们明白其中情形以后，立作紧急的准备和措施。
>
> 自一九一四年五月一日起，我们开始把报纸的售价，从每年三元改为每年六元，同时又节减纸张的浪费，把各种赠送报、存栈报的份数尽量减少。

① 即成分，下文同。——编者注

我们每年用纸一万吨，每吨涨价五元，那对我们就是每年五万元的额外支出，我们要应付这笔支出，除上述两项我们认为可以做而且应该提前做的事情外，当然想到广告身上，我们必得酌加广告刊费以求报馆收支的相抵。我们在六月一日改订刊费，对于各项刊费微为提高，特别增加“指定广告”的刊费，我们的用意是在此纸张激涨的时期内，不愿若干刊户浪费广告篇幅，我们把指定广告的刊费特别提高，盖欲他们望而生畏，自动停刊，这一步我们当然成功了。

到了八月一日，我们再订广告刊费，这一次对于一般的广告刊费也增加到可观数目，例如刊登一次的广告，原订每行刊费三角五分，这次提高到四角。对于大户的刊费，我们作如下的修正：

订立二五〇〇行合同者，每行从二八分增至三〇分

订立五，〇〇〇行合同者，每行从二七分增至二九分

订立一〇，〇〇〇行合同者，每行从二七分增至二八分

订立二〇，〇〇〇行合同者，每行从二六分增至二七分

订立三〇，〇〇〇行合同者，每行从二四分增至二六分

订立四〇，〇〇〇行合同者，每行从二二分增至二五分

订立五〇，〇〇〇行合同者，每行从二〇分增至二四分

其时我们听到报告，有若干报馆因为事前不作准备，现在合同满期，要和纸商续订合同备感困难，且其涨价已自每吨五元改为每吨十元。我们继续节省用纸减少浪费，并把新闻数量从每天六十栏的最低额，减至每天五十五栏，我们尽量采用精编制，所以刊载栏数虽有减缩，但新闻内容仍不受其影响。其时各报的售价有涨至每份三分者，每年即需报费十元以上，比较我们的每年六元昂贵得多。我们再度研究自己的生产成本，并根据正确数字，再作广告刊费的修正，表列之如下：

刊载一次的广告，刊费照旧。

订立二，五〇〇行合同者，每行刊费，从三〇分增至三三分

订立五，〇〇〇行合同者，每行刊费，从二九分增至三二分

订立一〇，〇〇〇行合同者，每行刊费，从二八分增至三一分

订立二〇，〇〇〇行合同者，每行刊费，从二七分增至三〇分

订立三〇，〇〇〇行合同者，每行刊费，从二六分增至二九分

订立四〇，〇〇〇行合同者，每行刊费，从二五分增至二七分

订立五〇，〇〇〇行合同者，每行刊费，从二四分增至二五分

其时各报的售价又往上涨，有增至每份三分二厘五毫者，有增至三分半者，我们不愿涨价，专从编排与浪费方面节省用纸，同时更从广告刊费方面涨价开源，记得关于财政方面的广告刊费，会从每行三十五分增至四十分。

我们运用这个原则，终于应付了一九一七年的额外支出，其数高达二十三万四千。(J. Rogers：Newspaper Building 页二七四至二七六[①]。)

① 即第二七四至二七六页，下文同。——编者注

第二十六章　估价折旧及其他

第一节　估价问题

报纸的估价是一个重要问题，同时也是很难确定的问题。至少到目前为止，还没有妥善方法可以正确地算出某一报纸的价值。考其所以然的理由，则因报纸是活的东西，它的价值有一部分是可见的，有一部分是不可见的。唯其是不可见的，故极难用数字表达。它在某一个人手里可有无限价值，换在另一个人手里或可全部破产。我们知道，报纸的价值系于商誉与读者信仰者甚多，然而这两样东西正是难用数字表达的。一个能干的主持人，可把一家气息奄奄行将破产的报纸挽救转来，使之成为全国或全世界的舆论重心。在世界报业史上，我们可以举出许多事例证明此点，其中最显著的当然要推美国《纽约时报》的故事。

《纽约时报》在创办人雷蒙特（Henry J. Raymond）手里顺利发展，既有地位，又能获利。后来雷蒙特的兴趣转到政治上去，《纽约时报》大受损失。据雷蒙特自己估计，他的政治活动致使《时报》的经济损失，高达十万美金。后来他又全力办报，《时报》的生气重复蓬勃。他死了后，由琼史（Jones）接办，成绩亦甚佳。琼史死了后，《时报》又入厄运。其后，幸有奥区史（Adolph S. Ochs）登场，运用他的全部时间。全幅精神，并及他的每一个钱努力撑持，经过三年奋斗，《时报》的元气重又恢复，不仅恢复而已，且在美国，甚至全世界的报业史上，造成灿烂辉煌的记录。一九二一年是他接办《纽约时报》的二十五周年，其时报馆的总收入高达一万万美金，其中重新投入报馆供报馆的策用者，仅三百七十万美金而已。五年以后，是他接办《时报》

的三十周年，那时《时报》的经济基础更足惊人，它每年的净收入已达二千五百万元，奥区史认为最困难的是《时报》在发行与广告上漫无止境地赚钱。我们在报业史上，很少听到发行人的类似声明，然而这正是奥区史自己的报告。

回忆奥区史接办《时报》之初，《时报》是美国报界“最动人的废墟”，犹如一只“漂泊的船卷入凶恶的大涡，大家都委弃了它，把它看做无用的碎片。”这时奥区史运用全部精力，才把生气接入《时报》，使之蓬勃发展，长成雷蒙特、琼史辈所不敢梦想的局面。到了一个时候，《时报》十元票额的股票涨达六千元，不仅如此而已，它更从股息额中提出二千万元的数目作为优先股，分给普通股票的持有人。这是报业上的空前盛事，然而促这件盛事的只是奥区史和他的几个助手，或换言之，只是主持人的转移。试问像这种人的因素，怎能用呆定[①]的金钱数字予以估计？

因为如此，所以现在各国报业界，对于报纸估价一事还没有获得标准的计算公式，一般的办法，是取用各种不同的公式求出一个数字；再把各数字放在一起，互相比较，斟酌情形，求出一个平均数字；然后再看收买的人，是否愿意出这个价钱，出售的人，是否愿意用这个价钱出售。如果双方愿意，就此定局成交。后半部分是一般的办法，前半部分是报业特殊的办法。我们现在所欲研究的，究竟报业采用那几种公式，求出报纸的初步估价呢？

我们刚才说过，计算报纸的价值包涵许多复杂因素在内，不是简单的事。有几种因素是可见的，可用数字表达，有几种因素比较抽象，因而难以计算。可是它们在报纸价值的构成上，却占据重要地位。可见与可计算的因素，包括报馆的盈余、报纸的销数和定价、广告的行数和收入、工厂的设备、地产、现款及应收账目等等。抽象的因素，包括商誉、人才、编辑方法、社论政策等等。此外，如报纸的出版地点何在、其地的购买力如何、有无剧烈的竞争对手等项，也当纳入抽象因素的范围内。

究竟所谓“商誉”（good will），应作怎么解释，也是一个煞费研

① 凝滞不前之意。——编者注

究的问题。有的说，商誉的本身就是一个估价因素；有的说，商誉的本身不是一个估价因素，它只是代表其他因素的总和；又有的说，商誉只是其他估价因素的指数。诸如此类看法的孰是孰非，我们无暇检讨，我们不妨把它看做社会对于某一报纸的信任与尊敬，它是构成报纸价值的主要部分，那是谁也不能加以怀疑的。

报纸的发行数额，比抽象的商誉自然易于计算，但亦不是固定不变的成份。两个报纸的销数尽可完全相同，可是他们所代表的价值尽可完全相异。例如一个报纸的销行集中在直接收益区域，其读者的购买力又高；另一报纸的同额销数分散在市郊偏僻之区，对于广告的效力非常薄弱，或甚至毫无收益。从纯财政的眼光来看，这二种销数的价值自然绝对不同。

至于物质的资产自属最易估价的部分，只要与其他报馆相似的资产比较，只要研究地产的价值、设备的价值，只要分析税收的数额，只要决定折旧、补充的比率，就很容易求出工厂和物质设备的价值。

美国有位报馆经纪人名叫诺克斯（Clyde H. Knox），曾于若干年前对报纸的估价问题有所论列，他是以此为业的人，他的话应是我们有用的参考。他说："没有一条绝对确定的规则，可以决定报馆财产的价值。自然，这所说的不指报馆的物质财产。关于这部分，任何估价机关都可于短时期内算出价值，而且各人的估计都不会相差过远。可是一俟你离开物质的资产部分，涉及商誉、广告、发行的数字，以及其他变动不定的部分的价值，那就没有可以得到大体相同的计算方法了。"他指出七种习用的计算公式，有如：

一、在物质价值以外，再加每年纯利的两倍。

二、在物质价值以外，再加每年纯利的三倍。

三、在物质价值以外，再加每一定户一年的订报费。

四、不问报馆的物质价值多少，仅将每年的纯利提升十倍。

五、在物质价值以外，每有一个订户即予以十元的估价。

六、在物质价值以外，每有一个订户即予以二十元的估价。

七、不问报馆的物质价值多少，以每年的总收入作为根据，外加总收入的百分之二十，算是对于商誉的估计。

他提出一个假想报馆，有三万元的物质设备，四千个订户、六万元的每年总收入，二万元的每年净收入，每年五元的报费定价，每年一万二千元的纯利。根据这些假想材料，再用上述七种方法计算该报的价值，所得结果如下：

一、依据第一种算法，该报估价五万四千元。

物质价值三〇,〇〇〇元，外加每年纯利一二,〇〇〇元的两倍，得五四,〇〇〇元。

二、依据第二种算法，得六万六千元。

物质价值三〇,〇〇〇元，外加每年纯利一二,〇〇〇元的三倍，得六六,〇〇〇元。

三、依据第三种算法，得五万元。

物质价值三〇,〇〇〇元，外加四〇〇〇订户，每户每年五元的订报费。

四、依据第四种算法，得十二万元。

每年纯利一二,〇〇〇元，十倍之得一二〇,〇〇〇元。

五、依据第五种算法，得七万元。

物质价值三〇,〇〇〇元，外加四〇〇〇订户，每户十元的折合费四〇,〇〇〇元，得七〇,〇〇〇元。

六、依据第六种算法，得十一万元。

物质价值三〇,〇〇〇元，外加四〇〇〇订户，每户二〇元的折合费八〇,〇〇〇元，得一一〇,〇〇〇元。

七、依据第七种算法，得七万二千元。

每年总收入六〇,〇〇〇元，外加总收入的百分之二十，一二,〇〇〇元，得七二,〇〇〇元。

综观上述七种计算法，最低的估价为五万元，最高的估价为十二万元，相差一倍以上，其不正确的情形大可想见。诺克斯的结语，为：“大体就日报论，以每年的纯收入为根据，再以六或八倍之，应为适当的估价；就周报论，以每年的纯收入为根据，再以五倍之，应为合理的估价。”

此外诺克斯更就报纸估价一事提出后面的结论：

> 报纸的价值照理应和银行或公用事业的价值同样地稳固，而在事实上也确实如此。不仅如此，在若干社会内，报纸的价值且比银行的价值更为稳定，若干不愿借款给报纸的银行有时竟先报纸而停业。在大多数市镇内，报馆和公用事业已成为赚钱最多、性质最稳定的机构。历史较久办理较善的报纸常与市镇本身同其永久，同其稳定。报纸的主人尽可随时转手，报纸的主笔尽可随时更换或甚至死亡，报纸的编辑人员尽可服务若干年后，筋疲力竭①，溘然长逝，可是忠于本守的报纸却一年一年地发展上去，并从这个世代转至下一世代，与市镇的本身同为屹然长存的机构。
>
> 报纸的价值分析到最后一点，就等于办报人努力的总和。假如你能严守本分，谨慎其事，不卷入政治旋涡，不图个人的方便，不作宗教的争辩，运用机会为公共的福利而战，常常保守信誉，这样，你所办的报纸无论对你个人或对你的社会，均比其他事业更为有益，同时你的事业亦能保持永久，永久得社会的信任与公众的拥护。可是反过来说，假如你忽视这一切，绝对不想为社会、为国家服务，你忘记了社会，社会亦必会忘记你。任何报纸的永久价值，将视它对于社会的永久服务的勤惰以为决定。假如你忘记了这一点，你将失去公用事业的意义，任何性质的成功都不会轮到你。

讲到这里，我们已把报纸估价的种种困难，其中所包涵②的种种因素，以及一般所用的估价方法说明一个大概，我们在结束时，愿把劳勃（Arthur T. Robb）在《主笔与发行人》（一九二六年八月七日）上所说的四种决定报纸价值的方法介绍一个轮廓，藉供读者的参考。劳勃提供四种办法如下：

一、以每一千份销数价值一万元的比率，亦即每份价值十元的比率，估计一家报纸的发行和商誉。这个方法的最大缺陷，在于无法把

---

① 即精疲力竭。——编者注

② 即包含。——编者注

一家报纸的赚钱力量和商誉价值真正表达出来。

二、以一年的广告和发行的总收入作为发行和商誉的估价，外加该年资产对负债的差额，以及工厂、机械及其他设备的时值。

三、以一年的纯利作为发行与商誉价值的百分之十，换言之，亦即以一年纯利的百分之百作为发行与商誉的价值，外加当年资产对负债的差额，以及工厂、机械及其他设备的时值。例如某报一年的纯利为一万元，则其发行与商誉的估价应为十万元，其余资产对负债的差额、工厂机械等的时值照加。

四、以上三法并用，而其平均数作为报纸的估价。

第二节 折旧问题

其次，我们将略谈报业的折旧问题。

所谓折旧，是指报馆资产如房屋机器之类因使用而损耗的部分，对于这种损耗，如果没有适当的办法加以补救，则当房屋破坏或机器损毁之时，将无力置备，这是报业财政上最宜注意之事。何况除此而外，报业和其他企业一样，应对国家纳税，税率依照报馆的资产总额而定。倘一面资产因损耗而渐减，同时却对这损耗部分并无适当的计算，还是按照原定数字缴付税款，则就整个理财政策而论，自然是极不经济的事。更何况报业的总资产，倘不用适当的折旧率将业经损耗部分予以注销，则其结果将使报馆的开支在账面上低于实际的开支，同时亦即把报馆的利润故意膨胀，报馆的收支账目将永远算不准确，这是报业理财政策上的致命伤。

报业的折旧不仅报与报间各不相同，即同一报内，各项资产的折旧亦各不相同。何以报与报间的折旧率各不相同？其主要理由，则因各主持人的理财政策有激进与稳重的不同。偏于稳重的理财政策，总爱把报馆的资产，建立在最稳固的基础，故于收入部分不愿夸大，对于支出部分却作最稳当的准备，与其失之过小毋庸失之过大。在这种政策之下，报馆的折旧比率自要特别提高。还有一个理由，则因各报所具资产的性质各不相同。也许甲报的机器新近购买，各种机能均合现代需要，预料在五年或十年内仍可赶上今后新机器的生产量，换言之，亦即该报在五年或十年内，不必更换机器以求适合现代报业的需要。反之，乙报的机器则因式样较旧，速率较小，万一他报装了新机，乙报就不得不随而添装，否则生产迟缓，出报延迟，必将影响报纸的发行。乙报对于该项机器的折旧率，自不能不特别提高。虽则从严格的会计立场来说，一般的“折旧”与“陈旧”（obsolescence）不同，乙报所需要的，是“陈旧”与否的问题，不在一般的折旧范围之内。但为实际的运用便利，普通亦就纳入“折旧”一项，因而乙报对于旧式机器的折旧率不得不特别提高。

何以同一报内，各项资产的折旧率又要各不相同？其主要理由，则因某几种资产，例如房屋建筑之类不大容易损耗，因而折旧的比率可以减低；某几种资产，例如铅字金属之类比较容易损耗，因而对于它们的折旧率亦不得不酌为提高。一般的办法，是把比较不易损耗的资产定为百分之十的折旧率；而把比较容易损耗的资产，例如铅字等等定为百分之二十五的折旧率，还有一种办法，是对全部资产课以每月百分之一的折旧率。这样经过八年又四个月后，全部资产，都已折旧净尽，报馆的经济基础也就绝对稳固了。

第三节　放账问题

又次，我们再对报馆的放账问题，约略加以论述：

报馆处理放账问题之时，第一应当竭力避免呆账，第二不能催收过紧，以致妨碍报馆的商誉。为欲求达前一目的，报馆在开始放账时应当特别慎重；为欲避免后一后果，报馆的催收方法应当特别讲究。兹再分别论之。

任何一个客户，尤其是广告客户要求报馆放账，报馆在核准该项要求以前，对于请求的人，应找各方面的材料证实下列各点：

请求放账的是什么性质的人，他们的品格与信誉是否足为按期偿款的担保，他们的资力如何，他们的营业状况又如何，宁可事先慎重，切勿贸然放账，弄到后来双方俱感棘手。

同时，报馆根据自己的经验以及各方面的材料，应把现有账户(或信用户)，按照下列项目详为分类：

一、迅速付款，并无拖欠者。

二、款已到期，应迅速通知付款者。

三、款已过期，应迅予复核，查明到期未付原因者。

四、关于新开账户应随时考查，以明其经济地位如何。

五、遇有可疑账户，除了立即付款，绝不继续放款。

报馆在平时倘能随时注意这些事情，就知某若干账户信用卓著，尽可继续放账；某几种账户应当迅速通知；某几种账户应当迅予催收；某几种账户信誉极坏，无论如何不能继续放账。报馆诚能随时注意此项分类，则呆账、倒账定可大减，报馆的经济收入定可大增。

至于催收账款，应有一定的技巧与手续，简言之为：

一、通知付账。

二、经过相当时期（例如十天）后仍未付账者，再送备忘函件，语气应尽量客气，不妨说："逾期未付，或系账单未受注意之故。"

三、到了第三阶段，不妨加强语气，使其明白逾期未能付款，实有背于营业原则，应请接获通知随即付账。

四、到了第四阶段，应当与其商筹付账日期。在事实上，客户常因经济困难，要求展期偿付情事，倘所请属实亦当予以通融，另订付账日期。

五、倘商筹无效，则其无意自动付账已属非常显著，一方面应立即停止往来，同时更用法律手续催收欠款。

第二十七章　我国现行报业会计举例

我们在论述报业理财的一般原则之后，接着介绍我国现行的一种报业会计制度，应是非常有益的事。会计虽是一种专门学问，我们不能希望主持报业的人全部懂得，但在懂得一个大概之后，行使管理职权，究属便利得多。本章特请前昆明《中央日报》会计主任柏辛艺女士撰述，本诸经验，崇尚实际，对于一般初管业务的人极为有用，著者特向柏女士致谢。

第一节　概说

按报馆所经营者，其主要业务在每日印行报纸，自采访消息、购进纸张油墨等材料，而致[①]编印完竣，由营业部分发售报纸，正式开始交易。当中包含编印部分、经理部分两种性质各异之过程。其他更如发行推广销数，广告之兜揽收费，利用机器人工余力承印外界刷品等等，性质均迥不相同，如无严密之会计处理，则必致须眉不明，难期条分缕析，万流归宗之效。故一般报社均兼采普通商业会计及成本会计二原理。如系国营报社，则预算更须确立，报销须按期呈递，岁记经费盈绌必须由中央处置，于是更须采用政府会计的办法。

报社之主要业务既在印刷报纸，制造品之种类仅有一种，为简单计，成本方面可不专设账册，详加划分，仅在普通总账内设耗用材料、人工、编印费三账户，而在一定期间内（普通一个月）将该三账户之借差额求得总数，即为此期间内出报成本。再用同期间内印行之报纸总数除之，其所得之商，即为该期间内之出报单位成本。

（耗用材料+人工+编印费）÷出报份数=出报单位成本

① 即至，原文如此。——编者注

出报成本，再加全部管理费用（有称经理费者），以此二者之和，向营业收入中减除之，即得该期内之毛利或毛损。

营业收入-（出报成本+管理费）=毛利（或毛损）。

营业收入>（出报成本+管理费），则为毛利。

营业收入<（出报成本+管理费），则为毛损。

此毛利或毛损加减于非营业收支，即得该期内之纯利或纯损。此项纯利或纯损若加减于资本内，则资产负债表即应平衡。即：

资产=负债+资本

上述耗用材料如采取“普通实际盘存制”，则应为期初盘存加本期进料减期末盘存之差。但一般报社，多半采取“永续盘存制”，其耗用材料，即以该期内实际耗用之材料价格计算。普通报社所用之材料，最主要者为纸张与油墨。此二者实为出报之直接材料。其他如铸字用之青铅及汽油，烘版用之煤炭，制版用之薄型纸、厚型纸，滚筒用之绒布，钉版用之洋钉，印刷用之润滑油等等均可视为间接材料。

上述人工，自系指直接人工而言，举凡编辑部、采访部之职工薪资及各工房技工学徒等工资属之。至于所谓编印费，则编辑部、采访部及各工房所耗费之茶水、伙食、车费、灯火等属之，相当于普通制造厂中之制造费，亦系构成直接成本之因素。

关于承印外界印刷品之处理，因究非报社之主要业务，除接受承印时必须经过正确之估价及计算，设立各往来承印明细户外，于会计上设立“承印收入”与“承印成本”两科目，以统驭其收支。凡属一切承印品之收入，列为承印收入；一切承印事业之支出，如承印人工、铅耗、纸版、材料等构成承印成本。其尚未印就之印刷品（等于在制品），则设“未完承印”一科目于资产类处理。此三科目在总分类账户上，仅可见一概括之总数，其详细情形需在各明细分户账查阅。

第二节 会计科目

会计科目之审定，应将资本支出、收益支出严格划分清楚，并与预算中各科目相互配合，固不待言。报业会计为欲精确计算出报成本，各项费用又须划分为编印费及管理费两大类。此两项费用务须严于划分，否则报纸成本便难期正确。将管理费误入编印费时，便提高出报成本；反之，则削低出报成本。普通区别此两项费用之性质，有：一、以用途地域划分者，即凡用于编印部分者为编印费，用于经理部分者为管理费，如修理编经两部分之门窗，编经两部分耗用文具用品、茶水等，在地域和用途上均可明显看出，自易划分。二、以发生支出人员划分者，即凡经理部人员之费用属于管理费，编印部分人员之费用属于编印费，如膳食费、医药费等，看其支出发生人属于何部分，此费用便列入该部分。但如庶务人员为购买编印材料及取稿子等所耗费之车费，虽然支出发生人为经理部分人员，但其支出发生之动机为编印方面，故其支出仍须列入编印费内计算。三、以人数比例分摊者，凡上述两法均无法划分之费用，如装修炉灶、食米运费、耗用煤薪等。一报社之炉灶设备鲜有编经两部分开装置者；运入食米时更不能断定某些食米系供编印部人员食用，某些食米乃供经理部人员食用，于是惟①有查看编经两部分人员之多寡，决定其费用之分摊。例如编印部分人数占全报社人数百分之六十，则编印费内负担亦为百分之六十；管理费内之负担亦然。如报馆设有承印部门，则此项费用在承印成本内亦应有所分担。四、以部门轻重大小估计分摊者，如报联会会费、宴请同业餐费、保险费、电灯费、馆址租金等。有时很难看出支用动机究为编印部抑或经理部；或则若干成分是为编印部，若干成分是为经理部；或则编印部分消耗了若干，经理部分消耗了若干。在此情形之下，会计人员惟有度其轻重大小，予以估计分担，至于成数须看情形酌定。设有承印部门之报馆，仍应提相当之百分率归入承印成本内。

资产负债各科目之划分各业均不相同。兹举实用于报馆之资产负债费用及其他各项科目如次（为求易于明了）起见，且加说明及举例：

甲、资产科目

A 流动资产

1. 库存现金　凡报馆库存现金皆属之，收入时记入借方，支出时

---

① 今作唯，全书同。—— 编者注

记入贷方，其借方余额表示报馆库存现金结存数。

2. 银行往来 凡存入银行之款项均属之，存入或由银行代收款项时记入借方，提取时记入贷方，其借方余额表示银行之结存数。

3. 暂记欠款 凡报馆暂代他人付出之款项属之，付出时记入借方，收回时记入贷方，其借方余额表示代付款项总额。

4. 零用金 凡拨交事务人员补充零星开支之定额现金属之，支出及增加数额时记入借方，收入或冲转时记入贷方，其借方余额表示零用金总额。

5. 应收账款 凡因客户赊订报纸及非门市交易委登之广告刊费等及其他一切应收款项属之，赊订及应收之款记入借方，收回或注销时记入贷方，借方余额表示应收尚未受到①之数。

6. 应收发行收益 凡到期未收之发行收益均属之，应收未收之数记入借方，实收或冲转之数记入贷方，其借差②表示到期未收之发行收益。

7. 应收广告收益 凡到期未收之广告收益均属之，应收未收之数记入借方，实收或冲转之数记入贷方，其借差表示到期未收之广告收益。

8. 应收未收利息 期末结账时，银行存款应收未收之利息收入应予整理之数额属之，期末整理时记入借方，下期冲回时记入贷方，其借方余额表示尚未收到之数。

9. 应领津贴 如系国营报社有按期向所属机关具领津贴者，凡到期未领之各项津贴均属之，应领未领之数记入借方，拨入或冲转时记入贷方，其借差表示到期尚未领到之津贴。

10. 纸张 凡印刷所用之一切纸张属之，购纸时依其实收数价格记入借方，耗用时依据领料单所填价格计入贷方，其借差表示所存纸总值。

11. 油墨 凡印刷所用之各种油墨均属之，购入时依据实收数价格记入借方，耗用时依据领料单所填价格记入贷方，其借差表示所存油墨总值。

12. 铸字材料 凡铸字所用之各种材料，如青铅纯锑等属之，购入

① 即收到，原文如此。——编者注

② 借方金额大于贷方金额的差额。——编者注

时依据实收数价格记入借方，拨发铸字时依据领料单所填价格记入贷方，其借差表示所存铸字材料之总值。

13. 其他材料　凡不属上述三项材料之材料，如铅线、薄型纸、厚型纸等属之，购入时依据实收价格记入借方，耗用时依据领料单所填价格记入贷方，其借差表示所存其他材料之总值。

14. 办公用品　凡不属于上述各项材料之物料，如文具用品等属之，购入时依据实收数价格记入借方，耗用时依据领物单所填价格记入贷方，其借差表示所存办公用品总值。

15. 暂付款　凡性质或数额尚未确定而先行估付或垫付之款项属之，付出时记入借方，收回冲转时记入贷方，借方余额表示尚未收回之暂付款额。

B 递延资产

1. 预付货款　凡定购物料（如纸张、油墨、机器等）预付之货款均属之，付出时记入借方，收回或冲转时记入贷方，其借差表示尚未冲转或收回之预付货款总值。

2. 预付费用　凡已付各项费用如房租、保险费等实际应用下期分担者属之，预付时记入借方，按期冲转时记入贷方，其借差表示预付各项费用之总值。

C 固定资产

1. 押金　凡押租、电话机、电表等之押金属之，支出时记入借方，收回时记入贷方，其借差表示尚未收回之押金数额。

2. 土地　凡购入或所有之土地地基等属之，购入时记入借方，变卖时记入贷方，其借差表示所有土地之总值。

3. 房屋　凡购入或自行建筑之房屋属之，购入或建筑时记入借方，损毁或变卖时记入贷方，其借差表示所有房屋之总值。

4. 机器　凡印刷机器属之，购入时计入借方，废弃或变卖时记入贷方，其借差表示所有机器之总值。

5. 机器杂件　凡各种机器零件属之，购入装配时记入借方，损坏废弃时记入贷方，其借差表示所有机器杂件之总值。

6. 铜模　凡铜模、锌板等属之，购入时记入借方，损毁废弃时记入贷方，其借差表示所有铜模之总值。

7. 铅字　凡印刷所用之铅字属之，购入时记入借方，损坏时记入贷方，其借差表示所有铅字之总值。

8. 家具　凡各项家具什物如桌椅床凳等属之，购置时记入借方，损毁或废弃时记入贷方，其借差表示所有家具之总值。

9. 电台设备　凡电台上之一切设备如收音机、发报机及其零件配件等属之，购入或装置时记入借方，损毁或废弃时记入贷方，其借差表示所有电台设备之总值。

10. 运输设备　凡汽车、自行车、板车等各项运送用具属之，购置时记入借方，损坏或变卖时记入贷方，其借差表示运输设备之总值。

11. 杂项设备　凡一切杂项物品设备等属之，购入设置时记入借方，损坏废弃时记入贷方，其借差表示杂项设备之总值。

D 其他资产

图书　各项图书均属之，购入时记入借方，损坏或变卖时记入贷方，其借差表示所有图书之总值。

乙、负债科目

A 流动负债

1. 应付账款　凡应付各项账款属之，发生应付款时记入贷方，偿还时记入借方，其贷差[①]表示尚未清偿之应付款项。

2. 银行透支　凡向银行透支之数属之，透支额记入贷方，偿还时记入借方，其贷差表示尚未偿清之透支数。

3. 暂记存款　凡暂存于报馆之款项属之，暂存发生时记入贷方，付还时记入借方，其贷差表示外人暂存于报馆之数额。

4. 应付未付款　凡到期未付之薪工、稿费及各项费用属之，期末整理时应付之数记入贷方，实付或冲转时记入借方，其贷差表示应付未付之数。

---

① 贷差，贷方金额大于借方金额的差额。——编者注

5. 借入款　凡向其他机关社团借入之短期款项属之，借入时记入贷方，偿还时记入借方，其贷差表示尚未清偿之短期借款。

6. 代收款　凡代收款项或代扣捐税等属之，收到或扣入时记入贷方，付还或缴解时记入借方，其贷差表示尚未付还或缴解之数。

7. 暂收款　凡尚未确定来源及性质的临时收入款项属之，收入时记入贷方，付还或冲转时记入借方，其贷差表示尚未付还或冲转之数。

B 递延负债

1. 预收发行收入　凡预收各客户之发行收益属之，预收时记入贷方，到期冲转时记入借方，其贷差表示预收下期之发行收益。

2. 预收广告收入　凡预收各客户之广告刊费属之，预收时记入贷方，冲转时记入借方，其贷差表示尚未冲转之广告收益。

3. 其他预收款　期末结账时各项已收款中有属于下期收益者①属之，结账时属于下期收益者记入贷方，到期冲转时记入借方，贷差表示尚未冲转之数。

C 固定负债

1. 抵押长期借款　凡以固定资产及材料等向银行抵押借款而期限长久者属之，借入时记入贷方，偿还时记入借方，其贷差表示尚未清偿之抵押借款。

丙、资本科目

1. 资本　创办资金属之，拨入或增加之数记入贷方，缴回或减少之数记入借方，其贷差表示报馆资本总数。

2. 公积金准备　凡由盈余项下提存以备将来扩展事业或弥补损失之准备金属之，提存时记入贷方，提用时记入借方，其贷差表示提存未用之数。

3. 盈余滚存　以前各期之积盈或积损属之，本期盈余转入时记入贷方，拨补亏损时记入借方；本期亏损记入借方，盈余拨补时记入贷方。其贷差表示盈余累积数，借差表示亏损累积数。

4. 本期盈亏　本期结出之净盈或净亏属之。

---

① 即受益者。——编者注

关于“应收账款”内应提之“呆账准备”，各项固定资产应提之折旧准备等，为估计提存备抵之数，实为一种负债性质，当提存备抵时，提存之数记入贷方，呆账发生或注销其价值时记入借方。其贷差表示各项资产之提存准备数。在资产负债表上，一般均将此项准备列于资产栏内（为资产之减项），例如：“应收账款”之下为“呆账准备”，“机器”之下设“机器折旧准备”，此项准备数额，用红笔填写，表示应由该项资产内减除的意思。

丁、损益科目

A 收益

1. 发行收入　凡发行报纸之收入属之，收入时记入贷方，结账时之贷差结转“损益科目”。

发行回折　凡客户退订报纸等款属之，退订之数记入借方，期终结账时之借差结转“发行收入”户（本科目系发行收入之减项，故列此）。

2. 广告收入　凡广告之刊费收入属之，收入之数记入贷方，期终结转“损益户”。

广告回折　凡广告之退登回佣等属之，退登及佣金之数记入借方，期终结账时结转“广告收入”户（本科目为广告收入之减项，故列此）。

3. 承印收入　凡承印外界印刷品之各项收入属之，收入之数记入贷方，期末结账时贷差结转“损益户”。

4. 其他收入　凡属营业外之各项收入属之，收入之数记入贷方，期末结账时贷差结转“损益户”。

B 费用

1. 耗用材料　凡印报纸耗用之纸张、油墨及其他一切材料属之，耗用数以每日材料日报表记转借方，期终之差借结转“出报成本”户。

（一）耗用纸张——凡印报耗用之纸张属之。

（二）耗用油墨——凡印报耗用之油墨属之。

（三）耗用其他材料——凡印报耗用之材料，除纸张、油墨两项外均属之。

2. 人工　凡编辑部职工及各工房技工学徒之薪工属之，实发或应发之数记入借方，期终结账时其借差结转“出报成本”户。

（一）薪金——编辑部职员工务组职员等薪金属之。

（二）工资——编辑部及各工房工友之工资属之。

3. 编辑费 凡编辑部及各工房所耗之稿费、伙食费、修理费及其他一切费用属之，实支或应付之数记入借方，期终借差结转“出报成本”户。

（一）稿费——凡付给通讯社通讯员及投稿人之稿费及酬金属之。

（二）动力——凡印报机所用之电力及发电所需之燃料属之。

（三）电灯——依比例应由编辑部工务组各工房负担之电灯费属之。

（四）电话——编辑部工务组及各工房耗用之电话费属之。

（五）电报——编辑部工务组及各工房耗用之电报费属之。

（六）修理——凡印报机器与杂件及编辑部各工房家具房屋等之修理费属之。

（七）邮费——编辑部及各工房所耗之邮费属之。

（八）旅费——编辑部工务组及各工房人员因公出差或就地出动之旅费车轿费属之。

（九）运费——编辑部工务组及各工房运送装卸材料物料之伕①力费属之。

（十）文具——编辑部工务组及各工房所用之文具用品等属之。

（十一）租金——编辑部工务组及各工房租用房屋用具等之租金属之。

（十二）伙食——编辑部工务组及各工房人员之膳食费属之。

（十三）铅耗——工房铅字之折耗额属之。

（十四）消耗——编辑部工务组及各工房消耗之煤炭茶水等属之。

（十五）书报——编辑部工务组及各工房订阅之报章杂志图书等属之。

（十六）医药——编辑部工务组及各工房人员所用之诊治医药费属之。

（十七）保险费——按比例应由编辑部工务组及各工房负担之保险费属之。

（十八）奖金——编辑部工务组及各工房人员之勤劳奖励金属之。

---

① 同夫，指出苦力的人。——编者注

（十九）杂支——编辑工务组及各工房之各项杂费支出属之。

（二十）电台材料——凡电台耗用之干电池等材料属之。

（二十一）折旧——机器、机器杂件、铜模及编辑部工务组各工房之房屋、家具杂项设备等按规定比例计算之折旧额属之。

4. 管理费 凡经理部职工薪金工资旅运杂费及其他一切费用属之，实支或应付之数记入借方，结账时其借差结转“损益户”。

薪金——经理部职员薪金属之。

工资——经理部工人工资属之。

呆账损失——凡依过去经验和观察估计之呆账损失属之。

折旧——经理部之房屋家具运输设备杂项设备等依规定比例计算之折旧额属之。

其他各科目，除管理费内无“铅耗”、“稿费”、“动力”外，与编印费同，故略。

5. 其他费用：

承印成本——凡承印房圆盘机等所用之材料、薪工及其他一切费用属之，实支或发生应付时记入借方，期终结账时其借差结转“损益户”。

其他支出——凡不属以上各项之营业外费用属之，支出之数记入借方，期终结账时其借差结转“损益户”。

第三节 簿记组织

报馆之簿籍组织并不复杂，普通有现金簿、分录簿、支付传票登记簿、发行簿、广告簿等，除总分类账外，另有各项明细账，如出报成本明细账、管理费用明细账、承印成本明细账、暂付款项明细账、应收账款明细账、应付账款明细账账、材料及办公用品明细账、固定资产明细账及其他明细账等，其系统用图表示于后。

至于各账簿之记载方法，现金簿记一日之收支实况，举凡每一收支，不拘科目性质均应计入。其数如收存银行或付出支票由银行支付，则其数额记入银行往来栏；如属收现或付现，则记入现金栏；其收支结存数额，应与出纳部分，之现金结存表相符。分录簿专记各项转账传票，举凡一报馆之交易情形，不拘收付，均在此簿上列明。支付传票登记簿专记各项支出数额，其性质属于编印部者记入编印费栏；属经理部者记入管理费栏；属于印报之其他材料者（如薄型纸、厚型纸、铅线、红粉等），记入其他材料栏；纸张记入纸张栏；油墨记入油墨栏；出报之直接人工（如编辑部职员薪金、工房技工学徒之工资等），记入人工栏；其他暂付款、购入办公用品材料等款，凡不属上列各栏之性质者，记入其他栏。发行簿记发行现收记账之交易情形，门市现收记门市栏，赊订报纸之报费记应收账款栏，属于预支性质者，记预收款栏。广告簿记载广告之交易情形，不论现收记账或预收，均应计入各相当栏内。总分类账则记载全部之交易动态及资本等情形，举凡全部之资产、负债、资本、收益、费用等均分门别类，详列齐全。各项明细账，则为总分类账之补助账，亦为一种备查账。

兹附簿记组织系统图于后：

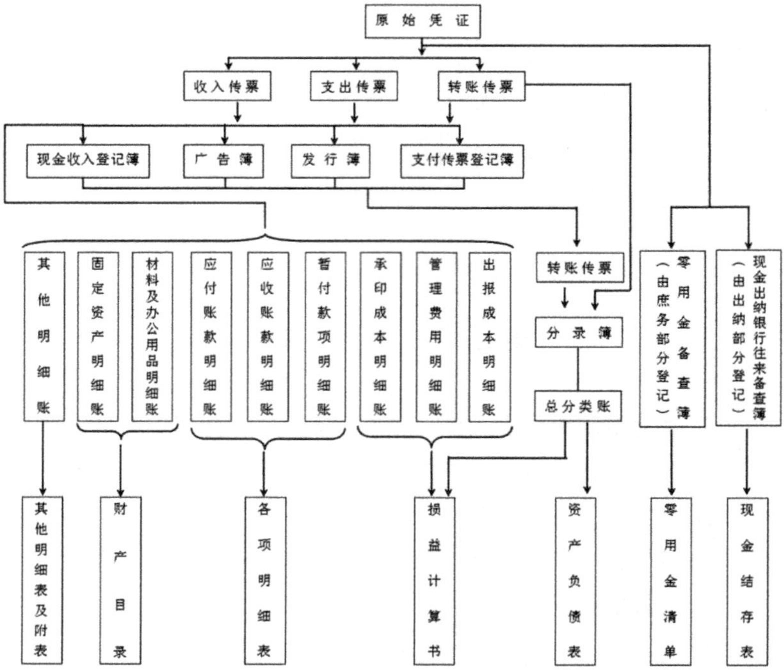

账簿组织系统图

第四节 结账

结账就是把各会计记录加以整理，以便明了一期内财务状况及营业成绩。要明了此项状况，便不能不把各项账簿加以结算。资产负债的结算，只需把各个账户结出差额来转到下一期去即可。但事先应予整理之账项如：预付费用（如保险费租金等）、预收款项（如发行预收费广告预缴费承印押金等）、应收未收利息、应付未付费用（如稿费旅费等）及折旧准备、呆账准备等，必须经过精确之整理及计算，方能表现正确之财务状况及营业成绩。

损益账户之结算，亦只须将整理后应行并入计算之各项费用，过入各相当账户，与平时登记完竣之各实际收益及费用结出差额，即可得一期内之收益及费用总额，然后再把各收益及费用总额，过入“损益”账户内去，即可结出一期内之盈余或亏损。再把此项盈余或亏损数字，转入资本账户，相加或减后，本期内之资本实数，便也明了了。至于各账户之登记结转方法，在列举会计科目时，已在各科目下，分别详述过，不再赘述。收益及费用多属单方登记，结算差额较为容易；资产、负债及资本之差额结算，特举简单公式以明之：

资产类：上期结存+本期收入-本期耗用=本期结存

负债类：上期结欠+本期借入-本期偿付=本期结欠

资本类：上期积存欠+/-本期盈亏=本期资本实额

决算表之编制，只要各个账户结出差额后，决算表便应手而成了，此在会计人员当可自理，兹仅列一编就之资产负债表及损益表于后。(见下页附表)

由上表可知××报馆×期内营业亏损伍万壹仟陆佰玖拾伍圆伍角肆分，然以其他收入、承印收入贰拾贰万壹仟贰佰陆拾肆圆伍角柒分，减除承印成本其他支出贰万柒仟贰佰捌拾柒圆肆角伍分及营业亏损伍万壹仟陆佰玖拾伍圆伍角肆分外，尚余壹拾肆万贰仟贰佰捌拾壹圆伍角捌分，此即为××报馆×期内之净盈数额，兹再举结账分录如下：

发行收入
　发行回折
广告收入
　广告回折
发行收入
广告收入
　出报成本
出报成本
　材料
　人工
　编印费
其他收入
承印收入
　损益
损益
　管理费
　承印成本
　其他支出
出报成本
　损益
损益
　盈亏滚存

××报馆资产负债表

年　月　日

资产	金额	负债	金额
流动资产		流动负债	
现金	708698	应付账款	2531039

续表

资产	金额	负债	金额
银行往来	42855812	暂记存款	839228
暂付款	5930932	应付未付款	28514207
暂记欠款	959559	借入款	7500000
零用金	1729000	代收款	1154880
应收账款	34819755	暂收款	12310075
呆账准备	5033882	流动负债总额	52849429
应收未收利息	120000	递延负债	
应领津贴	9000000	预收发行收益	75681375
纸张	24813908	预收广告收益	786780
油墨	1816811	其他预收款	12132200
铸字材料	4190525	递延负债总额	95681375
其他材料	8484545	固定负债	
办公用品	5981253	抵押长期借款	7050000
杂项用品	4000000	固定负债总额	7050000
流动资产总额	140376916	资本	47761268
递延资产		资本	21835168
预付货款	840000	公积金准备	600000
预付费用	881877	盈亏滚存	11097942
递延资产总额	1721877	本期盈亏	14228158
固定资产			
押金	315500		
土地	5724550		
房屋	6785850		
房屋折旧准备	1887110		
机器	31307250		
机器折旧准备	1993656		
机器杂件	2059763		

续表

资产	金额	负债	金额
机器杂件折旧准备	131678		
铜模	1704000		
铜模折旧准备	291500		
铅字	2740270		
家具	5527244		
家具折旧准备	2651659		
电台设备	467506		
电台折旧准备	217753		
运输设备	9257700		
运输设备折旧准备	2108521		
杂项设备	5055271		
杂项设备折旧准备	643436		
固定资产总额	61198835		
其他资产			
图书	44444		
其他资产总额	44444		
合计	203342072	合计	203343072

XX 报馆损益表

某年某月某日至某月某日

发行收入	16064133		
发行回折	40000	16024133	
广告收入	31843535		
广告回折	589650	31253885	
营业收入			47278018
材料		22061666	
纸张	17845799		

续表

油墨	889300		
其他材料	3326567		
人工		3270307	
薪金	773131		
工资	2497176		
编印费		13821886	
稿费	1777774		
动力	1850190		
电灯	2664600		
电话	129915		
电报	20000		
修理	1023446		
邮费	45786		
运费	559083		
文具	395700		
租金	522240		
伙食	98500		
铅耗	510120		
消耗	70092		
书报	1108500		
医药	100136		
保险费	76695		
奖金	181100		
杂支	1295460		
电台材料	767500		
折旧	504349		
出报成本			39153859
毛利			8124159

续表

管理费		13293713	13293713
电灯	539780		
电话	125782		
电报	66000		
修理	264432		
薪金	1525174		
工资	815878		
邮费	776849		
旅费	1209467		
运费	1118282		
文具	518287		
租金	58466		
伙食	1025560		
消耗	3029621		
书报	45200		
医药	459806		
保险费	36666		
杂支	832595		
呆账损失	348198		
折旧	497670		
营业盈亏			-5169554
其他收入	17545157		
承印收入	4581300	22126457	
其他支出	1380027		
承印成本	1348718	2728745	19397712
净盈亏			14228158

第二部分

报业经营与管理

《世界报业现状》序[①]

民国三十二年的春天，我到中央政治学校去接办新闻系，该系在马星野先生九年经营之下，外面的声誉很大，内部的成绩也极可观。我到校以后，最使我感佩的是同学们自发的组织力与活动力。那时新专[②]二年级的同学，离毕业期尚有三个月，但几于每一个同学，已把毕业后的事业计划，布置得妥妥贴贴[③]，陆续要我对于他们的事业计划，发表意见。我从他们计划与意见中很容易看出他们的个性与毅力，虽则他们的计划与打算，并不一定能够全部实现，但有了计划，再加以毅力，似乎没有不能成功的理由，至少，有计划做自己一生的指针，总比没有计划与世浮沉的人要强得多，在这里，不由我不对政校当局及星野先生的教育成绩，表示钦佩。

在四十一位将毕业的新闻同学中，容又铭同志的少年之友社，就是引起我注意的一个事业组织。容同志于谈述他的计划之后，又把他近著《世界报业现状》一稿，送给我看。内中包括美、英、苏、法、德、义、日诸国的报业现况。不仅把战前的各国报业，叙述得有条有理，即连第二次世界大战爆发以后的各国新兴报纸，例如各同盟国在伦敦避难期内所组织的新闻事业，亦多尽量搜罗，巨细无边。我们只要想到战时交通情形的困难，以及因交通情形的困难而发生的国与国文化事业的隔阂，就可明白容同志的这番搜集工夫[④]，实在不是容易的事。不容说，该书在出版以后，对于研究新闻事业的同志们，当是极有用的参考材料。

三十二年七月十日

（原文刊载于《世界报业现状》，容又铭编著，马星野校订，铭真出版社，1943年10月，第三—四页）

---

① 标题为编者所加，书中另有马星野序。——编者注

② 即新闻专修科。——编者注

③ 即妥妥帖帖。——编者注

④ 指在时间和精力上的花费。——编者注

记者的修养

一件新闻发生了，记者的第一步工作，是忠实记载，所谓忠实记载，是不存偏见，尽量就客观的观察所得，加以报导。这不算是困难的事，虽然有时候，因习惯上我们常作粗枝大叶叙述，而把新闻的正确性忽视了。第二步，是推究新闻的背境①，能把某时某地其所以发生某某事情的原委，寻求出来，一并加以叙述，那自然更能尽到报导的责任。又次，我们对于每一新闻的发生，必有一种感觉，觉得该事之幸与不幸，正当与不正当，公道与不公道，谁应该负责，谁应该同情，那是主持言论者的责任。不过我们从整个版面来看，那是处理新闻之必然过程，一个报纸的能否合乎标准，全看它对于这三个过程，有无切实的把握。此外，再加上编辑人的显豁标题，匀称版式，一张报纸的内容，也就楚楚可观了。

可是目前报纸所处理的题材，非常复杂，就区域言，有国际、本国及地方事件之分；就性质言，有政治、社会、经济，外交、文化教育等问题之别。如欲一一明白其背境，从而发为言论，指导读者，在事实上殊不可能。近来有所谓专家记者，专就某一学问或者甚至某一问题，痛下工夫，有深入的研究，才能有浅出的主张，可使每一普通读者，常能理会。但中国的专家记者在那里②？还不是要从我们现在从事新闻事业的人员中产生。所以我第一点意见，希望我新闻界同业，都能就其性之所近，与学之所好，择定一个专题，作为终身研究重心，凡关于此问题之事实与理论，尽量搜集，尽量攻习，只要孜孜不息，一二十年以后，中国记者对于该问题的主张与意见，安知不能超出欧美记者？

---

① 即背景，下文同。——编者注

② 即哪里，下文同。——编者注

其次，我们无庸①讳言，在我们记者群中，仍有不少人员，对于做一个够水准的记者的条件，尚未具备。国文要写得通顺，是基本条件；同样重要的，是必须精通一种外国语，能读、能讲、能写，以之作为吸收外国材料的起码工具。而丰富的史地法律常识，尤为现代记者所必须具备。我们自问如何？是否有进一步努力的必要？这是我们应当深自警惕的第二点。

又次，真正要做一个好记者，不仅在文字与学识上，要有充分的修养，即对业务的处理与发展，亦需随时留意，随时学习，这在现阶段的中国新闻事业上，尤其是迫切需要。唯有真正懂得业务的人，才能在消极方面，不致妄自尊大，蔑视业务人员，从而造成编经二方的无谓纠纷；在积极方面，认清读者的实际需要，从版面上协助业务人员，促成报纸的向前发展，笔者一向主张，新进的编访人员，必须用三个月到半年的时间，在广告、发行、理财诸方面，作有系统的实习，俟其有统盘的了解与把握后，再调编辑部工作。如此编辑与业务成一片，所有编经二部人员，大家同心协力，努力于岗位工作的推进，报馆的前途，实利赖之。即就从业员本身而言，亦可逐渐成为全能报人，到处受人欢迎。

（原文刊载于《浙江记者》，1947年，第1卷第2期，第7页）

① 即毋庸，下文同。——编者注

满怀辛酸话业务

我的职务，不是办报，只是管理报纸的业务，因而只说业务方面的甘苦。

（一）业务人员，向受社会的轻视，劳而无功，挨骂活该。这是社会上的错误观念，也是中国报业向正轨上发展的主要障碍。但社会的实情，确是如此，因而我所能感觉到的，只是满怀辛酸，谈不上带甘的苦。如何提高业务人员的地位，是目前报业与社会的共同责任。

（二）照一般推想，在比较可以赚钱的报馆，办理业务，应当比较舒服些吧。实则亦未尽然。大家都说某报赚钱，某报待遇较好，于是捐欵[①]的人，找事的人，请求救济的人，或效毛遂自荐，或托言萧同兹[②]陈博生[③]诸前辈先生介绍，络绎不绝，源源登门，应付为难。如果有求无应，嘲骂随之，说几声“犹太”“驻以色列大使”还算是知己朋友。

（三）报馆里的司机不好，找着你，汽车抛锚，找着你；门警不严，找着你，门禁过严，也找着你；勤务不勤，找着你，厕所不洁，找着你；至于排筹印刷等间或失检，当然更要而且更应该找着你。假定每天办公十小时，至少有五分之一的时间，要用“被找”与应付上。听闲话，受闲气，是应有的份儿，谁叫你不做记者呢？

（四）报纸刊登广告，一方面是要增加收入，同时也为服务社会。如今报纸的篇幅硬被减削，每日出刊登必需量的新闻外，余下的篇幅，就无法刊登所有的广告，削足适履，迫抑在所难免，这就引起广告客

---

① 同捐款。——编者注

② 萧同兹（1895—1973），中国国民党中央常务委员会委员、中国国民党中央评议委员会委员、中央通讯社社长。——编者注

③ 陈博生（1891—1957），著名报人，时任中央通讯社总编辑。——编者注

户与代理商的不满。于是打躬作揖，赔小心，说好话，都是业务人员应有的文章。此中困难，决非圈外人所能了解，因而对于若干方面责难广告过多，明知其误解，亦不欲声辩。因而服务不周到，广告收入减少，听埋怨的还是业务人员。

（五）配米应先有人口的调查，配纸应先有销数的调查，这原是天公地道的大原则。为求贯彻此原则，而引起极大的误会，谁意想得到。记得有一次，向输管会请求输入油墨若干桶，批准仅十分之一，向主管处交涉，某委员的答复说："各报均仅此数量，你何能独多。"上下皆无"数"的观念，打的十足官话，老百姓有何话说。

（六）通货膨胀，物价频跳，报馆的开支，日涨夜大，报馆的收入，因读者购买力的低落，而无法同比例的增加。如新近沪市电影票激涨，看客负担不起，弄得广大的剧院内，只有小猫三只四只，零落散布四座，甚至临时停放冷气，以节开支，这正是我们报业的活教训。我相信，总有一天，我们报业也会到这个地步，那不仅是业务人员的心酸，而是全国报业的总没落了。

（原稿刊载于《报学杂志》（试刊号），1948 年，第 28—32 页）

培养报业人才管见①

培养报业人才管见栽培报业管理人才，在一方面，固有待于学校与各报的共同努力，然而社会观点的转变，亦为具有决定性的重要因素。

社会对于编辑，业务二种人才的估评，实在太不公平了。他们遇见编辑部的人员，无论其为主笔也好，编辑也好，外勤记者也好，总是寄以几分敬意，也许在内心中，存着满腔憎恶，但在表面上仍不能不勉强应付。可是，他们对于经理部的营业部的服务人员，态度大不相同，目之为普通商店中的掌柜伙计，大腹便便，满身铜臭，趋避之不暇，哪里谈得上尊敬。社会的这种态度，影响到报馆内部，从事编采的人。未免对于管理业务的人或存蔑视之意，甚至主管报馆的人，凭着传说的办法，对于编经二部人员的行遇，亦多显示区别。处于此种环境下，试问有作为有志气的人，怎肯不顾自己的地位身份而安于业务管理的工作？大家都往编辑部挤，大家都愿做编辑记者，不愿在经理或业务部工作。但经理部分，还得要人工作，既找不到头等人才，只好以一般的商业人才，引为自足，于是报业管理人员当中，也有面团团腹便便的“阿福式”人品出现。他们参加报馆工作，就如参加保甲长或税收机关的工作，为者不贤，贤者不为，其结果，各种行于专卖税收机关的陋习，也就传到神圣的文化事业中去。有人大声疾呼说办公家报，操守第一，才能次之，这确是有感于衷的坦率之词。我们要纠正这种恶风，使之不作继续的蔓延吗？唯一的有效办法，就是请有志气有作为的事业青年，逐渐渗注到业务中去，凭着他们的事业雄心纠正传统的自私心理，一切为公，一切为事业，循至以公家事业作

---

①　作者署名“詹文浒”。龙伟、任羽中、王晓安编《民国新闻教育史料选辑》（北京大学出版社，2010 年）中亦收录此文。——编者注

为自己生活的归宿，个人的生命可有死亡，事业的前途永久长存。大家都认清这种看法，抱定这种态度，试问还会有营私舞弊的事情发生吗？报业的前途还不是绝对光明，绝对有办法吗？我们需要年轻有为，正气凛冽的人，来主持报馆业务，我们在心理上就需有个切实的纠正。偏重编辑的观念，已经落伍了，正常的看法，是编辑与业务并重，为求矫枉不嫌过正起见，在现阶段的中国报业史上，即使喊出“业务第一”的口号亦不为过。

社会的心理纠正了，才可进而论述栽培报业管理人才的办法。在原则上，应当学校与报馆，相互合作，密切联系而后方得有成。先就主持新闻教育事业的人来说，应当跑出象牙之塔，在现实的环境中，切实指示业务管理的方法。较个人的有限经验成功报人们传记，最能激励青年，使之转向业务的路，举几个例，谁能听了北岩创办每日邮报、奥区史复兴纽约时报的故事，能不有动于衷，亦作自己创办报馆的存想呢？千言万语的大道理不及一个成功者的经验，足以启发青年，使之跃跃欲试。基于这个理由，所以个人教授“报业管理”课，总爱先谈“经验的背境”，这是任何科目中最能启发青年的部分。基于同一理由，所以我们几个朋友，总希望能有一日，把英美各国办报成功的人们传记，作一系统的介绍，这些材料，比任何“概论”，“大纲”，更为有用。基于同一理由，所以政校新闻系的特别讲演，最希望主讲的人，述说他们自己碰过的钉子，以及锥平钉子的办法，这在我们看，是报学的现身说法，是任何其他理论所不及的。基于同一理由，所以我们宁愿在教室中，少上几堂课，让同学们凑出一点时间，办一个实习通讯社，或一张实验报纸。尤其办一张报，时间的长短，没有关系，能够每天或隔天出报固然好，不可能时，就是每月或每半个月出版一次，亦未始不好。交给学生一张白纸，要他们印上油墨，这其中包括全部办报历程，从采访起，到叫卖止，他们都可有一概括的领会。只要他们轮值一次，他们所提的问题显然与前不同。这种种都是主持新闻教育者可以做而且应该做的具体事项。

然而学校所能做的也就尽于此了。几种关于报业管理的课程，仅在教室内上课不在报馆里实习总是隔靴搔痒，不得要领。学校只能替他们开一个头，必须他们切实参加报务，而后方能对于各项业务，获得具体真切领会，这就有待于报馆给予他们的实习机会。

一般机关的主持人，包括报馆的主持人在内，第一，都喜欢用熟人，第二都喜欢用熟手，用熟人的理由，是求个安心，不必提心吊胆，深怕受累，用熟手的理由，是省却麻烦，不必从头到尾，重新训练。然而这两种心理都足阻止优秀青年的上进；因为阻止优秀青年的上进，同时，亦就阻止新兴事业的开展。一般称为“熟人”与“熟手”者，凭着自己的年龄与资历，多少抱持惰性，不肯向前开拓。就报业而论，他们在过去未曾受过适当的新闻教育，对于新闻事业，不存什么理想，亦不作任何抱负，他们只在学徒或练习生时代，学得若干技巧，过去如何，现代照办，绝对不思与时代并进，他们的发展，无论在年龄上或教育上，都受了限制。反之，新毕业的新闻科系学生，他们选定报业为终生事业，有理想，有抱负，又有适当的教育基础，设能予以适当实习机会，在一年半载之后，不仅可以赶上各报原有的“熟人”“熟手”，而且必有新的计划与新的办法，随同产生可以增进报社的生气，加得报纸的活力。可是在目前，因为有“熟人”与“熟手”的惰性心理，在那里作梗，这班新出来的生力军，就无法施展学能，这是中国报业的重大损失，而为奖掖后起报业青年者所宜亟切纠正的第一点。

诚然，刚从学校毕业的人是“生手”，就算他们是新闻科系的毕业生，亦只学得原则原理，对于管理事项，纵有实习报纸或其他类似的组织，亦仅一得之见，不能全面活用，然而正像我们前面说过的，学校所能做的，已尽于此，以后一步，就要各报的主持人，接替上去，把他们训成切实合用的全才。主持人该把这班生手，看做自己的子弟，不仅不因他们是生手，一时做不来事，把他们搁在一边，轻易不和他们接触，而且正因为他们是生手，是对报业抱持无限热忱的生手，是组成今后报业新血轮新活力的生手，所以特别予以严密的考察与督导，随时随地，都愿尽其所能，提高他们的兴趣，解决他们的问题，务使他们踏进报馆，犹如回到家门。处处是温存，处处是体贴，绝对不受奚落，绝对不遭歧视，他们原是自动献身于报业的，如今在各方面都受了激劝[①]受了鼓励，还会不兢兢业业，日求私人学能的进步，公家事

① 原文如此，疑为“激励”之误。——编者注

业的开展吗？亦必如此，而后不致在一方面，学校替社会造就人才，而社会都以学校为多事，以人才为不中用，有意无意之间，迫使新闻科系毕业的人转业。我不是说，在目前，中国的报业界，已发现类乎上述的怪现象，但假如□一二征象朝着这个方面发展，那应该是最可惜最痛心的事。人才是要整个社会来栽培的，单靠学校，决不足够，尤其是报业管理人才，因为需要实际经验非到报馆里面去实习决无成功之望，必须办理新闻教育的人，与实际的报馆主持人，双方取得密切联系，前者予以启发，后者予以磨练[①]。前者授以正确的人生观念，国族思想，必修学科，基本常识，使其成为可用之材，后者取用其材。再经一番提携，使其所学能有所用，且用得非常恰当。我们不主张一个刚毕业的人，即予以重要地位，因为这样，不仅于事无补，易使年青人少年得志自负不凡，从此没有长进。他们必需经过磨炼方能成为大材，可是，在同时，我们也不主张受过适当教育的人，必须像艺徒般地，三年学徒，二年半作，而后方能独立，要是这样，那无异把现代教育的功能，一笔抹煞，他们需要磨练，但需在有计划的程序下磨练，不能让学徒出身的人，按着他们自己的经历，鸡零狗碎的训练他们。换言之，为欲造就人才，必须各报的负责主管，预定全面的训练方案切实督导他们。

在学校报馆密切联系的原则下，还有一点，应当提出，而且据我们看，也是栽培人才的有效办法，那就是从报馆当中，选取干才，而由学校继续予以训练。我们不能否认在现在各报馆中，有许多中级或中级以下的干部，都是年青[②]有为的人，而且他们多半都凭自己的能力逐渐获取主管的信任，因而负责一方面的工作，他们所有的，是实际经验，而他们所缺乏的，是相当的识力，是对于社会，对于政治，对于国族，对于世界的适当了解，是基本的学科知识，是对于较大一个局面的应付力，这些，都可由学校负担起来，予以适当的补充。他们本已具备实际的管理经验，如今经学校的补充后，又具备必需的理论知识，理论与经验，打成一片，其对于今后报业的伟大贡献，自属意料之中。何况从道义上讲，一个替报馆辛勤工作三五年的青年，报馆

① 即磨炼，下文同。——编者注
② 即年轻，下文同。——编者注

给他一年半载的假期，路途往返的旅费，使之获取适当的进修机会，决不为过；更何况从久长的眼光来看，这对报馆本身，根本是大有裨益的。在事实上，也许报馆都愿意这样做，问题都在学校于正科学生之外能否又有专科专班的设备？我们相信，各方面共同的努力，必可使上述数事，迟早见诸实行。

（中国新闻学会编辑《中国新闻学会年刊》，1944 年，第 2 期，第 98—100 页）

新报风的树立

这次美国新闻界代表，来华小住，在某次谈话中，他们坦白指出，片面宣传的报纸，在本质上，只是一种宣传品，不能称为报纸，亦不能与新闻自由并为一谈，我们认为这一句话，最能透露新闻自由的真义。新闻自由的唯一鹄的①，在于求真，唯独真理，方能达到解放人类的任务，唯独说真话重真理的报纸，方能取信读者。

我们就读者的立场，认为目前中国的报纸，着实有努力振作的必要。一般来说，目前中国的报纸，实在中国的新闻材料太缺乏。满版都是外国材料。我们处于现在国际形势之下，当然不能忽视国际形势，但一般的读者，因为他是中国人，自然更望明了国内局势的演变。以言军事，我们当然关心国内军事的进展，但我们从报纸上所看见的，千篇一律，是若干条简单战讯的发布，至于该项战讯的意义何在，可能引起怎样的演变，可能发生怎样的结果，并无概括扼要的说明，于是一般读者，看了以后，仍为之茫然。以言政治，我们只看见政府的政令法令，各部会的计划方案，很少看见法令推行的成绩，计划实施的效果，好像政府的政治，亦就止于政令政纲，而读者所急欲知道的，却是政治的进度与成效。以言日常生活的记载，明明有许多新的问题，亟待解决，许多新的事实要求说明，然而我们在报纸上所看见的，只是各种集会的记载，各种讲词的摘录，好像在如此紧张如此艰苦如此伟大的社会内，只有这些浮面事情，值得记载。就说国际军事政治外交形势的开展吧，我们只看见外国政论家专栏家的估计推测，很少看见中国记者自己的批评和判断。我们明知这些评判与论断，有待于平时观察的正确，学力识力的涵养，然而外国记者所能做到的事情，为什么我们不能？我们不能片面责备战讯发布人的过分拘谨，政府发言

---

① 即目的。——编者注

人的过分持重，报人应当深自反省的，究竟是否自己已经尽了最大的努力？是否因为若干发言人的守口如瓶，而随即停手，或甚且以此作为托词，而懒于发掘。尽管别人可以敷衍推拖[①]，而新闻记者，则断乎不可。几天以前，偶然遇见一位外国记者，说起他目前的工作，是要把中国汽车的燃料，作一综合的研究，自从中国抗战以来，究竟发明了若干汽油代替品，各种代替品的得失若何？以何种代替品最为有效？他遇见任何人，发现任何机会，即以此类问题相询，并寻求那一类人，最能解答他的问题，应如何与之接近？我们相信在不久以后，必能在美国报上，看到关于这个问题的系统叙述。姑不问这个问题，能否引起中国读者的兴趣，但试以同一态度，采访任何消息，随时发掘，深刻注意，包管到一时候，必能获得正确与详尽的资料，供读者大众的研讨。亦唯如此，而后中国的报人，方能与外国报人竞争，中国的报风，方能健全树立，这是我们所敢期望于目前中国报界的第一点。

其次，我们报纸的言论，在一定意义之下，亦应配合现实，或则指出涵义，或则解释问题，或则提出主张，使读者于阅读之余，不仅能够理会国内外大事的趋势，且能逐渐养成批评与判断的精神，民主政治的主要意义，在使人民共同与闻政事，而与闻政事的有效办法，即为发挥舆论，供政府的采纳，并从而左右政治。我们鉴于美国舆论的力量，竟能使美国政府，放弃在旧金山会议中对于额外投票权的要求，不能不认为美国新闻界与舆论界的极大成功。我们认为言论界的主要事功，不仅在于事后的检讨，而在能代表读者，事前提供意见，供政府当局的参考。例如新闻界倘知道政府对于某一事项，将有某种措施，就该竭尽全力，探求该项措施的真象[②]，说明其用意，研究其办法，看它对于社会全体，可能发生怎样的影响？对于人民大众，可能发生怎样的利害？然后政府就可依据舆论，修正原有的措施，或甚至根本废除此种办法，不仅如此，政令经舆论的分析后，人民对于它的内容实情，都有概括明了的理解，然后付诸实施，水到渠成，推行极易。就在这意识之下，报纸就做了政令政策的推动者，抑尤有进者，政府在施政时，难免有若干不够贤明的官吏，贪图私利，玩法舞弊，

---

① 即推脱。——编者注
② 即真相。——编者注

致使政府的良法美意，无从推行，甚且根本变质，利民适足以害民。事实证明任何一国政府，都难免有同样的人，插足其间，问题只看政府与舆论，能否排除这些害群之马，澄清吏治，造福人民。这是一般人民的要求，也是政府本身的期望，负责舆论的报界，就得秉大公无私的态度，勇于指斥，敢于批评，协助政府，驱逐败类。应知批评个人，并非攻击政府，而在事实上，正因报纸能够发挥清议，对于贪顽[1]能够口诛笔伐，而后吏治得以澄清。政府的威信，得以树立。我们实在感觉目前中国的言论界似乎太脱离现实，太缺乏生气。即就目前事例来说，关系今后世界和平的旧金山会议，在十天内，即将开幕，其中最重要的问题，例如委任统治的问题，国际法庭的权力问题，都得在会内解决，然而到目前为止，我们还未曾看见几篇有力文字，提出具体主张，供本国代表以及全世界人士的参考，甚且一般读者，对于这些问题的内容，还没有清楚的认识与了解，这是谁的失责？又如六全大会，在廿天以内，即将开幕，就党而言，诸多新的政策，俱待决定，就政而言，国民大会的具体问题，均待逐一解决。这是由训政到宪政的一个重要枢纽，关系今后国族命运者，至大且钜，需要我们的言论界，热烈讨论，我们需要负责言论的报界，真能发挥自己的职责，从党与政的各方面，提供建设性的意见。过去的缺陷，要切切实实的检讨。今后的政策，要具体的提出，然后与会代表，方可参照民意，订立尽善尽美的决策。而在事实上，我们到现在为止，还很少看见这类文字。我们的言论界，岂非太漠视现实的问题了吗？勇于立言，敢于批评，公正无私，活泼生动，这是我们亟应树立的第二种新报风。

第三，目前我国报纸的记载，似仍缺乏正确性。试看一般报纸的开会记载，其报道出席人数，总是含糊其词，或二三百人，或千余人，而在实际上，所谓二三百人，也许不到一百人，所谓千余人，或仅及五百人。很少看见九十三或五百十六人等确实数字。自然，在集会中，人数往来不定，很难有确切的记载，但一个近似的数字，总不难获得。又如关于开会时间，照例总比预定时间，要延迟一小时或甚至二小时，相沿成风，即有准时到会习惯者，亦不得不习染恶风，而随同拖延，浪费时间，莫此为甚。个人会商诸友好记者，在集会记载上，加以指

---

① 指贪婪冥顽。——编者注

摘，例如原定下午二时开会，在实际上，到下午三时，方始举行，那我们不妨在记载上，切实指出，使主持者或到会人，知所警惕，而力图纠正。友朋中亦有如此写稿者，但一到编辑手里，却认为多余之事，一笔勾销。报纸原是社会教育的大好工具，不加利用，坐令不准确不守时等传统恶习，无由纠正，良堪浩叹。但我们的主要着眼点，并不仅止于此。因为各报的记载，不求正确切实，大家造成随便记述的风气，遇到重大问题，就会造成严重后果。例如最近各报记载川北苕灾，有的夸大其词，谓川北□十六县的红苕[①]，均遭歉收腐烂，受灾黎民，数达二千六百万人，甚谓家人父子，均因果腹无物，痛苦不堪，而服毒自尽。我们看报的人，倘稍加考虑，固知此项数字，不甚可靠，因为川北各省县的人口并无如此稠密，事实上没有这许多人民，曾以此询问主管粮食人员，称川北苕灾，确有八县报荒。但亦有三至五成收获，决无传说所云者之严重。我们知道，在此抗战即将九载，物资极为困难的时期，关于上项记载，在记者不过□□下笔，但对于物价粮价之无端刺激，实极端严重，甚者且可影响社会治安，我们痛恨恶意的宣传，但亦难有正确忠实的报风，方能纠正片面的宣传。我们要用堂皇严整的报风，纠正离奇荒谬的报导，我们要负责报导的报人，纠正此□不重视数字不求实在的不良习惯，一面是社会教育，一面亦是我们新闻界的责任，我们拥护新闻自由，我们亟宜树立公正确实的新报风。

（原文刊载于《中央日报》，中华民国三十四年四月十六日，第三版）

① 即红薯。——编者注

《中国广告事业史》詹序

纪述中国广告事业之发展，坊间尚乏专书，砚友如来生，从事是业垂二十年；兹就其见闻所及，参考所得，爬梳整理，奋笔撰述，成中国广告事业史一稿，溯往开来，具见其用力之勤，研讨之深。余尝慨国人对于广告一词，往往淆杂不清，如言名不副实之宣传，辄曰：此广告作用也，甚至以为广告者，大抵名实不副，藉以自炫以作摄引，何其谬耶？盖广告目的，不仅在博得群众之注意，更应获取群众之信仰，就商品言，惟货真价实者，始足语此，否则处士纯盗虚声，广告浪费，亦复何补！

余曾于《报业经营与管理》，□□论及报纸广告特点，特别提出“深得信仰”一项，并谓“广告客户用少数金钱，购买报纸广告地位，实则等于购买报纸对读者所树立之信用；读者对报纸有信用，同时间亦必对报纸所刊之广告有信用，唯其如此，所以报纸在接收广告时，不得不十分慎重，稍或不慎，即足贻害读者，从而影响本身声誉”①，余主持新闻报馆业务，屡以此点遍告广告部分同人，以确立广告之信誉自勉，国人对于广告事业，既有确切之认识，则前途孟晋，当更未有涯，读如来君稿，因附识于此。

卅七年秋初新闻报馆

（如来生《中国广告事业史》新文化书社，1948 年版）

---

① 詹所引自著文字和原文稍有出入。原文为：“现在广告客户用少数的钱购买报纸的广告地位，在实际上等于购买报纸对读者树立的信用。读者对报纸有信用，在同时间亦必对报纸所刊的广告有信用。唯其如此，所以报纸在接收广告时，不得不十分慎重，稍或不慎，即足贻害读者，从而影响自己的声誉，阻碍自己的前程。亦唯其如此，所以报纸广告的效力特别伟大，决非他种广告所可同日而语。”（詹文浒编著：《报业经营与管理》，正中书局 1946 年初版，第 148 页）——编者注

《青年周报》创刊词：我们的话[①]

经过一个多月的准备，这是第一期的青年周报，终于得和读者见面了。俗话说："瘌痢头儿子自家的好"，我们对于这个册子，竟有这样的看法。我们每想到它产生的困难，我们愈觉得它像个"宁馨儿"，爱护唯恐不周。我们明知目前的环境，不能允许它有长足突前的发展，然而仍要产生它出来，原是《孟子·上》"天将降大任于斯人也，必先苦其心志，劳其筋骨，饿其体肤，空乏其身，行拂乱其所为，所以动心忍性，增益其所不能"的意思。我们想把现代青年所遭遇的困苦艰难，汇集到这本周报上来，经过它的一番"培养"，又"注射"到每个青年的血液中去，使他们得因这次的"注射"，心志益为坚固，体力益为强壮，以后无论外界的"天花"，"水痘"，"伤寒"，"痢疾"，如何猖獗，如何强暴，都不能加害他们，我们知道，这不是容易的工作，但也相信，这不是不可能的工作。

我们希望每期当中，能有一二篇鼓励的文字，但并不限于论文，有时候，个人的身世，名家的传记，比诸凭空的论述，更能感动人，我们更喜欢登载这一类的文字，替我们青年界，做个困苦奋斗的借鉴。而且即当我们登载论述时，我们也希望写论述的人，根据实际经验，写出真心话来。只要是真心话，虽有时平凡些，亦非常宝贵；最怕的，是海阔天空，信口胡说。我们宁愿说平凡话，绝不愿意说不负责任的空话，我们已定规每星期有一篇时事报道，因环境的关系，只想在叙述上，能求其真，不想在叙述之外，更加批评，也想有一两篇文字，分析国际问题；也想有一两篇文字，介绍社会科学和自然科学的原理和知识。这些，都是关于知识方面的事。

---

① 作者署名"文浒"。——编者注

关于文艺方面，我们一方面请人撰述，同时也欢迎外稿，倘篇幅允许的话，或将另开“青年园地”，专供一般已能写作的青年，发表他们的作品。并不一定限于文艺。至于像名人故事，游记、特写这一类的文字，我们都愿意尽量登载，希望读者诸君，不时能将这类稿件，寄给我们。

我们不忘记我们青年界中，有许多人，立志很大，抱负极高，希望入学造就，但因困于经济，不能如愿以偿。关于这班青年，我们深切关怀，甚愿于可能范围之内，加以切实的指导，因而我们在本报内，将多登关于各科目修和写作技巧方面的文字。当然，这些文字，同时也是中等以上学生的补充教材，希望对于中等以上学生的修学效能，更能有适合的助益。

我们还想有“青年信箱”“书报推荐”诸栏，那就看情形而定。有时候，倘问题的数目多，意义大，也许会把极大的篇幅分给“信箱”，反之，没有这种需要时，我们也绝不硬凑。

（《青年周报》创刊号，民国二十七年三月二十日）

编者的话（其一）[1]

本报自从第九期发表《作文批改》的办法后，不到一个星期，已共收到四十三篇中作文，十九篇英作文，要求批改。我们真感激读者的盛意，我们自当耐心批改，按期发表一篇，请投寄者不要性急。有几篇文字太长，我们只好暂搁，希望今后要求批改的文稿，中文不超出一千字，英文不超出五百字。长文和短文相比，短文更有从先批改的机会。

第九第十期的批改法，以全篇为单位，用数字标出改处，实使读者不大方便，从本期起，已改为用段或节做单位，这样，对看起来，可更加方便，请注意。

我们从第十二期起，又拟用一面地位，增设“自修室”一栏，专门回答读者方面的问题，无论关于国文的也好，英文的也好，知识的也好，修养的也好，或甚至关于私人的问题，只要有一般性的，我们都愿尽力所及，设法解答。我们想在“自修室”内，尽量和读者诸君接近。我现在正在安排时间，倘可能的话，或将由我自己，担任“自修室”中各项问题的解答。

我们从本期起，循读者王心叶君诸人的要求，特在英文栏内，添设初级文法作文一项，活用文法知识，增进写作技能，希望对初学英文的人，有相当贡献。

（《青年周报》第十一期，民国二十七年五月廿一日，第1页）

---

① 作者署名“文浒”。——编者注

编者的话（其二）[1]

本期因篇幅关系，已编进去的邢鹏举先生的《关于罗米欧与朱丽叶[2]》，黄立钧先生的《忆故乡——北平》，不得不临时抽去；中作文和英作文批改，也不得不暂停一期。统希作者和读者原谅。

不久暑期到了，我们很想登几篇关于指导暑期工作，指导升学和就业的文字，读者倘有高见发表，非常欢迎。

——文浒

（《青年周报》第十五期，民国二十七年六月十八日，第6页）

① 作者署名“文浒”。——编者注

② 今译罗密欧与朱丽叶。——编者注

人定胜天话嘉南：旅台杂记之二

——京沪平昆记者团台行观感[①]

陈长官在草山举行的临别记者招待会中，郑重指出，台省[②]的先天条件，远不及内地各省，其所以能有现在这一点成绩者，全靠人工的努力，就以水利来讲，他主政福建七年，深知闽江的水利，倘加以建筑，将来收效之巨，必超过台省。这是值得我们特别警惕的话，尤其在这抗战已经胜利，建国的工作，千头万绪，必须努力迈进的时候。

说起台湾的水利，当以台南县内曾文区管辖下的嘉南大圳，为其主要重心。我们在十六日上午，从台南市出发，参观嘉南大圳。台南县的地位，在亚热带，据有台省全部耕种面积的三分之一，实为台省的农业重点。可是在那里，倘欲发展农业，必须克服二个困难，其一，该地土质极差，必须人工施肥，方能收获丰富。实则，不仅台南如此，即其他各地亦均需要大量肥料，在战前，每年需用肥料数量，约为化学肥料四十万吨，豆饼三十万吨，而在目前，台省本身的肥料产量，不过五千吨，因此各种农产物的增殖，都感觉困难，台湾蔗糖之所以不能大量出口者，其主要原因，亦在乎此。过去，蔗糖的平均产量，是每年一百万吨，去年仅产十万吨，仅及过去产量的十分之一；今年的产量，还要减少，其理由，因要顾到明年的产量，不得不把一部分甘蔗，保留下来，做明年的蔗苗。明年的产量，预计可达四十万吨，到后年，或可恢复战前的产量。这些都是题外话，但足印证陈长官在记者招待席上的警语，台省的先天条件，实在不算优越，主要的，还靠人工的努力。

---

① 本文为“京沪平昆记者团台行观感”栏目文章。——编者注

② 即台湾省。——编者注

台南县的第二个先天缺点，是雨水不匀，每年六、七、八三个月，雨量过多，洪水泛滥，其余九个月，则雨水奇缺，旱魃为患。这样的气候，当然不适于耕种，可是台南又是个耕种区域。唯一的出路，只有运用人工，来克服天然的困难，曾文区管辖下的嘉南大圳，就是人工克服天然另一个例证。

说起这个大圳，早在民国九年九月，就开始建筑，直到民国十九年五月，方始完成，其间整整用九年零八个月的时间，才筑成这个水利工程，所化经费，是台币五千四百余万元，大圳灌溉的面积，预定为十五万甲（每甲合十五日亩，每日亩合〇.一四八八市亩。）实际为十三万七千余甲，其给水路长达一三六八公里，即其干线亦长达一一〇公里。但因台南县的耕种总面积，有十八万甲，而嘉南大圳的灌溉面积，仅达十三万余甲，所以在灌溉方法上，不得不采用三年轮种制，即把管辖区内的耕种地，依照水路系统，分成许多给水区，每给水区的面积，一律定为一五〇甲，这是初步的划分。其次再就这一五〇甲的给水区，分成三个小区（每小区五十甲），其中一小区种水稻，需要水量最多，再一小区种甘蔗，仅于秋冬干燥季节，酌予灌溉；另一小区种杂粮，不必灌溉，如此规定，每三年轮流一次，交换耕种；其结果就可把有限的储水量，作公平合理的分配。

台南县政府的原定计划，是先在一个高亭上，说明嘉南大圳的概况，然后陪我们游圳，并追踪水源之后，又离舟乘车，参观放水处。我们都希望这样做，一个旅途劳顿的人，倘得在水面巡游数小时，兴趣高的时候谈谈笑笑，兴趣差的时候，闭目养神，悠然自得，是谁也愿意做的，但因途程的限制迫使我抛弃游圳计划，迳赴放水处参观。放水处由许多大水管并列组成，水管直径甚大，离管口约半里处，循隧道而下，有管制设备，所放水量之多少，全受该设备的控制。持重一点的人，不敢进去，可是等到我们三四个人进去以后，一同蜂拥而入，但因隧道里面，只有一条木板搭成的路，前进部队后退的时候，后面的人，只好未达目的地而随同退出。引成得意与懊丧的二种情绪的强烈对照。而在事实上，各人看到放水处万马奔腾般的激湍状态，已皆大欢喜；于是在融洽的空气中，和同行的几位主人，连同二位女侍者，在放水处左旁的喷水池边，合摄一照，完成嘉南大圳的参观工作。

记者叙述至此，不禁对于业经展开空中测量工作的三峡水闸[①]，寄予极大期望。依据美人萨凡奇先生的观察，该项工程完成以后，不仅长江的水患，可以永久解除，且能发一千多万瓦的电力，解决东至安庆，西至重庆，南至衡阳，北至郑州这一个广大区域的全部动力问题，工程需要的全部时间，也只需十年。我们珍视日月潭系发电厂及嘉南大圳等伟大水电水利工程，我们更珍视涵蕴在这些工程里面的“人定胜天”的大原则。(原载十月廿二日上海新闻报)

（《台湾月刊》，1946年第二期，第35—37页）

① 三峡水闸计划最早由孙中山提出。抗战胜利后，中国政府与美国政府签订了三峡开发合约，将兴建三峡水闸工程推进到实施阶段。扬子江水利委员会等单位派员来宜昌进入三峡进行勘测。——编者注

第三部分

国际观察

欧美透视自序

是去年十一月十四日的一个上午，载我们五十几位中国同学回国的那艘意邮船 ConteBiancamano，终于到了上海。那时，国军已退了好几天，上海的街头，到处都充满悲恻凄凉。南市方面的大火，每天总有十几处焚烧着，一到晚上，从青年会的宿舍望过去，简直令人看了发呆。街头的难民，流离不知所止。从南市浦东方面逃来被拒在法租界铁丝网外边的同胞们，不论天晴落雨，成千成万地，挤在难民地带，每天靠着租界方面丢过去的大饼油条，勉强过活。缺米的恐慌，业经开始，米店的米柜，都出得空空的，益增加市面的凄惨；后来，到了若干洋米，没人只限粜一斗，而这一斗米，真不容易到手哩！每一家米店门口，排着半里路常的行列，有的等了半天，刚轮到自己的份儿了，忽然米店伙计，宣布存米已完，停止营业。半天来的等候，还在其次，回家无米煮炊，孩子们争着要饭吃，更是不堪设想！那时，白菜卖到六百钱一斤，更开中国蔬菜行市未有的记录。穷百姓固然苦了，富人又何尝安稳呢！要使中华民族真的还有人格的话，这样的惨痛，应该给予极大极大的教训了。在这种满目疮痍的局面下，虽有金镑外汇，究有什么用处？

代价确实大了，苦痛确实够了，但宝贵的民族意识，终于被买到了，这是我们绝对不该忽视的一点。

我这次出国，目的是到美国哈佛大学去念书，念书告了一个段落后，就从纽约渡大西洋而到欧洲；先到伦敦，次到巴黎，又经不鲁塞尔[①]而到柏林，更从柏林经华沙而到莫斯科，列宁格勒，然后重回柏林，再经普拉哈，维也纳，日内瓦，罗马，威尼斯，弗洛林斯诸地，

---

① 今译为布鲁塞尔。——编者注

在意港那帕利上船，渡苏黎世运河，经孟买，新加坡，香港，而至上海。近十年来无日或忘的出国愿，终于承友人们的鼓励与相助，能如愿以偿衷心也颇自慰，只可惜回国的时候，恰遇这样的局面！

是坏的局面吗？不，决不，这是我们民族复兴的初步局面，我们应当感激这局面，爱护这局面，并利用这局面，替我们的伟大民族，求出一条自救救人的康庄大道来。

我这次环游全球，所到的地方，都承新交旧友，热心照顾，使我在观察上，在访问上，得到许多方便，我谨在这里向他们致谢。还有，我这次出国，在经济方面，得世界[1]沈知方，陆高谊，中华[2]舒新城，许达年，新闻报馆汪伯奇，严独鹤诸先生之助不少，亦谨在此表示我的感激。

我写这本书，本想专记个人在各地的观感所得，后来因恐专写这些事情，难免在实质方面，太空泛些，所以又参看 John Gunther 的 Inside Europe，加入几章关于欧洲政治内幕的秘事。这些秘事，我自己在欧洲的时候，也曾听到一些，但究属零而不整；他这本书，确有几点比众不同，有些内幕，确非其他的书所曾道及，现在我采取了一部分，想必是读者所欢迎的。

倘时间允许的话，我还想写几本欧洲新兴国家的建国史，从它们所用的方法方面，指出它们的成功要诀，这据我个人的意见，也许比空谈主义，更觉有点实用吧！

中华民国二十七年六月谨识

① 即世界书局。——编者注

② 即中华书局。——编者注

火葬与天葬（印度孟买的葬仪）

火葬是在火葬场里面看见的，那边有几个火葬架子，下面叠成柴堆，尸首搁在上面，一把火，就把柴堆点燃，尸身随同物化。尸身的灰，另用瓶藏起，由家属领去。我们到火葬场时，恰巧有个尸身，烧去一半，头颅四肢，依稀可以辨别。看了之后，相当恶心，尤其在那闷热天，焦柴和焦骨的气味，有点难闻。

天葬实际就是鹰葬，就是叫鹰把尸身的肉吃完，然后再把尸骨暴露，直到它化成灰质。场内有鹰二百余只，只只都是剜肉专家，一听见钟声，大家飞来啄食。行天葬的人，先行一番宗教仪式，仪式完了，就用一套服装，给尸体穿好，并抬到预定的槽上，撕去他的衣服，让尸身全露，又鸣钟召鹰，共来享食，小孩五分钟可吃完，胖子半小时□可完结，尸骨放在原处，让赤道的日光，在它上面起作用，约摸[①]十五天后，就只剩一副骨骼了，于是移入槽内，风吹，雨打，太阳晒，至多二个月，就可化成骨灰。槽通阴沟，一阵大雨，把所有的尸灰，都冲入地土，人们本由风火水土造成，如今又回风火水土的老家去。可惜我们到的时候，已是下午四时，看不见具体的葬礼，据说，平均每天总有二个尸体，举行天葬，大半在上午举行。

——詹文浒：欧美透视。

（原文刊载于《福建教育》，1940 年，新一卷第四期，六五页）

① 即约莫，下文同。——编者注

请人吃饭以后怎样（留美忆杂之一）

约朋友吃饭，吃好饭之后怎样呢？

这好像不成为问题，因为有的是打牌，抽烟，嚼西瓜子等把戏。不怕时间不消磨过去。然而，我们仍要推究，是否这项办法，是唯一的办法呢？我们是否有较好的替代方法呢？我们姑不问这种方法，是否有违道德原则，或是否徒费时间，只每次被邀吃饭，每次吃饭以后就得打牌，抽烟，嚼西瓜子一点而言，已经觉得太单调了，已经有设法改进的必要了。

我在美国念书的时候，有好几次被邀到美国家庭去吃饭，虽说是被邀吃饭，但吃饭并不是被邀的主旨。所吃的饭，一汤，一菜，一甜点，一咖啡，平常得很，照市价配合起来，也不过美金一元，我们有时去饭馆里吃，也许要吃得更阔绰些。可是吃饭以后，趣味就来了。大抵主人事前总预备好一点节目，最普通的办法，是主人提出一个比较新颖的题目，由在场的人，共同讨论。在讨论前，总是由主人事前请好一个人，先把该项问题，作一概括的说明，又提出问题的焦点所在，然后大家共同讨论，多式多样的意见，都可随便提出，你说是讨论问题罢，大家只在"随便谈谈"；你说是随口瞎说罢，却又有一定的标准，作为谈话范围。如此，一二小时的时间，很容易过去，可是这一二小时的时间，绝不是浪费，也许你对于这问题，本不感觉兴趣的，现在却发生兴趣了。倘要留心起来，也有一个适当的基础了。

自然，主人所提出的问题，不能太专门化，总是关于国际时事的多，因为他们把国际时事，作为生活常识的一部分，大家讨论起来，格外可以有劲。

找一位领导问题的人，不是容易的事，所以主人于筹备请客时，他的困难地方，倒不是安排饭菜，却是邀请领导谈话的人。自然，从别处游历回来的人，是他们所最喜欢延揽的。例如邀请从西班牙回来的人，讲述西班牙的内战；邀请到过东方或从东方回来的人，指导中日问题的研究。不一定邀请某问题的专家。因为第一，专家说起话来，三句不离术语，反要减少共同的兴趣；第二，专家究属少数，要邀请专家，也不容易；第三，即便请到专家，也要深入浅出，除去专家的架子，说一般人的一般话，这似乎是更加可贵的事。

不容说，这种办法，在中国家庭当中，不容易实行，主要的原因，还是一般教育程度的不足，不要说对于讨论问题，没有这样的准备，更没有这样的雅兴，还是四圈雀牌，来得痛快。一般的心理如此，有心提倡的人，更应该努力准备，务使所选问题，非常有趣，而且负责领导的人，也有充分准备，这样，虽不能引起共同的讨论，至少，也可把相当的知识，输送给大家。

（原文刊载于《健康家庭》，1939 年，第二期，第 50—51 页）

何处是我家（欧游特写）

——德国的反犹报道

耶和华的“选民”的犹太人，他们现时的遭遇，可算是集人世悲苦惨痛的大成了。虽说他们有的是钱，有了钱，到处可以走，到处受人欢迎，然而这一句话，在眼前犹太人的情形中，竟不能完全应用了。他们竟然有钱而不得行动，不得不在国社党的极度压力之下，度受悲苦和惨痛的生活。即连他们的“迦南美地”，亦因阿拉伯人的排挤，不得安稳度生。真的，茫茫天地间，何处是他们的栖身所啊！

希忒拉[①]为何排斥犹太人

说来可笑，这个问题的答案，只是希忒拉于十七岁时，所碰遇到的一件小事。据他在《我的奋斗》中说，那时，他一个人在维也纳，从未见过犹太人，也不知道犹太人的服装，是何样式。有一天，他遇见一个刚从波兰或乌克兰来的犹太人，身上穿着犹太人原来的服装，他看见了，觉得非常惊奇，心中立即发生感触，他自己问自己说：

“这个是犹太人吗？怎么这样的人，也可算为德国人民，和我称兄道弟呢？”

即此一个感触。在他的心境上，发生了极大影响，作为他后来反犹太族的情绪的主要基础。他痛恶这样的人，也得享有条顿民族的国籍。他要把这样的人，从条顿民族的国境中，驱逐出去。

后来，他又把这种痛恶犹太人的心理，加以“合理化”，给以政治

---

① 即希特勒，下文同。——编者注

的和经济的理由；什么犹太人抢夺德国人的饭碗哩！什么犹太人统制德国的舆论，戏剧，和美术哩！什么犹太籍的律师，医生，和教授，在德国太多哩！什么犹太人的可怕，等于鼠疫，且甚于黑死症哩！诸如这一类话，都不过是他对于犹太人的憎恶的“合理化”罢了。

我们为欲了解他的反犹太情绪，至于如何深刻，非孜细[①]研究他的《我的奋斗》一书不可。那是他在一九二五年所印的一本自传，强迫每个德国人，都要购买，据统计，自从出版到今，至少已卖出二百万本之多。可惜我们所能读到的，不是他的真本，中国所译的《我的奋斗》，根据英文本，经他自己删改，许多重要的记载，——尤其关于犹太人的记载，不曾排列在内。该书每次重版，都经一次修正，但对于反犹太人的论调，始终如一，可见得他的反犹情绪，到今不曾更改，亦未曾稍减。

国社党痛恶犹太人的事例

希忒拉和他的国社党徒，究竟痛恶犹太人，至于如何的程度呢？下面是几个实例：

先从希忒拉说起。在一九三四年的冬天，希忒拉曾接连四次，前去观看《同志》（Tovarish）一剧的表演。该剧叙述白俄贵族流亡时的苦况，处处挖苦俄国境内布尔扎维克党的专政，自然配合希忒拉的胃口。可是在他去看戏以前，曾嘱他的秘书，电达巴黎，查明该剧的编著人逗伐尔（Jacques Deyal）由祖父母起，是否全是阿利安族。倘使在编剧人的血统中，有一点犹太种的质素，他是绝对不会去看的。

远在他做总理以前，他甚至在电话里，也不肯和犹太人谈话。著名的美国记者像列泼曼[②]（Walter Lippmann），著名的英国政治家像里亭爵士（Lord Reading），他一概不接见，不接见的理由，就因为他们是犹太人。我们现在的问题：在他的一生内，是否一直不曾接见过犹

① 原文如此，疑为“仔细”之误。——编者注

② 今译李普曼。——编者注

太人呢？据写《欧洲的内幕》的 John Gunther 说，怕未曾接见过。

希忒拉的两位股肱之一的戈培尔斯[1]矮博士，现任德国的宣传部长兼教育部长，控制着全德国的思想和舆论。他曾说过这样的话："由我看来，犹太人实是令人憎恶的东西；我每次看见犹太人，都会不期然而然地呕吐出来。……耶稣基督决不会是犹太人，我不必用科学的方法，证明此点，那只是一个简单的事实。……我觉得普通的妓女，比结过婚的犹太女子，更来得高贵。"他最会利用机会，从事宣传工作，国社党的党歌，就是他利用反犹太的情绪制成的。

事实是这样的：国社党在希忒拉未登台前，有个名叫物塞尔（Horst Wessel）的党员，原是一个年青的无赖汉，专在共产党徒集合的地方，肆意活动，替国社党张威。共产党员非常的憎恨他，终于有三个共产党员，一半为了政治作用，一半也为了私仇，乘物塞尔熟睡的时候，闯入他的卧室，把他暗杀。他被刺以后，急遣医师前来，本可从速诊治，免于一死，无如那位医师是犹太人，他拒绝受犹太人的诊治，以致因伤丧命。

这是多好的宣传资料！素以宣传闻名的矮博士，怎肯放过这机会？但当时警厅方面，不许国社党作盛大的示威运动，因此，矮博士不得不另想别法。忽然一个主意，侵袭他的心头，原来物塞尔在日，会根据巴伐利亚的民歌调子，谱了一首歌词，也着实激昂动听。矮博士就想尽方法，推荐这首歌词，果然，不到一个月，这歌曲已在国社党内，非常流行，并于不久以后，正式变为国社党党歌了。国社党每唱这首歌，就会想起拒绝犹太医师诊治因而受伤丧命的国社党的殉道者。反犹太的情绪，是如此深刻地种入每一国社党员的心窝里！

德国犹太人的现状

国社党佔权[2]后不久，曾有一个时候，竭力排斥犹太人，有的当场

---

① 今译戈培尔。——编者注

② 即占权。——编者注

受辱，有的被逐出境，更有的被暴徒杀死。如今这个时期，业经过去，表面上犹太人也和其他的德国人一样，住在柏林市区，过他们的日常生活；然而他们的社会地位，已一落千丈，大非昔日可比。他们的职业，硬被政府夺去，稍有点积蓄的，还可勉强过活，平素没有积蓄的，生活异常困难。他们在最近的将来，——也许在永久的将来，不想再在德国境内，找到适当的职业。他们的房子，本住得满满的，现在没有一个德国人，愿意住到犹太人家里去，他们只好做外国人的生意，然而外国人的生意，究属不多，因而本来做房子生意的，现在有的出顶，有的转户，断不能藉此营利①了。他们所著的书，不准在德国出版；已经出版的，不能在德国出售。例如名传记家 Emil Ludwig 的书，不能在德国境内，买到一本。记得我在柏林时，为欲购买一部 Ludwig 所著的德文《俾士麦②传记》，不得不到伦敦去设法。

国社党的新律令，严禁犹太人和德国人结婚。德国种的男子，根本不喜欢和犹太族的女人结婚，因为德国家庭内的主妇，照例，从擦地板买小菜起，到访友接待客人为止，均须亲自执行一天的工作，着实辛苦。犹太族的妇女，因家境稍富，惯于雇用女役，不能做这类工作；而德国种的男子，很少有经济能力，可雇得起佣人。同时，犹太族的女子，比之同等级的德国男子，总要富裕些。在德国，富裕的女子，很少肯嫁给穷男子的。至于犹太男子和德国女子的结合，更为国社党人所深恶痛疾，倘有犹太男子，敢和德国女子，发生肉体关系，以致德国女子怀孕的，照例，就须把犹太男子问罪。他们根本不让德国人的血统，再和犹太人的血统，一直混合下去。

照例，德国的游艺场所，像歌剧场，影戏园之类，不允许犹太人进去。自然，你要混淆进去，也未始不可，但万一被人查出，游艺场主尽有请你退票出院之权，要面子的犹太人，根本不愿在这种场合，自寻烦恼，所以自从反犹风潮发生以后，很少有人到游艺场去。至于柏林的几个海水浴场，更赤裸裸地在进口处，标明“犹太人不受欢迎”这一类句子。当然像在 Wansee 那种大浴场内，我们不易发现这种牌

① 即借此营利。——编者注
② 即俾斯麦。——编者注

笺，因为那种地方，外国人去的很多，他们不愿把这种反犹情绪，多给外国人知道，引起外国人的反感。

这所谓外国人的反感，确是德国人所愿意避免的。例如德国的经济独裁家削哈忒博士（Dr. Schacht），看清反犹太的运动，足以妨碍德国的输出贸易，曾于一九三五年八月，公开演说，痛斥反犹的痴狂行为。但他的演词，被戈培尔斯扣住，不准在报上披露，也可见得德国的反犹运动，一时实无法实现了。

欲去不得

然则犹太人在这种情境下，为什么不离开德国，到别国去谋生呢？这是很困难的问题，因为一方面，他们未必有适当的地方可去。美国有移民律限制他们；英国自己，远要向他处殖民；维也纳本是个好所在，但如今也受德国的併吞了；巴利斯坦本由国联定为犹太人的宗国，委任英国统治，然而阿拉伯人的作梗，致使未出发的犹太人，望而生畏。实则，就算他们有地方去，而且也有钱可去，然而德国的法律，规定每人离德境时，只能带十个马克（合国币十四元）。谁肯把自己的财产，留在德国，自己只带十个马克，到外国去呢？更何况区区十马克，根本不够路上的费用，和出国后的生活所需？因此，他们虽欲离开，亦离开不得。这真是最严酷的压抑政策了。

我尝说：我们不该怪德国人的反犹，只该怪犹太人的不反德。我从前说这句话，只是随便地说，说过了也就完了。现在再回想这句话，真觉有无限感慨，系我心头，我无暇空为犹太人悲了。

（原文刊载于《青年周报》第七期，1938年4月23日，第1—4页）

到德国去（欧美透视之二）

也许因为希忒拉格杀犹太人太厉害的缘故，以致一般美国人，都对德国抱持不正确的坏印象。他们听得我要到德国去，都替我探听德国的实在情形，使我早有准备，庶几到了德国，可不吃眼前亏。他们再三叮嘱我一件事，务须于进德境时，把我身边所带的钱登记，否则，将来定拿不出德境。他们又告诉我许多关于德国的恐怖消息，不说他们替我担忧，连我自己，也被他们说得担忧起来了。

德国人给我的初次印象

偏偏我渡大西洋的时候，坐的又是叫做 remen 的德国邮船，是往来于欧美间的第三艘大船；所以我不到德国，就先和德国的社会接触了。第一个印象，觉得德国人的用具，都坚实巨大，非独他们的咖啡杯大，盘子碟子大，即连他们的牙签，也两端尖，中间阔，好像国内缝工所用的刮浆刀似的，实则，即连德国的人，也似乎比一般的西洋人，要来得粗些，高些。他们于说话时，发出生硬的语音，和法国音相比，顿使我忆起宁波话和苏州话的对比。他们的外形虽粗，他们的用心却细，我们不必从高深的学理，或科学的发明上，去求获证明，我们只须举个简单的例。他们在船舱中，除应有的卫生用具外，更在洗脸盆的一角，钉着五六张长方形的小纸片，是专供旅客们揩剃刀片用的。这虽是件小事，但对旅客，不知要方便多少；尤其值得注意的，纸片的数目，仅五六片，考其原因，因为该船从纽约到德境，普通都不过五天，少了不够用，多了被浪费。从这点上，更可证明他们的设施，非但周到，而且合理。他们船上的行政，亦可代表他们的家政和国政，处处都有周密的盘算，适当的处置，要用的地方尽量用，可省的地方拼命省。他们的细心处，亦即是他们的伟大处。

当时船上的乘客，都是久住美国的德国人，他们所知道的德国消息，即是一般美国人的消息。他们不知道德国的真实情形，究属怎样，只看船上今天一张通告，通知旅客把银钱登记，明天一张通告，通知到他国去的旅客，务须把船上所兑换的登记马克，交还船上账房。这一张张的通告，更使我到处有着戒心，唯恐到德境后，遭遇困难。本想到伦敦后，总可得到一点确实消息，岂知伦敦的中国同学，到过巴黎的很多，到过柏林的极少，又因杂事繁多，无暇探听，对于德国的印象，还是一个总模糊。

进德境时的手续

终于从巴黎出发，经过比[1]境，在七八小时之后，到了德国的边境车站了。德国的车子和欧陆一般的车子相仿，都是靠左手那边，是走道，房间在列车的右手边。房间外面，排列十个数字，代表房间内的十个座位，可左右移动。查票人查票之后，就把有人占据的座位号数，向“已有人占据”的字下一移，这样，新上来的旅客，就不必开进门去，已可知这里面有无空位。我当时满怀心事，那[2]里顾到这些！看见有个座位，就把手提一搁，坐在有人占据，但因旅客在走道上吸烟，因而暂时空着的座位上。比我迟进来的，是一位中年妇女，她在外面看个明白，不慌不忙，坐在仅余一个的空位上。我非但吃亏了，而且也许被人认为鲁莽了。

究竟德国是个合理的民族，合理的民族所干出来的事，决没有像一般所料想的那么麻烦。车子开到德境，当然要查护照，但并不比进法境或比境时，来得严密。税关也要查行李，但只向我看了看，问我有否带着特别的东西，我待把行李打开来，他说不必，随手就在我的二只手提上，签了个字完事。我问他何处登记货币，他就指示我税关

① 即比利时。——编者注

② 即哪。——编者注

所在地，离车子不过几十步路。我把所有的钱带去，他数了一数，就照数登在证明单上，并在我的护照上，注明证明单的号码。手续是出乎意料的简单，办事人是出乎意料的和气，我本恐怕半小时的停车时间，办不了这许登记手续，结果，不到十分钟，已把一切事情，办理妥当，余下二十分钟来，尽够在车站的小咖啡店，喝瓶黑啤酒，吃二个奶油火腿小面包。我记得那瓶黑啤酒的味儿，真是凉澈心肺，使我喝了之后，精神百倍。也许是啤酒的功效，也许因为预料中非常麻烦的手续，居然不到十分钟办完，而且办得非常痛快，因而特别感觉舒适。总之，我在那时，是万分的舒服，我坐在车厢中，和对面的一位小伙子谈天，他也从纽约来，语言上不生阻隔，容易相投，只可惜他到 Konig① 就下车了。

不过话又得说回来，向税关登记银钱，须你自己发动，税吏并不叮嘱你。你知道这规矩，向他询问，他会详细告你办法；倘你不知道这规矩，不去向他登记，他绝对不会麻烦你，可是你就得吃亏了。

银钱登记的必要

原来德国自从希忒拉执政，实施四年计划以来，国内大小诸事，俱由政府统制，就中最严厉的，是不准现金流出国外的一点。每人离开德境，只能带十个马克（一马克约合国币一元三角），因了这个限制，所以德人要到他国去游历，非常困难。任凭你家拥巨产，但钱带不出境，也属枉然。这不仅德国如此，苏俄更厉害。苏俄的法律，不准苏俄人民，随便买外国货，违者须受重罚。记得英皇行加冕礼时，俄国曾派一个舰队，到英国去祝贺，路过汉堡，士兵买了许多德国货，——苏俄的仇货，带回国去，事被觉察，舰队司令竟坐叛国罪而遭枪决。我们初听了这消息，简直难于置信，这就因为我们在自己国内，太自由惯了的缘故。

我们的太自由，就表示我们的太没有纪律，太没有国家观念。所

---

① 即国王大道。——编者注

以国家稍有细故，富人的积款，就拼命存入外国银行，或购买外国货币。据说沪战发动初期，每天总有几百万的巨财，兑成外币，而且愈有知识的人，愈兑换得厉害。这种习气一日不改，民族的前途一日无望。处于这种国际竞争非常激烈的时代，个人的自由，与国家的生存，不能并立。非独个人的自由，应当为民族的生存而牺牲，即连个人的生命，亦当为民族的生命而捐弃。牺牲的准备愈多，实际的牺牲，可愈减少。我这次环游各国，所得最大的感触，即为各文明国民所持国家或民族观念的深切；任凭他们和你怎样要好，一牵涉到国家问题，他们决不肯因小谊而忘大义。我此生没有其他野心，只望国家有我一人，国民的民族观念，可比没有我以前，稍增加一些；虽增加的分量不大，只要能有若干的增益，我亦不负此生了。

话说得太远了。德国既不允许出境的人，携带银钱，旅行者自须于进德境时，报告银钱数目，获得正式证明，表明所带的钱，只从德国经过，非由德国取获。否则，倘没有这种证明，那你非把所有的钱，都在德国用完不可。这是货币必须登记的第一个理由，但不是主要的理由，因旅行者所带的钱，究属不多，随便带在身边，决没有人搜查身体，所以带出境时，虽有法律上的限制，但无实际上的损失。还有第二个理由，那简直使你感受实际上的损失，而且是相当大的损失。

原来德国为招徕旅行者，藉增国家的收入起见，特创登记马克制，它的汇兑率，比较自由马克，便宜得多，普通一个英镑，只够换十三马克，（自由马克，合国币一元三角），但使换登记马克，可得二十马克，（每马克合国币八角五分）。登记马克与自由马克，只在兑换手续上划分区别，在市场上都用同一硬币或纸币，价值全然相等。因有登记马克供外国人使用，所以在德国的外国人，他所需用的生活费，只及本国人的百分之六十。例如一马克的货物，我们用登记马克去买，只合国币八角五分，倘用自由马克去买，就须合国币一元三角了。但所谓登记马克，究属怎样一回事呢？

登记马克的由来

登记马克的由来，也须从德国统制国外贸易和国外汇兑一点，加以说明。德国倚靠工业立国，制造所需的原料，大半仰给他国。德国虽需他国的供给，但不愿己国的现金，流入他国。有些货物，为德国的生存或扩张所必需，供给不到，立刻将感困难；对于这些货物，德国根据全般统计，用现金向他国购买。有些货物，——大部分货物，就德国而言，并不特别急需，德国非独不愿用现金购买，且亦无力用现金购买。私人虽有现金可付，但因一切外汇，均须经手政府银行，政府银行受命政府，不予划汇。政府只允许外国商人，将货物卖给德国，同时，又向德国批货，如此，可在国际汇划上，求得平衡。外国商人，因着本国大规模的制造，德国虽不肯支付现金，但亦不失为国外市场之一，仍愿将货物运销德国。但于德国的货物，在本国没有市场，或虽有市场，因本国政府，不许运入，亦无从批购；积而久之，放给德国政府的贷款为数极钜。既无法收款，只能向德政府登记，“登记马克”的名目，就肇基于此。该项登记马克，积日愈久，为数愈钜，外商无法收款，只能低廉出售，这就是“登记马克”的价值低于“自由马克”的理由。但德国不能允许己国人民，购买此种登记马克，否则，本国人民，将因价值低廉，尽量购买，其结果，势必己国的现金，依然流入他国。同时，德国政府，亦不能允许他国人民，运用登记马克，购买德国大物；否则，德国的货价，无形中，就须大打折扣，对于国际贸易，更为吃亏。但使让外国人来至本国，乘坐本国所已设置的交通器具，消费本国所已具备的日用品物，非独本国的现金，仍可用在本国，且因登记马克价值低廉，更可吸引大批外国人，到本国来化钱。如此种种理由，所以登记马克的使用，只限于他国人，而他国人的使用，也限于用在德国境内的生活费用所需，不能批购货物，到外国去享用。

登记马克初行之时，每磅可买三十余马克，与自由马克相比，每一自由马克，合登记马克 2.3 有余。那时，我国政府派出去的公费生，每月有五百自由马克，可换登记马克一千一百有余。德国的生活费用，即就现时物价高涨后而言，每月有二百马克，在柏林居住，已相当舒适，那时他们竟有 1200 马克之巨，无怪柏林的女子，不单认中国同学为多情，而且认中国同学为多财了。

登记马克既非德国本国人可买，所以假如你要买登记马克，你就非有入境时的证明书，证明你的银钱，确由外国带来不可。否则，你得照本国人的样，依照自由马克的行市，换取马克，再来化用，换句话说，就得把你的生活费用，无端抬高百分之四十。

（原文刊载于《青年周报》第十三期，民国二十四年六月四日，封 2、1—3、8 页）

德奥关系的分析

这是希忒拉的得意政策，每逢国内有变动，国内民心发生动摇时，他就换个方向，引起一个国际问题，使国内人民的注意，渐从内政移到外交，因而减少内政上的严重性。不久以前，希忒拉用迅雷不及掩耳的手段，改组陆军部，调换外交人员，增加国社党在德国政治及军事上的势力，其中未免有使本国人民不惬意处，尤其陆军方面的军官，像白隆培将军，久为德国人民所爱戴，一旦云去，难免人民不生反感。聪明的希忒拉，就在那个时候，用重力压迫维也纳，引起极严重的中欧问题。果然该问题一发生，全国报纸，都集中注意在外交方面，内政上的严重性，很自然地沉默下去了。

希忒拉的看中奥地利，在他的自传《我的奋斗》中，有很露骨的表示，他在该书的开端处，就提出德奥二国的联合问题，他的理由是：

（一）他自己是奥国人，认为奥国对德国的不友善，等于直接和他为难，等于己国的人，直接抛弃了他，这岂是可以容忍的事？一个英勇果敢的政治家，对于非己国的德国，还要加以征服，何况是己民族的奥国？更何况是区区的一个小奥国？

（二）国社党的“汎[1]日耳曼主义”，倘不把六百五十万的奥地利的日耳曼人，包括在内，那还成什么话儿？还谈什么“汎日耳曼主义”？何况这六百五十万的奥地利日耳曼人，根本和第三帝国接境，岂能让他们倔强，非独不崇拜卍[2]字旗，却反加鄙视呢？

（三）奥地利富于铁矿，不说别的，单就Styria[3]的矿区而论，已可于相当程度内，补足德国矿产之不足。铁矿的有无，和德国的能否

① 即“泛”，下文同。——编者注
② 为“卐”之误。——编者注
③ 即施第里尔州，奥地利第二大州。——编者注

存在，密切相关。现在近水楼台，不赶紧设法，还谈什么其他殖民问题？

（原文刊载于《青年周报》创刊号，
民国二十六年三月十二日，第5页）

柏林生活素描（下）

柏林的星期末

柏林的市政，比任何其他都市，都来得合理。柏林的家庭，一到晚上八点钟，就锁大门，你要看朋友，就得先打电话，请里面的人，出来开门。到十点钟，一般都已睡觉，所有无线电话，留声机，都不准开；甚至洗澡，也有问题，因为放水的声音，足以打扰他人的睡眠。但一到星期末（即星期六下午到星期日晚上），情形就大不相同。柏林全市的人动员，都向四郊跑；倘天气好的话，你休想在星期六下午三时左右，在屋子内找到人。连老太婆也不肯关在屋子内。

一星期来的积劳，固需要休息，一星期来的积款，也需要去化散化散了。政府的政策，竭力希望人民，赚钱就用，用完再赚。这样，国内的现资，就可周转流通。人民的习惯，也都一星期内，努力工作，积几个钱，到一定的时间，去用个痛快；每星期末的一天半，就是痛快用钱的机会。

我来不及看他们在冬季时，如何用爬山滑雪等方法，消磨他们的星期末。我很钦佩他们用游泳洗澡等方法，去泄散一星期来的疲劳。男的，女的，老的，小的，有钱的，穷苦的，都一早起身，携着游泳衣，洗衣毯子，食物，往柏林的四郊跑。Wansee，Grunwald，Reischssportfeld 等地的浴场和游泳池，就是他们奔跑的目标。尤其是Wansee，地处郊外，四周风景美丽，浴场设备完全，更为群众趋向鹄的。那是一个极大的公共游泳场所，背后是森林，中间是沙滩，前面是湖，湖用细沙填铺过，从沙滩填出去，约有半英里多远，水位由浅而深，到直外的浮筒线，已有一人多深。游泳的人，不能出浮筒线，有游出去的，就有人在高塔上，发出警告，要他们折回来。浴场沿沙滩建筑，约有三英里路长，所以游泳的范围，约有四方英里半的面积，据说，用一百五十万马克的巨款填成。沙滩与森林之间，筑着一列房屋，里面包括办公室，更衣室，咖啡店，厕所等。屋顶垣平，用作日光浴场，但实际的日光浴场，不在屋顶，而在沙滩上和森林中。

浴场的门票，是 1/4 马克，早晨进去，可直到晚上出来，里面有各种需要品。有兴致划船的，更可租船，但只能在浮筒线的外面划。浮筒线外的湖面，兼具杭州西湖的湖面和钱塘江的江面之美，范围广，波浪大，划起船来，非常兴奋。

浴场里的情趣

从柏林的市中区，乘高架车到 Wansee 去，普通需时十五分钟，车资二十分尼，在 Nicholas 站下车，步行十分钟，就可抵达浴场。沿路是一群群的男女，都向同一目标走去。你不必问路，你只跟他们走去就好了。倘你看见单身的女子，或没有男子伴着的女子群，你就可邀请她们，加入你们的团体。入口时，每人付二十五分尼的门票，又付三十分尼的衣服寄存费，就可在更衣处换上游泳衣，大模大样地到沙滩上去。浴场的规则，男的下身必须遮住，女的还须遮住乳部，其余尽可随便了。满场几万男女，都赤着膊，露着腿，有的在水中玩，有的在沙滩上睡，有的在森林中谈情。普通的程序，都在水中游一阵，玩一下，有点冷了，再到得岸上，在沙滩上仰卧一回，背卧一阵。休息得够了，体力又恢复了，再下得水去。如此水里浸一阵，太阳里晒一阵，倘在开头时，没有搽上油，略减太阳的威势，包叫你半天下来，皮肤由红转黑，晚上全身刺痛，第二三天开始脱皮。然而经过这样的程序后，别的好处不说，对于皮肤病一层，就可全然免除了。

你有朋友的话，就可游过一阵水，到沙滩上或森林中去谈天；你有情人的话，就可于普通谈天之外，更进而谈爱谈情。万一情人朋友，二者皆无，那尽可在游泳场内，临时结交一位。你喜欢那一位，只要乘她不备的时候，潜水过去，使她跌个仰交①，她便是你的游伴了。你给她吃的亏愈大，你的谈话资料愈多，你的才能也愈为她所钦佩，也许以后竟可成为终生伴侣了。万一真没有伴，那你在沙滩上仰卧一阵，俯卧一回，饿时嚼个三明治，渴时喝杯柠檬水，无聊时咬根咸黄瓜，或看报纸，或读小说，或作深思，或览野景，包管你一天过去，痛快满意，晚上多吃几个洋番薯（德人以番薯为主要食品。）而你所付的代价，连车资一概在内，只不过二个马克。平民化的消遣！卫生化的游戏！

三四个月的小孩，也由父母带了出来，叫他们认认湖水的波浪，尝尝太阳的威声。我在这种公共浴场所看见的，不仅是他们每个人所享受的眼前的快乐消遣，更是隐伏在这些快乐景象后面的民族的光明前途。

柏林的跳舞场

跳舞虽不是德国人的唯一娱乐，要不失为德国人最普遍的娱乐。他们没有一个人不会跳舞，也没有一个人，不喜欢跳舞。任凭是二三岁的小孩子，一听见音乐，就会接着乐拍，踏起步来，表出跳舞的姿态。他们的舞场，虽也有像上海那样的 Cabaret，里面的布置特别好，音乐也特别兴奋，并有特别的表演，插在交际舞中。里面也有舞女，每伴一舞，取资一二个马克，还得请她喝喝酒；有人来卖花，还得破费三马克的花钱。自然，里面的饮料，也特别贵些，不讲杯头，都讲瓶头，最起码的，总得五个马克。能有三四人同去，自然合算，但连门票（普通一马克）在内，所费也着实可观。像这种全以营业为本位的舞场，在柏林也不算少，像 Femino，Kakado 等，都是比较有名的。但就一般的德国人而言，这类舞场的地位，并不重要，它们多半都做外国人的生意。

最为柏林士女所趋就的，是 Kroll，Olympia，Delphia 这一类取资低

① 即“跤”，下文同。——编者注

廉的公共舞场。进场无需门票，饮料有低到四十或三十分尼一杯的，舞池和座位，都设在露天，也许你的座旁，就是一颗古树，你就坐在古树的枝叶下，听一阵阵的乐声，随着习习的微风，从辽远的乐台上，传播过来。你一面抽烟，一面和朋友谈天，舞兴来时，就在邻近座头，拣个身材较称的女郎，走将过去，微微向她鞠个躬，她就会跟着你，走到舞池，在挤满着舞伴的舞池中，绕着那颗古树，（指 Kroll 的那个分池）舞上三曲。也许双方都会热得出汗，要使你平常怕热的话，也许汗会直流脊背。音乐终止后，你把伴舞的女郎，送到她自己的座头，对她说声谢谢，就可回到自己的座位上，擦去额上的汗，喝口清凉饮料，一面抽烟，一面再打开话匣子来。要使你兴致过浓的话，等到下次音乐，再去舞它三曲。其实如其说是舞，毋宁说是脚踏，舞池虽不狭小，但因加入跳舞的人，是如此之多，以致每一对舞侣，在每拍音乐内，只有一尺见方的地位，前后左右，都密布着人，向你的地位拥来，你也只好向前面的空位拥去，决不容你摆起架子，展开你的舞步。然而真正的乐趣，也许就在这人挤人的局面中，大家只跟着乐节，左右蠕动着，忘记一切俗事的挂念，忘记一切人我的界限，满池的伴侣，都在同一的节拍下，跨着或踏着同一的步子。要使跳舞确有最高境界的话，这就是它的最高境界了。这种近于 ecstasy[①] 的境界，决非在人数稀少，各人须致意于步子的正确的场合，所能达到。

刚才说过，德国人都爱跳舞。上舞场去的男子，都不愿意带舞伴去，舞场内的饮料，虽不昂贵，但二个人的费用，总比一个人的要加倍。而且一个人去，喝一杯柏林本城酿制的啤酒，只须三四十个分尼，女孩子虽不喝啤酒，多喜欢咖啡，咖啡的价目，至少要一个马克，所以在实际上，带女孩子去，竟要多化一倍以上的钱。因此，男子上跳舞厅去，多喜欢独自个去。女子既没有男子带，只好自己去。她们既为跳舞而来，所以你去请她们跳舞，她们总不致拒绝，——除非在特殊的场合，虽则一个女孩子，独自个坐着，却在等候她的男友，或因

---

① ecstasy，意为狂喜、入迷、销魂。——编者注

跳得太多，需要相当的休息，那时，她不和你跳，也必同时不和其他的男子跳。那你虽被拒绝，也无所谓。在外国，不仅上舞场去，要抱这样的态度，即做其他的任何事情，都须抱同样态度。被动式的东方态度，施行到西方去，简直会使你到处吃亏，决不单使你感觉格格不能相入罢了。

柏林的生活

柏林的房东，一般都欢迎中国同学去住，这也许因为她们做过中国同学的生意，觉得中国同学，都比较有钱，而且比较肯化钱。尤其自从希忒勒[①]排斥犹太人以后，犹太人的住宅，德国人不愿去住，他们特别迁就中国学生。

德国的警察局，管理住户极严，房客租定房屋之后，就须填写迁入单，经房东签署后，向警察局去报告。以后每次迁移，就须在迁出时，送入迁出单，到新居后，又送达迁入单。递交迁入单后，就可向警察当局，取获居住证，凭这居住证，方可向铺子购买牛油猪油等物。我离开柏林的时候，据房东说，从十月份起，连面包也须凭证购买，以示限制，这也可证明德国内部的空虚了。苏俄人讥讽德国人，说：从前苏俄粮食不足，每人每日所需，均受限制，现在第二次五年计划完成，牛油之类，都非常充足，苏俄不必再用食物限制证，留剩下来的证券，将列入国外贸易，专门运到德国去了。这虽挖苦得有点过甚，然而德国的感觉原料的缺乏，也属实情。希忒拉处在这种实际情形下，还高唱惊人的言论，夸张德国的实力，那自然要被法国人称为一只Cuckoo了。

柏林中国同学所住的房子，虽在住宅区的夏绿登堡区，也都每月不过四十马克；普通每月能出三十马克，也很相当舒服了。早餐，擦皮鞋之类，都由房东涉理；要使你和房东相处得法，包管你的生活，相当满意。至于饭食，柏林大学和高工，都有学生食堂，每餐六十分

① 即希特勒，下文同。——编者注

尼的菜，也很可过去。晚上能吃冷食，叫房东预备几个三明治，喝一杯咖啡，那更可节省得多。概括地说，一个不讲交际的学生，每月能有 150 马克，很可过去，甚至学费（每学期六十马克）也可包括在内了。

（原文刊载于《青年周报》第十五期，
民国二十七年六月十八日，第 3—6 页）

欧美透视：法国人的特性

——在法国，每件事情，都比她的外表，要高出二成；在德国，每件事情，都比她的外表要减折二成。

法国女子为例

从各方面来讲，法国的国家，总算是个成功的国家。无论她的语言，她的文学，她的艺术，她的文化，都在全世界的人类中，占据优越地位。即连她的女子，也可算是全世界最美丽的女子。我们从巴黎到柏林，第一个印象，就觉得柏林的女子，远不及巴黎的美；柏林的女子，也自认为如此。美国的女子，简直承认巴黎的装饰，是全世界装饰术的正宗。任凭希忒拉①和它的党徒，怎样倡导 Deutschland uber Alles② 的口号，然而柏林橱窗上所陈列着的，个个都是法国面孔。至少，在这一点上，不是 Dr. Goebbels③ 的宣传能力所能转移的了。法国女子的美，并不完全因为她们的装束好，同时，也因为她们的举止，她们的谈吐，她们的气概，都经过涵养，是优秀的法国古文明的产物。不在这种文明环境中生长的别国女子，任凭她们怎样模拟，也决不能到位，不知不觉间，就会露出她们的狐狸尾巴来。尤其是少年国家的美国女子，任凭怎样检点，可是谈不上半小时的话，就表露出匆忙，暴躁，计较等等特性来。法国真可算是全世界最文明最和谐的国家了。不过自从欧战以后，法国人也感觉到单有文明与和谐，是不够的，世

① 即希特勒。——编者注

② 即德意志高于一切。——编者注

③ 即戈培尔，上文翻译为戈培尔斯矮。——编者注

界已是变了，而且变得非常的快，世界变动的趋势，决不允许法国的民族，自囿于和谐与美满的理想境中，而不图谋应付。至于应该怎样去应付，法国到了现在还没有痛快的决定。他们之所以不从速决定，一半也因为他们是有文明的国家，不肯轻易抉择一端，而把其他的方面，都一概掩遮住。

澈底的个人主义者

记得 André Siegfried[①] 曾有这样一句话："除了个人主义者一字外我们简直不能了解法国。"的确，法国只是一个包括四千二百万个人主义者的国家。她的好处，固然在此，她的坏处，也就在此。我们以后讲她的生育问题，和政治组织，还要说明这点。一般的法国人，都感觉到，他们的国家，是相当的成功，因而都喜欢过优闲[②]和舒适的生活。他们最喜欢的玩意儿，是河边垂钓；他们对付事物，务求其合理，不尚意气，不激烈，不暴躁。看上去似乎迟缓，但一经决定，轻易不肯让步。他们曾于极长时期内，不肯承认希忒拉是个大有作为的人；他们心目中的希忒拉，只是一只"Cuckoo"。如今他们也稍经心点了，但使有人对他们说，希忒拉是个先知，他们就会很自然地给你一个讽刺性的答复："先知？现在不会再有先知了！"

不到老虎追到脚跟，决不动手

世界急转直变着，他们并不特别焦急，只暗中计划着，准备着。他们希望教育他们的子弟，教他们从幼年时候起，就积极准备，应付将来的危机。他们最喜欢做的事，是不做什么，过着优闲和舒适的生活。他们不到老虎追到脚跟，不肯轻易动手，但一经动手，就不肯轻易放手。所以有人说："在法国每件事情，都比她的外表，要高出二

---

① 安德烈·齐格弗里德，1875—1959 年，法国作家。—— 编者注
② 即悠闲，原文如此，下文同。——编者注

成；在德国，每件事情，都比她的外表要减折二成。”这是批评法德二国最中肯的话。所以万一战事发生，一般的法国人，都积极参战，而且很不容易击败他们。他们的活力，虽因古文明的薰冶①，而低沉了些，但要振作起来，还是不容轻视的。他们不情愿德国占据他们的任何东西，他们感觉自己无力保护时，宁愿毁之于火。法国的老成，并不一定等于颓废，这一点，德国人已于 Verdun② 地方，获得极好的教训了。

不肯生育，是法国目前的大问题

法国的个人主义，影响于家庭生活，就造成减低生殖率的现象，形成法国最严重的问题。而且旁的问题，尽可由几个大政治家，运用敏捷的手腕，一个个地加以解决，唯独不事生育的问题，因种因于每个人的心理，绝对不能用外力来干预。然而要转移全国人的心理，那是多困难的一件事啊！

一九三四年，法国新生的人数是 677365 名，死亡的人数，是 638525 名，生育超过死亡，为数仅四万名。一九三五年第一季的生育率，比一九三四年同季的生育率，又减少了一万。一九三四年生育率，是每千人中，有 16.1 人，以后每年在递减着；可是它的死亡率，却是每千人中有 15.1 人。反之，德国在同年的生育率是 18.0，而其死亡率是 10.9。同年，意大利的生育率是 23.2，死亡率是 13.1；苏联的生育率是 44.1，死亡率是 26.1。

平均而论，德国每年的生育数是一百万，希忒拉还感觉太低，年来公然用政府的钱，津贴人民，养育子女。其法，凡欲结婚而无能力的人，可向政府借款，婚后每产一儿，可折减借款的三分之一；婚后而不生育，该款全须追还。同时，希忒拉又提倡贤妻良母主义，女子已结婚者，不得在公家机关任职，即在私人机关，也不聘任已结婚的女子，其目的，无非要使女子住在家内，替希忒拉的国防军，制造原

---

① 即熏冶。—— 编者注
② 即凡尔登（法国东北部城市）。——编者注

料。眼见德国的人口，将愈弄愈多了。反顾法国方面，每年的生育数，仅七十万人，已比德国的每年一百万人，减少三十万，何况她们生育比数，每年不见增高，反日见递减呢！

在这种情景下，无怪法国四千二百万的人口，看到莱茵河彼岸的德国六千五百万人口，要万分焦急局促不安了。也无怪著名的福煦将军，曾有一次，发出如此的议论，以为法德问题的永久解决方法，即为阉割二千万的德国人，使其不具生育的能力。这一句话，虽近乎打趣，实则含着极大真理。真的，法国当前的最大问题，并不是内部的经济或财政问题，也不是对外的莱茵河驻兵问题，或对德国的准备问题，她那第一个大难题，就是怎样提高全国生育率的问题。

时时内阁改组

法国的个人主义，影响到政治方面，就造成了议会中的无数党派。很显明的，德国是希忒拉的国家，不仅在外表上，满街都是希忒拉式的举手礼，满耳都是“希忒拉万岁”的呼声，即在精神或观念上，也都深受希忒拉和 Dr. Goebbels 的宣传，认为希忒拉是德国前途的唯一的希望。这在法国，就全然两样了；不仅没有一个人，可作全法国的号召，更且没有一个党，真实领导法国的民众。Lèon Blum① 和他以后的人民阵线，天晓得，不知包括多少的左派小党在内！法国的下院，共有六百十八②个议席，分成无数的小党派，在短短的六十八年的共和历史中，组过九十八次内阁，每一内阁的平均寿命，不过八个月。现在活在法国的，从 Paul Boncour③ 起，到 Chautemps④ 为止，共有十六个前任内阁总理，每一个人的正式称呼，都是“M. le Président (du Conseil)⑤”。造成这现象的原因，虽有多种，但主要的，还因为法国

① 莱昂·布鲁姆，1938 年 3 月 13 日—1938 年 4 月 10 日任法国总理。——编者注
② 即六百一十八，原文如此。——编者注
③ 即约瑟夫·保罗·邦库尔，1932—1933 年任法国总理。——编者注
④ 卡米耶·肖当，1937 年 6 月 22 日—1938 年 3 月 13 日任法国总理，激进社会党。——编者注
⑤ 即部长会议主席。——编者注

的所谓政治，只是个人的事，下院的代表，如说他是某一党的代表，毋宁说他是一个个的个人。而且在现在的下院中，共有三十一席，竟是不代表任何党派的个人。法国的党派，有如此之多，以后没有一个党派，得能单独组阁；他们所组的，都是数党联合的混合内阁。

不过有一点，外国人很容易缠混，原来他们的内阁，虽不时改组，但在实际上，并不表示重大的意义。法国的吏员制度，保持着政府的组织，紧密而又严正。真正统治法国的，不是时刻变动着的内阁总理，而是潜在政潮后面的常务吏员。所以在事实上，自从欧战迄今，法国政府的改组，具有真正改组的意味的，不过五次，和英国内阁改组的次数相当：第一次，是一九一九到一九二四年 Bloc National[①] 统治的时期，主要的领袖，是 Clemenceau[②]，Poincaré[③] 及财政上的集团；继此而起的，是一九二四年至一九二六年 Herriot[④] 所领导的左派混合内阁，即所谓 Cartel des Gauches[⑤] 者是；迄后，从一九二六到一九二九年，Poincaré 重起组织，维持法郎的地位；自此而后，则有若干左倾混合内阁，施政方针，多少与法国财阀及法国银行相冲突，所历时间，约为从一九二九到一九三四年；继此，则为 Doumergue[⑥]，Flandi. n 及 Laval[⑦] 的 "National"[⑧] 内阁；直到一九三六年五月，才由现在的人民阵线，主持政局。

古怪的新闻界

法国的个人主义，影响于新闻事情业，形成无数唯利是图的报家，单就巴黎一城而论，报多至 102 种。最使人惊奇的，就中仅勤王党的

① 即欧盟国家。——编者注
② 乔治·克列孟梭，法国政治家、新闻记者、法兰西第三共和国总理。——编者注
③ 亨利·庞加莱，法国数学家、天体力学家、数学物理学家、科学哲学家。——编者注
④ 赫里欧，法国政治家，1924—1925 年及 1932 年任法国总理。——编者注
⑤ 即左派联盟。——编者注
⑥ 加斯东·杜梅格，1934 年 2 月 9 日 1934 年 11 月 8 日任法国总理。——编者注
⑦ 皮埃尔·赖伐尔，1942 年 4 月 18 日—1944 年 8 月 19 日任法国总理。——编者注
⑧ 即国家的。——编者注

Action Francaise①，和共产党的 Humanite②，稍忠实些，能尽新闻界的职责，其他的日报，都有新闻篇幅出售。据说，每次有各国的使节，到了巴黎，定有报馆内代表，前去接洽。那时，倘能稍出点钱，以后这个报纸，就会处处捧场，官誉大可增高。其实，巴黎的报纸，不仅接受巴黎人的津贴，且亦受外国政府的津贴。最显著的，意国攻伐阿比西尼亚时，意政府曾用六千五百万法郎，收买巴黎报馆，替她的侵略辩护；同时，法国本国的政府，也多买通报馆，维持自己的地位，拥护自己的政策。法国的内政部和外交部，就各有自己的机关，替自己说话，这种风气一开，非经极大努力，不能剪除时。记得勃鲁姆执政，也曾对这问题，加以考虑，并严加禁止。但积习已深，一二次的法令，无济于事。

让法兰西活着

法国民族的另一个特点，是憎恶战争，酷爱和平。这在一方面，固因民族的特性使然，同时，也因上次大战，法国人民所受的痛苦，实在太深了，所以一讲起战争，人人都生恐惧之心。其实，这也可算是欧洲民族的一般心理。凡受过上次大战的苦的民族，都竭力要避免战争。即如德国，自希忒拉执政以来，军备的热心，可算达于极点，然而现在德国的中年妇女，都亲眼看见自己的父兄阵亡，自己的母亲守寡，又亲自经历战后的生活的痛苦，所以一听见战争，立刻谈虎色变，唯恐战神复临。这班中年妇女的惧战心理，至少，可使欧洲第二次的大战，延迟若干年。

法国人本是和平的民族，经受上次大战的恐怖，自然厌战的心理更切。德国人的口号，是“德国高于一切”（Deutschland uberAlles）；

① 即法国行动派。——编者注

② L'Humanité，即法国《人道报》，是法国共产党中央委员会机关报，为法文4开日报。在巴黎出版，1904年4月18日作为社会主义报纸创刊。1920年成为法国共产党中央机关报。该报反映和维护劳动群众的社会和经济利益，读者多为党的活动分子和产业工人。——编者注

英国人的口号，是“英国统治一切”（Rule Britannia）；法国人的口号，却为“让法国活着”（Vive la France）。法国人不愿死，他们愿意活着，愿意世世代代经营他们的小铺子，耕种他们的小田园。

试读法国一般日报上的召租（录入者注：招租）广告，都说“兹有五开间房子一座，地点适中，交通便利，水汀等一概齐全，还有防弹设备”。这是法国一般人惧战心理的最具体的表示。

没有一个政府，能够派遣一个法国人，越过自己的国界，对他国作侵略战；可是，万一有人大胆，竟敢跨入法国的边境，那全法国的人民，就可立时动员，护卫祖国，这就是法国民族的真正伟大处。

（原文刊载于《青年周报》第二十期，
民国二十七年七月廿三日，封2，1—3页）

水城种种

美丽的水城

是一个烟雨弥漫的晚上，我匆匆地从罗马赶到威尼斯。威尼斯通称为水城，全程没有一辆汽车或其他公共车辆，全靠渡船维持交通。渡船沿马路开驶，中间没有站头，每到一站，停几分钟，上船的上船，下船的下船，和各城市搭电车或公共汽车的情形，全然相似。在威尼斯，渡船就是他们的电车或公共汽车。路上既没有车辆往返，所以平日散起步来，非常舒适，不必提心吊胆，唯恐撞着车子似的。这是住在水城的人们大便宜处。街市沿河岸建筑，呈狭长形，从河岸到街市的他端，距离均近，用不着车辆代步；偶有稍远之处也若干平行的小河，与外河成垂直形相接，旅客可雇威尼斯最著名的 Gondola①，驶行到各处去。

威尼斯确是美丽的水城，要使是雨天，你坐在沿河的旅馆内，眼望河面，看雨点打在河面，溅起无数水珠，那时，你只看见河面的许多水珠，不会想到你是在看雨。要是雨落得大些，河水陡然增涨，渡船开过，一阵阵的河浪，打着河岸洗冲水门汀的街石。水是如此的清澈，街石是如此的洁净，我真恨不得我的全身，在街石上一放，让继续不断的河浪，把我身上的腌臜，冲洗个干净。

威尼斯的晴天，更使人沉醉到十二分。我真不能忘记八号那天中午。刚下过雨，整天的大雨，威尼斯的每一片树叶，和每一粒砂石，

① 即冈朵拉，威尼斯特有的平底狭长小船。——编者注

都被雨水冲刷得干干净净。被云霓遮掩过二足天的阳光，突然破围而出，分外觉得显明。

威尼斯河面的水，经这太阳一照，那里还是河面，简直是个蔚蓝色的镜面。真的，说它是蔚蓝色的镜面，还太呆板些，因它决不像镜面般的僵硬。它于平静之外，还有流动的特征。它简直像清明节前后的广大的小麦田，春风吹过，嫩绿的麦苗，形成细小的麦浪，不仅生动着，而且放出一缕缕的麦苗香来。那时的威尼斯河面，真像这样的麦田，只是河面的幅员，因天色晴明，可看得极远，远到没有边际，那时，我才发觉，躺在我面前的，那里是一条河，简直是一个湖；实则，又何止是个湖，简直是个海。本来是海啊！是 Adriatic 海[①]的威尼斯海湾啊！各种吨位的出洋船，都可在它上面，进进出出，毫不受阻。

太阳照射海面，海面反出绿光；太阳照射街头，街头反出白光；太阳照射威尼斯的红男绿女，红男绿女，反出笑迷迷[②]，醉哄哄的神情来。那时，我坐在 Hotel Savia 面前的咖啡店内，一面抽板烟，一面喝蒸馏出来的黑咖啡，我真是沉醉了。任凭你用烈性的茄门烟，或用刺人的南国咖啡，你也提不起我的精神来了；——除非是太阳隐去，凉雨重降我的头上，海浪重击我的脚踝。真的，我一直呆坐着，呆望着，直到下午三四点钟，黄少谷先生[③]，湖南省南县人，原中国国民党中央常务委员，中央宣传部部长。）夫妇走过来招呼我的时候我才第一声开口。

船改了程

十月七号是康脱罗素[④]从威尼斯开驶的那天，我在柏林，就买了票，在柏林买票，可用登记马克付费，又可打学生扣，无形中，要便宜七折。本来德国的登记马克，只准外国人到的德国境内去用，严格

---

① 即亚得里亚海。——编者注

② 即笑眯眯，原文如此。编者注

③ 黄少谷（1901—1996）。——编著注

④ 意大利邮轮名。——编者注

地说，不准外国人购买任何德国物品，携带到外国去。只准你购买物品，在德国境内消费。实际上，我们尽可用登记马克，购买照相机，望远镜之类，全然不受限制。因为我们所用的马克，是和自由马克全然相同的货币，谁也辨不出是登记的或自由的。

至于购买船票，——尤其是意大利船的船票，那不仅不在德国境内消费，而且替意大利人赚钱，德政府自不允许外国人用登记马克，买该项船票，增重它在国外贸易上的输出负担。我国商人，在这种地方，很会取巧，就有一个广东帮的商人，经营一个名叫“文诚旅行社”的机关，可替你用登记马克，去买船票。你个人直接向船公司去买，船公司要看你的护照，你领过登记马克，上面都有记载，不肯把票卖给你。你借手于旅行社，旅行社查验护照，自然大可马虎些，等他用马克去定票①，船公司也无从查核你的领过登记马克与否了。尤其是非德国的船公司，生意要紧，也何必替德国政府，斤斤较量，只要面子上过得去就好了。旅行社的一转手，就可在面子上，过得过去，于是中国同学的回国车票和船票，都可用登记马克，在柏林购买。门路较通的旅客，决定要到德国去，更可托柏林的朋友，用登记马克，购买从上海到柏林的车船票，其中单就意船经济二等的船票而论，就可省去十二镑钱，合国币约三百元。

我一买到票就匆匆往南欧走，不知船公司的方面，有什么变更。我早准备要回国了，那时到了威尼斯，更一心一意地要回国了。不过到了威尼斯，第一点，就感觉奇怪，我在柏林时，得知有四五十位中国同学，都预备乘康脱罗素回国，怎么在六号的晚上，威尼斯的街上，竟不见一个中国同学，只在所住的 Hotel Savia 中，遇到黄少谷先生夫妇呢？我也不管这一切，就在六号那晚上，于细雨迷濛②下，把水城的街市约略看了看，七号那天，更参观了几个地方，等到吃好中饭，就和黄氏夫妇，一同叫了一只 Gondola，在大雨中连人连行李，到了康脱罗素船上。路上还这样说：让他下雨罢，一上了船，就可舒舒服服的休息了，任凭下铁下雪，也不管我们的事了。多热烈的船上安逸生活的期待啊！

---

① 即订票，原文如此。——编者注

② 即迷蒙。——编者注

总算是合理的办法了

真出我们三人意料之外，一上船，就有人领我们到账房间去接洽。那边的负责人，对我们说，船只开到孟买，并没有船在那边接。旅客或可在意大利等候下班的康脱皮样卡马诺，该船将于十三天后，在热内亚开驶，每人由船公司津贴四十利尔一天的生活费，并一张从威尼斯到热内亚去的二等车票。倘要离开意大利的人，也可乘船到孟买，在那里候船，还给予半镑一天的生活津贴费。这真是个晴天霹雳！那就是说，我们必须再在大雨中，把行李拿下大船，再叫 Gondola，再回到旅馆去。尤其是我，那天故意不睡中觉，希望上船以后，好好休息一回，恢复十余天来旅途上的劳顿。如今欲休息而不能！欲回国而不得！威尼斯虽美丽，没有十余天可住，热内亚也没有什么了不得，还是到那不利[1]去乘船好。到那不利去，也不值得住上十多天，那只好重回罗马。换言之，我必须把这次从罗马到水城的车程，重赶一趟，重来一次车子上的劳顿。这是多大的失望啊！但船不到上海，也属无法，只好和黄氏夫妇，把刚才从旅馆到邮船的手续，照法泡制一遍。多乏味的重复泡制一遍啊！在这里，有一点值得我们特别注意：船公司给付旅客的每天四十利尔的津贴，虽不够旅客一天的开销，但他们对于旅客的照顾，总算也可使人满意了。我于办好手续，领到津贴后，特向主持人道谢，我当时申明，我所感激的，并不是每天四十利尔的津贴，和一张二等车票的票资，乃是他们对于旅客们所用的关心和好意。

既不能回国，索性好好地利用这十三天罢！既如此决意，一片失望的神情，也随而消失了。我们在当天傍晚，亲眼看见康脱罗素，慢慢地，从 Hotel Savia 面前驶过。

---

① 今译那不勒斯。——编者注

道格斯宫地牢中的故事

圣马可广场，是威尼斯城最热闹的街头，那里最讨旅客欢喜的，是几万只驯善柔顺的鸽子。要使你在手心上，放着几粒花生米，或其他细小的硬果，就会有几十只或几百只的鸽子，飞到你的手心，飞到你的肩胛，飞到你的头上。它们不怕游客的趋近，它们只怕威尼斯的午炮。午炮发放时，全场的鸽子，都一齐飞上天去；那时候，满天都是鸽子，表示出威尼斯的一个壮观！

靠圣马可广场一边的，是威尼斯市史上著名的道格斯宫，里面陈列着许多名刻名画，大可供游客一天或半天的鉴赏。其中最引起我注意的，倒不是这些名画，却是皇宫靠海那边的一个地牢。我在美国时候，早就听人说到这个地方，据说，英国的诗人摆伦[①]，为欲体验坐牢的滋味，曾自动地愿意在这地牢里面，禁闭二天。内中大多数牢屋，已改换面目，只留着臂膊般粗的铁石窗杆，表示它们昔日的威风。里面的牢屋，一间一间地引入[②]进去，愈走进去，愈感觉到毛发颤栗[③]。我因为一个人去参观，走到半途，只好稍待片刻，等其他的游客一同进去。尤其走到那间完全保持原状的牢屋时，我真不禁战栗起来了。不说别的，单就进门时所嗅到的那股从木板上发出来的气味而言，已经使我不敢向前了。

你说我胆怯吗？也许是的，然而朋友，我且讲个故事给你听，也许你听了后，不敢过分装作大胆了。

有一天，有二个男客，和一个女客，同去参观地牢。其中一位，提起摆伦自愿受禁的故事，女的钦佩摆伦，另一位男的，表示不服，以为明知是玩意儿的坐牢，过了二天，就可出来，决领略不出坐牢者的真正心里；而且这种玩意儿的监禁，人人都有胆量试，也用不着什么钦佩。于是男女游客的争论开始了：

---

① 今译拜伦。——编者注

② 原文如此。——编者注

③ 即战栗，原文如此。——编者注

你既说，这是轻易地事，你胆敢一试吗？

有什么不敢，只是时间关系，不能有二天之久罢了。

二小时如何？现在一点半，三点半来找你；离宫门关闭的时候，还有半小时，我们有充分时间，把你接出牢去。

他们走了，把他一个人，关在一间地牢内。他们三人同在时，根本不觉寂寞，可是一等到他们离开时，四周的空气，显然两样了。一种腥臭的秽气，一阵阵地从旧木板中，旧石壁中，旧栏杆中，冲入他的鼻孔，弄得他浑身难受。他从牢屋的这边走到牢屋的那边，脚步声在牢屋中，显得分外响亮。实则，何止脚步声如此，即连他自己的呼吸，也变为非常清晰了。到了后来，对他自己的心跳，也可听得非常清晰了。冷静和寂寞，侵占他的全身。他想呼喊，但四壁的回音，徒增牢屋的森严。他用双手去摇窗槛，全是拳头般大，摇撼不得。他用拳头去敲牢门，他的拳头敲痛了，牢门依然紧关，毫无一点反响。这种种，益使他整个的心灵，感觉寂寞，感觉失望。他何尝在和人赌气，他简直在亲受铁窗风味了。

他挣扎些时，觉得疲乏了，很想休息一回，但那里①去休息呢？没有凳子，只有几块木板，而这几块木板，老是发着臭气，他穿的一身好衣服，怎肯让它玷污呢？他只好立着，尽量捡远离木板的地方站着。忽然，时间的观念，侵入他脑中去了。他好像觉得很长的时间，已经过去了，怎么他们不来开门呢？也许他们有意作弄他，今天四时前，竟不来开门，那就糟了。一过四点钟，整个的皇宫，就要关开②，直要关到第二天早晨九点钟。那就是说，他就要一个晚上，没有饭吃，没有酒喝，没有床睡。一想到饭，他竟饥饿起来了；一想到酒，他竟口渴起来了；一想到床，他又十分疲乏了。他恨那个女孩子，怎么这样忍心，竟会禁闭他一夜呢！万一晚上宫内发生什么事情，那他岂不白被牺牲了吗？他想到他的妻子了，他想到他的父母了，怎么他会如此的蠢，要硬做好汉，以致受他人的作弄呢？

忽然，他肚子觉得不舒服了。啊！那更糟了！他从前曾患盲肠炎，

---

① 即哪里，下文同。——编者注

② 原文如此，疑“关闭”之误。——编者注

医生劝他割，他一直挨延着。医生对他说过："你此时不割，也许到一时候，你虽要割，也无人替你割，那是很危险的。"真的，现在应验医生的话了。要使他们真的今晚不来开门，那急性的盲肠炎，决等不到天明的，看去他的生命，定然难保了。现在莫说二小时已过去了，也许四五小时早过去了。那个女孩子，也许她并不存心要弄他，也许她玩得太起劲了，忘记三点半钟来开门了；等到她觉得后，已过四点钟了，守门人回家去了，那里去找守门人呢？毫无意义地，他的生命，要从此结束了。

他像孩子般地哭起来了。他预备死了。他也顾不得什么，随身一倒，就倒在那块频频送出臭气来的木板上面了。

三点半前五分钟，另外二个游客，按时来开牢门，只见他蓬松着头发，盘曲着身体，躺在那块频频发出臭气的木板上。他以为自己已死于盲肠症了。

外面的冷空气，刺激了他，他突从地上爬起，往牢外直奔。他们跟在他后面，但那里跟得上。等他们回到旅馆的时候，发现他在旅馆的咖啡店内，大喝其啤酒，大嚼其三明治。

不容说，他在那时候，也很佩服摆伦的勇气与胆敢了，只是不便向那位女孩直说。

（原文刊载于《青年周报》第十八期，

民国二十七年七月九日，第8页）

波士顿杂记：哭亡姊

（一）

有一天下午，哈佛中文圕[①]主任裘开明[②]先生递给我一封由他转交的妻由国内寄给我的信，那时，我正脱去衣服，打算睡好午觉，精神充满些，再上怀屯南圕去念书，一拆开那信，开头就是一个噩耗，原来我的大姊，已于十一月初，在诸暨县内名叫佳山的一个村庄内逝世了。据说，死的原因，因操劳过度，姊夫因怜惜钱财，不肯邀医诊治，以致不起。我听了这噩耗，不知所措，呆呆地坐在床上，约有十五分钟，也分析不出当时的感觉，究属如何；只觉得心口近处，有一股气，要想喷射出来，气的势能，是如此之大，简直要把我的心房，从里面冲出来，但因喉咙的阻梗，又不得不抑压下去。那时，我的胸怀，好像充满着江南霉雨时的水蒸气，碰到任何实物，就会凝聚拢来，浸渗进去。果然，隔不数时，那股热气，逐渐具体化了，逐渐可辨认了，原来只是悲哀的突然升化，不过升化之后，又转复了原形，连我自己也可很明晰地辨别出来。一阵心酸，涕泪突然溢出。

近几年来，因为家庭生活，较为安逸，做事也相当顺手，长久没有这种经验了。刚离开家，妻送我上船，相互道别，那时候虽也有相似的感觉，但没有像这次的厉害。不错，自从我长兄父亲相继逝世，嫂嫂随而改嫁，三弟不安学业，出走不返，迄未知其下落以来，我们

---

① 即图书馆，原文如此。—— 编者注

② 图书馆学家，哈佛大学中文图书馆馆长兼中国文学系讲师，1937 年 1 月回国授课考察时，正在哈佛留学的詹文浒为其饯行。—— 编者注

全家，自老母以下，只有我和小弟二人，苦苦支撑着。四妹从小给人领去，和我们的感情，总觉格格不入，只有大姊，虽出了嫁，而且大的外甥，也快二十岁了，但她无时或忘她的母家，她的老母，和他[1]的两个弟弟。尤其在我离开祖国的时候，老家只有老母和小弟二人，老的老，弱的弱，更需要大姊的主持，如今她死了，母亲在一方面，失去一位有力的助手，同时，亦必回忆她过去的身世，感觉分外的悲痛。

（二）

的确，我们的家庭，从前相当地热闹，上有祖父祖母，作为荫庇；父亲主持家政，不必母亲操心；下有我们弟兄四人，姊妹二人，而且大哥已结了婚，母亲虽终日操劳，管理农家琐务，但不必负担经济责任，家用缺少什么，只须[2]一开口，父亲就立时备办。她在邻里亲戚当中，确算是有福分的人。后来，什么都变了，大哥结婚二年，遽在二十一岁那年死了；接着，祖父母相继逝世；同年的冬天，父亲因诸暨大水，颗粒无收，家用无所取给，而我第二年的学费，也没有着落，一时忧虑过度，更兼操劳过甚，终于一病不起，离我等而长逝。

那时，一家之内，我最大，仅十六岁，三弟十岁，小弟四岁。父亲死的时候，我还在嘉兴秀州中学预备冬季大考，及至接到家信，赶回家去，父亲已草草成殓，并已出殡。他临死的时候，还连说着“浒儿的学费，没有着落。”直到如今，我每想到这一句话，不禁鼻腔酸辣辣的，泪珠夺眼而出。即在现在回想当年回家以后，不见父亲，只见父亲的灵位设在中堂时的情形，我又不禁泪为之下了。所以那时，我在波斯顿哭亡姊，很自然地反转而哭先父，也正因为我转念而哭先父，我更不能不大哭亡姊。因为那时，我是一家的主人了，然而我的年龄，还只有十六岁，我的学历，还只是旧制中学二年级生。母亲又是向来不理外场的女□，父亲一死，她于家务，一点都无接洽。我们只看见一群一群的人，向我家里来讨债，而我父亲出借的钱，除有登录者不

---

① 应为“她”。——编者注

② 即“需”，本书中，“需”与“须”有时不分。——编者注

能避免外，其余一概无从查悉。父亲因为生性豪爽，钱财索不重视，而又不喜记账，所以终生辛勤，其结果只留给我们两千块钱的债。当时，我的叔伯，都主张我立时停学，谋个小学教职，一年赚六七十元，对家用需要，也不无小补，至少，可免除二十余元一学期的嘉兴秀州中学的费用。唯我母亲和大姊，因见我听闻类话，暗自下泪，知道我不愿辍学，决意许我继续上学。

我真不愿回忆当时的情况。白天到我家里来的，都是一班要我承认父债的人；一到晚上，全屋子内，仅剩母亲，大姊，二位弟弟和我。我们没有饭吃，仅从华洋义赈会那边，领到一斗玉蜀黍①，磨成粉粒，制成“六谷糊”。这“六谷糊”我们不仅用来充饥，而且将成为我们以后五六月内唯一的食品；须到明年五月，早稻成熟，我们方再有饭吃。我们到了晚上，勉强吞下“六谷糊”后，弟弟们先去睡，而我和母亲大姊三人，坐在父亲的灵前，磋商我们以后的家政和生活。我的学费，我只要求十元，这数由我父亲的一位朋友承受去了。我们的债呢？我们此后的生活所需呢？我们第二年的种田本钱呢？我们家里既没有成人的男子，势必要雇长工，从事耕作，不说长工的给养为难，眼前的问题，连长工的“上头钱”，普通是十元，也拿不出。因感到没有人料理，就想到我们的大哥，又想到改嫁的大嫂，那时，我们三双眼睛，不期然而然地都向着父亲的灵位直望，流出黄豆大的眼泪来。母亲又哭了。因为母亲哭，两位弟弟，也在半睡半醒的状况中，随和而哭。可怜这两位弟弟，那时，也因每天在哭的环境中生活，变成非常的敏感，一听见母亲哭，就立即同哭。他们不知道什么，只知道母亲哭，总是凶多吉少，所以总是共哭。在这种局面下，我虽心肠硬些，主意定些，也往往会放声大哭。我们从前有父亲，有父亲保护，有父亲照顾，现在不能看见父亲，只能面对父亲的灵位，而诉说我们的苦衷了。我们如此的哭一回，商量一回，总要到蜡炬燃尽时，方肯就寝。要没有大姊在场，我和母亲二人，更不知要怎样度这几个晚上哩！

尤其在那一年，因为绍属②各县，都闹水灾，嵊县匪首吴桂法，盘据诸暨的五指山，不时到诸暨的四乡去绑架。我家里没有钱，但有一

---

① 即玉米。—— 编者注

② 即属绍兴管辖。——编者注

所很比较像样的房屋，要使他们看中了我们，而我们又没有钱，那我们的生命，自然难保。这不是过虑，确有这样的事。那年，何炳松主持的杭州第一师范，有人在晚饭中放毒，药死几十个学生，内中有许多诸暨人。有一对老夫妇到杭州去替他们的儿子收尸。谣言传到，他们得到一百元的抚恤金。匪徒看起眼，把他们绑架了去，终因拿不出钱，而被杀死。我们的空房子，也许就是我们致死的原因。所以一到晚上，每听见犬吠，就好像看见绑匪们向我们的房子直冲。我很有好几个晚上，梦见匪徒拿着枪械，沿我们的楼窗经过。这样，大姊的暂住我家，更可壮我们不少的胆。那时，我们弟兄三人，都希望大姊在我们家里，多住几天。我们的幼稚的理由，并不因为她能协助母亲，擘划[1]家事，却因为她在我家，我们的胆，可以大些。

然而大姊毕竟是出嫁姑娘，父亲的“头七”满了，岁令已是除夕的前日了，故乡的风俗，出嫁女不能在母家过年，而且她有自己的夫家要照管，更不允许她在我们家里住过年。照理，她该早几天回家，她也有好几次，动身想走，然而她怎能离开我们呢？相当大的一间楼房，从前每间房子住得满满的，如今在厅堂中，话稍说得重些，就有回声反应[2]出来，小弟总说爸在那里说话。在新年时候，照理，总该有点玩意儿，小弟所久渴望着的花生和芽豆，我们到除夕的前一天，还没有着落。我们虽能哄骗小弟，说过年的时候还早，但邻舍的镬灶，早在炒煮那些过年火食，这是小弟所熟知的。尤其邻舍的小儿，已在他们的衣袋中，藏着炒熟的芽豆，小弟看见了，总是带哭带求地，向母亲要花生吃。可怜的小弟，因母亲心境不好，非但不能如愿以偿，有时，还要挨一顿打骂。挨打以后，总是三弟带着小弟，在厅堂的门角，相顾而哭。母亲看了这幅景象，回想父亲在日，如何对于我们弟兄三人，痛加爱护，如今弄成这个局面，又不禁眼泪直淌。何况年节的店账，多少总得解些，而解店账的钱，又没有着落。大姊屡次说，索性不来，倒也罢了，既来了，就无论怎样，也走不开了。大姊的夫家，因男人多，又因为向来经商，受饥荒的影响，比较小些，本可照

① 即擘画。——编者注
② 即反馈。——编者注

应我们一点，但公婆不开口，大姊不敢轻自主张。姊丈[①]又因和父亲意见不合，年来已不走动，连父亲出殡时，也不到场。我们实在没有地方，罗致我们的过年火食了。直到廿八夜那天，实在路路不通，母亲只能把父亲灵前的几个锡铸烛台，连同一些首饰，差人到城里去当，好容易，总算弄到点钱，东西应付了些。因而大姊也走得动身了。

(三)

然而临走时候，又是怎样悲切的一幕苦剧啊。小弟发见[②]大姊要走，就直捷[③]地哭了。三弟到山上拾干柴去了，回来不见大姊，也号哭了一番。我送大姊回去，母亲走到门口，不等说完“采儿，你放心回去，”已泣不成声了。大姊走不到三步，就要向后面而望一望，直到转了个湾[④]，小山遮住她的视线为止。我们姊弟二个，带走带说，带说带哭。她训诫我，我家最后的希望，已属于我了；要我争一口气，无论怎样吃苦，总要读到中学毕业，赚一笔大钱，来偿还我们的家债。故乡很少人读书，能进中学读书，已属于“读书生”的阶级。读书生将来赚钱，总比“务农老”容易些，她所望赚笔大钱，当时她心目中所有的，也不过每年百元之数。她决不想到，每年百元之数，怎能偿还二千多元的债，连付年利二分的息金，也着实不够。她又诉说她自已的遭受，怎样受姊丈的恶待，怎样受公婆的歧视。她的结论，倘我能争气，将来也好替她出一口气。她明白世态的炎凉，只要她的娘家人，有一个争气，夫家对于她的地位，就会提高不少。她又坚持着，要我到她家里去，猜她的用意，希望我带回一点“水磨粉”来，年初一可做汤圆，祭祀天神。我任凭她怎么说，都不肯答应，我当时的反应，好像觉得姊丈不来送父亲的殡，是姊丈对我们的侮辱。我好像听见内心不断地对我说：要争气！即使要饭，也勿要到姊丈的家里去。我这

---

① 即姐夫。—— 编者注
② 即发现。—— 编者注
③ 即直接。——编者注
④ 原文如此，即弯。—— 编者注

种反感，虽不便对大姊说，但聪敏的大姊，好像已经领会，所以她终于说："也好，你能争气，希望你能争气到底；又替父亲争气，也就是替我争气。我娘家的唯一靠望，就全在你一身了。"因为离她的村落——佳山，已经近了，年底边在村庄上啼哭，将被他人认为不吉利，而我们姊弟二人，倘在一块儿走，不知不觉地，就会说不上几句话，哭泣出来，所以我们就决定在佳山村口的一个路亭中分手了。

离别时，她把身上所有的六角钱，交给了我，二角给三弟和小弟做"押岁钱[①]"，四角给我明年到嘉兴去的路上买点心吃。当时，我已能够理会，她的这六角钱，不在家里交给母亲，特别在路上交给我，是怎样的存意了。她要用这六角钱，在我的脑海中，种下一个我们当时吃苦的印象，使我以后在学问上，在事业上，因记得这个苦况，更能奋发努力。啊！大姊，你的这片用心，是怎样的苦！我虽在以后的岁月中，不会辜负你的一片苦心，只可惜偏当我在国外的时候，你却与世永逝，叫我有无数苦话，无处诉说。

像这一类的凄凉景色，每逢到父亲的忌日，我都要在脑海中复演一遍；每一次的复演，无异在我的血液中，注入一种莫可名状的动力，促我在生活上，多自奋勉，期求长进。但在接到大姊噩耗的那天，因身在异国，每日所接触的，皆非我族类，寻不出一个可与详述曲衷的人；满腔悲哀，无处诉说，只能躲在被窝里，尽量淌泪，凭着一粒粒的泪珠，稍泄我中心的抑郁于万一。

时在波斯顿的初冬，一阵风过，听见无数落叶，都离开母枝，落到地上。又一阵风，把这些落叶，吹到查理斯河，随着河水，漂流到麻省的各处，但总不能越过重洋，漂流到我的祖国，我的故乡。同样，我的愁思，我的哀悼，也只好在波斯顿的一角，渐渐地消灭下去了。我当时何止是哭亡姊，我也哭我的先父，哭我的大哥，哭我那位漂流他省，迄无消息的三弟。我不只是哭着亡姊，我简直是哭着自己的身世。

（原文刊载于《青年周报》第二十一期，
民国二十七年七月三十日）

---

① 即压岁钱。——编者注

第四部分

青年教育

暨南大学校庆纪念会讲词[①]

各位先生，各位同学：在今天的典礼中，各位同学都知道得很清楚，今日的社会，是极不安定的社会，而我们本校，在这不安定的社会环境中，在我们李校长[②]的领导之下，得到教授的合作，却能在不安定的社会环境中得到安定。无疑的，安定就是进步。所以我们不能不说，这是我们李校长的领导有方。

本人是民国十八年在本校毕业的，现在不妨将当时的情形，和二十年来的观感，略略的向诸位报告：诸位大学毕业之后，放在我们眼前的，就有两件大事：第一、就是找出路，第二、就是结婚。但是我得首先提供[③]诸位。注意，对于这两件大事，一件也心急不得。因为虽然在目前不安的，经济极为困难的社会中，无论什么工作，都还专重年资。所以谋事，实在是件不容易的事。尤其是目前各机关，正在裁员减政的时候，找职业，更显得是困难。这当然也难怪青年们的心急和苦闷了。我还记得，在我大学毕业的时候，也是一样的心急，眼看着不少的同学，有了出路，而且有些同学出路很好，机会也很好，而我因为没有别人的提拔，只好做一个中学教员，但是经验告诉我，心急不过是自寻烦恼。我更记得当时我们的同学中，虽然很多的，地位得到相当的高，薪水也相当的大。他们都很有发展的希望，可是后来因为受了学识上的限制，使他们不能再发展下去，现在诸位当然也是一样，毕业后各位因为环境的不同，有的找到了好的职业，有的出路

---

① 原题为《詹文浒教授在校庆纪念会讲词》，记录者“张承惠”。1948 年 6 月 14 日上午 10 时，国立暨南大学举行校庆及 1948 届学生毕业典礼，地点为该校第一院，李寿雍校长介绍学校创办经过，外国语文学系主任孙贵定，新闻学系主任詹文浒作为教授代表分别发表演讲。——编者注

② 即李寿雍，1946 年 6 月至 1949 年 5 月任暨南大学校长。——编者注

③ 疑为“提醒”之误。——编者注

也许差一点，有的得事早，也有的得事迟，但是在五年或者十年之后，社会对你的评判与估计，还是在于你的成绩，和你的能力。从这一点看，社会还相当公道。但是因为学识上的不够，而前途受了限制，这是多么可惜的一件事啊！说到这里，正如刚才孙先生所说，“希望诸位离开学校，走进社会以后，还须继续致力于学问。”就是这个道理。惟有如此，以后的发展，才能无限。一个人在社会上，至少有三十年甚至五十年的事可做。所以诸位毕业以后，要以在校的成绩，配合了毕业后五年至十年的努力，便是诸位将来成功的基础。

说到结婚，记得我结婚就很迟，是在廿八岁的时候。结婚虽然是件好事，但是在这个社会里，结了婚，就会增加你生活的负担和麻烦，前途的发展，也就受了限制，这样对你，是一个很大的损失。所以我们对于结婚，也不能心急，希望诸位能同意我的意见，我们要以追求生活的毅力，来追求学问，将来才有一番更高贵更有价值的造就！

（原文刊载于《国立暨南大学校刊》，1948年，复刊17—18期，1—2页）

《给苦学青年》自序

这只是七万多字的一本小册子，然而因为作者在这本小册子内，没有说过一句话，不是作者自己经历过，而且从它那边确实得到好处的，所以作者很慎重地把它献在我们这一伙穷青年面前，希望对于我们今后生活的挣扎与磨炼上，能有相当的助益与鼓励。

贯澈[①]本书的思想与意见，十足代表本书最后两篇——即《一位自立挣扎的青年》和《车轮读的故事》——所讲到的那群青年的思想与意见，所以读者读本书时，最好先看那群青年的故事与背境，看他们的处境，是否和你相似，看他们的旨趣，是否和你相合，倘若是的，然后再把其他诸篇，耐心翻阅下去，否则，就不必枉费时间。

作者在这里所试为解答的，是一般青年的主要问题，包括修养问题，升学问题，职业问题，自学问题，思想问题。其间因人事的匆忙，不能允许作者静心下来，做系统的论述，只能依据观察，随时有感，随时写了出来。因为不是预先拟定计划，一气写成的，所以篇与篇间，不免稍有重叠之处。不过从另一方面说，这种重叠之处，也足证明作者对于这几点意见的特别侧重，所以不惜一而再再而三地复述它们。只有关于思想问题的研究，在组织上，比较完密一些，可是，也许因为偏于理论，所以在情调上，反不若其他诸篇的亲切。作者不敢说：这里所谈的思想，乃是唯一正确的思想；至少，作者可以说：在这全体民族联合在一个大阵线下，共同争求生存，共同争求自由的时候，在思想上，实在非有类此的共同倾向不可。

关于“恋爱和结婚”的意见，请参考作者在世界出版的另一本小册子——《两性问题》。

---

① 即贯彻，下文同。——编者注

作者在过去三十年内，要算受浙江嘉兴秀州中学的氛围的影响最深，本书出版，恰逢该校成立四十年，谨以此书纪念，深望该校的原有氛围，并不因时代的动荡而有所改变。

民国二十八年七月詹文浒谨识

（原文刊载于《给苦学青年》全一册，1948 年 10 月四版，第 1—2 页）

大一（一九二九级）级史

本级人数之多为全校冠，但这还不甚希罕①。意想所不及的，乃如许同学之中，女同学的数目，要估三分之一。四十多位曾在中学毕业，还能继续升入大学，求高深学问的中国女国民领袖，齐聚一班，发扬她们温厚，柔顺，和蔼，诚恳的天赋本性，陶冶我们男性粗暴，倔强，浪漫，散乱的劣点，这不是本校的破天荒，本级同人的幸福吗？

本级采用委员制，协理全级事务。他的组织法，由本级各组同学，推举委员三人。本级共四组，故得十二人。该十二人再行召集会议，然后举出本级的委员长，书记，会计，干事等职员，分职任事，同谋公益。

虚荣浮泛，不务实际，近代中国学生界的里面，难得几位诚恳厚实，用心读书的年青学生，我们处处向他们表示敬意。乃本级同学之中，确有几位认真求学问的读书官官，或读书姑姑。如李嫘、许昶、方先知、虞芝佩、杨蔼芳、李吉人、张瑞珍、周瑞根等。我们希望他们继续努力，不自怠废。

侥幸的奖品获得，我们虽不敢引以自傲。但感亲会十周纪念中英文征文，中文由詹文浒获首奖，英文由周辅廷获次奖。诸如此事，多少总可表现一点本级在学校全体所估的地位如何了。

本级对于学校全体的福利，虽不敢说有怎样大的贡献，但如陆钟恩、徐敬直、程世希、顾金坤等之足球，或攻，或守，各显身手；设无君等，本校足球胜利，恐怕难有可能吧？论到美术，本级的特出美术人才如张奎、陈德廉、顾苍生等，常人所不注意的事物举动，一经他们美术头脑的结构，美术手段的描写，几点红颜色，衬上几笔淡墨

① 即稀罕，原文如此。——编者注

水，活泼泼的表现在纸上，如果不是这几位同学，尽他们的力，尽量的点缀学校，使之美化，学校的生活，不免要干燥乏味吧！此外我们更足欣幸的，本级中办事人才，着实不少。王建航、劳兆俊、王子绍、吴润生等在学校自治会执理重务；李嫘、顾娱春、励振域、奚均礽等在工人夜校担任教务；不过随便举出几个例来罢了。

有人说这都是一班中几个人的擅长处，于全级无关，现在且容我举出一件关乎本级全体的事情来。去年冬季，本校学生鉴于本校藏书楼中文藏书的缺乏，发起一个中文图书运动，向校内外募捐，集款，添书。校内募捐时，图书运动总务委员会所希望于本级同人者，不过二百六十元；岂知本级同人，洞察该事之紧要，慷慨解囊，以表热忱。募捐结果，数达三百七十八元，全校为之一惊！捐钱小事，原不值一记，然慷慨助捐所表示本级同人的一番热心，谁也不该忽略视之的。

（原文刊载于《沪江年刊》1926 年，第 11 期，第 95 页）

二十年后的沪大学生

二十年后重来沪大，沪大总非现在这个景象了。那时候，路旁的树木，阴郁①参天；微风吹过树叶，叶子受了风的推动，它们的影儿，摇摇摆摆的横在路上。这由微风吹到嗅官的一股青绿色的叶子香味，和它们在地上密布②的影儿，已暗示我们沪大是青年学者的修养所了。沿途前进直抵浦滨，经过思晏思裴思伊等堂，从绕着它们边缘的茑藤叶子厚密的程度看来，它们都表现阅世永久的神情；它们在过去曾给年青有为的学子坐卧偃息，它们还继续着给一班一班新来的主人享用。它们这一副庄严古雅的气概，深映出住在它们中间年青学者的学术程度来。新的建筑，到处添设。最足引人注意的，怕是一所伟大雄壮的藏书楼罢。整百的男女学生，络绎出入它那一首温煦含有善意的大门。它慷慨的天性，已把成群青年学生的智识欲壑填满了。“人活着不是单靠粗黑的面包；真正的知识，是生活中所不可或缺的。”它傲然劝勉众人的话，众人都已领教实行了。

“为学问而求学问”，这一句话，可以概括二十年后沪大学生的求学态度。他们进了美化静化的沪大学术环境以后，不自主的发生一种深刻浓厚的学术兴趣。本各人天赋本能的不同，有的喜欢理科，就尽心极力研究理科；有的喜欢文史哲学，就刻苦耐劳的研究文史哲学；喜欢商科的，进入商科，作高深的研究；喜欢教育的，进入教育科，从中讨求兴趣。他们进理科，并不为了理科毕业，可多赚几个钱；他们唯一的动机，只为了他们喜欢理科。他们进商科，并不为了读商业容易毕业，容易骗到头衔，毕业后容易发财求利；他们唯一的动机，只为了他们对这一科发生浓厚的兴趣。同理，他们并不因经济的关系

① 阴沉且幽暗。——编者注

② 原文为“密布令的影儿”，“令”疑为衍字。——编者注

而进宗教科；他们研究宗教，都出于他们深刻的心愿。他们也并不因时望而进社会科；他们研究社会科学，也都由于他们性之所好。总之，他们因各人兴趣的不同，拣定他们所喜欢的科目，以得学问为唯一目标，从事研究之。所以他们的成绩，着实不坏。

因求学的唯一目标在学问，他们一切虚荣心都抛弃了。他们从未因分数的相差或不及格而懊丧，而嗟叹，而怨恨，而咒诅，而流泪，而痛哭，他们所注重的是学问，如果光阴蹉跎，学业无进，他们或至烦恼伤心；只要学业"日日新"，自己对得住自己，别的尽可不顾。分数头衔，都不过是教授先生们的假定标准罢了，所贵何来？横竖那时社会所需要于你的，不是文凭资格；社会首先向你考验的，就是你的学问才干、办事经验。他们对于分数，文凭，头衔，资格，既毫不贪慕，夹带，抄书，偷看人家的考卷，恳求人家作学期论文等作弊情形，在二十年后的沪大之中，再无存在的余地了！如果有人和他们谈起二十年前沪大学生的生活，他们都呆若木鸡，不知为的是什么？因为那时的学生，看重学问，看重人格，把现在学生界流行的考试作弊病，一概铲除绝根，再用不着教授们的督查监视了。教授或来，也多不过给学生解答问题罢了。学生作弊，学生引以为耻；教授查出学生作弊，教授亦引以为无上耻辱，因为这都是他们平日教授的恶结果吧！一班中发现作弊的事情，该班的教授，最少负有二种责任：（一）平日讲解不甚明晰，学生不得课中主旨，考题回答不出，所以要作弊了。（二）不当考试是一部。温习旧课，藉使学生融会贯通该课主旨的手续；借重考试，有意和学生为难，这种教授，未免不谙教育原理和教育心理吧？所以学生作弊，教授实促迫之——自然不能概括一切，教授何能辞其咎？

热心学问，和轻视分数的自然趋势，弄得住藏书室读书的学生，拥挤的了不得。那时候，谁都不愿埋首窗案，在几本课本上用死功夫；谁都希望在藏书楼中，多作参考的功夫，使一己的学业，有博而且精的好效果。各人手书一卷。勤勤恳恳的读着。什么当藏书楼是社交所，借此来寻顽意儿①的现今学生的谬误观念，那时都打销②尽了。他们读书有得，辄笔记之，以备遗忘。所以从他们讲义夹中（Loose－Leaf

① 即玩意儿，原文如此。——编者注
② 即打消。——编者注

Book）厚厚的一叠笔记上看去，显然的，他们是眼到，耳到，心到，手到的读书人，——未来的中国学者。他们非但独自在藏书室中阅读他们所心爱的书，他们还和一己志同道合的同学，组织各种研究会社，相互质问疑难，报告心得，宣读笔记；因而他们的自修工夫，受着同学的鼓舞催迫，不致中途而废，重蹈现今许多有志气的学生，猛发宏愿，在学期开始的时候，要读这本书，要读那本书，时过境迁，因为缺乏同志的勉进，师长催逼的外力，从此打破初愿，虎头蛇尾的相沿读书习惯的失败。所以他们课外阅读的成绩，大有可观。然他们还不以此自足：他们极愿意把他们平日的心得，用诚恳的态度，天真澜[①]漫的供社会鉴赏。虽则他们的刊物，不脱稚气，不值当代大儒——尤其自鸣为大学者的市侩式的读书人——的注意；但他们忠厚诚实的读书态度，和怀疑，不肯遽下臆断的读书精神，何尝不能迎合那时真读书人的心理呢？同时，沪大的学生，再不以他们校里穿西装人数的多寡，或拉梵雅林，弹曼特林人才的多寡，来和别个大学比较高下，竞赛先后了。他们怕要换过[②]方面，以各校学生学术心得的高下多少，来评判各该校成绩的优劣得失吧！

他们学术兴趣，这样浓厚，学术研求，这样起劲，他们专心学业，忽于运动，体格的羸弱，或是意中之事了；揆诸实际，适得其反。他们一面勤于学业，一面亦注意卫生。成阀[③]的运动家，为虚荣心所驱迫，希望得某种运动锦标，藉以出风头，不惜牺牲学业，荒芜功课的赳赳武夫，或在那时不克[④]多得——其实这也不是真心办教育的人所希望的——然而体魄健全，精神活泼，举止敏捷，行动迅速的年青英雄，尽可举目皆是。每逢四点钟学校散课以后，终见有许多人在操场上来来往往。满占着操场地位者，乃是三五成群，谈笑自若的沪大学生——年青英雄。他们有的正在拍网球，有的正在踢足球，有的正在健身房中掷篮球……在洁白的水门汀路上踱来踱去，逍遥自然的散步的人，大概是这一天轮不到他们运动吧？但他们极不愿躲住房中，继

① 即“烂”。——编者注
② 疑为“个”。——编者注
③ 原文如此。——编者注
④ 不能之意，下文同。——编者注

续读书，使良辰美景，擅自过去，而不得一番欣赏的机会；所以他们都按时出来，接触自然。他们微笑的面庞，平坦的肩胛，挺直的背骨，使人望之生畏；好伟大的中国青年！好壮健的中国学生！

他们的社交生活，才称圆满。那时候，朋友的观念，与今有些不同。他们友朋间的结合，不是为名，也不为利。他们并不因一己欲加入某种球队，就此结交一班把持学校球队的球家，希望老成球家的提拔，绍介。他们也不因一己欲在学校自治团体，当个差使，就此运动请客，贿通权威，希冀他们的推戴保举……他们唯择脾气行为，与己多少相似的同学，引为知己。其结也慎，其持也久。在学业上相互讨究，在行为上相互箴规，在娱乐上相互享受。人类的群性，尽量发展；生活的乐趣，蓬勃发生。

某班交谊会中，一位女同学责问男同学为何平日男女相遇，各自昂首而过，如同仇人一般，不加睬理？这一个各人隐藏在心中，迟早总得发泄的问题，把现在沪大男女同学间的隔膜，赤裸裸的表现出来了。可是二十年后的沪大男女学生，再不是这样。那时候，同性的交际，固保持着真正的友谊；而异性的社交，也处处表示天真自然。他们认清“友谊”和“恋爱”的界限：异性间尽可表示真挚诚恳的友谊，如同姊弟或兄妹间的友爱天性一样。别人和女同学的交际，他们不加讥诮、讽刺，他们自己也诚恳热烈的向女同学表示深刻的友谊；在可能的范围中，处处尽他们文明国男子对女子应尽的责任。同时，女子也不惧怕——在美满的生活进行上，双方协作，以期于成。开会时不发言论，表决时放弃主权，课堂上不发疑问，答题时声浪稀微……等现今女学生的通性，二十年后，她们再不是这样，她们最少要和男子谋同等地位，享同等权利了。男女间的关系，渐趋密切，这不是沪大实行男女同学的好效果是什么？

“洋化”二字，是当今中国社会批评教会学校的焦点；到那时，这却不生问题了。沪大再不是现在的沪大，沪大的学生，再不是现在的沪大学生了。现在的沪大，系教会设立，而由外人主理的。二十年后，教育权收归，华人自主，适应潮流，废除强迫的宗教仪式，向教育部注册立案，已屡蒙中国教育部的允纳批准了。除了私立和国立大学在名义上有些微相差外，其余一切内部组织，设备，布置，或且超国立著名大学而过之。最可欣庆的，国立大学，常因政府的支配牵连，不克自由发展，而沪大却因它系私立的，在正当的路途上，尽可尽量发展改进，以达于尽善尽美的地步，沪大教育权，收归华人自主，这还是表面的事情；最紧要的，沪大学生，俱已脱离“洋化”的积习，而变成纯粹本国化了。这一点，只要看那时学生社交生活的一部分，就很显明了。大多穿朴质精式，现在所谓中山装的制服，采用国语，来应付日常的人我交际，学生用同种对付西人的敬礼对付华教授；注意中国故有文化，发扬中国故有国粹；本中国国情，应中国需要，研究各种学问，以期将来对中国多少有些贡献。……学生用这个态度，研究学问；教授用这副精神，指导学生；所以它的效果，美满极了。总之，任凭那一个大学，要是它能像二十年后的沪大一样，替中国造成一班文武兼全、四育并进的领袖国民来，谁还敢再以“洋化”批评之？它的学生，谁还敢以“洋奴”等名词来讥诮之呢？

十年生聚，十年教训，勾践卒能灭吴复仇，二十年不是一个短时期哩！二十年后的沪大学生，谁敢说他们必不能觉悟到如许地步呢！

（原文刊载于《沪江年刊》1926年，第11卷，第二十六至二十八页）

光华的回顾与前瞻[①]

光华的创办，是中国教育史上重要的一页，光华的十周纪念，是中国教育史上一桩重要事情的十周纪念。试回想：光华创办以前，外国人在中国的教育事业上，占如何重要的地位。他们有自己的组织，有自己的系统，说得具体点，他们有自己的教育部，有自己的督学，有自己的各种分区机关。在他们眼里，简直没有中国政府，更不必说中国政府的管辖和控制。

谁想到五卅惨案发生的那一年，竟有许多憨头憨脑的学生，会自动地脱离当时名满全国的圣约翰大学。又竟有许多憨头憨脑的教授，情愿牺牲比较优越的待遇，跟着这班学生，自动宣告离校。谁想到这班憨头憨脑的教授和学生，竟会做出一番惊人的事业来，光华创办成立了，光华往前进步了，外办的学校，也渐次熄灭气焰了。到如今，试问还有几个外人办的学校，存在那里？我决不说：这种“收回教育权”的成功，全由于光华师生的力，但光华创办的当儿，也正是中国“收加教育权”运动开始的当儿，这无论如何，不是偶然的一件事。光华的创办，以“收回教育权”为使命，在这光华十周纪念的一年，几于外人办的学校，都已收回国人自办，都已向中国政府注册。这一点，总算是近十年来中国教育史上比较使人满意的一件事。

然而光华果已澈底完成他的使命了吗？中国教育独立的运动，果已完全达到目的了吗？我们试张开眼来看看：现在各大学——连光华在内——的制度，是怎样的制度？是承袭的教会学校式的制度？还是自创的特别适合本国国情的制度？现在各大学——连光华在内——的教材，是怎样的教材？是外来的多，还是自创的多？是关于外国事物

① 作者署名“文浒”。——编者注

的多，还是关于本国事物的多？是适合外国青年的多，还是适合本国青年的多？现在各大学——连光华在内——的教学态度，是怎样的教学态度？是轮回的食而不化的态度，还是经过咀嚼经过辨别的态度？是沿袭的模仿态度，还是独立的创造态度？当然，要改良这些，是中国整个的大学教育问题，不仅是光华一个学校的问题，但因光华最初的使命，是要收回中国教育权，是要谋中国教育的独立，所以对于这些有关“独创的中国教育”的问题，应当格外努力，期求完成。我们以为光华今后应当努力完成的使命，是：第一，创造独立的学术。——我们现在认为最可惜的事，是身为中国人，不能研究中国人切身的问题，专去记忆或背诵关于外国人的东西。例如在社会科学中，我们所肄习的事例，仅是些外国事例；而一班研究社会科学的人，也就以为只要能够记得这些，就算尽其能事，绝不于此之外，更求进一步的考察或实施。因而研究愈深的人，与实际问题的隔膜，亦随而俱深。自然，这种现象的发生，并不因为做教授的人，不知引用本国的实例，实因没有本国的实例可举。没有本国的事例可举，以致不得不举外国的事例，这就证明中国的社会科学，尚未达到独立的地步。所以我们以为今后的方针，应从创造独立的学术下手。例如讲人类学吧，现在所用的例证，都是欧洲方面所发掘的，对于为世界文明古国的中国古代文化，反阙焉无闻，更谈不到对世界的人类学界，有什么贡献，这实是可耻的事！又如在地理学方面，在丁文江等所编的“中国分省形势图”出版以前，我们所读的地图，都是日本人替我们编绘的，这又是如何痛心的事！我们在学术上的贫乏与依赖，真是中华民族最大耻辱。以“收回中国教育权”为最初使命的光华大学，对于这种创造，是无论如何，要下一番苦心去干的。

其次，栽培独立的研究态度。——要创造独立的学术，应先栽培独立的研究态度。我们研究学问，不能不用书本，但也不能全靠书本；而且有许多学问，根本要依据事实，要借重实验。例如我们研究社会问题，除领会书本上的原理之外，还得实地去看，实地去干，实地去观察情形，实地去解决问题。又如研究地质学，也得自己去考察，自己去引用原理，解释就地的地形，这种实地去做，实地去观察的态度，正是我们的最缺少而又最需要的。唯其缺少这种研究态度，所以别人能够倡导，我们只能附和；别人能够发明，我们只能引用；别人能够创造，我们只能仿效。这种研究态度，一天不养成，我们的学术，一天不能独立，我们在学术上的贫乏和倚赖的耻辱，将一天不能免除，我们要学习智识，更要能活化智识，能应用智识；我们要研习书本中的智识，更要能在实地的观察和体验中，求“亲知”和“真知”。我们应当以创造独立的学术为目标，而以养成独立的研究态度为手段。

第三，实验合理的新制度，——近来“缩短假期，改每年为三学期”的倡议，已为一般人士所注意，我们认为这种倡议，比较地值得实验，值得施行。当然，这种倡议，一日变成事实后，还得注重课程的改革，使更合中国目前的需要。否则，每四年一期的毕业生，社会尚且容受不下，将来不到三年，就可有一期毕业生，毕业生的数目增多，而不为新的生产事业谋发展，社会将更容受他们不下了。诸如这种更改学制，改革课程的事情，像我们光华这样的学校，应当首先提倡。我们知道，私立学校的使命，一方面在辅助国立学校数量上的不足，另一方面，更在运用其比较独立的权限，提倡并实验种种值得提倡值得实验的新制度，使整个的教育界，因这种提倡和实验，得愈益向前发展，向前进步。我们不要惧怕，我们在过去的短短十年中，能创成如此光辉灿烂的光华，我们在不久的将来，必能创成更理想的光华。

中国的学术界，迄今尚未能独立；中国学术界的研究态度，迄今尚不能向独立创造的路上发展上去，中国的整个教育制度，迄今尚未能完全适合国情。创造独立的学术，提倡独立的研究态度，实施种种适合国情的教育制度，这是中国大学教育的一般使命，更是我们光华的特殊使命。

我们回头看，要欢呼庆祝；我们向前望，要加倍努力。

（原文刊载于《光华大学十周纪念册》1935年，第七至一〇页）

一个严重的问题

上星期末，对于我，可算是个不利市的星期末了，星期六（四月三十日）下午出去，一路公共汽车开到百乐门附近的地方，忽然对面来了一辆自由车①。骑自由车的人是一个约摸十八九岁的孩子，一时把握不定，和公共汽车相撞，不久，即有鲜红的血流，和车头上漏出来的水流，融成一片，向路边阴沟那边流去。可怜那孩子，就在那天晚上，死在医院里面了。

星期日（五月一日）下午去看朋友，走到他们门口，发现许多黄色黑色符箓，挂在那里，一时间使我吓了一跳，后来发现，那只是驱邪用的，方才安心下去。原来我那位朋友的老太爷，自从国军退出上海以后，一直心境不宁，不久即患了病，曾一度好过，但因住院拥挤，心事烦重，隔不多时，旧病复发，医师请过许多，均不见效，于是想借符箓的力，来消除病魔。

我看看此地情形不开心，于是就往别的朋友地方去。不料一走进去，这家正有一个同寓者，为了职业无着，贫病交迫，一时心神错乱，竟萌厌世之念。

够了，这三件事，于不到四十八小时的短期间内，频频袭击我的神经，够使忍受了。关于撞车的事，我只希望年青的朋友们，对于自己的安全，处处能够当心些，尤其在这人数这样多，车辆这样挤的上海。更希望爱护子女的父母们，在这混乱局面下，少把年青子女们，单独放到外面去。我追悼那个孩子，——那个我所不认识的年青孩子；同时我也用竭诚的心，吊慰我所不认识的那位孩子的父母。这是够使人激动的事，但和后面二件事相比，意义并不怎么严重。

---

① 即自行车。——编者注

我们认为严重的问题的，乃是像后面的二件事——二件不限于某人某地，却普及全民大众的事。简言之，就是关于心理的错误的事。真的，战争给我们的痛苦，够使我们忍受了。因为战争的缘故，我们的职业失去了，我们的事业停止了，我们的经济拮据了，我们的生活窘迫了，我们的家人分散了，我们的戚友死亡了，我们的一切，都受到威胁，都不能称心如意地进行了；于是心境不宁了，精神纷扰了，疾病缠身了，消极或厌世的观念，随同发生了。我们很懂得这一切，但不能原谅这一切。我们要问，我们这样烦恼，这样消极，这样悲观，对于我们自己，对于民族前途，究有什么裨益呢？不是很显明的吗：你心境不快，终日长叹短吁[①]，倘或弄出一场病来，不要说治病买药，在在[②]需钱，即使你有钱，在像现在一个局面下，你要得个安安心心可以养病的地方，也没有可能，你真何苦如此呢？

至于因为内心不安，甚而至于厌世的人，我们只劝他不要这样轻生，现在国家需要每一种财力和人力，与其在房间中，偷偷摸摸地，自杀而死，何如做一二件有益于国家和民族的事，然后正正大大痛痛快快地死，更来得有价值呢？

不错，我们现在每一个人，都受着苦，但这是我们应该受的苦。既是我们应该受的，我们就得镇静的忍受，沉重的忍受。真的，我们现在不吃足苦，将来怎能有快乐的期望呢？试想想看：那个民族，那个国家，前辈不吃过苦，后辈能够安稳度日呢？我目前的福，不顾日后的苦，弄得我们后代子孙，都得到报应。要使我们子孙所受的报应，必比现在我们所受的更来得凶恶。这所谓后世子孙，真的就是你自己的儿子和孙子！

所以我们不仅应当受苦，而且应当用快乐的态度来受苦，表示我们为了民族的前途，都情愿受苦。这种心理的本身，就是一种力量，而且是极大的力量，可以直接或间接地影响到我们的挣扎前程。

我们应该不怕苦，我们应该用坚毅沉重的态度，快乐地并勇敢地，吃苦耐苦。我们使我们自己享不到快乐，我们还有后代子孙，可以继

---

① 现作长吁短叹。——编者注

② 即处处，各方面，下文同。——编者注

承我们的快乐。

假使你没有什么其他的东西，可供献国家，就请你用这颗赤心，贡献给它罢！

（原文刊载于《青年周报》第10期，民国二十七年，封2页）

口与手

你有口，我有手；你用口来批评，我用手来对付。任凭你声嘶力竭，高喊着什么收回租界咧，关税自主，反对某国出兵某地，废除不平等条约，我只要借用沙包，铁网，机关枪的威光，即可自由占据你的领土，巡行你的街市，欺侮你的人民，糟蹋你的女子。那时候，你或许又换个花样，高呼着经济绝交的口号。在你看来，以为你有广大的疆域，众多的人民，丰裕的原料，热闹的市场，一旦经济绝交，定能使我的国外贸易，受着重大的打击，或竟能致我的工商业于死地。其实，你又错了。你只会空喊，不会实行，当你提出经济绝交之时，只要我稍为慷慨一点，把我的货物，微减售价，你又争来购买，你自己不能制造货物，徒然抵制外货，有什么用处呢？据我看来，你还不如坐在书桌旁边，挂起“精神文明”的招牌；借用高贵的雅致的和国粹的“精神文明”的法宝，来奚落我一顿罢！因为如此的奚落，确能使你的气发平些。否则，我怕你快要发澎涨①病死了。不错，只会口头抗议，而无手的实力为后盾的外交政策，决不能占人的便宜的。

即就内的方面言之，中国的病，也就为了口的势力征服手的势力的缘故。中国的文化，也是为手的文化，试观礼记周官，其中的官制何等详密；农业畜牧，森林渔矿，行行皆全，人各耕而后食，织而后衣，慎思笃行，自食其力，与今日的西洋文化，比较起来，只有程度上的差别，而无种类上的差别。彼时的教育制度，亦着重力行，周之学校，分为大小二级，小学课程，以礼乐射御书数为主，射御书数，即教生徒注重操作也；大学的课程，虽为诗书礼乐等等，然其教人重视力役之主意，仍未稍减。降及周末，诸子大作，各凭三寸不烂之舌，游说诸侯，以糊生计。试观孟子不过一介书生，而后车数十乘，从者

① 即澎胀，高涨、扩大之意。——编者注

数百人，以传食于诸侯，何其食客之多耶？而孟子特为食客中之首领，以近代俗语衡之，直一头号大饭桶而已；此为口的势力，征服手的势力之第一声。汉代崇尚仟生[①]，官才更加充绌；汉高祖骂娄敬曰齐虏以口食得官，其他汉廷射策之经生，及待诏之解生，亦皆齐虏以口食得官之伦，口的势力，无限扩张。再隔几世，印度文化输入中国，平民之中，突然增加一班不耕而食不织而衣的尼姑和尚，而中国所固有的庄严灿烂的手的文化，遂一蹶不振，愈趋与乞丐为伍。宋儒阳儒阴佛，益使中国人于静的口的状态，而失其动的手的本来面目。而此手的文化之丧失，实由一个重大的原因促成之，今试把这个原因，约略考查一下。

原来中国的教育制度，自唐宋以来，俱以科举取士。唐以诗赋取士，宋以经义取士，明清二代，以八股取士，八股之外，尚能出钱捐官，买一监生头衔，以光门第；各朝取士的方法，虽有不同，而被取生员，俱以头衔为敲门砖，非此则不能登入官僚之堂，尔行我效，俱尚空谈，脚踏实地之手工业，皆不屑为之。所谓“万般皆下品，唯有读书高”，推重读书，非为学问本身，乃借重学问，把学问当作工具，借以博得升官发财之捷径。风气一开，遂难遏止。

有清末叶，西化东渐，国人鉴于外国教育之发达，群谓欲救中国，当重教育，遂废科举，立学校；唯其用力所在，只从表面着想，而于国民所习染已久的腐败的科举心理，则不知改进之。故今之留学生及大学生，即为变相的举士，皆以毕业文凭，及硕士博士等头衔为求官之敲门砖，回国以后，奔走钻营，冀得一相当饭碗，而于此饭碗之是否与在学校中所学习者有关，举非所问：每有习农学者而办理外交，习矿学者而尸位督办，举一反三，彼等缺乏学问之诚意，益可想见。同时，普通的社会心理，亦皆迎合虚荣，恭维头衔，凡具硕士博士等头衔者，在在受人欢迎，受人爱戴而于一辈笃学之士，反而无人问津。欧制古译，学士硕士博士等头衔，一变而成洋举人洋探花洋状元，顾名思义，却又非常适合，而一班留学生，亦以此自倨；吴稚晖先生讥之为“洋八股”，固宜。

① 即儒生。——编者注

科举的遗毒，替中国造成大帮官才。官才者，中国将来之治者阶级也。治者阶级，应与普通百姓不同。普通百姓负有工作的义务，国家的需要，须由他们供给，国家的用度，应着他们支付；治者阶级，为劳心者，不能劳力，亦不可劳力，耕种制造，皆为劳力的工作，治者阶级，当然不可染指，贩买运输，亦为低微的工作，治者阶级，亦不宜参加，推而至于一切粗暴的工作，若行之而有伤乎个人的体统与地位者，俱为治者阶级所不屑为，为之，将为朋辈所不齿，简言之，治者阶级当脱离一切劳力的工作，以自保其庄严的身分①。在中国现代的教育状况之下，这帮官才，机会较佳，教育的程度，亦较为优等，以社会的眼光论之，彼等当为社会之领袖，社会之进步，全视彼等之能否努力以为衡；彼等而能以公为怀，与民合作，与民同工，尽其所能，兴办实业——所谓劳力的工作，庶几中国的实业前途，才有希望。今不出此，彼等辜负社会的赐与，及国家的期望，在社会中，只做一个分利的人，而不做一个生利的人，致使中国的农工商业，全靠一班教育程度较低，智识程度较幼稚的人去包办；而后者又因所受的教育有限，缺乏相当的智识与训练，不克规划大规模的实业组织，他们所兴办的，只是另碎②的小企业，即在此种另碎的小企业上，亦墨守成章，不求改进。其结果，全国的实业停滞：国有矿产，而不知开发；国有原料，而不知利用；国有人工，而不知组织。适在此时，海外的工业国，因为生产过剩，无处推销，闻悉中国的实业状况，遂输入大批货物，中国国民，趋之若骛，争相购买；利权外溢，国库日窘，可怜偌大的中国，形将变成一个丐国了。

这班自命为治者阶级的人，一方面因欲维护一己的威仪(Dignity)，不屑参加劳力的工作，于是国内实业界，失却有智识的与有训练的领袖，实业前途，一蹶不振；同时，他们的威仪，须有外表的场面来陪衬，方能显著出来，据他们说，现代的社会，“只认衣衫不认人”，此在政界中尤然，他们既欲在政界中谋一地位，就须装做阔气，使别人容易注目；否则，一个穷丑大汉，谁也不会替你谋位置的。他们既欲装阔气，而自身又不是一个生产者，这笔生活费，将从何开

① 即身份，下文同。——编者注

② 原文如此，疑为“零碎”。——编者注

销呢？不道德的事，遂此发生了。如前所言，他们是将来的官僚，在社会上，自有一个特别地位，另具一种特殊势力，在平民之中，他们的命令，如同王法，他们向平民开口，要平民孝敬一点礼物，谁敢不唯唯唯命①？乡村内的土豪劣绅，即是他们的化身。可怜者一般小百姓，好比哑子吃黄连，有苦说不出哩。假使他们已经得着一官半职，那更容易开销了，借公济私，盘剥人民，经过许多困难，才谋到一个官职，既谋到了，岂可辜负这个机会，不用力的刮削一下：欺诈百出，贿赂横行。什么是廉耻？什么是道德？贫困才是廉耻，穷丑才是不道德哩！中国的官僚的心理如此，内政之不修，国事之颓废，抑何足怪！

中国的官才，如此充绌，政府的职务，却有限制；以无限制的官才，谋有限制的职务，有的人，额角头生得高一点，尸居高位，固洋洋自得矣；谋不着位置的，又怎么样呢？就从此让步了吗？决不，决不！他们暂作“潜龙”，潜隐民间；隐居之时，亦即其活动之时，集合许多同病相怜的人暗中活动，或强奸民意，或拥护个人，乘其不备，突然袭击。不幸而失败了，耶和华的“避难所”，即在洋大人的租界中，暂时退避，并无困难；况“能屈能伸，方为大丈夫”，乃古之明训，安知今日之屈，不即将来之伸？幸而大功告成，弹冠相庆，共居高位，以尽其盘剥刮削之能事。不知被逐之人，又在后面捣乱，不久又要起来倒台下。如此前仆后继，循环不已，内乱频乘，徒苦我民而已。

我们并不欲如何责备他们，因为他们亦是社会的可怜虫。根本的问题，乃在于如何使手的势力重新征服口的势力。国人讲谈精神文明，任凭谈得如何精致，如何细密，要不操练我们手的能力，一切都是徒然的。

手的文明重新征服口的文明的一天，亦就是中国复兴的一天！

（原文刊载于《光华周刊》1928年第4卷，第5期，第一至五页）

---

① 原文如此。——编者注

青年界进步的劲敌及其取胜方略

培植青年的学校，日见增多，指导青年的社会，先后树立，青年学术研究会，到处设立，青年社会服务团，尽地可见；青年界一变埋首窗下，不问世事，“只扫自己门前雪，不顾他人瓦上霜”的静的死的黑暗的呆板的观念及生活，进而干预政治、顾问国事、从事社会活动、尽力群众改造，这不可谓不是中国青年界进步的象征，作者何敢稍有非议。然而一俟考察内中情形，实使我们惊心吊胆，坐卧不安。学校——自然不能包括一切——那里是培养青年人才的机关，简直可名之曰政客的制造所，流氓的交易所。会社怎能指导青年，说他是党派争斗的单位，群小集居的窟穴，亦未始不可。至于什么学术团体、服务社，多数也不过被人美名，借此来闹意见、出风头。这不是作者瞎说，只要到社会上切切实实去调查一番，就不难明白了。长此迁延，将何以堪？有人说青年如此腐败，你既是青年界的一份子，你该挺身前来，作大有力之改造，往事笔墨上或口头上的议论，没有什么影响的！不错，那是要紧。但笔墨上的议论，只要我们不作过分的奢望，大吹大擂，认定目标，切实讨论，未始不足资当事者之反省？至少我们亦得明白现代中国青年界的轻举妄动，乃中国青年的一部分，非事中国青年的全体。中国青年界的全体，究竟不是不可救药的啊！今且认定我们的仇敌是什么？

1. 盲目崇拜伟人。——崇拜伟人，是青年人普遍的心理，亦是青年人向上心的表示；年青的人，选定一个或几个伟人作一生临事处世的模范，不知不觉之间，可能使青年受着伟人人格的感化、学问的陶冶、理智的训练、意志的坚决、裨益青年无限！然而中国青年之崇拜伟人，果能收此良效否？今日杜威来中国，群趋若鹜；明日罗素进国境，颠狂附和。来一个，欢迎一个，有一个，崇拜一个。至于什么伟人的学说之适合国情与否，伟人的主张之值得接受与否，伟人的德行之值得称颂与否，俱可不加审查；只要他是个有名誉的人，总是虔诚的崇拜、企慕。因此，主张开发中国工业的罗素，和反工业开发中国，而力主保持中国之美的太戈尔①，可以同受中国人的欢迎。你道好笑不好笑？这也次之。最可恶的，断章取义，借着伟人偶然的几句言论，为要扩张一己的欲望，就不分皂白，大鼓大吹起来，弄得国内拥攘不安。举一个例：一个不曾专门研究宗教过的罗素，在过偶然说及一句宗教不适合于现代社会一语，一般有意非难宗教的人，就借重他，说某博士曾说怎么样，怎么样，所以宗教有反对废止之必要。至于罗素擅长的真实学问——数理哲学，却少有人去顾问了，所以国内多出一个伟人，青年的头脑扰乱一番，社会的情形糟榻②一下。这种盲目的伟人崇拜，不是青年界进步之敌是什么？

2. 顽守既成礼教。——礼教的性质，是保障个人与社会的发展的一切观念、一切行为，适合于某个时代、某代环境的，都是礼教。时代变了，环境变了，礼教的观念，也就随之改变。聪明的人们，就该担负改造礼教观念的责任。使他合于个人与社会的全体的发展与滋生。人类社会的进步，都系乎此。乃中国的青年，仅有一部分人，暗昧于此，长久屈伏于既成礼教之下，不知所以自拔而改进之。指出事实，同学之中，受着基督人格的感化，很有人希望领洗进教，接受基督，但终于不敢，为的是怕家长的严命，迫他去作那基督徒信条中所不允许的事。如祭祀扫墓等等。祭祀扫墓，固所以表明“慎终追远”而使“民德归厚”。但徒作表面上的虚事，不事内心的前程，多此一举，早为识者所不屑；彼何尝不明白这一层。明白了，仍然不自解脱，都为了平日受着家族礼教之毒太深，一时不能省悟耳。关于一人的事如此，更大更复的群众运动，他们尤其恐怕违反礼教，大逆不道，不敢轻于尝试，从事改包进了。任凭时代着着前进，日新月异，社会碍于礼教之住围困，曷能些微进步？虽然，适合时流，完美周备的礼教，吾固力主保持，不可一概而语焉。

3. 醉心洋化。——与顽守既成礼教，处于极端相反的地位而且足

---

① 即泰戈尔。——编者注

② 原文如此，疑为“糟蹋”。——编者注

为进步之劲敌，适与之相等，或更甚于顽守既成礼教者，乃醉心洋化是也。何谓后者为害更甚于前者？前者虽为顽固之物，但所守的礼教，尚不脱离中华民族固有之特性，保守之，进步自然难说；而终不至于十分延害罢。后者——醉心洋化的青年不问中外地理环境之不同、人民心理观念之各异，社会需要企求之异趋，众凡学说思潮、习俗制度，要是来自外洋，必加称许，袭人皮毛，拾人牙慧，一知半解，扬扬眩人，其不能裨益中国社会之进步固也；怕连天真烂漫，头脑清晰的青年，亦将默受影响，大灭其创化的本能。况此类青年，因其醉心洋化，自然鄙弃国粹；因其鄙弃国粹，自然不肯研究整理、发扬传播；国内固有之文明教化，遂此愈与其南辕北辙，相互绝缘。几经转折，可使其生活旨趋①、完全洋化。任凭他学问怎样深、本领怎样大，做个外国公民，仅够有余；希望他尽中国公民的本分，为祖国出力，图谋改造，可就难能了，这虽出于过虑，但现代青年，却有此种倾向，言之伤心。然而我们也该明白外洋文化，着实有供中国采取之可能和必要。西洋人所用的科学方法，我们也要拒绝吗？西洋人所造的科学仪器，我们也要抵制吗？西洋人所具有的科学精神，我们也须讳避吗？……袭长补短，慎审介绍中国文化发展的道路上，真不少得这一步哩。但总不要醉心洋化才好！

4. 空唱高调。——空唱高调，不务实行，中国的青年，虚浮极了。中国青年界之所以不长进，中国社会之所以不改良，大半就是为了只有凭空说话，没有着实去做的人。别界不去论，且看青年的学生界怎么样？凡事临头，一时轰天掀地，各人凭其心之所响，气之所激，情之所感，提出不切实际、不合需要、不曾实现的议论，胡闹一番，以快心意。事过境迁，毫无影迹。至于忍苦耐劳，暗中着实去作事的人，简直一二难寻。如此处事，曷克有成？俗语有云：“下巴不毛，做事不牢。”其形容青年只会空唱高调，不负责任，所以做事难成一层妙极了。退一步讲，青年学生在读书时候，迫于功课，不能分心做事，事无有成，尚有可愿。照理，读书应该读得很好的啊。考诸事实，又得其反。他们读书的态度，也可用虚浮两字包括尽之。他们平日明明厌弃生物，对于杜里舒的“生机哲学”却不可不手书一本，似若研究之。

---

① 同“趣”。——编者注

他们平日明明不喜欢数学，然而罗素的数理哲学，他们偏偏要似是而非的解释一回，似懂非懂的谈论一些。至于什么要费神费力、费心费时的正经功课、真实学问，他们却不屑加以研究；且往往以“书虫”之名，讥骂别人，藉表一己之达观。所以现代青年学生当中，要寻找几个具有实学的人，真是凤毛麟角。推之别界，何能免此！这果是青年界的好现象吗？

5. 随从妄动。——别国社会活动的发展、群众运动的兴盛，与该国青年界的进步成正比例，在中国则反是。这不是社会活动、群众运动，在中国的地位，异于别国；实在是为了中国青年界活动的目的不正当，动辄随从妄动也。自然中国青年界大有作理性的活动之人在，但多数人的行动，未免盲从之弊。别人说这样，我也这样；别人说那样，我也那样；随风驶船，毫无一定；两脚骑墙，左右皆可。记得几年之前，正当世界基督教学生同盟大会聚集在中国北京的时候，国内青年大倡其非宗教运动；运动中的分子，果有少数是根于学理，本诸天良。但大多数的青年，究竟了解点什么？不过挤在当中，凑凑热闹罢了。所以时过境迁，运动不能持久；其于青年节之赐与究有多少？这不过是偶然的举例，别种运动之类此情形者，真不少哩，如此随从妄动，其不能收活动之效果也何疑。

6. 企求功利。——藐视人格，丢弃道谊，不问用何种方法，出何种手段，孳孳焉惟出于谋功计利之一途，以功利之获得，为一生之大成功，这虽不能说个个青年如此，大多数的青年，却都具有这个观念。举凡一个居高位，拥厚资，执重任，掌大权的人，无论他的人格怎样，品性怎样，学业怎样，本领怎样，在在受人的拥戴，承人的颂扬。趋势所致，好像青年读书做事的目的只为了“功利”。欺诈、刁奸、嫉妒、残酷…… 等不正当的手段，百出不穷；牺牲服务、博爱、互助…… 等善的精神，屏除不讲。即肯用点心，吃点苦，抛弃暂时微小的功利，企图将来伟大之成功的人，亦张目难寻。青年人敏锐远大的眼力、清晰洁净的头脑、刚壮坚决的意志，都深深染着功利的红的色彩，弄得淆混污秽了。各自为谋，不顾大体，人心陷溺，社会堕落；早不回头，祸患难测！

7. 意志堕落。——坚决高超贞洁纯厚的意志，乃青年成功事业之重要元素，完成品格的不二法门。流于唐颓，暧昧不清，主意一失，生活无标准矣。东碰西冲，南投北奔，偶或不慎，陷入深坑，欲图自拔而不能了。观于今之青年则何如？污亵卑鄙之书籍，淫乱下流之书画，一执不忍失手；形成思想，隐密奥秘的心理，到处表现，出诸口吻，“爱啊！情啊！”的声浪，遍地皆闻，形于文字，描写兽欲狂恋的小说，在在可见；见诸事实，花柳白浊之病症，非常普遍。号为国家主人翁的青年人的意志如此唐颓，行为如此堕落，国家尚复何望？况恶的风气，极易传染，久而久之，萎靡颓废，势将变成流行习俗；累代相传，逐渐变成国民特性，影响所及，足使亡国而有余。鉴于历史，比比然也。往者已矣，今后其各自新！

8. 喜欢铺张。——欲证明喜欢铺张，是现代青年人的流行病，我将引一近事，以告读者。前次五卅惨案，工人罢工，各地学生，多出外募捐，救济工人，藉资表示爱国热忱。有同乡某，在 H 城工校肄业，借知己三人，回里集款，带便探望家族！计亦良得。不意路渡钱塘失足沉尸江中，此诚惨事也！事关于乡，遂有追悼会之召集。因有同学关系，作者亦曾赴会。会场中挽对挽联，淋漓满目，对联上俱款以“英雄”“烈士”的称呼；演词之间，又杂以过分的称呼，令人闻之不安。如此继续追悼，延时二日之久，计划等备所需之时不舆也。死者，一十五童龄也；死固可惜，死而追悼，理亦不悖。但追悼异于庆贺，只能表示哀切足矣，大弄一番，热闹喧哗，反失却追悼本意。费时费钱，愚昧何似。但当事之人，偏以此自安，谓如此方能对死者而无愧；盖其中喜欢铺张之毒，过深至之也。一事如此，别事略可推见。宝贵的精力，不返的光阴，不用以作正实有用之事，徒旷发于虚无细微之举，其计之失，不言自明。况凡事铺张，足使国民养成狂妄自大之劣根性，遇事不究本务，不察缘由，草率糊从①，狂妄了事，民族之恶根性，累代遗传蕴积，其不陷于失败也几希！

上述八项，不过荦荦大者。非谓中国青年进步之迟钝，只缘此八事，敢言此八项事，项项能使中国青年日趋于衰弱颓废，萎靡不振之境况，余故视之为吾青年界进步之劲敌。今且抽象的把此八大劲敌，

---

① 即盲目追随跟从。——编者注

归纳成为三大项，而视其取胜方略如何。三项者何？（甲）盲从——包括盲目崇拜伟人，顽守既成礼教，随从妄动，醉心洋化四事。（乙）浅学——包括空唱高调，喜欢铺张，迷信功利三事。（丙）无聊——指意志堕落，生活无聊而言。至于取胜方略，且就个人经验所得，分述四事如次：

1. 多作理智的思索。——盲从的生活，既是青年界进步之劲敌，反盲从的生活当然是青年人应该企求的了。但青年该怎样才能改正盲从的习惯而变为反盲从的新生活呢？曰：全在乎多作理智的思索也。凡遇作事，先用清晰的头脑，慎审的考察，精密的思虑，严从的审查，用“是什么？”“为什么？”“该怎样？”等疑问冠其上；视她的起因是否合理？进行的手续是否正当？将来的结果能呈圆满？然后振作精神，鼓励勇气，向前着进行。虽然因作事的手段，本领，各人不同，而所达到的结果，亦有差异，但其作事为合乎理智，有意识的，乃是一样可以敬佩的。今试举出一例，以明吾意之所示。宗教信仰，不是现代青年一个重大而且急待解决的问题吗？据我看来，青年人对于这个问题的解决，都免不了盲从一点。非宗教者之盲从，我在上面随从妄动的一项中，已经说起个大概，故兹从略。那信仰宗教的人，果然都是自觉自动的吗？教外人正以我们盲信宗教攻击我们哩。下流社会之拜佛，祈神，求福，求寿，固属盲从的信仰，自命为上等社会的人的信仰基督教，难道没有盲目的吗？我看基督徒仅有为朋友的面子关系而信教的，为物质的企求便利而信教的，为势力的依藉容易而信教的，……样样信仰宗教，不是盲从是什么？改正既往的错误，欲求将来之完备，当在信仰或反对宗教之前，用怀疑的口吻，自己审查一番：什么是宗教？我为什么要信仰或反对宗教？我为什么信仰这个而反对那个。或是信仰那个而反对这个？我该怎样信仰宗教？我的信仰的态度该怎样？如果所得到的答案，是圆满的，是完美的，是有意识的，然后认定趋向，往前进行，庶几免于盲从的弊病了。这就是吾所谓多作理智的思索的意义。

2. 力求实在的学问。——青年生活的盲从，一面固由于少用理智的思索，浅学何尝不是一个重大的原因？学识菲薄，经验不足，纵自慎加思索，怎能辨别判断，定其去从呢！况浅学由于不学，或学而不克认正[1]；既不奋力于真实有用的学业，余暇时间，势必分心于浅薄虚浮的滑头书籍，略知一二，大加宣传，空唱高调之弊以兴；依样作画，戏弄笔墨，“噫！吁！吓！啊！”之声以起。……意志因之堕落，生活因之烦恼了。如果青年能够专心一意，向学问上讨乐趣，世间之学问无穷，其中之兴趣无限；学问的乐趣一浓，邪思妄想，再不能利用人们的闲暇，大施其诱惑手段了。进而言之，我们感于时流的影响，先进的推促，责任心的驱迫，天良心的发现，我们尤有自动实学的必要。诸位我们不是中国人吗？我们不是日日要救中国吗？我们不是常说中国的文化，在世界文化上，占有重要的地位吗？我们不该发扬中国固有的文化，供献[2]世人，藉以补给西洋人的需要吗？我们一思到这些问题，实使我们惭愧无以自置。且退一步，说这是国学专家的责任，我们非国学专家，自难肩此重任。但几种国学的常识，我们总得知道一些。你对于“四书五经”，能有一个概略的了解吗？你能述说中国历史蜕变的大概吗？你对于中国固有的几个思想家，——如庄子墨子老子等人，能系统的述出他们思想的大成吗？就算你不重国文，为了你注重科学，你能把你学过的科学，实事求是的供献一点给现代的中国社会吗？就依你说，你注重英文，你对于英文，究有何种智识？你能了解英文文学，修辞，文学史的大概吗？你能利用英文，作你的工具，介绍一点真实有用的学说，给国内闹知识饥荒的弟兄们吗？几经自省，你心安否？青年弟兄们，世间各种学问，陈列在你左右。一个苹果偶而[3]落在头上，牛顿藉以发明万有引力，一壶开水照常掀动壶盖，瓦特因之发明蒸汽效用；你独不能专心研精的发明一点对于人类幸福有供献的事情吗？但无论如何，外强中干，缺乏实学的人，总不能侥幸有所成功。多求实在的学问，乃青年急不容缓的事，青年们努力吧！

3. 多看名人的传记。——名人的传记，好比一贴兴奋滋补剂，昏迷衰弱的病人服之，既解昏迷，又补体质，奏效未可限量也。名人的传记，对于萎靡颓废的青年，能收同样的效力。传记中叙述名人的生活，足资一般青年人的榜样；叙述名人低微的出身，足资境遇不佳之

---

① 原文如此，疑为“认证”之误。——编者注

② 即贡献，下文同。——编者注

③ 今作“偶尔”。——编者注

青年的鼓励，打破一般人所相信的“定命论”；叙述名人成功之秘诀，足使青年人取而效法；叙述名人成功之大成，足使青年读而羡慕，造其伟大的观念，发扬其深远的旨趣。他若伟人伟大的人格，高尚的道德，深邃的智识，健全的体魄，处事的精神，接物的态度，……在在皆足为青年取法。最易激发最易受感的青年，那有一再阅读这种书籍，而不发生深厚的意味，促进其天赋的伟大魄力，以达于向上之路？社性的动物的人，天生成喜欢交朋友。择友须善，谁都明白。然而同时代，同环境，受同等训练，就同种事业的人，纵有天生特别忠实和善的分子，可资人们选择为友，但总居少数！以古人与今人较，在智力的发展方面，果然古不及今；在德行方面讲，究竟今不及古咧。所谓今人择友困难，其困难之点，就在于缺乏温厚朴实，刚毅勇敢，正直坚决的道德君子，那么要求道德上的良友，不得不依赖于书本之介绍；而名人的传记，最是我们好的朋友的介绍者。从此看来，青年人不该多看名人的传记吗？

4. 求信仰上的安慰。——如果人生不果是机械的物质的动物，和别的东西一样，分析开来，都是一个一个原形细胞，美人英雄如此，乞丐流氓亦如此，贤德君子如此，平庸凡人亦如此，气绝命亡，同归于土；原本构成他身体的原质，又几经化学或物理的变化，重新造成别的物体。人生如此，究有什么意味呢？这种唯物的人生观的影响，致使多数青年，怀疑人生，蔑视人生，糟蹋人生，讨厌人生，把生活前程的光明，毁灭尽烬。无怪乎生活之觉得十分无聊也。虽然，人生果此完结了吗？那么，先圣先贤，先知先觉，何苦费尽心机，创化制作，为后人图谋幸福呢？人类的社会，怎能结合得这样稳固。这样圆满，这样累代演化，累代发现灿烂的光明呢？孔子非愚夫，何事垂教万世，释迦非痴人，何事克苦修炼？耶稣非癫者，何事舍身伤命，被人钉死在十架上呢？所以然者，乃他们觉得人类社会人类生活之中，深含着神秘奥妙，不能剖晰，不能测度，异于物质生活的精神生活，或称灵性生活。维持人类社会者，乃由她产生的制度礼教；促进人类进化者，乃由她发出的魄力勇气；安慰人类烦恼者，也由那温柔和善高超，贞洁难以言形的她的真，善，美，的势力。失却了这种安慰人类的力，人生就会复成枯燥乏味，极其无聊。而现代的青年界，却正好犯上了这个毛病。偏偏这神秘的蕴力，只能理会，不能言形，只能信仰，不能实验，所以任凭多少饱学多识之士，怀着救苦救难的宏愿，极力设法解释，但因青年好奇心深，没有实体的观察，不肯意觉的信仰，所以青年的生活，迄今仍然遥遥茫茫，不得安慰。我很希望同志的青年人，抛弃那夜郎自大的傲心，对于宗教的问题，澈底加番研究：静察自然界之伟大，神秘，奥妙，高超，深刻，……同时又看看人类的产物，——机械制度等——是否如此完备而无缺陷？从此推想断定天地万物，是否偶然凑成者可比？愈思索，愈观察，愈能使你感觉到天地间必有一大主宰，主理万物，人类亦在其掌握之下，受其佑护，信之从之，能得生命上莫大之安慰，莫大之恩泽。青年们，不信这一件事的正实吗？敢请尝试一下！

上面所讲的，多半出于个人经验之所得，一时有幸，不揣冒昧，掇成此篇。若能对于青年的同志们，稍有些微采取之处，幸何如之！

十四年九月十三日脱稿于沪大

（原文刊载于《青年友》1926 年第 6 卷第 3 期，第 8—17 页）

一个碰过钉子的人的自白：敬告准备升学的青年[1]

我们从前都有这样的错误观念，以为一个读文科的人，不必研究数学，数学只是读理科的人的分内事。我劈头第一句，就要告诉读者，这是全然错误的观念。

凡希望将来少碰些钉子的人，都该打破这观念。

凡对于自己的前途加过考虑的人，都会于初入学时，决定选习理科，在数理及其他自然科学的基本功课方面，多用些功夫；当然，这种决定是正确的，无论将来替国家的建设着想，或替个人的出路着想，研究理科的人，总是不吃亏的。尤其在战乱以后，各处的建设，都要有真正科学修养的人，前去努力，一个只会空口说白话的人，在那个大建设的时期内，很少有发展的机会。这层大家都容易看到，但不容易做到，不容易做到的最大原由[2]，也许就系在数学根底不好的一点上。

满腔的热心，准备在升学后研究实科，然而在数学的一科上，感到相当的困难，本来只要再用一番功夫，就可克服这困难，无如避难就易，是一杀人的心理，听说改习文科，不必习数学，而一般自己碰过钉子却不肯把自己碰钉子的故事说给大家听听的教师们，很容易在这种地方，说一二句不负责任的话，什么将来社会的建设，文科人材[3]和理科人材有同样的需要哩！什么自己不感觉兴趣的学科，不必勉强去读哩！什么身体比学问更要紧哩！什么某某人法科出身，照样政府要人，不可一世哩！像这类的话，说的人也许出于有意，也许出于无

---

① 作者署名“文浒”。——编者注

② 即缘由。——编者注

③ 即人才。——编者注

心。出于有意，因为自己上了当，总希望有较多的人，上同样的当，庶几将来声势雄厚，可以稍得安慰，这就应验了西谚 Misery wants Company 的一句话。但不问教师说这类的话，出于有心或无心，然而学生听了，正配胃口，于是当初立志读理科的一番雄心，就此转移了。不容说，这是轻松的转移，然而青年的读者们，他的一生前途，也就断送在这个轻松的转移上面了。

要读实科，须有切实的数学程度，做为基础，这是无需说得的：例如学工程的人，就不能脱离数学；学物理天文的人，更不必说起了。实则，读文科的人，也何尝不要有坚固的数学基础呢？就拿哲学来说罢，愈读上去，愈是高深的数学知识，如今不说全用数学来做根底的数理逻辑，即如罗素（Bertrand Russell）怀特海（A. N. Whitehead）这一班人的通俗著作，要使你没有适当的数学基础，包管你读不下去。不仅哲学如此，研究经济学的人，也不能忽视数学，近代最新的经济学说，例如 Joan Robinson①，Edward Chamberlin② 这班人所倡导的“不完全竞争论”（theory of imperfect competition），就全然在数学上求出路。记得在哈佛大学的经济理论教室内，有个研究数学的学生，也一同加入旁听。他曾在数学系内，得到博士学位，但于经济理论，素无研究。过了二个月，他忽大有所得，要求教授让他有一个星期，发表他的收获；不容说，他所发表的，只是一套数学程式，然而确是一套有价值的新程式。我敢预定，要使他再化几年时间，把关于经济理论的书，多读几本，再用数学知识，加以贯通，他的成绩，必大有可观。这是实例，凡在一九三七年春季上 Prof. Schumpeter③ 的经济理论的人，都可为这事作证。我特地提出它，就想证明数学对于社会科学的实用。我敢大胆地告诉读者，倘你希望将来在学术上，能有相当成就的话，那你无论如何，不能忘记数学。我个人因在数学上，没有充分准备，以致现在研究高深哲学，就不免到处吃亏，所曾碰过的钉子，已不止一个。我每次碰到钉子，每次就把提倡数学教学的事引为己任。我写这篇文字，也就出于提倡数学教学的一点微意。

---

① 即琼·罗宾逊，英国著名女经济学家，新剑桥学派的代表人物。——编者注

② 即爱德华·钱伯霖，美国经济学家。——编者注

③ 即约瑟夫·熊彼特，美籍奥地利政治经济学家。——编者注

我希望我们的每个读者，倘现在数学已有相当根底，就当引以自慰，再求上进；倘平素觉得数学成绩不十分好，颇有专习文科意向的人，那我就得请他立定主意，克服试探，勉力求迈。你要转习文科，这在暂时间，确要舒服得多，然而你将来就要终身懊悔了。你为将来终身的利害着想，现在虽用整整的半年或一年，抛弃一切，专门请人补习数学，也不会不合算的

（原文刊载于《青年周报》，第二十二期，
民国二十七年八月六日，封2、1。）

介绍一位自力挣扎的青年[①]

这是我在过去二星期中所接到的类似的七封信中的一封：

文浒先生：

我读了你的《哭亡姊》篇后，对于先生早年的身世，不禁为之一掬同情之泪。我觉得先生的魄力，确是伟大极了，在山穷水尽的时候，尚能坚持挣扎着到中学毕业，并且后来还出国游学，继续学问上的研究，真使我敬佩万分，羡煞愧煞。我羡的，是像先生那样的穷困，尚且能得到如今的成功；我愧的，是我年已二十，还没有高中的资格，只在初级中学里混过了三年，就侧身职业界，现在已有一年多了。但是我的性格，对于经商是丝毫不能引起我的兴趣，所以我终日在“为学”“为商”的歧途上彷徨着。

先生，请你告诉我关于你求学时代为学的方法，和毕业后的情形，以便给我作个借鉴，想你总可以答应我吧！我希望在《青年周报》里，增开一栏“现代名人成功史”，把成功者颠扑受难坚苦奋斗的情形，叙述出来，使我们亦能循着他们的足迹，跨上成功之路，不知先生以为善否？希即给我一个回音。

周建业谨上 二七，八，三日

本来，我可依照读者的意思，把过去有限的一点经验，报告给读者。无如自己的年纪实在太轻，经验实在太有限，前途的成败得失，实在太没有把握，不敢在读者面前夸口说大话；记得从前曾在本报上，发表一篇题名《我的经验——关于读书》的文字，曾被一位中学校长

① 作者署名“文浒”。——编者注

挖苦过："他这点年纪，也配谈经验吗?"我当然并不因为他的这一句话，——这一句代表十足的东方意味，一个做惯了校长，平素只许自己斥责学生，而不允许学生批评校长的人所说的话，从此不敢报告自己的经历。不过有时候，我们也不能过分自信，也许我们自己的一得之见，在真正有经验有学问的人看来，果然是乳臭未干，信口雌黄之谈，所以我在这里，雅不愿述说自己的经验，却愿述说另一位我所知道得很仔细的青年的过去情形，和读者共同勉励。

他和一般青年一样，在自己全无所为的心理状态下，被他的父亲，送进中学。那时，他的家道，逐渐中落了，每年放暑假回去，他看见自己的父亲，一早就上田场去工作，中饭回家来，满面满背，都晒得赤黑，不仅晒黑，而且在亮光的黑色下，还可依稀辨出几个背疱，那也是夏的烈日在他父亲背上所施的神威。他一面和父亲吃饭，一面看父亲的黄豆般大的汗珠，从额角滴到饭碗，又跟饭粒送回口中去，他感动到说不出话来。他父亲常会有意无意地，说出这样的话来："务农究属苦的，我总希望你们能够长进。我总要尽我的力，使你们能做读书人。"这样，他逐渐知道他父亲一点抱负了：读书不再是他的一件例行公事，读书变成他的一种责任了。

一半也是造化，他所进的，恰巧是一所教会学校，一面学费低廉，一面又有"自助生"的制度，倘学校认为某生成绩尚属可观，而他的家境又极清苦的话，那就可以给他一个或二个的"自助生额"，每天打扫一个教室，每学期就有五元的收入。五元的数目不算大，但在那时候，全学期学膳零用等费在内，总共不到三十五元的学校，五元之数，也相当可观了。就因为学校有这种制度，所以不幸他的父亲突然逝世后，他还得维持他的学业，直到中学毕业。

他父亲一死，他的家境愈苦，他的上进心也愈烈。他当时上进的目标，我知道他，并不因为对学问感觉兴趣，也不因为对社会具有什么抱负，他的穷，他的苦，逼他挣扎，不挣扎只有回家种田，回家替人家做"帮工"，然而这些，他看来是禁路，因为他知道父亲不喜欢他如此做，而他总想了他父亲所未了的宏愿。

勉强中学毕业了，等到中学毕业后，他得和他的同班人有个比较了。别人一个个地升学了，他在一级中，成绩着实优良，也着实有点志气，怎能拖曳落后，让他人迈步前进呢？而且在那个教会学校内，愈是裁衣司务，饭司务的子弟，愈挣扎得高，学校不仅津贴在本中学读书的学生，还有一点款子，津贴有志向上的毕业学生，进入大学（关于这种制度，我认为极有意义，而且确实对于许多青年，有过帮助，不久当在本报上记其大概）。那位朋友当时最得益的，是他在高小时代读孟子时所背熟的“有为者亦若是”的那句话。比他前班的穷苦毕业生，都要相继大学毕业了，他不是不争气的人，自然不肯让人专美于前，而不继起于后，他终于获得学校当局的部分的津贴了，虽有部分的津贴，还是不能升学，因为还有其余的部分，无处着落，无已，只能在升学前，服务一年，于是在母校任教职，每月薪水二十元，供宿不供膳，净收入每月十五元。

要从每月十五元的收入中，贮蓄一笔学费，实在不容易，但他的升学热，是如此之高，要从家里或其他地方，获得相当款子，也非易易。他决意竭力撙节，预定每月至少必须存起十二元，每年可得一百四十元之数。他的确办到这点，在教书的那一年内，轻易不化一个小钱。记得有一次，他的一位同事结婚了，其他的同事，都衣冠楚楚地道贺去了。他原有一件竹布长衫，但缺少一件马褂，预算制备一件，总得五六元之谱，他有好几次想做这件出客衣服，然而一想到他还要升学，他必得储蓄，他索然不去吃酒。当然，那时他的衣服都是自己洗的，袜子都是自己补的，又因为日用的手帕，现成买的比买布叫裁缝店去做，每方要贵五个铜子，他也采用后一种方法，以期省出这五个铜子来。

当时最策励他上进的，是他在学校中的地位。他是本校毕业生，同学们给本校毕业的教师一个特别绰号，叫做[①] Half teacher，他自然划入这一个 Half 阶级了。这一个 Half 的字，每次听见学生远远地在哪里喊他，多刺痛他的耳鼓！同时，几位大学已毕业的教员，也着实有点大学毕业生的架子。一方面，大学毕业生的架子，在威胁他，另一方面，Half 的名号，在嘲笑他，他欲诉无语，欲哭无泪，只能回到房里，面对镜子，望望自己瘦影，想想已死的父亲，想想在家终日操劳的母弟，有时竟不能不呜咽泪下了。茫茫天地间，何处是他的生活道。他

---

① 即“叫作”。——编者注

每次碰到这样的情境，每次在呜咽泪下之后，突然想到“有为者亦若是”的驱邪符。他没有钱，不能到外面去玩，就关在屋子里看书，并不时训练写稿。有一次，竟出他意料之外，投进了一篇稿子，得稿费十二元，差不多等于他一个月的束脩。他第一次看见自己的名字，被铅字印在杂志上，又得到十二元的额外收入，这里的刺激，使他以后更在写稿上努力，他的学费的大部分，也就此有着落了。

一年过去了，他在这一年中，于教课有暇，不练习写稿，就预备升学考试的课程，也许因为穷的缘故，没有财力到外面去玩，没有经济和朋友同事去应酬，所以结果，居然积下一百二十余元的成数，勉强可以应付一年的大学学费。当他在大学一年级时，有一位和他要好的高级同学，因为他老是竹布长衫下，穿着一条长仅及膝的短裤子，在上海贵族意味颇重而又实行男女同学的沪江大学内，未免太不合调，认为从礼貌上讲，应该换上长裤。那个朋友的劝告，全然出于至诚，但他那里知道，他的不换长裤，实有一个不能换的苦衷啊！诸如这种出于善意的话，最使他难受，他那发泄难受之气的唯一出路，就是多用功读书，在功课上，在作业上，争夺一个首位，使其他同学，至少在学问上，不敢小视他，实则，也正因为他穷，所以才得专心学业，不及他务，否则，每天黄昏时节黄浦江边的喁喁情语，也早把他的一片学问雄心，牵移[①]过去了。

以后，他一面读书，一面写稿，学校的例假日就是他安心写稿的最好时间。当他在大学毕业的那一年，别的同学，都得要向家里去要一笔毕业费用，而他呢，因为脱售一本四十万言的译稿，共得到四百元的稿费，不仅毕业费用，全有着落，放假回去的时候，他有一张大学毕业的文凭，可献给他父亲的灵前，同时还有三百五十元的现钞，可献给他的母亲，偿付他家里所欠的一部分的债。

这只是一个平凡青年的平凡经历，然而也许正因为那只是一个平凡青年的平凡经历，所以格外值得我们注意。

（原文刊载于：《青年周报》第二十三期，

民国二十七年八月二十日，第2—4页）

① 即迁移。——编者注

你出过多少汗

我将永远不会忘记在意国[①]佛罗棱斯城[②]的乌非采[③]陈列馆中所看到的一件事，那是一件够使我兴奋，够使我感动的事。我们参观名画陈列室的人，每走进一个房间，就看见一个二个的男人或妇女，坐在一个画架旁边，画架上放着极小极小的画纸，手里执着极细极细的笔，埋着头，用着劲，一边望着壁上的名画，一边用细小的笔，在细小的画纸上，一笔一笔的描画着。他们所画成的东西，虽在一班自命为懂画的人看来，“工”则“工”矣，却谈不到“神”，但我却深深地受到启示了。我不知道“工”和“神”的究竟区别怎样，也许名画家确具一种“神”的能力，不过有一点，我敢确定地说，这些陈列在乌非采梵的冈[④]等博物馆中的名画，有的大到二三方丈，倘没有名画家的“工”，一笔一笔地画上去，也决不会成功的。引导人不断地对我们说，这是某某人的名画，他化几月或几年的时间，方才画成。真的，西洋画家的成功，决不单靠奇才，大半还靠实工夫。从此，我每次看画，每次看到画中人物的生动灵活，我不禁想起当年画家在这画上所费的一笔笔的苦工，和一粒粒的汗珠。

我不否认有所谓“天才者”的存在，近代心理学的研究，指明在儿童中，确有少数分子，比一般的儿童，要聪明些；不过他们的成就，并不一定比一般的儿童，要来得大。他们于最初时，感觉自己的能力，要比他人高些，因而读起书来，或做起事来，也比他人轻便些，不必用足十分气力。唯其如此，无形中就养成了一般人所称为“才子派”

---

① 今译意大利，下文同。——编者注
② Florence 今译佛罗伦斯。——编者注
③ 今译乌菲兹（齐），下文同。——编者注
④ 今译梵蒂冈。——编者注

的习惯，起初因为不需要而不用足气力，等到“轻便”惯了，虽有时候，想多用点气力，也必感觉用不出气力，反不如开始就感觉费力，开始就十足用力的人，更担当得起重任。在学校中，往往有在一二年级时，功课非常优良的人，到了后来，反不及其他次等的同学；也有到了后来，反弄到功课不及格的。这其所以然的缘故，就因为他们“轻便”惯了，等到后来，虽欲加紧用功，已来不及补救了。“天才”！“才子”！这是多动听的名词！然而历来不知有多少的人，都上它们的当，因卖弄天才，终至一事无成。在我自己的经验内，已看见过好几幕这样的悲局了。

我们大多数人，都是平庸的人，我们不必羡慕他人的天才，我们只须磨练自己的庸才。我们分析任何人的成功，都是倚靠天才的成份少，依靠努力的成份多。我们应当估计自己是庸才，应当企图从努力上，求获成功，不该企图从侥幸中，求获成功。我常听见年青的同学，自己安慰自己说，某人的天资高，某人的体质好，某人有漂亮的姐姐，嫁得好姐丈，因而大舅子也沾了光，我于这些条件，一点也不具备，自然不是他的对手。青年的读者们，我敢老实地对你说，这只是自甘堕落者，自己欺骗自己的话，只是阿 Q 式的哲学的充分表现。我敢断定说，他的不能和人竞胜，最大的原因，就因他抱持这种自己欺骗自己的态度。真正有为的青年，不计较这些，只问自己的力，有否用到，自己的汗，有没有出足。天下决没有白白得来的成功，每一分的成功，都得一身身的大汗去换来。俗语说得好：“讨饭还要起个早”，何况干正经事！我们不怕不成功，只怕自己不肯努力，不肯吃苦，不肯出几身，几百身，或几千几万身痛痛快快的大汗。我们应当时时准备出汗。

我们不仅应当准备出汗，而且应当实际去出汗，倘单准备出汗，而不从实行上，真实地去出汗，那就一辈子也做不成大事业。你一辈子准备着，一辈子不动手去做，那你必将亲眼看见你的同事，或你的同辈，一个个地挣扎上去了，而你，却因为一辈子在准备中过生活，一辈子表显不出成绩，一辈子留在别人的后面。

我所谓实际去出汗，并不一定拣大的事业，才肯出汗，“肯出汗”是一种态度，可用在大功业上，也可用在小事业上，而在事实上，只有肯在小事上出汗的人，到了后来，方有在大事上出汗的机会。真的，你不先在小事上，表示出你的能力来，使人深深地信服你，人们怎肯把重大的肩仔[1]，交付给你，叫你去担负呢？我们手头的每一件事，都是我们出汗的对象，我们在小事情上肯出汗，受过出汗的训练，有了出汗的经验，然后大的机会，到你眼前，你就有抒挥自如的能力，那时，大的机会，真是你的机会了。否则，虽有大的机会给你，也必因你平日没有准备，当不起重任，轻轻地放过去。我们总要有这样的决心，无论大事小事，一到我手里，总要做到它成功，决不中途放弃。中途放弃，那不仅他人从此不敢信任你，就你自己而论，也是一生最难原恕的羞耻。

因此，我们不仅要准备出汗，不仅要随时随地出汗，更要紧的，还得对于某一事情，继续地去出汗，顽梗[2]地去出汗。我们不要出“取巧”的汗，我们要出“狂大”的汗。对于事业的成败，这实是最大的决定点。许多青年有为的人，当其动手作事之初，何尝不存一个野心？何尝不想做成一二件大事？他们的心激跳着，他们的血沸腾着，他们蓄意要干一番，然而干到中途，或因兴趣渐减，或因环境阻挡，或因外力引诱，从此停顿罢休的，为数甚多。他们的悲局，就此肇端了。做事最忌的，是心思活动，主意不定。一般人的心理，总以为别人的事，比自己的事好，总是“做一行，怨一行”。怨心发动的时候，有二种态度可取：其一，认定“三十六行中，行行出状元”，不贪他人的成功，不作投机的妄想，埋着头，提着神，一步一步地坚持下去，如是者，经过若干岁月，困难渐解决了，兴趣渐恢复了，同时，又因为竞争对手，经不起磨难，中途退出了，数目减少了，你的最后胜利，自然更有把握了。一般人多是“程咬金的三斧头式”的，你看清楚这点，你的最后成功，就倚在你的耐力与毅力上。

第二种态度，就是我所谓“三斧头式”的态度，三斧头劈过去，没有把握，就换个方向，另图发展。他的意志易变，他的态度浮动，他以为换个方向，或有较好出路，不知当他东换西换的时候，人家早就“升堂入室”了。他一辈子不镇静下来，向着一个标的，奔驰上去，一辈子没有最后成功的希望。赛长跑的人，都知道最后几圈最吃力，

---

① 即肩膀，引申为责任。——编者注

② 即顽固，原文如此。——编者注

然而锦标的谁属，也就取决于最后几圈的努力上。

唐僧到西天取经，共经七十二个磨难，这虽是神话，却含有做人的真道理在内，真的，也许我们事业上的磨难，大大小小的，不止七十二种。每个磨难，都要我们用毅力去对付，都要我们用血汗去挣扎，你的能否胜过磨难，不靠你的“天才”，也不靠你的“裙带”，只靠你自己的“汗血”。你的成功，当与你所流的汗量，成正比例。出汗是成功的唯一条件。倘你不能成功，那就表明你所流的汗，还不足够，还得定心下去，再流它一年，二年，或甚至五年十年。而且当你汗流足了以后，你所谓“机会”，你所望“荣誉”，你所求之不得的“裙带”，只靠你自己的“血汗”。你的成功，当与你付流的汗量，成正比例。出汗是成功的唯一条件。倘你不能成功，那就表明你所流的汗，还不足够，还得定下心去，再流它一年，二年，或甚至五年十年。而且当你汗流足了以后，你所谓“机会”，你所望“荣誉”，你所求之不得的“裙带”，自然而然会加给你了。那时，不必你去趋奉人，人家自然会趋奉你，这是多快意的事！你配享受这种快乐，因为你的快乐，是用自己的血汗换来的。

万一你终于失败了，那你至少，已显示给世人看，原来你的那条路，是不可通的。至少，你已在消极方面，昭示后人，不必再走你的那条路了。从这观点上说，你还是成功的，只是你的成功，不由你自己享受，而给你后代的人享受去了。实则，后代人的享受，同时，也就是你自己的享受，因为你的“小我”，倘没有社会和文化的“大我”，撑在后面，一切都是空的。你的“小我”，只是社会的“大我”的部分，你的“大我”的享受，还不等于你自己的享受吗？

所以青年的读者们，不要把宝贵的时间，空费在徘徊与叹息上，不要把自己的失败，归咎于社会和环境，也不要怨天尤人，这些，都是懦弱和羞耻的行为，有志气的青年，该从此时此刻起，立志出汗，实行出汗，继续出汗。你自己的事业，就系在你的每一滴汗珠上；我们整个民族的命运，也就系在我们各人所愿意出和实际出过的每一点汗珠上。

你不要问你的成功，有无希望；你只要问，你的汗珠，有没有流足。青年的读者们，你曾否流过汗？你流过多少汗？

（原文刊载于《青年周报》第二期，
民国二十七年三月十九日，第1页）

做牛与做猪

我不敢说，这是中国社会演变的定律，但至少，中国社会的变化是按着“一代做牛下代做猪”的程序进行的。试把我们前后左右的情形，留心观察一下，我们就可发现这样的事实，某人出身贫寒，迫于环境，颇知刻苦耐劳，往上挣扎，挣扎的结果，给他寻出一条生路，慢慢地，干成了一点事业，积蓄了一点钱。因为他本由穷苦出身，知道赚钱的困难，不敢妄用钱；又因为他对于事业的兴趣，比较浓厚，没有多大心思去化钱，所以结果，往往能积成相当可观的数目。他一生所过的生活，全是挣扎与奋斗的生活，我们有一比，比之为“牛”的生活。

他像牛一般地干了一辈子，事业做得很像样，钱也积得不少，然而隔不多时，他老了，病了，死了，虽则“死有余荣”，但究不能把事业和黄金，带到坟墓中去，于是他的一份家产，自然落到他的少爷们手中去了，于是下一代的猪的生活，也就开始了。

少爷们真是好福气，竟投胎得着，投到这样一位能够吃苦耐劳像牛一般的父亲家中去，平日不愁吃，不愁穿，一切都有牛般的父亲，替他安排，务使他称心如意，享受最舒服的少爷生活。然而也就为这缘故，他的生活懒散了，他的精神颓废了，他的野心隐没了，他的志气消减了，他只知过生活，而不知于过生活以外，更从而创造生活，增加生活的意义，提高生活的价值。他在外形上，也过着人的生活，但在实质上，他只做着猪，只知道吃而又睡，睡而又吃，全不知人世有险路，也不知社会有蜀道；好一份老太爷辛辛苦苦挣来的家当，只供作大大小小，男男女女的一群少爷猪和小姐猪的生活食料罢了。

平心而论，单单困而又吃，吃而又困，还算是安分守己的公子哥儿，还算是上代祖宗的余德，不致产出无恶不作的孽障。我们所习见的公子少爷，就不如此好讲话了。他们于饱暖之余，自然淫念兴起，各种丧德害良的事，都做得出，都做得到；种种人世间的罪恶，社会上的逆行，都陆陆续续地，从这班大少爷的手法中，变了出来。他们虽有时候，良知勃发，希望回过头来，干一番正正经经，于人于己，两有裨益的事，然而四周的恶势力，包围他们，使他们动弹不得。牛一般地工作一世的“孝顺父亲”，原想积一点钱，叫子孙们享福，他那里[①]知道，就因这一点积蓄，他那子孙的幸福，都全被断送了。

我想不出到什么地方，去找一个数字，证明“一代做牛下代做猪”的观察的真实性，实则，也许因为事实太普遍了的缘故，反而数字上的证据，竟无从找起了。中国的社会，老是按照这个顺序，超前数十年，又退后数十年，挣扎数十年，又堕落数十年，结果，整个社会的命运，也就此被决定了。我们不反对人们做牛，我们应该鼓励大家，共同去做牛，要使人人都能像牛般地，着着实实地耕过几千亩或几万亩的田，然后筋疲力竭[②]，四脚一伸，口眼齐闭。这样，我们的整个社会，就永远可向生产的与前进的途径发展了。

我们现在的问题，就是：怎样能使现在正做着猪，和不久将要做猪的人，得免于做猪，并进一步，更能够做牛呢？解决这问题的简捷办法，应该从制度方面着想，使牛般耕作一世的“孝顺父亲”的财产，多贡献给社会，不留传给子孙，不过这事说来话长，此处只能从略。我们现在，很想从心理方面，一方面提醒“孝顺父亲”，不把自己的财产，去陷害子孙，断送子孙的前途，同时，对于我们中间有资格做猪的青年，更想略进一言。

有钱的青年同学们，你们的机会，可说比贫穷的青年好，也可说比贫穷的青年坏。贫穷的青年，因迫于环境，不得不向前挣扎，你们却被剥夺这种向前挣扎的刺激了。你们有的是钱，过的是舒适生活，平常给予穷人的刺激，对于你们，全不成为刺激，平常围困穷人的问题，对于你们，全不成为问题，你们在开头时，就失去奋发与磨练的机会了。你们到了学校，因为有钱有势的关系，什么人——连校长教师在内——都肯迁就你们，用不着你们去应付，不像寒酸青年，到处

① 即哪里。——编者注
② 即精疲力竭。——编者注

碰壁，到处遭受歧视，为欲寻求出路，不得不用种种方法，期求适应。这样，贫寒青年于适应环境时所得到的经验与教训，你们又失去了。后来，进入社会，贫寒青年全靠自己的力量挣扎，一步不到吧，一步难成功，其中所含的辛酸苦辣，不是过来人，决不能领会；然而做人处世的大道理，也就蕴藏在这种辛酸苦辣的经验中。你们呢，只要肯做事，不怕无事做，父兄或戚友的一封介绍信，就抵得过贫寒青年的半生挣扎。这是你们的便宜处，然而也就因为你们不会经受辛酸苦辣，你们的经验阅历，万不及贫寒青年的丰富充实了。还有，围绕你们四周的，尽是一班贪吃懒做的花花公子，大家只知道胡闹，不肯谈正经，引人作恶有余，劝人为善不足，你们的一类朋友，怎能和结结实实吃得起苦，耐得起劳，而又肯吃苦肯耐劳的贫寒青年的同伴相比呢？这样，你们在朋友的薰染方面，又吃了大亏了。

所以我常对朋友说：穷人做大事业，是应该的，一半是他自己的功劳，一半也是环境给他的鼓励，富人而能奋发有为，用正当手段，干一番正经事业，那就更觉可贵了。

然而青年的读者们，做人究竟要靠我们自己的。穷人而能和穷环境奋斗，乃是有志气的表示；富人而能和富环境奋斗，利用财富地位，不入邪道，不越歧途，求学时认真求学，做事时认真做事，何尝不是有志气有作为的表示呢？父兄所赐给你们的，究限于财富，你们既有财富，无论求学做事，都有充实根据，比诸贫寒青年，更可集中注意，创造新的事业。而且一当你们致力于新事业的创造的时候，你们的热血，又会沸腾起来了，你们的意志，也会坚强起来了，你们的精神有寄托了，你们的心力有用武之余地了，反之，各种胡调妄行，也自然而然地，不能在你们的心境中，占据优势了。你们的财富和地位，非独不阻挡你们的前程，反足助成你们的前程。再就社会方面来说，本属于“废物”或甚至于“害物”类的公子哥儿，现在却能用更大的势力，作更大的事业，于是社会的进步，就可一直向前，不致再受阻碍了。

做猪或做牛，原是我们自己所能作主的事，我希望贫穷的青年们，都能以“牛”自居，担起别人所不愿担任或无力担任的肩仔来，我更希望有做猪可能的富有青年们，更能自策自励，不为游闲[1]的环境所害，却能征服环境，利用环境，多牵几架犁，多耕几亩田。

我们民族的前途，就系在我们愿意做牛抑或准备做猪这一个选择上。

（原文刊载于《青年周报》第四期，
民国二十七年四月二日，第1、2页）

① 即悠闲。——编者注

关于现实生活的几句老实话

经过一星期的考试以后，几万的大中学毕业生，都要走上毕业即失业的路上了；每一个毕业生的心理，都存着满怀的忧虑与苦闷；正如《周报》读者李卓惠先生在给我的信上所说的：

我是刚刚从中学生活完毕了的学生，我的家境是非常的困苦的，而我能含辛茹苦，毅勇地完成了中学生活，当然我的心是感觉得异常的快慰，可是想起了我的前途问题，又将我快慰的心黯淡下去了。升学吗？事实上不可能，家境如此的困难，要想踏进大学，我只认为梦想，就业吗？我不知将如何的回答这个问题。武断的说，在战争的时期，一般事业，都是在裁人减薪，缩小范围，要寻一件事，简直可说是无希望的。我处在此万恶的环境中，毕业时期满腔热血的希望，现在成为了泡影。灰心吗？不！青年不应具有这种腐败的思域，我是常常听见人家说的，青年不应被环境所克服，我们要克服环境。话是说得冠冕堂皇，可是像我如此的环境，升学就业我已经说过我不可能，处在进退维谷中的我，不管心中是如何的打算，绞心沥血的思想，叫我越想越糊涂，越糊涂就感觉得人生的乏味。我的前途，满地是荆棘，黑暗。我心酸，手颤；我黯然；我好像失掉了我的决断心。

这短短的一封信，道破了孤岛上或甚至全中国的青年的苦闷。中学毕业的青年，感到这种苦闷；大学毕业的青年，也感到这种苦闷；实则，即连留学回来的青年，也何尝不感觉同样的苦闷呢？我个人，就是感觉同样苦闷的许多青年中的一个。

我在美国读书告了一个段落后，就动身到欧洲，希望乘这机会，看一看世界后，再回到祖国，结结实实地干他五年或十年的事；所以每到一个国家，不肯轻易放过这机会，尽量研究，并尽量观察，作我将来干事业时的准备。想不到在我到莫斯科的第二天，神圣的战争，就此爆发。我于去年十一月底，匆匆赶回国，当时，还海阔天空地，做着我的事业梦。我原替世界世局定好一个比较伟大的出版计划的，然而事实告诉我们，战争爆发后的出版业，正像其他各业一样，能够维持过去，已算好了，那里还谈得到发展。到如今，半年将过去了，偶然翻阅自己的计划草案，不觉心酸泪下，因据我的草案，有几个项目，应该此时完成了；然而现在，连到几时可以动手这一点，还着实发生问题哩！

真的，在这种局面下，越是有抱负的人，越感觉苦闷，倒不如随随便便，得过且过的人，玩味着他的"今朝有酒今朝醉，明日无钱明日愁"的人生哲学。目下孤岛上茶室，跳舞厅，电影院，溜冰场，游泳池的生意，其所以能够如此畸形发达的，就出于这种恶心理。然而钱一个个用完了，跳舞，溜冰，看电影，坐茶室，失去了经济力的支持，不能再继续了，生活的总清算，不久也将临到了。我从伦理的观点上，并不特别反对人们去寻乐，我只在现实的生活上，替他们忧虑，忧虑到他们未来的生活，而且是就在眼前的未来生活。为了这缘故，所以我在上期提出竭力撙节①的一点，和可爱的青年读者们，相互勉励。

但这只是消极方面的事，在积极的方面，我们还得决定我们的生活方针，就是我们于"升学"和"就业"二者皆无可能的时候，我们应该怎么办呢？

要讨论这个问题，我们应认明白这次的战争，迟早总要发生，复兴中华民族的艰苦事功，既落到我们身上，我们就得任劳任怨地干下去。本来，要复兴一个民族，不是容易的事，我们试翻阅世界史，那一个强国，不经过几十年或几百年的长期奋斗？奋斗是苦的，是我们必须要喝的苦杯，我们一想到我们个人不能离开国家或民族而独立生存时，就得诚心悦意地喝这苦杯。我们目前的失学失业，挨苦受痛，都是这苦杯的意料中的滋味，所以我们应当在心理上，毫不沮丧，毫不悲观。此时而言沮丧或悲观，无形中就减少了民族和国家的挣扎力，无形中就做了民族和国家的大罪人。

---

① 抑制、节约之意。——编者注

我们既认清楚这个大前提，就可进一步谈到各人自己的问题。关于这点，我认为每个青年，倘有些许升学机会的话，就当尽量用这机会，求达升学的目的。我是对于教育具有深刻信念的人，任凭时人怎样批评中国现在教育的失败，然而在这次挣扎进程中，要训练一个不认字的农民，究比训练一个初高中学生，要困难得多。也许一个人，读到大学毕业，他的每月收入，还不及一个中学毕业而又做了四五年事情的人的收入，然而再隔四五年，前者的升迁，就要比后者大得多了，这原是很显明的道理。何况在这年，更不能找到事，能够升学，总以升学为是。但万一家境贫寒，实在无力升学的人，又当怎么呢？那唯一的解决方法，就只有"自修"了。

无论那一个，总有一二件事，存心想学习好，但总寻不出适当的时间，现在就是学习的时间了。你是否觉得你的书法，需要练习？你是否觉得你的写作能力，还未到巴①？你是否觉得你的数学根底，未曾打好？你是否觉得你的科学知识，还未充分？你是否觉得还有几本，几十本，或几百本的书，还未曾读？现在都是你专心补习的时候，你何不乘这时机，认认真真地补习一下呢？真的，你如果化五六角钱一张门票，连车资在内近乎一块钱的费用，去看一场影戏，何如买一块钱的普及本的小说，（例如福州路启明书局出版的世界文学名著，每本三四十万字，仅售一二角钱，）从头到尾，读它几本呢？不说别的，单就趣味性的小说而言，倘你在这挣扎期内，化近十块钱，买近百种新旧中外小说，认真看完一遍，那你必会觉得你的心胸，与前大不相同。好做的事情正多，何必空口喊着苦闷呢？

爱好文艺的读者们，就请你们乘这时机，看小说书；爱好社会科学的读者们，就请你们乘这时机，看社会科学的名著；爱好自然科学的读者们，就请你们乘这时机，补习数理，打好切实根基，预备将来应用。

我不止一次，说过这样的话，但我仍觉得这是最切实际的话，敢以此和读者诸君共勉。

（原文刊载于《青年周报》节约运动专号，第十七期，民国二十七年七月二日，第10—12页）

---

① 原文如此。——编者注

励志讲坛：从学徒到老板

友人中有一位前辈老先生，带了八百个大钱，从内地来到上海，住了数时，就投身于出版业，历尽艰辛，从小规模的书店做起，创成了现在中国三大书局中的一大书局。要使天下确有自力成功的人，他老先生应该是最好的榜样了。迄今我们每次碰到欲做某事，心中犹豫不决的时候，就到他那边去跑一趟，凭他三二句评语，就可把我们的艰难，完全解决。前次我去看他的时候，他和我谈各人在本位上努力的实际经验，虽是极平常的几句老实话，但世界上还有比这几句老实话，更能打动人的内心吗？我劝他把自己亲历的经验，或见闻所得的经验，请人著成专书，鼓励后辈，我相信这种从有经验的人写出来的经验话，比任何凭空瞎谈的人的话，来得真切有用，这样，我们就等候他的经验谈的出版吧！本篇从上次的谈话中，节录出来，因急促付印，未经那位老先生亲阅一过①，深觉抱歉。要使他真肯把这类经验写出来的话，那本篇只是他那极可宝贵的经验的一小片罢了。

我们在本报上面，不止一次，说过“三十六行中，行行出状元”，以及“各人就本位上努力”这一类的话，然而我们所说的，都偏于理论方面，未能把这些理论，应用到实际生活上去；我写这一篇，就想弥补这一个缺陷。从学徒到老板，这期间相隔多远！初看上去，好像很难走完这段路程，但事实告诉我们，现社会上有许多老板，虽不完全由学徒晋升上去，可是我们也不能否认，其中确有几分之几的老板，是从学徒步升上去的。而且这从学徒升到老板的路径，一经识破，也觉平凡得很，但正因其为平凡，特别与现实生活相切，特别值得我们推敲。

---

① 疑为“一遍”之误。——编者注

要使我是一个学徒，我就不怕师父的督促责骂，我所怕的，倒是师父不来督促我，不来责骂我。我要把自己看做戏台上的落难公子似地，受难愈深，印证事理的机会愈多，将来中起状元来，也愈具备真状元的资格。我要自处得非常谨严，把自己应该有的本领，都在这学徒期内，练习完成。我得查阅自己的笔墨，是否已经清顺？自己的书法，是否已经整饬？自己的算法，是否已经精确？自己的办事，是否已经敏捷？倘还未曾，就当利用闲暇，或请师父补习，或进夜校受课，或请师兄指导，总要学得相当满意后，方肯罢休。这些东西，都该做学徒时，准备齐全，庶几将来应用起来，不致临渴掘井，事倍功半。

做学徒时比较最难受的，是受人指挥，做各极低微的事。聪明的学徒，不会把这种低微的差使，认为侮辱，却乐意去做，而且做得非常道地，这样，他在师父或伙伴之间，就会得到极好的称誉，因为他要请教他们，就容易成功，因为他们都认为他是可教的人，都愿意指教他。要是他是商店的学徒，他最注意招呼主客的一层。有主客来，他总是第一个去兜呼生意。他的态度，非常温和，他的措辞，非常客气。他知道搅弄生意，不全靠死的货物，主要的，还是要靠活的手段，市场上货物的价格，相差不多，倘能于货真价实之外，又注重态度的温和，语言的客气，必可拉拢较多的生意。他做生意时，处处都替主客着想，根据他所有的关于货物的知识，替主客选择货物。他要做到这般地步，使主客觉得他是主客带来的帮买货物的人，不是主客讲价还价的对手。这样，主客就会信任他，并喜欢他了。当然，聪明的学徒，不必一定要用老板的货物，作为牺牲，藉以拉拢生意，要使如此，他的办法必会引起老板的不悦。他用态度和手段来拉拢，主客方面喜欢他，老板方面也喜欢他。

他年龄逐渐增大了，本事逐渐增进了，人缘也逐渐结好了，他在商店之中，也许年限到吧，满了师，仍在老店服务，那他发展才能的机会更多了。他不赌博，不游浪；一空下来，就看看书，练练字，写写信件，学学笔墨，轻易不去游玩，不去妄费金钱。每次找他，他就应命而至；老板每有所问，他能随即对答；又因为他在店中多几年，前后各种事件，都有接洽，所知极详，他简直变成全店当中事务最熟的人了。一等他做到这一点，他的第一步成功了，因为在老板心目中看来，他是唯一不可缺少的人才了。万一他不在，也许店里的事情，因前后不接头，竟会弄不下去。又因他能读，能写算，能够替老板划策，一身可兼数职，老板用了他一个人，等于几个人。老板少不了他，他就不致遇到失业的危险了，于是他可大着胆子，向他的前途事业打算了。

他对内的部分布置好了，就可充分对外，所谓对外，就指招呼主客，拉拢生意而言。他是本店学徒出身，对于本店的老主客，个个相熟。他虽不能使所有的主客，于同时之间都认识他，至少，他有方法使所有的主客，慢慢地都认识他。他遇见老主客，就会问问他们的现况，他们对于前次购去的货物是否满意。他们倘有不满意的地方，他会保证他们，这次必可满意得多。于是他在这次的买卖上，特别使主客满意些。购买货物的人，本没有一定的商店去买，如今在这家商店中，竟有这样体心的店员，替他们打算，他们于无形中，就和这店发生了好感，回家一加比较，果然货色正足，价钱公道。

他也懂得一点门槛，他于主客临走时，还会很客气地对他们说："这次的货色，定使你满意，万一不满意，尽可向我姓×的交涉"。这样，他就把他的姓氏告诉主客了。做主客的人，一方面感觉该店员的谦恕，回家后估计一下，又确实沾了些便宜，我敢向你保证，他们不仅记牢那家商店，而且记牢那家商店里的姓×的店员，他们要把这个店员，作为买卖上的义务帮办人了。

于是他的努力奏效了，主客跑上门来，不见姓×的店员，就会向老板要这位店员。"找姓×的"，这在老板听来，是多么值得注意的声音啊！一天只要有一二个主客，跑上门来，找这位姓×的，那在老板心目中看来，好像他这爿店的生意，完全由"姓×的"一个人做成的了。

也是实在的事，等到主客一信托你以后，就非到你店里来买货物不可；他们到了你店里以后，又非向你买货不可。（我自己就有这样的心理，因为我怕在生人面前吃亏。）万一你换了商店，他们竟会赶到你新进的商店来购货。在旧式商店中，往往因为一二员的调动，在营业上会发生极大的差别，就因这个主客的心理，在那里发生作用。

一方面你的主客增多了，同时，你对于批货进货的手续也明白了，你对于同业的各种门槛，也学会了，你做老板的根基就打好了。机会一到，你尽可凭恃向来的信用，在朋友亲戚那里，移用一点款子，开起你自己的店铺来。有时候，有人有一笔钱，想做一点生意想找有经验的人投资，那时，你就是他所求之不得的“活佛”。你凭恃向来的忠诚信用，非独可以做到老板，且可着实扩充营业，做个道道地地的大老板。

你不相信“三十六行中，行行出状元”的道理吗？在这里，就是一个具体的可实行的步序。我亲眼看见许多上海的名医，都在公家医院服务时，拉拢大批病户，拉到差不多的时候，就脱离医院，设立私人医院，顿时营业兴隆，声名载道。

（原文刊载于《青年周报》第二十六期，

民国二十七年九月十日，第 1 页）

励志讲坛：刬[1]方格子的涵养[2]

谁都遗失过东西，谁都想把遗失掉的东西寻回来，现在要问的问题，是：你用什么方法，去寻回你所遗失了的东西呢？我提出这个问题，并不和你开顽笑，我只想借这个问题，来印证读书和做事的大道理。

你打过网球吗？忽然球儿落到荒草中去了，于是开始寻找。最普通的方法就是拿网拍，在草地上乱拨，也许机会凑巧，一拨就给你找到了；也许机会不巧，任凭你拨了多少次，老是寻不到你所寻求着的目的物。于是再来一次乱拨，有时候，竟会拨到四五次之多，而结果还是个寻不着。这样的寻找方法，实在是错误的。你用不经心和乱拨的方法来寻球，寻着球是额外的侥幸，寻不着球，是应受的处分。

我们要用另一种方法来寻：

有人会用寻物的比喻，来说明德国的处事精神，万一他们在房间内丢了一枚小针，就会立刻拿出粉笔、米尺、和放大镜来，先把房间内的地板，用粉笔和米尺，刬成一块块的方格，又把这些方格，依次编好号码，又用放大镜按着方格的号码，一格一格地，寻找过去。地板的一角找寻过了，又转到地板的他角。也许全个地板找遍了，一格格的方块都借放大镜力之助，完全搜查过了，结果，仍无所得；这似乎是失败了，然而不然。他并没有失败，非独没有失败，而且已有一部份的成功了。怎么说呢？因为他已求出一个结论，知道他所寻找的小针，并不落在地板上。他在第二次找寻动员上，就可把“也许小针在地板上”的那个臆说抛弃了，集中心力到书桌上、茶几上、椅子或房间内的其他地方，去画方格子，去用放大镜。倘若我们不嫌“科学

① 原文如此，即画格子。——编者注

② 作者署名“文浒”。——编者注

方法”这四个字用得太滥的话，我们不妨把这种找寻方法，名之为“科学的”找寻法。

我们用科学的找寻法来寻网球，就该先把网球落下去的那片荒草，作为全力动员的对象，从左边起，循直线形，向前拨草寻球；一行拨寻拨过了，再在偏向的直线上，作同样的“且拨且寻”；如是者，全块荒草寻遍了，球必到手了。万一仍不到手，那就表明球不落在那片荒草上，不必再在那块荒草地上化时间，再在那里东拨西拨了。

以小言大，我们在学校中写论文，读参考书的时候，也就应该把必需读的参看书，划成方格子，一格一格地读下去。一般人最容易犯的毛病，就是一跑上图书馆，立即把几本书借到手里，随意乱翻。当然，在初接触一本新书的时候，这种乱翻的初步工作，也有需要，你可用这方法，知道某书的轮廓大纲，篇幅长短，再来分配你的阅读时间。但一经翻阅，并开始阅读以后，就该从头到尾，一句一句地读下去，不把一书读完，决不轻易改读他书。你读完那书，就自然而然地会在该书上面，获得实益，至少，你于作者的主张与布局，已可得知大概了。再进而读其他的参考书，你就可把其他的书的主张，互相比较，得到一个中肯的批评。我可老实告诉你，任何一个著名学者，尽管他所读的书，如何卷帙浩繁，他所得力的书，只不过四五本，或甚至三四本，他从这几本得力的书上，获得他的立场，再读其他的书，都不过多得若干材料和论据罢了。当然，我所说的，指社会科学的范围而言，关于自然科学方面，我没有经验，不敢瞎说，但推想起来，和我上面所说的一句话，也不致相差过远。

你试回忆回忆看，你有否遇见过这样的人，说起新出版物来，他什么都知道，谈起新学说来，也什么都懂得。你也许一谈之后，要佩服他的学问的渊博了。然而我告诉你，越是这样的人，越是一无所知，他所读的，包管你不是原著的本身，而只是几篇间接的介绍文字，也许只是道听途说，似是而非的妄论。这种人，就一辈子做不好学问，因为那种草率的习惯养成了，不配再做深入的工作了。

记得张东荪[①]先生曾对我说过这样的事：从前天津《大公报》的副刊主笔某先生，以写书评闻名，外国每有新书出版，他老先生就有新评介绍。有一次，东荪先生看见某书出版的预告，就去预定一本，预定的书未到，而《大公报》上的书评却又出来了。他跑到书店去问，所得答复，该书尚未运到中国，这使东荪先生非常诧异，因为他已看见中国记者的书评介绍了。后来发现，那位先生的所谓“书评”，只是西文杂志上的书评的转译；转译别人的批评，却又俨然摆出读过这书的架子来，这就代表中国一般读书界的丑态。平心而论，以副刊编者的地位，来用这种方法，介绍新书，尚有可原，因他必得敏捷，才能称为新颖；倘以之作为平日做学问的态度，那就非常危险了。然而最可惜的，中国一般读书界，都只知读书评而不知读原书，都只知读节略而不知读足本。所以中国人所介绍的柏格森的“创化论”，今变做日本人所懂得的柏格森的“创化论”，而介绍者反到处讲生命哲学，不可一世。这种态度一日不改，中国的学术界，一日不会昌明，我真希望我们年青的人，能在书本上面，多做些切实工作，多画些方格子，多借用放大镜。

读书如此，处事亦然，我们有时候，觉得特别忙，有经验的办事人，却会按照事之轻重缓急，逐一做去，不慌张，不急遽，不做完一事，决不做他事，因而很容易把杂多的事，做得井井有条，毫不紊乱。我们一般的人，常在银行邮政局等处，因办事人处事迟缓，而感觉不满，这在一方面，固然因为办事人的漫不经心，有若无事的结果，但同时，也因我们没有划方格照放大镜的涵养，所以别人的按次做事，在我们看来，反认为有意延缓了。我们任何人都懂得做事总得一件件地做过去，最忌的，是东开一个头，西沾一个手，开头后不继续上去，沾手后不坚持下去。这样的人，我敢确定地说，决不会有任何成功。他每开一个头，总要别人替他去收场，只会开头，而不会收场，用俗语来说，就叫做“撒烂”。“撒烂”的次数一多，社会对于他们的信任，就会减少，到了后来虽欲悔改前非，重谋自新，也就非常困难了。我们年青的人，入世未久，对人信用未深，尤宜在这种细小地方，再

① 张东荪（1886—1973）：哲学家、政论家。曾在光华大学、燕京大学、北京大学任教。——编者注

三致意。

多划方格子，多用放大镜，让我们多在这一点上，互相勉励，互求长进。

（原文刊载于《青年周报》第二十七期，
民国二十七年九月十七日，第1页）

励志讲坛：对于教育的信念

我们从读者的来函中，很容易看出一个趋势，即大家对于教育的信念，逐渐发生了动摇。这是很自然的趋势，从社会全体的情形来说，因为战事的延长，战区的扩大，各人企业的遭受侵占，各人经济能力的日趋衰落，终于到了一个局面，要求勉强生活，已经困难，自然无力致意于教育上的造就了。本来，一般人的栽培子女，多少含有投资性质，如今现[1]生活尚且不能过去，投资的部份，只好暂时不谈。何况在这种局面下，将来的情形如何，不得而知，如其化钱送子女入学，何如把钱放在手边，随时可派用场，更来得合算呢？这样一想，教育子女的问题，自可暂时搁置一旁，而不加以睬理了。

实则，只要我们把目前学校教育的情形，略加考察，我们更会自然而然地对于教育的信念，发生了动摇。每天上半天课，每课三四十分钟，除点名划到等例行公事外，所剩下来的时间，更属有限。从前需要一二点钟方始讲得明白的教材，现在二三十分内，匆匆翻过一遍，就算了事。教师听铃声下课，不知道学生懂与不懂；学生随教师走出教室，更不知道自己懂与不懂。纵然有几个比较认真的学生，想把不懂的部份，询问几句；纵然有几位教师，也愿意详细指导学生，然而喧闹的术堂内，总不是讲学的地方，而正式的教室，却早被下一课的学生，占得满座。学生回到家里，情形更糟，一家的人，都拥挤在狭小的斗室内，根本谈不到自修。这那里是教育？我们何必把有用的钱，花到这种美其名曰教育的学校市场中去呢？

的确，这不是正常的教育，更谈不到理想的教育，可是反过来说，总比全不受到教育，来得好些；教师的讲解，虽不详尽，然而总比全

---

[1] 原文如此。——编者注

没有讲解，高出一等；学校的实验，虽不完备，但总比全没有实验，来得有益；虽只有半天的上课，但也总比全天不上课，生活更有纪律些，进益更有把握些。年青的人，究属意志薄弱的，爱好舒适，究属他们的常情，如今着其上学，任凭平日不用功，考期到了，总不能不提起精神，悉心准备一下；这就比让他终年游荡在家，要好得多多了。单就这一点来说，究属上学比不上学好得多多了。所以我们的意见，任凭目前的学校情形，如何不能使人满意，能够升学的人，我们总劝大家升学。

至于说到将来的出路，有一点，是非常清楚的：经过这次战争之后，内地的产业，大多毁坏了；靠家产吃现成饭的机会，大大减少了；将来只有凭住实力，方能吃饭。实力较大的人，吃饭的机会也较多；没有实力的富家子弟，休想再享呆福。一讲到实力，就不得不乘现在较空的时机，悉心加以准备，因此，愈处这种战乱的局面下，愈该把有限的几个银钱，栽培子弟，使其将来有自食食人的能力。否则，为欲贪图银钱，不送子女入学，或持观望态度，企图局面稍定后，再送子弟入学，别的损失且不论，年青的子女的宝贵光阴，就在这种踌躇与观望之下，全被糟蹋掉了。在现在这种局面之下，升学本是不容易的事，需要硬着头皮干去：今年硬着头皮升入高中了，高一上学期读完后，一种自然的趋势，就会驱迫着你，各方兜弄①，升入高一下学期，又从而升入高二。等到高中三年级，离毕业的期近了，任凭情形怎样困难，这一年总得硬撑过去，于是一张高中文凭，终于在多方兜凑②的局面下，给你读到手了。大多数中等以下的家庭，都用这种方法，栽培子弟，谁有大笔款子，专拨做子弟的教育经费呢？就中最困难的，是开头的第一年，即由小学升到初中，初中升到高中，高中升到大学的一年。这一年的难关打通了，其余几年，就可勉强支持过去了。可是反过来说，倘第一年不撑上去，一学期延缓下来，接着一年又延缓下来，等到延缓了二三年，年龄增大了，别的问题发生了，也许从此不会升学了。这期间的出入，相差何等的大！懂得这个心理后，做父母者，就该毫不踌躇地送子女升学；做子女的，也该用尽方法，

① 即全面筹备。——编者注
② 即从各方收集帮助。——编者注

劝父母送自己入学。天下有许多事情，都中伤在“迁延”手里，让我们不受这“迁延”二字的当。

我们再进一步来说，就把教育当作纯粹的投资来看，也是值得投资的事。我们在上期信箱答李元中的信内，曾指出此点：“常有人因为看到自己的中学同学，毕业后就去做事，年年有昇[①]；自己却进大学，非独没有收入，而且还要赔钱。等到自己大学毕业，那位同学的薪水，已因任事年限较久，相当的高，而自己呢，连到有无职业，也着实发生问题，于是结论着说，读书是不合算的事。这是错误的结论，你没有想到，你的同学，只有中学毕业资格，也许他的薪水，已升到最高限了；你眼前固不及他，但你以后，还有升迁哩！而且有许多地方，你有大学毕业资格，可以进去，他根本没有可能，那你就更沾光了。所以就从实利方面讲，教育也是合算的”。

让我们保持着并坚守着教育的信念罢！——在这教育信念最易动摇的年头。

（原文刊载于《青年周报》第三十三期，民国二十七年十月二十九日）

① 即升，原文如此。——编者注

勿辜负这潜伏期

一二年或三四年后，战事结束了，国家在最后胜利的铁一般的信念之下，终于走上新的建设之路了，那时，你将用什么东西，奉献给国家？你想过了没有？你已动手准备没有？抑你仍在这伟大的潜伏期内，辜负了你自己？

“报国有心，报效无门”，这虽不是每个住在孤岛上的青年的心理，至少，它是大多数有抱负的青年的感慨。失业长久了，手头有限的几个现款，渐渐用完了，战事还未结束（当然，我们不希望它早结束），复业难有希望，瞻念前途，无处不使人悲观，于是皱起眉头，哭丧着脸，终日长叹短吁，毫无一缕青年的活泼神情，现于面容，自己的心境不好，倒反抱怨隔壁邻舍的雄猫，说它不该有意捣乱，使他业经摇动的心，更增一重骚扰。我对这班终日沉于忧闷抑郁之中的青年，深深表示同情，但亦不免要加以责备，我责备他们，正因我爱护他们，知道他们所抱的这种态度，实在太消极了，不是这个大时代的青年人所应当抱的。

这种抑郁与消极的神情，表示在老年人的行为上，还情有可原因为他们一生的精力，已大半用尽了，战火不生眼，把他们几十年来积下来的一点心血毁灭了，他们也没有再来挣扎一番的勇气了。我们年青的人万不该如此，我们的生活，刚才开始，身体结结实实的，头脑聪聪敏敏的，要做什么，怕没有能力吗？怕没有时间吗？“留得青山在，不患无柴烧”，事业被毁灭了吗？不错；将来再干一番，也就是了；汗血换来的钱被用尽了吗？不错；将来再赚一注，也就完了。我总想不出为何我们要消极，为何我们要失望。你说，将来没有事做，将来没有钱赚，又怎样呢？关于这点，我敢大胆地说，战后的社会，比诸现在，更须凭籍实力，靠双手吃饭。你不要担忧将来没有饭吃，你只须担忧将来没有吃饭的本领。

我们试把目前的情形，详细分析一下，至少可得到下面的几个结论：第一，这次的战争，迟早总有一天要结束；第二，战争结束后，殉难的战士，已完成他们的使命，此后的苦苦挣扎，还得有待于那时还未曾死的青年；第三，那时的生活，比战前的生活，更觉困苦，更须真本实力，方得图谋生存；第四，在那时候，我们倘希望继续生存，继续做事，就全看我们在现在的时候，打起精神，做一番脚踏实地，真正有用的准备工作。我们切勿辜负这一二年或三四年的战争时期，这是我们将来事业的潜伏期。

潜伏期，这是多动听的名词！聪明的人，知道利用这时期，策勉自己，作各种身心智力上的准备，将来潜伏期过了，动的时期息到，就可充分应用自己的准备，完成自己所企望的功业。没出来的人，哭丧着脸，空空地望着，呆呆地等着，等到动的时期到了，因为自己没有准备，只好让聪明而有准备的人，争向前去。有时，因为在这潜伏期内，太辜负了自己，非独没有进一步的准备，反于固有的学问技能，亦不能保持，时代向前进展了，自己只好拖在时代后面，作社会进步的障碍物了。

我们既认为这是我们每一个青年的潜伏期，我们就不致感觉没有工作做，倒反感觉我们所要做的工作太多了。每天朝晨起来，看看报，有朋友来，谈谈天，独自一个子，叹叹气，晚上更觉无聊，不到舞场去寻乐，就到游艺场去消磨，这所过的，原本也是一种生活，但不是有作为的人的生活。有作为的人，既认定这是潜伏期，就着着实实地准备起来，决定自己在这一二年内，必须修好某某几种学问，练好某某几种本领，生活务求其简单化，费用务求其经济化，眼光看得远，预算做得准，集中心力，致意于一定几种本领和学问的修习。不让一天的光阴，轻易过去，每过一天，就须在这天内，求达自己的目标的百分之几或甚至千分之几。这样，精神提起了，生活有次序了，不再感觉厌倦，不再感觉无聊，等到潜伏期一过，他和旁人不同，他是有准备的人，可在新时代中，担负起重大的责任来了。

现在的问题，我们当作什么准备，方始不致辜负这伟大的潜伏期呢？关于这问题，也许各人所有的答案，各不相同，我根据过去用人和被人用的经验，又根据自己修学时所得的感想，知道每个青年，对于某几种共同的东西，应当乘这时期，作充足的准备。

第一，我们应该利用这潜伏期，把我们的国文程度弄好。我所谓国文程度，并不指高深的国学修养，仅指我们对于他人的著述，能够充分理解，对于自己的意见，能够明白表示这一点而言。这不是艰难的工作，但亦不是短期间内所能速成的工作；唯其不能再短期间内速成，所以我们应当利用这现时期，乘这各业停顿，万事无从做起的比较空闲的时期，切实准备一下。真的，如其你把宝贵的时间，用之于长叹短吁，或用之于歌台舞榭，何如用之于国文研究，使自己的写作技巧，本来不通的弄通，本来不精的弄精，更来得有意义呢？与这国文的修习相关的，我们还得把自己的书法，化相当功夫，认真学习一番。书法是我们的出面相，出面相好，到处都占便宜，对于寻求职业上，更有重要的帮助。

做新时代的人，单懂本国语，只知道全世界内本国的部分，总觉不够，总不能称为完人，所以我以为现代青年的第二种需要，至少，必须懂得一种外国语；不一定要能讲，只要能够看，能够懂，就无异把另外一个世界，给你领受过来了。在诸多外国语中，自以英文或日文，最为有用，总得下个决心，趁这比较空闲的潜伏期，学会一种。这是一个需要苦工的决心，但也是一个最有实用的决心。将来英文或日文弄通了，你可痛快地对朋友说，这是你战时的成绩，是你多可自豪的成绩啊！为人的最大兴奋，就在你能确切地对别人说，你在某时期内，作成某一件事，在另一时期内，又作成另一件事。你能这样说，才算不辜负那个时期了。倘得于此之外，更学会打字速记等专门技术，那你在寻求职业方面，自然更有把握。不过千万不要贪心太重，希望在这潜伏期内，学会各种技能，弄到后来，东做做，西做做，一点没有成效。

倘你有意继续升学，作高深造就，那我只劝你一点，务须把数学的根基打好。在这一点上，我吃够苦了，从前总以为研究社会科学，毋须学习数学，因而在大学内，有读数学的机会，反去要求免读这功课，弄到后来，每遇高深数学，总得请教他人。我不希望青年的读者们，再犯我的毛病，所以特别提出，希望特别注意。

我不提出其他的科目，并不因为其他的科目，没有需要，只因其他的科目，能有这三种东西，作为基础，尽可于需用时，临时学习，短期奏效；不像这三种科目，不花较长时间，不用专门心力，休想学得成功。

这次战争结束，说得快些，也须有一二年时间，你将怎样处置这一二年的时间呢？让它在长叹短吁中过去吗？让它在抑郁苦闷中消逝吗？让它在歌台舞榭中消耗吗？这是现在孤岛上大多数青年的生活方式，但绝不是有志气有作为的青年的正当生活方式。我们还要做人，我们还要立业，放在我们面前的，是一条长满荆棘的窄道，要待我们斩荆披棘，开出一条复兴大道来。我们如欲完成这个使命，就得从现刹那起，即刻准备起来。

一二年或三四年后，战事结束了，国家在最后胜利的铁一般信仰之下，终于走上新的建设之路，那时，国家需要你，你将用什么东西，去奉献国家呢？一想到这点，你还有踌躇迟疑的余地吗？你还不应该即刻就动手干吗？

（原文刊载于《青年周报》第五期，民国二十七年四月九日，第1页）

大麻皮论

麻皮虽不是残废，但在一般人想来，也许比残废更难受。要使你是个哑子，你只要不说话，人家辨不出你是哑子；要使你是个聋子，你只要少和人谈天，人家也断不定你是聋子；就算你是个吊眼或甚至独只眼罢，近代时行的墨色眼镜，也可把你的缺陷，向你所要隐蔽的人隐蔽。再进一步，“瘌痢”可算是最难得人同情的缺陷了，远远被人看见，不问认识与否，都会给你“大蜡烛”，“电灯炮”，这一类雅号，弄得你满面羞涩，坐立不安；不过你要隐蔽，也还有法可想：“半瘌痢”的人，头发留得长些，或涂上一层黑油，远望过去，也就看不出什么破绽；再加在这时代，一年四季，都有帽可戴，尽可把自己的灯，“点在桌子下，不照在桌子上”。西装的哔叽裤下，配上一双皮鞋，头上再戴一顶瓜皮帽，更觉中西合璧，轻巧灵活，谁也不会想到，原来你的那顶瓜皮帽，是具有特别意义的。

可是满面麻皮的人，就谈不到这些了。凭你用什么方法，总不能把你的整副面容，向人隐蔽。别人和你说话，在你开口以前，就看见你的一粒粒的麻点，在你的面上，粗粗细细，大大小小地镶嵌着。你的面部，稍有表情，大麻点内的肉，同时颤抖起来，说得挖苦些，活像胡蜂窝内的许多卵子，一受到阳光，都蠕蠕欲动，向蜂卵的表皮碰撞。隔壁的小弟弟，一抱到你怀里，就用他的小手，向你的麻窝直挖，旁边他的顽皮哥哥见了，就大喊起来：“阿姊，你看，弟弟又在掘麻墩了”，阿姊嗤的一笑，里面母亲骂了出来，周的①邻所，随同笑了起来，于是你的每一颗麻点，据时间，就成了四②众人的嘲讽之的。偏偏你的麻点，又不争气，别人取笑你，你内心的愤怒，影响到心跳，影响到

---

① 即周边的。——编者注

② 此处指四周的邻所。——编者注

血液，影响到面部，面部愈涨愈红，上面的麻点，也愈涨愈大，到了后来竟不问粗的细的，大的小的，一齐都竖了起来。他们愈笑你，你愈将笑料供给他们，这是多难受的局面。

倘若你是个随便而无志气的人，你就让他们取笑几次，取笑的次数多了，面皮也老起来了，麻皮不再给你难看，不再在你的行为上，发生新的刺激。你辜负了你的麻皮了。可是有志气的青年，决不肯如此干休，人家取笑他，取笑的次数愈多，挖苦的程度愈深，他的反应，也愈益强烈，他认为每个取笑他的人，都是他的仇敌。他在面容方面，既麻了面，无法挽救，不能报复他们，他要在旁的方面努力，图谋报复，他的主意定了，他的目标准了，他的奋斗开始了，“大麻皮”“挖麻洞”“掘麻墩”等骂声，更像无数的刺针，不时在他的耳边刺着，叫他一鼓作气，再接再厉，在事功或学业上挣扎，务到一个时候，或成大功，或立大业，或于科学方面，有特别发明，或于学术方面，有特殊贡献，他的事业成功了，他的地位抬高了，从前取笑他，挖苦他，恶骂他的人，到那时候，也不得不换过面来，尊重他，钦佩他，——虽不一定要承奉他。他的报复成功了，他的事业也永垂不朽，他受了麻皮之赐了。

所以我说，天下最丑恶的，是麻皮面孔上的粗粗细细，大大小小的麻点，然而天下最美丽的，也就系在这一粒粒的粗粗细细，大大小小的麻点上。它们犹如无数鞭挞，催促着你，驱迫着你，要你自然而然地走向成功与伟大的道路上去，——要使你是有志气的青年的话。

心理学上有所谓“补偿说”（Theory of Compensation）的，说明心智和身体的关系，意谓天才儿童，常身材矮小，体力瘦弱；天才儿童的优越智力，常和普通儿童的优越体力，成明显的对比。粗硕笨重的人，在智力上，总相差一些，俗语所谓“呆大”，就是这个意思。反之，大思想家和大天才家，类多“愁容满面”，“体力不济”，很少雄赳赳，气昂昂的人。这所说的，就心智和身体的相关而论，自然不甚可靠。在中国，因为历来看重斯文，也许一个思想家，比较总是空谈理论，不尚实行，身体不大健康，但就人类全体而论，这种看法，究属不能成立。心智的生长，并不和身体的生长，成反比例，反之，学校中比较聪颖的儿童，往往也就是身材体力，比较发达的儿童。因而近代心理学家，在解释心智和身体的相关方面，都否认“补偿说”的价值。

我们虽不能用“补偿说”说明身心两方面的自然发展，却尽可用它，解释某种心理方面的发展。历史上，有许多名人，往往因为身体方面，有所缺陷，不能和他人竞争，于是换个方向，在心智或其他方面，和他人竞争，比个你高我下。举个近代的例，德国的宣传部长兼教育部长戈倍尔斯博士（Dr. Goebbels），就是这样成功的人。他是生成跛足的人，欧战时，他的同学，都须上前线作战，他因跛足之故，留在后方，继续学业，这在当时德国青年心里，是何等的苦闷！但跛足是实情，跛足的人，不能上前线作战，也是实情。无已，只得定下心来，把作战的热情，用到书本上去。后来，他加入国社党，国社党的党员，多是赳赳武夫，他不仅跛足，而且身材又极矮小，所以在同伴中，被称为“巨人中的侏儒”，都瞧不起他。他受够心理上的痛苦了，但他毫不悔心①，竭力在组织和宣传上，寻求出路，终于经过多次奋斗，得希忒勒②的重用，如今在希忒勒下面，他的地位，仅次于戈林将军（General Goering）。这并不是说，他的矮小，他的跛足，使致他的智力，特别发达；如此解释，就陷于一般的“补偿说”的错误。可是他一想到自己的跛足，自己的身材矮小，知道在体力方面要和他人比较，断没有优胜希望，但他又不肯示弱于人，所以拼命在心智方面努力，在心智方面求发展，结果，心智方面之所得，终于补偿了体力方面之所失，如此解释“补偿说”，非常适合事实；不仅适合事实罢了，且能因历史上的教训，鼓励青年，对于自己的缺陷，知所利用，达到最后胜利的目的，我之所以看重大麻皮，就因大麻皮能将新的刺激，新的鼓励，给付我们，叫我们做个奋发有为的人，否则，很容易随随便便，度此一生，于己无益，于人或竟有损。如今因着满面麻点，随时随地，都有人取笑你，嘲弄你，你受不住这些讥嘲，就想在学问或事业方面，打出地位，占据优势，控制其他的人，这样，你脸上的麻点，非独不是你的赘疣，而且是你的恩物。你的成功，就系在别人对你的一声声的叫骂上。我们年青的人，都该歌颂麻皮。

---

① 原文如此，疑为“灰心”。——编者注

② 即希特勒，下文同。——编者注

不必说，我之所谓麻皮，并不一定限于狭义的面容上的缺陷，一般人所畏惧的“贫”与“病”，也和麻皮是同性质的东西，不善利用，可使我们的生活，趋于逆境，沉于昏庸，而不能自拔。一般人畏惧“贫”“病”，就因他们困于“贫”“病”，不能用内心的力，征服“贫”“病”，又从而利用之。他们受“贫”“病”的亏，就因他们不能利用“贫”“病”，从而辜负了它们。

要使你能善用疾病，疾病将如伟大的经验，能把你的生命历程，澈底加以改革。你平日所涉理的事务，所烦恼的问题，一病在床，就可全然不顾。你第一次获得了充分的时间，可以回忆过去，可以计划将来，回忆过去，等于和自己清算，清算的结果，将使你对于自己，有更清楚的认识，本此对于自己的认识，再计划将来，你的计划，当更有把握。也许你本是个模糊人，经过疾病之后，把自己的前后左右，详细分析了一番，觉得过去所走的路，不大正当，幡然自悟，重入正轨，那你今后的发展，就全出于疾病之赐。大病后的复原，等于一次再生，这所谓再生，不仅是身体上的再生，同时也是心智或精神上的再生。世间上有许多人只当他们临近死亡界线时，方能发现真正的自我，这自我，就是此后的事业的开端。我们不怕疾病，只怕不能用我们的意志，征服疾病，利用疾病。疾病在我们的生活上，就是无数粗粗细细，大大小小的麻点，我们要不是懦弱无用的人，我们决不怕疾病的作累。

我们不必怕“病”，我们更不必怕“贫”。我们要有这样的志气，要做顶天立地的男子汉，凭自己的力，打出一个天下来。也许我们所打出来的天下，范围极小，但因它是我们自己打出来的，任凭范围怎样小，总是可爱的。弱者倚在他人的荫庇下，洋洋得意，不值男子汉的一笑。天下最痛快的事，是自己赚钱自己用，自己赚多少就用多少；具有这种志气的人，非独不怕穷，而且唯恐自己不穷。

为什么唯恐自己不穷呢？因为唯独穷的人，方肯努力挣扎，努力图谋自存。你在挣扎的时候，你的目的，原为图存，并不想到其他，但挣扎的结果，使你得了许多实际的经验，实际的教训，这种经验和教训，决不是一个有钱的人或生活不生问题的人，所能领会到的。我们举个浅近的例：同级中有二个学生，一个家庭富有，衣食学费所需，全不发生问题，家庭不望他赚钱，也不望他过分省钱，只望他不浪费钱。一个家庭贫寒，学膳等费所需，勉强由家庭供给，其余零星杂费，自然无处着落，他得设法赚取。假如他的读书，已到相当程度，他自然要用投稿或其他类似的方法，解决他的目前需要。假定他想投稿的念头，那他自然而然，会于课余之暇，翻阅书报什志①，练习文字写作，逢到星期例假，有钱的人，照例出去游玩，他就要利用这时间，作各种投稿的尝试。投稿录取否，姑且不论，单就他一次二次向外投稿的举动而言，已使他在无形中，获得不少经验，不是另一位同学所能望其项背的。贫的境遇，压迫他，使他不得不用种种方法，对付这种压迫。他的意志锻炼好了，他的魄力养成了，他的技术增高了，他的经验推广了。试把历来的名人传记，详细研究一番，就会立刻明白，“贫”不是成功的障碍，“贫”足以资助成功。贫穷寒酸，正像疾病痛苦一样，也是我们生活行程上的诸多麻点，粗粗细细，大大小小地，镶嵌在我们的脸上，需要我们咬紧牙关，握紧拳头，着着实实地努力一番，使别人对于我们的麻点，非独不敢取笑，反要表示尊敬。

同样的麻点，生在昏庸和弱者的脸上，只配挨受嘲诮，生在有志气有作为的青年脸上，就会从每一粒麻点中，透出万道光芒，涤除一切腌臜，杀灭一切恶行。我们对于自己脸上的麻点，究抱着怎样一个态度？

（原文刊载于《青年周报》创刊号，民国二十七年三月十二日）

① 原文如此，疑为“杂志”之误。——编者注

小评：翻身[①]

本报第二十二期达年先生的《十八年前的回忆》，获得读者的许多好感。真的全世界的头儿脑儿用种种方法困缚德国，叫它在六十五年内，不得翻身，不料有作为的民族，却在短短的十八年内，翻了一个大身，如今又是德意志第三帝国，左右全欧洲的政治局面了。当然，凡熟悉德国情形的人，就在《凡尔赛和约》签字的当日，已经知道德国必然要翻身，因为协约国所能控制德国的，只是它的物质条件，却不能控制它那民族的向上性，而德意志所最可引为自傲的，正是它那优秀的民族。从这一点着想，真正使德意志翻身的，不全是希忒拉的功劳，饮水思源，应归功于创立德意志帝国的铁血宰相俾斯麦。

这一切，我们姑且不论，我们所欲研究的，我们当用什么方法，来翻我们的身呢？拿住机会，切勿踌躇，这是我们图谋翻身的唯一原则。我们姑且拿升学问题来说：转瞬间暑假即将过去，学校就要开学，我知道现阶段的青年，定有许多人，对于升学问题，着实加番思索。有的因经济关系，不能升学；有的因时局没有把握，恐怕读到中途，不能继续，不敢升学；有的因看到许多从学校毕业的人，同样没有出路，不愿升学。他们在踌躇着。现在可以允许你踌躇的时期将满了，你不升学，那等于说，你非到下一学期或下一学年，不能再有升学的机会。在这一学期或一学年中的变化正多哩！也许你从此不得升学了。也许你早一年升学，早一年有机会，你踌躇了一年，那种可能的机会，也许就要丧失掉了。也许你一失过开学时升学的机会，等你再决定要升学时，正式的学校停止招生，你只能进“学校商店”去替“学校老板”做买卖的商品了。那你不仅受不到学校教育的好处，你反受了他们的恶毒了。

（《青年周报》第二十四期，民国二十七年八月二十七日，封面）

---

① 作者署名“文浒”。——编者注

怎样解决现实的经济生活

的确，我们在孤岛上所过的生活，愈过愈觉可怕起来了。

不是吗？从内地逃难出来的人，他们手中的现钱，愈用愈减少了，原初，他们本想在租界暂避些时，等局势稍平静些，就回乡去，重理他们的旧业，这种主意，现经事实证明，全属不可能的梦想了，而且照大势看去，至少总得二三年后，才能谈到这个愿望。他们的现钱，愈用愈少，一旦用完了以后，又将怎么办呢？

寻点职业补救吧，这也是不可能的梦想，在这种局面下，要谈职业，又是一个梦想。这是铁一般的事实，上海各厂家，有的因为环境关系，根本不能开工，有的虽能开工，但一想到开工后货物的出路，又不得不使他们打销开工的计划。真的，他们万一开工了，将怎样处置他们的货色呢？在孤岛上推销吗？那究属非常有限的市场；运到内地去吗？现在只有温州和广州二路可通，广州方面，自从日机实施狂炸以来，码头上连一个码头小工，也找不到，更谈不到其他的运输的工具了。温州这一条路，本不十分便利，现在益发困难，不说别的，单就把货物从温州的运到金华，以与杭江路相接一点而论，已足使运输业者畏惧了；何况货物运出之后，到了内地，能否相当行销，还是极大问题。一想到这点，虽有复工可能的厂家，也都要踌躇起来了，踌躇的结果，自然是多一事不如少一事。

从商店中找职业吧？除了吃食店，旅馆业及几个游戏场之外，那一家不生意萧条，门可罗雀；已有的人员，怕难维持，还想它们新进人员吗？

正当的职业之路，都一条条的断了，不正当的职业之路，又不是我们青年有志气的人所愿意走，然而自己身边的现钱，又一天一天地少下去，将来的生活，应当怎样的处置呢？这是现在住在孤岛上的每一个人的问题，也是每一个人所遇到的最严重的与最难解决的问题。这是多可怕的局面！

对于这个问题的解决，我没有办法，正像许多人都没有办法一样。然而我们总得活下去，因而不得不在无办法当中，提出一个比较实际的办法来，供各人的参考。那就是说，我们应把长衫脱下来；应把领带解下来；应把胃口弄强来，强到终天咬油条大饼，绝对不致有些反感；应把骨头弄硬来，硬到终夜睡地板，不至感觉背酸，终天坐板凳，不至感觉屁股痛。总括一句，应把我们的生活，竭力撙节，撙节到无可再撙节的地步为止。我们倘能少买一件衣服，就不买这衣服，把它的费积起来；倘能少住一个房间，就把这房间让出来，租给别人住；倘能少吃一点肉，就把买肉的钱省下来，（在这里，现在日本人的终天不吃肉，是我们的最好榜样。）不要再讲什么面子，须知讲面子的时间过去了；当这讲面子的时间已经过去的时候，你还在那里讲面子，那你就失了面子。不要讲铺张，现在不是铺张的时候，你在那里铺张，也许人们在那里笑你是“空架大少爷”。

美女牌冰淇琳[①]，展陈在你的面前，你看见了，也许会说，“今年还没有尝过冰淇琳，总得尝一块罢！”也许你带着孩子，孩子嚷着要冰淇琳吃，你也许会心中一软，慷慨地摸出五分钱来，给他买一块棒冰，或甚至化二角钱，给他买一包冰淇琳，你有相当理由，因为孩子们嚷着要吃，说得点缀一些，聊尽父兄之责，然而这是你的错误之点，孩子们不吃冰淇琳，可喝冷开水，同样可解渴，然而所费不知要省出若干。

起码数的五分或一二角钱，你用出的时候，毫不觉得，但在这种没有固定收入时期，任凭你用去一分钱，就在你的钱包中，少去了一分钱，也就失去了你将来维持生活时所必需的一部分钱的效用了。你不要想，你到新雅或大三元去喝了一次茶，只化了五角钱，然而人家这样大的开销和场面，就全靠你的五角钱或一块钱去维持。你一想到这点，又想到将来危难之时，也许有五角钱，就可以多养活一天你的妻室和儿女，那你就觉得这五角钱，实在值得省，且又必须省。

① 即冰淇淋，下文同。——编者注

安顿生活的方法，不外“开源”与“节流”的二条大路，如今开源谈不到，只能从节流方面着手，而节流又须从细小和零星的数目上开始。

你有否计算过：倘你在这困难局面下，能够立定主意，不上跳舞厅，不上影戏场，不上茶馆，不上菜室，不吃冰淇淋，不喝汽水，不抽香烟，共能省出多少钱来？你这么一算，你就能觉得这笔数目，也不算小！倘你再想到在这个局面下，要赚到这个数目，也并不容易，那你就自然而然地会省去这笔无谓的消费了。

西谚中有 A dollar saved is a dollar earned 的一句话，我个人近来已感到它的真意义，我也想把这一句极平凡而又涵蓄极丰富的话，奉献给我们的青年读者。我们能否从这刹那起，就实行这一句“省一钱等于赚一钱”的谚语？

也许这就是我们处置月下的经济生活的唯一大原则吧？

（原文刊载于《青年周报》第 16 期，
民国二十七年六月二十三日，封面 2，第 1 页）

励志讲坛：神仙老虎狗

凡是人，都想做神仙，不愿意做狗。“想做神仙”原不是件坏事；“不愿意做狗”，更是有志气的表示，更不容我们訾议。可是事实上，愈想做神仙的人，愈做不着神仙，愈不愿意做狗的人，人们却愈要他做狗，于是我们的问题发生了：我们想做神仙，我们应该怎样做，才能做到神仙呢？我们不愿意做狗，我们应该怎么做，才能免于做狗呢？

也许要做神仙，该先从狗做起吧？也许做狗，就是做神仙的唯一登仙术吧？

假如这“也许”是对的，那末，我们就可看出我们大多数青年人的缺陷，究紧①在什么地方了。我们最大的缺陷，就因我们只看见人家在那里快活逍遥地做神仙，而不看见人们于做神仙之前，也着实度过狗的生活。也许他们过去的生活，还谈不到叭儿狗的生活，或竟是乡下野狗的生活，因为肚子饿不过，偶然偷吃人粪，被乡下人看见，还要敲他几下粪勺柄哩。

我们要做神仙吗？好，我们得经过修炼，这所谓修炼，就是要像狗般地，吃得起粪勺柄；但有时候，也要像老虎般地，大声一吼，群兽畏避。我们年青的人，血气方刚，自负不凡，咆哮几声，要算不得一回事，用不着我们提倡；我们顾一再提出的，乃是我们能否像狗般地吃苦，并像狗般地忍受的问题。

做神仙，确是可欣羡的事。我们用求业为例罢：我们闹着失业慌，不要说一家的幸福，不能担保，连个人的生活，也发生问题；可是有人处此失业症像黑死症般蔓延着的时代，依然收入丰裕，举止宽绰，这和我们相比，我们是狗，他们是神仙了。我们又用投稿为例罢：处

① 即究竟。——编者注

这经济困难时代，我们很想写点文稿，得点稿费，凑补日常开支，无如我们的稿子，任凭写得怎样好，却没有人欣赏；可是有人偶像名成，非独他们自动写的稿子，到处受人欢迎，有时，他们不自动写，人们却硬向他们去拉。这和我们相比，他们又是神仙了。又用读书做例罢：有人用不了多少时间，把日常的功课，约略看过一遍，先生问起来，就能流畅作答；我们用尽心思，反复诵读，所得成绩，也不过尔尔，有时竟不及他们。这和我们相比，我们①又是神仙了。

我们在日常经验上，到处都可碰到这一类事，我们当作怎样的解释呢？用“机会”“偶像”“天才”等名词来譬释②吗？那是阿Q式的譬释，毫不足取。须知我们失业，别人不失业；我们投稿不取，他人硬被拉稿；我们死读不通，他人过目成诵，这种种必有一个原由，存于其间。也许机会有几分关系，然而机会是任何人都好去求的；也许偶像心理有相当影响，然而人们为什么不把我们看做偶像呢？也许才能有点干系，然而心理学家告诉我们，“拿一打刚出世的婴儿来，我可依照你的任意指定，教那个婴儿做学者，那个婴儿做发明家，那个婴儿做叫化③，”所谓天才，也不过是自欺欺人之语罢了。

记得从前在学校里读书，无论先生同学，都认我相当聪明，因我考试临头，不必多大准备，可是考试成绩，也不至相差过远；同学们只看见我“考试不开夜车，”和“考试成绩颇佳，”就说我的才智不差。我听了好笑，因我平日的预备工夫，比起他们临试时的“佛脚”工作来，真不知要超过多少哩！我们现在喜欢动动笔的人，那一个不在旧书簏内，藏着若干“用特检还，尚乞鉴恕”的复信呢？再说那班在这战乱时期依然有固定收入的人，亦必因为他们有一技之长，足以维持其地位；也许他们所长的“技”，竟是我们所瞧不起或不屑为的，然而我们所不屑为的，他们竟耐性地做着为着，那就是他们胜过我们的地方。

不错，他们现在做神仙了，他们现在受我们的欣羡了。我们鉴于现生活的不满，理该欣羡他们。但单纯的欣羡，决不足够。我们应当

---

① 疑应为“他们”。——编者注

② 即譬喻解释，下文同。——编者注

③ 即叫花子。——编者注

进前一步，于欣羡之外，又从而模仿他们，并胜过他们。他们不是天生成功的神仙，而且在事实上，决没有天生成功的神仙。他们的仙术，都从学习得来；他们既能学习这些仙术，我们为什么不能呢？难道我们的才能不及他们吗？难道我们的体魄不及他们吗？难道我们的气概不及他们吗？什么仙骨仙气，什么天才命运，这都是胡说乱道的一篇谎话，能骗得进愚騃[1]，决[2]骗不进我们：——我们在这班年富力强，精神抖擞的青年人。

成仙自有仙道，这仙道不是什么高深玄理，只是一个“苦”字。“吃得苦中苦，方为人上人”，“人上人”还不是活神仙吗？所以青年的读者们，切勿再把时间空化在“欣羡”与“嫉视”上。你要做学者吗？就拣定一个中国的或世界的学者，做你的竞争对手。他的学问好，你就埋头来读你本行的书，读一本不懂，再读一本，读十本不够，再读十本，你能认真读完本行的书五十本或一百本，你在国内，一定可充专家了。你试试看，我决不欺骗你。他们文章好，你就蓄意来学写作。假定你所学习的，是描写文，你就左近取材，把你屋子外面的弄堂巡捕，做你的描写题材。写好一篇后，自己念念看，究竟文字中所写的，是否就是那位巡捕。写得不像，重新来过，不仅重新写过，而且重新去观察过。如是者，不妨描写五篇，十篇，或甚至百篇，还怕你的观察不正确吗？还怕你的技术不娴熟吗？你说，写这许多篇数，不是空费时间吗？朋友，我问你，你不学习写作时，不是一样的空费时间吗？你想做文学家，连这点无本钱的血本，还不肯化，你还能实现你的理想吗？你能描写一个弄堂巡捕，而惟妙惟肖，你怕不能描写其他的人物山水吗？他的英文好，你就拼命地来追，一天记熟一个生字，一年已是三百六十五个生字，你记到像他那样年龄时，还怕你的英语，不比他高明，不比他漂亮吗？

你这样的追上去，你愈长愈大，他愈长愈老，他不能真的做神仙，真的长生不老；他老了，他死了，你替代他的地位，你承袭他的声誉，所谓“今日的青年，就是将来的主人”，就是这个意思。你试想想看，现在国内闻名的学者，类多四十岁以上的人，他们死了之后，谁将做

---

① 同“呆”，指愚痴之人。——编者注

② 即“绝”。——编者注

候补者呢？不是你是谁？做将来的学者，做将来的领袖，这不仅是你的权利，而且也是你的义务，你一想到这点，你还会颓废吗？

当然，你在挣扎的途中，不免要遇到挫折，但亦唯遇到挫折，而你能征服挫折，方是你的伟大。没有挫折，做不成大事，天下的现成饭，谁不想吃。但当人们都想吃现成饭的时候，你却立定志向，拼命去干，拼命去走狭路，你的一生幸福，也就此确定了。

野狗被敲了一勺柄，暂时避一避，移时农夫走了，他又回头来偷粪，这是野狗的精神，也是野狗的生存大道。我们这批野青年，就需要学习这副野精神。

（原文刊载于《青年周报》第八期，
民国二十七年四月三十日，封2、第1—2页）

我的经验：关于读书

关于读书的问题，目下讨论的人，不可谓不多，毋须我再作冗长的论述。我在这里，只想把个人的经验，告诉一点给读者。

当然，我不是自认为读书读得很多的人；我也不自认为我的读书方法，乃是唯一的读书法。反转来说，却正因为我所读的书不多，我所认为合理的方法，对于刚开始读书的青年，或许格外合用；也正因为我自己所养成的习惯，自己认为不满意，自己要求改进，读者可从我的自白中，看出我的错误，不致再走冤枉路。

我于读书时所犯的最大毛病，就是读书不能专一，不肯静下心来，读完一番，懂得该书的内容奥义后，再读其他的书。例如有时候，我在图书馆念书，念过若干页后，感觉该书所说的话，不是我所需要的，忽然想起教授在教室内，曾提出过其他的书，也许那书的内容，更合我的需要吧！此念一动，恨不得立即起身，借到那本书；万一该书已经借出，分外感觉该书的妙，不等借到，不肯罢休。等到借到以后，不容说，读过几页，又会想到其他的书，或竟感觉该书反不及第一书，重新再去读第一书。然而这中间时间与精力的浪费，读者已可体验得出了。我在学校中写论文时，往往犯这毛病，屡次想纠正它，但因习惯成性，虽蓄意改进，还未能完全改除。

我们知道，每一本书，——要使它确是一本书的话，——都有它自己的特点，自己的立场，和自己的系统。有时候，这种特点和立场，在书的开首处，已经表明；有时候，须在书的中部表明；又有时候，须在书的末端表明。不问它在开端处表明，或在中部表明，或在书末表明，总之，必须读完全书之后，方能把它的论点，融会贯通，透澈瞭解，决不能稍翻几页，就断定它的价值，或它对于我的有用或无用。反之，倘你拣定一本书，立意读完它，无论文字怎样困难，笔调怎样晦涩，意义怎样模糊，你只照你的主意，一句一句地读过去，不到全书读完，决不放手。你这样坚持下去，到了一个时候，必感觉到文字方面，愈读愈简单，笔调方面，愈读愈轻松，意思方面，愈读愈明瞭，你的兴趣来了，你的精神贯注了，你的心力集中了，你的运思迅速了，你把握住该书的真髓了。到那时候，虽要你搁置该书，另读他书，你也不愿意了。你第一次发现读书的真正乐趣了。

这不是什么神秘的事。原来每一本书，像我刚才所说过的，都有它自己的特点，不仅思想方面，立意方面，与他书不同，即在用字方面，文章格调方面，也与他书不同。你刚开首读，不仅要把握它的意识，还要把握它的笔调，它的用语，几样生疏的东西，夹在一处，自然感觉格外吃力。你因为读着感觉吃力，就此罢手，换读他书，那你非独这本书读不通，连任何书，都将读不通；因为你读任何一本新书，都须用毅力，一本书上用不通，别本书上，还是个不通。事实上，也许确有几个地方，你确实读不通；任凭你每一个生字都查出，每一个出处都找到，还是个不懂，那时，你尽让它跳过去好了，也许该句子或该意识的浅显解释，就在下一段或下一章哩！这是常有的事，凡认真读过名著的人，都会有相同的经验。倘你一次有过这样的经验，你就得到读书的奥诀，——假使读书确有奥诀的话，你就不必担忧读不懂任何书了。

读书不能专一的第一个流弊，就是不能读完一本书，因而不能充分瞭解该书的内容；它的第二个流弊，在使我们读完一书，立读他书，不把刚才读完的书，加上一番整理，或把它的内容，作成笔记，或把它的思想，演成大纲。读完一书而不把它细细整理一下，那不仅对于该书，不能有透澈的理解，因而不能活用它的材料，而且下次要用到它的时候，非重读一遍不可，那真是浪费。我个人，对于第二个流弊，犯得特别厉害，所以到了现在，你要我述说某书的大概，我还约略能够，倘你要我述说它的详细论据，我就没有办法，非再找到原书不可。

我早知道自己的这个错误，但从前还不自认为错误，以为只要我能活用材料，知道某种材料，可到某书去求也就够了，何必勉强去记忆呢？到了现在，我才知道这种见解不对。从前读书不多，单凭脑筋，还能依稀记得，如今书稍读得多些，觉得各书的材料，混和一处，要有个清楚概念，非重读原书不可。重读原书，已够费时了，何况在这战乱期间，平日所购的有限几本书，全遭焚毁，更何处去读原书呢？

所以无论你怎样忙，我总劝你把读过的书，用一二天的时间，细细整理一过，作成笔记，供日后的参考。

第三，你想读完一本书，或读完几本书，决不能把读的时间，拖延得太长，时间一拖长，效率就会减低；非独减低罢了，有时，竟会全然消减。所谓不把时间拖长，就是限期完成，也就是专力完成的意思。在这里，我又犯了一个极大的弊窦①，这弊窦，也从读书不能专一发生，那就是说，我无论做什么事，都嫌太性急些，总想在极短期内，做成许多的事，因而把自己的日程表，填得满满的。这种少年野心，我自己还极自豪，但在实际的进行上，你要在同时期内，做成若干事，结果，你反一事都做不成。直到前一二年，我方感到限期做完某事的必要；做事如此，读书亦然。

我真希望每个青年的读者，自即日起，定个读书程序，限定半年或一年内，必要读完几本书，又把每一本书，派定一个时期，在该时期内，务须读完它；不仅要读完它，而且读完以后，还须重加整理，做成笔记，供日后的参考。在这限定期内，任凭有其他的书，吹嘘得如何起劲，广告得如何厉害，也决不为所动，却只依照原定目标，一页一页地，一部一部地读下去。如是者，积年累月，读到三五年后，必可读点成绩出来了。尤其像这年头，我们被关在孤岛上，没有什么特别的事情要做，如其把时间空自消磨，何如用来埋头读书，读到战事完了，也着实有点成绩收获哩！我个人，已定下决心，趁这关闭年头，静下心来，从事于中国学术思想的研究；我希望每个青年，也能择定一个目标，努力干下去，试看三五年后，各人所得的成绩如何。

（原文刊载于《青年周报》第十一期，
民国二十七年五月二十一日，封2，第1页）

---

① 即产生弊病的漏洞。——编者注

励志讲坛：无名指给我的启示

1. 无名指的地位

无名指比小指长，但在五指当中，它不是最长的一个，比它更长的还有中指。

我喜欢无名指的地位因它象征我们每个青年人所应当处的地位。我不希望一切的人，都比我弱，要使一切的人都比我弱，那我就没有竞争的对手了；我也不希望一切的人，都比我强，要使一切的人都比我强，那我就要失去与人竞争的勇气了。

我不怕强，但我不愿在生活的舒适上，在物质的享乐上，与人比强；我要在学问上，在事业上，与人比个你强我弱。我憎恶弱，因我不愿在能力上，在辛勤上，对人示弱；但在生活的各种享受上，却情愿人强于我，我逊于人。我说的是真心话，也是希望每个年青的人都对我表示同情的真心话。我相信，天下唯独“饭疏食，饮水，曲肱而枕之，乐亦在其中矣”的人，方能“发愤忘食，乐以忘忧，不知老之将至。”

2. 物质的障碍

记得柏拉图在《菲佗》[①] 的对话集中，曾谓物质的需要，乃是阻

---

① 即柏拉图的对话录《斐多》。——编者注

碍灵魂向上的孽障。我当初不甚理会这话的涵义，后来，到哈佛去念书，方感觉他这几句话，实属至理名言。那时，每天上午上好课，就到图书馆去念书，刚念了一二小时，心有点静下来了，头脑有点专注起来了，不觉已是十二点半，该是中饭时候了，肚子也自然而然地饿起来了，照例要去吃饭了。于是身体方面的燃料的需要，顿使我想起柏拉图所说的话的真实性。吃好午饭，本可回图书馆念书，无如在国内时睡惯了午觉，不睡午觉，并非绝对办不到，可是一到二点半钟，满眼睛的睡意，休想读得进书，更谈不到做哲学上的冥索[①]工作；所以比较起来，还是饭后睡半小时，睡后抖擞精神，工作的效率，可提高些，因而时间的分配，也比较合算些。我存心要读书，但身体方面的休息的需要，又不得不使我暂时抛下书本，回到浑失罗泼街七十号的住屋中去；我在回住屋去的路上，又想起柏拉图所说的话的真实性了。我想，倘使没有物质上的需要，我要读整天的书，就读它整天；我要读十天的书，就接连读它十天，那岂不好？岂不更可读点成绩出来吗？

我绝不是为了学问或事业的缘故，愿把生活的享受，完全丢在一边的人。我主张工作时要尽量地工作，有机会享受时，也要尽量地享受。不过这也是实情，过分讲究生活的人，到底谈不到认真的为学，或认真的办事。一个人的精力，究属有限顾此即要失彼，太顾到物质的生活，自难兼顾心灵上的修养，或事业上的操作了。两者不可得兼，我们就当尽量减低生活的享受，用较多的精神，时间，致力于学问的研求，和事业的建树。

（原文刊载于《青年周报》民国二十七年十月，第九期，封2、1）

① 即潜心研究。——编者注

昆明带来的消息[①]

本报特约撰述员顾惠人先生，上月代表上海联合中学，到西南去考察，回来后，报告我们一个好消息。顾先生曾替今年暑假要毕业的高中学生，询问西南联合大学（北大，清华，南开三大学合办）的教务主任，对于联中学生之投考该校者，可否给予相当方便。据复，该大学虽在昆明，但极欢迎江浙一带的学生，前去求学，倘有联中成绩优异的毕业生，经学校正式保送者，可不经入学考试，而直接入学，倘有经济困难者，亦可酌量给予津贴。据顾先生说，西南联大对学生的待遇很厚，对于成绩优良的清寒学生，除不必缴学费外，每月又给以七元的膳费津贴。这原是国家栽培人才的厚意，同时也是我们最喜欢听的好消息。希望今年将要毕业的各高中学生，能够及早计划自己的出路，倘自问成绩优越，而又想认真读书的，不妨请学校当局，早日写封信去，问问有无免试入学的可能；又在真正清寒的情境之下，有无领受津贴的希望。同时，也希望各学校当局，能早替高中毕业生想个出路。关于这一类事，倘有询问，我想顾先生一定愿意答复，——虽则我还没有正式问他过。

（原文刊载于《青年周报》第三十五期，
民国二十七年十一月十二日，第6页）

① 作者署名“文浒”。——编者注

自修室：讨论改业问题的信[1]

文浒先生：

读完贵刊第十期顾培恂先生大作《青年应怎样准备研究工程》一文后，不禁发生严重忧虑。缘晚现年二十有五，从未曾受过任何教育，只在私塾内读过两年多书，现在本埠药厂，做一玻璃工人（即做成药水用的玻璃瓶，分 1cc 5cc 等），平时对于自己职业，未能感觉兴趣，故不受上司器重，因此烦恼异常，自己又不愿深入研究，只不过骗饭吃而已。深恐长此以往，遭受淘汰，屡思改行，又值去年军兴，感触更深，深知无一固定良好技能，将来决不能立足。故于今春毅然进夜校，读英文算术二科，预备成一测量人员。当时亦未顾及年龄大小及有无学成希望。今读此文后，不禁满腔热血，冷去半截，原来要预备如许高深学术，方能有成，自思无此财力精力，徒成画饼而已。尚幸晚对国文一科，亦感兴趣，现拟拨转马头，改习速记术，在此方面，谋一出路。但自己所知有限，此种变卦，是否有当，敬提数点，请先生费神解答，俾所适从，不胜感激之至。（一）现年廿五岁，不能算小，此时改行，适宜否？（二）学习测量，最少需时几年，不读如许高深学问，能成否？（三）学习速记术，现社会需要否？请先生代晚设身处地想一努力途径，学习何种技能，速成而有实用，（请勿作空洞回覆）。专此敬请文安

〇〇〇谨问

① 作者署名“文浒”。——编者注

〇〇先生：

我不把你的名字和职业地址批露[1]，盖恐批露以后，或于你有不便，请你原谅。你所问的几点，据我所知，有许多人在脑筋中，都有同样的问题发生，我个人的意见是：

（一）二十五岁改行，单就年龄一项而言，并不算迟。就算以十年为新业的准备期，那你至少还有二十至二十五岁，可从事于新业的发展，一种职业，能有二十至二十五年的应用，也着实不算少了。美国曾有一本怪书，题名 Life Begins at Forty（人生四十才开始），大可给你一个鼓励。

（二）你的真问题，却在你的基础，并不坚实，你的经济能力，不能给你有十年或十年以上的长时期，供你做新职业的准备期。

（三）我不劝人走容易的路。你想走容易路；你该知道，别人都想并且都在走容易路。容易路走的人多，竞争得厉害，要得一条出路，反而更不容易。你想学速记术，试问学会之后，你将做什么呢？你该调查明白，有多少的人，都会速记，但无法求得职业？你从立意学工程，忽然改学速记，那是表明你在前途的挣扎上，让了一个大步。像你现在所处的环境中，很容易让步，但我不劝你如此。

（四）你何不多用点力，从事于玻璃瓶的制造呢？倘你能用五年十年的功夫，从事于本行事业的发展，那你根据多年经验，必定易于成功。倘你说，对于该职业，不感觉兴趣，因而想改他业，那我要问你，你能担保对于测量员的职业，必感觉满意吗？请你不要忘记一句极平凡而又极有意义的话，原来"三十六行中，行行会出状元的。"这点，务要请你再考虑一番。

（五）万一你一定要改业，学习测量，而据我看，将来战事完了，国家实行建设之时，必需要大批工程人员，那是我敢断定的。但照你的财力，怕不能再由中学而大学，而从事土木工程的研究，不过所谓工程人员，也有工程师与技术人员之别，你不妨训练自己，将来做个技术人员，那就不必有高深的科学准备。关于这点，我所知不多，唯闻中华职业学校，有土木工程科的设立，专给中学程度的人学习，惜

---

① 即披露，下文同。——编者注

我回国不久，对于该项情形，所知不多，但确闻该校有这样的科目，你何妨去问问看呢？我相信，该处的人必能给你一个比较具体的答复。

当然，你需要我帮忙的时候，只要我能力所及，无有不可效劳。

文浒谨覆五月十九日

（原文刊载于《青年周报》第十二期，

民国二十七年五月二十八日，第 16 页）

自修指导：集体自修与自修难关的打破

我在上期周报内，曾写“怎样征服自修的难关”一文，指出“不肯从头做起”“中途自弃”和“没有师长和考试的督促”，是自修的重大难关，征服这种难关，唯有凭藉我们每一个青年人所共同具备而且应该具备的意志力。很显然的，我所提出的这几个难关，都属于心理方面，然而我们讨论自修的问题，决不能忽略这个问题所包涵着的客观的条件上的困难；这所谓客观的条件上的困难，即指自修所必需的设备与书籍而言。

我们现在姑且不谈自修所必需的设备（例如实验器具等）问题，实则，单就自修所必需的书籍问题来说，已足难倒一般有志自修的穷青年了。因为汇兑的关系，薄薄一本洋装书，非有七八块钱，不能买到；无怪我有一位朋友，因要购买一本美国出版需国币十八元的哲学书，跑到中美图书公司去有三次之多，结果，还是不能把那本他所心爱的书，占为已有。像这样的经验，我自己也有过几次，内中苦情，正不足为外人道，正和有志求学但无力升学的人所感受到的相同。

自然，立志自修的人，并不一定能读外国书，因而也不一定要买外国书；可是购买本国书，也不见得是轻的负担。何况急需自修的人，就是无力升学，经济最感困难的人。精神上的粮食，虽属重要，究敌不过饥寒在生理方面所施的威胁；在生活感受困难的人的预算中，每月几块钱的书籍费，也变成奢侈与享乐，必须加以节省。这样，无力买书，就变成自修的主要难关。属于心理方面的难关，可用内发的意志去克服；属于经济方面的难关，就不能个人自己作主的了。打破这种困难的最好方法，即为实施集体自修。

无论做什么事，组成集团进行，总比个人进行，来得方便；关于自修的事，也不能例外。要使我们有个自修团体，我们买起书来，就可方便得多。我们自己有书，但我所有的书，总是我自己看过的书，既是我自己看过的书，就一般而论，我不愿意再去看它。然而这一本书，也许就是另一个人所久欲购置而无力购置者。同时，另一个人所已看过的书，也许就是我所久欲购置阅读者。在这种情形下，倘使我和他集合一起，我就可把我的书，借给他看，他也可以把他的书，借给我看；这样相互借阅，在我与他之间，就不必用二倍的钱，去买同样的二本书了。何况我有朋友，我从朋友方面所能借到的书，可以借给他看；他也有朋友，他从朋友方面所能借到的书，也可借给我看。这样，我们可以互相帮助的范围，更推广了，我们自可用较少的钱，看到较多的书了。更何况自修的团体，不止我和他二个人加入，团体的人愈多，各人所能义务供给的书也愈多，自修的进行，自然更为方便了。

再就购买新书一点来说，加入团体的人增加，经济的能力自然可以充裕，一人无力购买的书，几个人合力购买，负担就可减轻了。

实则，集体自修的办法，除解决购书问题以外，在自修的心理方面，亦大有助益。我们不是说过了吗？自修不能持久的主要原因，是因为缺乏教师和考试的督促，如今有了团体，有了组织，就可用团体和组织的力量，避免这个缺陷。假定有十几个人，集在一处，各人就其性所近者，自己选定一书，由团体规定，各书应于若干时内，全部读完，写成报告，于团体聚集时，当众报告，并由其他团员，提出问题，请求答复。限期完成，当众报告，这就是督促，这就是考试。学校考试的时候，成绩及格与否，只有教师知道，现在须在会众之前，提出报告，准备诘难，那就非有充分准备不可；否则，到时报告不出，或他人报告得头头是道，娓娓动听，而你却前后颠倒，条理紊乱，相形之下，愈益显出自己的不负责任，对不起其他认真听受报告的会员。在这种状况下，还有不把自己应读的书，读得烂熟的人吗？这是最好的督促，绝不是个人自修时所能获得的。倘团体的规则，定得严些，还有不负责任的读者，加以处罚，那就可尽督促与考试的能事了。

而且有了团体，就比较容易取得他人的信任与赞助。假如我们组成了团体，决定专读那一类书，——例如战后的国际问题，最近的思想潮流，写作的修养，和外国语的学习等，我们就可用团体的名义，请社会上具有学术地位的人，就我们所规定的科目，拟成书目，何者必须读，何者可读可不读，何者应详读，何者可略读，何者应先读，何者可缓些时读；同时，又谓他就各种的书，开列若干题目，意谓读此书后，对这几个问题，必须解答得出，否则还需重读。这是自修上极其重要的指导工作。你一个人有如此的要求，也许不会得到别人的详细指示，但使我们有个团体，参加的人很多，那我相信凡是热心教育的人，必肯加以赞助，加以指导。这其所以然的原由，倒并不因为看不起你个人，却因为在正式的团体内，参加的分子多，他负责指导一番，自觉心力不会白费，因而愿意接受了。等到自修的团体，能够找到这样的人，悉心指示，那我相信自修的效率，必可大增。

再进一步说，我们有了团体，自修的集合地点，也容易解决。就以孤岛情形来说，虽因人口拥挤，房屋发生恐慌，但如青年会等机关，倘有正式的团体，经正式介绍，总可情商房屋的一角，供有志自修者作集合之用。实则，单就集合而论，何必一定要在户内，公园草地上，就是各人报告读书心得的大好环境。有了团体，就更可增高各人的兴趣。

（原文刊载于《青年周报》第三十二期，第九十九号，

民国二十七年十月二十二日，第 1 页）

补白二则：作家的修养、握手与拱手[①]

作家的修养

要做一个作家，至少要具备三个条件，第一，必须具有创造力，亦可称为发明力。新的观念，不能凭空发生，它们要从日常经验中得来。也许是日常生活中的一件小小意外，也许是马路上所见的一个小玩意，也许是新闻纸上所记的一个小事情，你触及以后，就可作为题材，把某个部分，加以扩大，把某个部分，加以描写，把某个部分，加以陪衬，这样，你那小说的结构，已经有着落了。第二个条件，是你的表达力，能把你脑中所想到的结构和布局，用极流畅的笔调表达出来，使人读你的作品，犹如听你讲故事，非常省力，非常自然。这当然有待于技巧上的修养了。第三个条件，也是最重要的条件，是你对于自己的作品的批判，不好的地方，要不怕烦劳地加以补充，加以修正，并于必要之时，加以重写或甚至加以撕毁。能具备这三个条件，方始离作家的路不远了。

握手与拱手

林语堂先生所著的那本 The Importance of Living，是去年美国最销行的十大名著之一，他在该书当中，曾控苦[②]西洋人的握手礼。该礼的

① 作者署名“文浒”。——编者注

② 原文如此，疑为“挖苦”之误。——编者注

起源，是欧洲野蛮时代的遗迹。野蛮时代的武士，为欲表达自己对于对方，无侵害之意，就把自己的面盔除下，又把自己的手套脱下，然而现在我们不再带着该项面盔和手套了。试想想，西洋人在上海，非常憎恶中国人的铜币，说在铜币上面，染有许多细菌。可是他们和人握手，安知他们所握的手，不于几分钟前，用过铜币，因而带着无数万万的细菌呢？又如一个痨病鬼腔的人，因为识相，故于咳嗽之时，用手掩住口腔，移时，你见了他，就和他握手，这岂是合乎卫生的事？他又提出美学上的理由。总之，他认为西洋式的握手，远不如中国式的拱手，更来得合理。

（原文刊载于《青年周报》第五十期，

民国二十八年三月十一日，第 3 页。）

请来一个“五年计划”

诸如“四年计划”“五年计划”等名词，我们实在听得太多了，唯其听得太多了，所以很容易把它们的重要涵义，随便忽视过去了。这类名词所表示的，不仅是一个或一套的计划，而是某一定期间内必须完成的一个或一套计划。单有计划，算不了什么，越是无用的人，越会出主意，越会想计划，但他们的计划，始终只是计划，始终只是在脑筋中盘算着，不能把盘算的结果，表现于事实。有时，盘算得太起劲了，好像自己就在那里实现计划了；盘算若干时，觉得讨厌了，就想另立主意，另做新梦。新主意出现了，旧主意隐没下去，再隔数时，又有新的出现，本来当做新的，现在又变为旧，又将和本来称为旧的，遭受同样命运，隐没在自己的脑海中。这样的人，遇着圆滑的人，也许会给他“有盘算”的奖语，我却老实不客气地要说，他只在白天做梦，只在自欺欺人。他计划一辈子，他的一辈子也就永远在计划中消磨过去了。

所贵乎计划者，在乎能把这个或那个计划，置诸实行，能把这个或那个计划，化为事实。要把这个或那个计划，置诸实行，化为事实，那就非进一步，限期完成它们不可。于是“四年计划”，“五年计划”等名词，就表现出特殊的意义出来了。单有计划不够，还得规定一个期间，务须在那个期间，把某某几个理想，一一求其实现。唯独这种限期完成的计划，才是有意义，亦唯这种限期完成的计划，才是真计划。

我们欲把自己的计划，一一现诸事实，那就不能把计划的内容，定得太杂。一般人都有好高骛远的坏习性；也有一事未了，即思他事的恶心理。尤其我们年青的人，因为身心双方，均在发展，抱负极高，野性①极大，恨不得立时之间，创成大业，建立奇功，什么事都想做，

① 即野心，原文如此。——编者注

什么事都敢干。这原是青年人的朝气，不可厚非。不过用之不得其当，种种困难，都从而发生。你想在短期间内做成许多事，结果，也许做不成任何事。我们做任何事，都要精神毅力，你在某件事上，多化一点力，就多一分成效，少化一点力，就少一分成效，其中相关比例，尽可用数字表示，丝毫不能假借。我们的精神体力，都有限度，以有限的精力，来干无限的事，其结果，必致无一事能获成功。

这不是说，我们不必干，只是说，我们要分段干，分步干。我们做事，正像作战一样，良将指挥军事，不希望一鼓作气，即把敌人杀灭完尽，他得先把敌人的阵势，作综合的观察，又根据观察所得，把攻阵的步序，分成若干对象，有的从侧面攻，有的从正面冲，有的从后面包抄，所以实际上，每次的攻击，总包括无数的小攻击，各有一个目标（Objective）作为攻击对象。又限以一定时间，在某某期限前，应占据某阵地的要塞，在某某期限前，应肃清某阵地的敌人。我们在西文战报上，常可读到“某十二点钟的目标，已于十一时半达到”这一类句子，意即该项目标，本希望十二点钟达到，现在却提早达到了。主帅根据这类报告，就可算出全军的胜败得失，亦可根据这类报告，决定何处应增援军，何处应接弹药，如此，目标既明，每有进展，就可证明自己的胜利，而知所鼓励，每有退却，也可表示自己的失利，而知所警戒，良将治军的要诀，实不外乎如此。

治军如此，治生亦如此，当我们面前的，是许多要做的事，是许多要解决的问题，我们切勿痴心妄想，希望在短期间内，把各种的事都做好，把各个问题都解决，那是不可能的梦想。如此梦想的人，必一经动手，心力不济，困难从生。而卒至一事无成。真正有为的青年，决不肯如此。他要运用冷静的头脑，先把当前的情境，作细密的分析，而后决定何者应当为，何者应先为，何者应急为。然后再决定做某事时，需时若干，作另一事时，又需时若干，如此分配妥当，就动手进行。例如某事有六十单元，限期一月完成，就得每天完成二单元，倘到星期六日，仅完成十个单元，就得取消例假，在星期日那天，补足缺额；不补足缺额，决不随便休息。你既决定一个月内，完成六十单元的工作，你就对你自己，负有一种责任，要使你是真负责的人，那你对自己，也不能马虎。你说，这样苦干，未免太吃苦了，太没有做人的意义了。我回答你说，做人本不是容易的事，吃苦是本分，享乐是例外，人生的真意义，就在能从苦树上结出快乐的甜果来。

在这里，我想举个实例，说明我的意义。我在哈佛念书时，因为时间和经济的限制，不能不在一定期内，修完我的课程。哈佛希望每个学生，于开始写论文前，经受一个“普通考试”，包括四种科目，约有三十本书（指哲学系而言）。倘你自问对于这三十本书，已有把握，同时，又在研究院上过一年以上的课，你就可以应试。读完三十本书，这是我的工作；希望一年内读完，这是我的计划。于是我就计算一下，规定每天于正课外，至少应读几页书，每到星期六，作一次结算，看自己在本星期内，有无达到预定的目的。倘已达到目的，就可在星期六晚上，和朋友闲谈，否则，就须在星期六晚上和星期日上午，补足我的功课。如此每星期一小结算，每月一大结算，认清目标，拿定主意，切切实实地苦干一年，结果，终于把我的目标达到了。我要请你来个限期完成的计划，因我曾用这个办法，而收获成功，我确实知道它于你的前途切实有益。

我说，请你来个“五年计划”，这并不是说，你必须用五年为计划期，你欲限期完成某事，而获成效，千万不能把你的时期，限得太长，太长了，就易失去限期的意义。一个合理的期限，也许是一年，也许是几个月，或甚至于几个星期，那完全看工作的性质而定。倘你在学校内，读学校所指定的功课，没有自由计划的可能，那你就来一个“暑假计划”，或“寒假计划”也好。你听到“暑假计划”或“寒假计划”这一类名词，也许觉得平淡无奇，因为你一向就听人谈过，或自己试验过，觉得所获成绩，也不过尔尔。亲爱的读者们，这其中有个主要关键，也许你不曾注意到，因而你的成绩，也不十分显著。

普通计划暑期工作的人，都犯上贪多务博的那个弊端。你试回忆回忆看，在你的计划表上，不是写上许多项目么？有的简直像学校课程表的化身。你用力不专，意向分歧，几星期之后，觉得照计划做去，并没有什么进益，因而就停顿下来。真的，学校中的课程，有师长指导，还不能样样称心，何况全凭自修，全没有口问笔试等花样，限制着你呢？叫你不得不用心去学习呢？我们非换个方法进行不可。我只劝你选定一种课目，作为你暑假或寒假中的用功对象。假如你立定主意，希望在暑假中，增高你的英文程度，那你必须朝也读英文，晚也读英文，和人谈天时说英文，给朋友写信时用英文，甚至在大便时，乘凉时，散步时，也都把英文生字簿，放在手边，喃喃背记着。你说这样做，竟像破釜沉舟，你的英文固弄好了，对于其他功课，未免太疏忽了。我回答说，我希望你采取的，就是破釜沉舟的态度，亦唯采取破釜沉舟的态度，方能干得成事业。至于暂时疏忽其他的功课，也没有什么关系，实则，你在暑假时候，倘没有这样的计划驱迫你，你对英文固然疏忽过去了，你对其他的功课，亦何尝不疏忽过去呢？

而且，在事实上，你想做某一件事，而有所成就，势不得不把其他的事，暂时疏忽些时。“慢吞吞”，“懈答答”，面面都想顾到，势必一面也顾不到。我们一般人所犯的，就是这面面都想顾到，结果连一面也顾不到的毛病。苏俄实施第一次五年计划，以发展重工业，开拓水电网，为其主要鹄的①。因为太侧重重工业，以致把纺织等轻工业，暂时搁置一边，弄得人民冷了没有衣服穿，又因要把所产的粮食，转卖外国，所得即以之购买机器，以致人民饿了没有足够的食物吃。人民有怨言，当局晓谕说，你们耐心些，现在是我们的发展重工业的时期，受冷挨饿，是意料中的事。将来水电业完成，纺织业开始，包叫你的衣料，穿用不完。他们以后的衣料，究竟是否穿用不完，我们姑且不问，至少，他们这一种态度，是正当的，他们这一副精神，是可佩服的。我们所要取得的，就是这一种态度，这一副精神。

我们要乘青年的血在狂奔着的时候，我们要乘青年的气，蓬蓬勃发的时候，集中我们的心力，干一二种值得我们去干得事，我们不必顾到这，又顾到那。多所顾虑，即多所牵制。老年人筹备后事，不妨多顾虑些，年青人发展事业，万不能受顾虑的牵累。

凡是人，都应该有计划，计划而希望成功，就须有限期完成的决心，而于抉择计划之初，更须有破釜沉舟专于其一的气概。也许你此前的计划的失败，就在这不限时日，不集中全力的二点上。

（原文刊载于《青年周报》创刊号，
民国二十七年三月十二日，封2，第1页）

---

① 即目的。——编者注

辟天才的迷信

“某人的天资差，身体又不好，所以读起书来，总是事倍功半”，这是我们日常听惯了的话。就这一句话，不知折损了多少青年人的胆力，磨灭了多少青年人的志气。关于身体方面的话，暂且不提，现在专从所谓“天资”的方面着眼，研究所谓“天资”者，究是怎样的东西，或更进一步说，究竟有没有特别聪颖的天资——即一般所称为“天才“的那种东西？

我们研究这问题，不必旧事重提，再谈心理学上的本能问题，即人类是否具有所谓“本能”的那种东西的老问题。我们且从学习的问题入手，研究人们是用怎样的方式，学到他们所必需的各种知识的。也许在这一点上，我们可以明白，究竟我们的学习，是凭恃天生的资质的呢？还是需要资质以外的东西，而这些东西，是可以由我们自己做主得来的？

心理学上有所谓“笼中之鼠”的实验，把饿鼠放在迷笼中，笼外置有食物，笼中的鼠，一面饿得不堪，一面又闻到笼外食物的香味，恨不得立时之间，从笼内跳出，攫取食物。笼门的确可以开的，只要机会凑巧，把它的鼻头，撞到门的机关就好了。饿鼠撞了些时，忽然撞到机关，就得跳出笼门，尝到一点食物；然后再把它关进笼去。它第一次的动作，完全是盲目的，东碰西撞，漫无标的。第二第三次的动作，渐有进步了，进步的程序，据行为主义的心理学家华村（G. B. Watson）试验十九个老鼠的结果：“在第一次试验，平均每个老鼠，要十七分钟，才能逃出迷笼，而尝到一口食物。……它尝到食物后，动作更兴奋了，到第二次，平均只要七分钟左右，能撞着笼门的机关了。第四次平均只要三分钟。从第五次到第二十三次，进步非常迟缓”。（见其所著《Behaviorism》pp. 160—70）做到第三十次试验时，老鼠的撞门动作，非常娴熟，平均只要三十秒钟，就会跑出笼门。

这是近代心理学上最重要的一个试验，各派心理学中关于学习的法则，几于全用这个试验，作为依据，从而制定。我们在这里，无意研究这些法则。我们所当特别注意的，是老鼠全凭多次的碰撞，才能求达成功，而获取美味的食物的一点。它们最初时候乱撞着，继而撞得有点经验了，知道专从某一定几个地方去撞，而不向迷笼的全部去瞎撞；迄后，更把它的动作，集中于一个目标，以致本要十七分钟逃出迷笼的，现在只要三十秒钟。这是多大的一个进步！求获这进步的方法，并不是老鼠的天生资质，而是老鼠的继续碰撞。好一个小老鼠所启示我们的关于天才有无问题的解决方案啊！

然而问题没有这样简单，有几位心理学家，永远不会折服这样的试验，以及从这试验中所求获出来的法则。他们继续试验着，希望有一个新的发现。果然，隔不数时，柯勒（Kohler）关于猩猩的试验成功了，心理学的另一个学派，即所谓完形派的心理学，亦就此轰动起来了。

这是一九一三年，柯勒带了几个猩猩，到山上去做试验，后来欧战爆发，他只好隐在山内，继续做他们关于猩猩的试验，直到一九一七年为止。他把猩猩关在栅栏内，栏的上端，挂有香蕉，猩猩的近旁，堆着几只木箱，猩猩只要把木箱堆叠起来，就可拿到香蕉。有几次，他把香蕉挂在栏外，又在栏内留下一根竹竿，猩猩拿了竹竿，也可把栏外的香蕉，拿到笼里来吃。它们是这样弄惯了的。有一次，有一只名叫撒坦的猩猩，独自留在栏内，近旁有二根竹竿，但这二根竹竿，都嫌短些，不能触到香蕉。它试了几次，忽然静了下来，若有所思般地，坐在地上。突然间，他把一根竹竿，插在另一根竹竿当中，二根插成一根，就长得多，尽够触到栅栏外的香蕉。不容说，这是偶然的成功。但据柯勒说，它偶然获得成功后，继续做同样的动作，把外面的香蕉，搬进一大堆。它显然懂得它所用的方法的精巧了。这不是尝试与错误的学习法，他名之为“识力”（insight）的学习法，意谓出于心灵的识力，一经识透，就把这方法，继续使用。不必经过多次的试行，始有成效；只要一次识透，就可学会巧妙。这用通俗的话来说，就是老鼠用“试行与错误”的方法来学习，猩猩用“悟性”的方法来学习。用前一种方法学习，全凭多次的试行，试行的次数愈多，成效也愈大；换言之，任何学习靠努力与反复试行的成分多，靠资质的成分少。用后一种方法学习，就靠资质的成分多，靠努力的成分少。要使靠资质的成分多，那么没有资质或缺少资质的人，虽努力学习，也学习不好，也悟解不得。于是自己学习不好，就归因于资质差的理论发生了！于是教师教法不好，不能循循善诱，使学生领悟，却归咎于学生的资质不敏了！于是学生用功不深，中途而废，一生不得成就，也归咎于自己的资质太差了！自己的资质，不是自己所能求得的，是出娘胎的时候先天造成功的，于是更进一步，以为自己的资质差，读不好书，做不好事，该由先天的因素来负责，不能用自己的力量挽救；换言之，即不必有自己负责。反之，某人读书好，做事敏捷，也不是他自己的功劳，应归功于他得自先天的天才！

天才天才！天下不知有多少人，皆用你的名，而卸除了自己应该肩负起来的责任！

柯勒的猩猩，果然全凭悟性而学习的吗？你试把任何猩猩或猴子，关在栅栏内，把香蕉放入栏外，又把木箱和竹竿放在近旁，他们能堆叠木箱吗？他们能用竿攫取香蕉吗？你不妨提一根竹竿，给动物园的猴子，而把香蕉拿在手中，看猴子是否知道用竹竿来攫取香蕉？你这样一试后，你就知道所谓“悟性”也者，所谓“识力”也者，都是经过训练，经过学习而来的。任何学习，都是累积性的，老鼠在迷笼中，经过累次的试行，知道要触机关，该向笼的那一部分奔跑；猩猩在栅栏内，经过累次的试行，知道要攫取香蕉，可用竹竿去触，一根竹竿不够长时，可把两根竹竿来接，这都是经验的成绩！这都是试行的效果！经验不能取巧，一步不到，一步不能成功。试行是最有效的方法，一次试行过，无论成功与否，就多得到一次教训，比起少试行过一次的人来，就要老练得多，精明得多了。

教育心理学上有所谓“智力测验”的东西，据说，根据此项测验，可以断定人的智力，有上中下之分，这似乎是铁一般的事实，证明人的才智，各有不同，所以“天才”的名词，还是不能取消，天才的偶像，还是不能打破，然而这其中还有极大的疑问。测验表上画着一幅网球比赛图：每边两个人，打得很起劲，中间却没有栏网，挂在那里。

用这幅图，要受验的人来判断正误，正时加一“正”号，误时加一“负”号。好一个智力测验！拾网球的孩子，很容易划上一个“正”号，得到全分；然而住山窠里的乡男，从未见过网球戏，他碰到这个测验，自然表出“木龙”“白痴”等的低劣成绩来了。试问这所测验的，究竟是天才？还是经验？根据这种测验所制成的智力分配表，是天才的具体表示？还是学习成绩的综合展览？

天才天才！多少人都上过你的当，现在都要和你清算了。他们听见别人批评他们，说他们才力不足，资质较差，从而自嗟自叹，并进而自暴自弃，你折损他们的勇气，你消减他们的胆量，你把他们生生地驱入坟墓中去了。现在，他们要翻身了，不再愿意上你的当了，反之，唯恐你以后重来作祟，所以，非把你掷入永劫不复的深渊中去，使你永远不得抬头不可。

真的，我们都是圆颅而方趾，横目而容心[①]的人，哪一点不及他人？我们人，都是生[②]教育与环境产生。我们过去的机会，因为我们家庭的机会，不及他人，已经不及他人了，然而日后的发展，更比过去儿时的发展，来得重要，来得在我们一生的事业上，具有绝对的决定力。让我们振作精神，来改善环境，来创造机会吧！

天才天才！天下哪里有天才？聪明人知道创造天才！只有愚蠢的人，才会上“天才”这个名词的老当。

让我们做个聪明人，努力来创造自己的天才，并把从前所有的错误天才观念，丢到茅厕里去吧！

（原文刊载于《青年周报》第二十九期，
民国二十七年十月一日，封 2、1—2 页）

① 即圆颅方趾，横目容心，均是人类的代称。——编者注
② 原文如此，应为“因”。——编者注

人格救国论[①]

与我萍水相聚者，吾必爱之。其遇祸也，吾愿救之。与我痛痒相关者，吾尤爱之。其观闵也，我更愿救之。夫人之生世，未有不爱其身家者也。而国与身家，尤有存亡与共之势，又乌得而不爱之哉？既爱之矣，当其危亡之际，更乌得而不救之哉。救国二字，近世稍有智识者，靡不知之。但救国断非口头事也，要必以实行为贵。实行救国若何，即以人格救之也。中国至今日，危矣殆矣，外患日逼，内讧日亟，皆足以亡国而有余。又况当道豺狼吸民脂以污国会，凭城狐鼠竭民力以助党争。是以政以贿成而选。亦以贿成中国之现象。

几不堪问矣。他若土匪流氓，遍地皆是，异端邪说，同时并兴。唯我无辜同胞，日陷水深火热之中，而莫之或救。噫！我同胞何不幸而遭此惨毒耶？然事之起焉，必有其本，木之长大焉，吾知其有根；水之流行焉，吾明其有源。中国之所以如此腐败，其独无故也耶？事虽多端，而足以包括一切者，决惟国人无人格而已。设中国而有转机也。自政府以至庶民，皆知重礼义，尚廉耻，则总统由国会产出，何至有铜臭之嫌；议员为国民代表，何至有猪仔之辱；而地方文武，白[②]必以兴利除弊，保境安民为职任。尚有自私自利，不顾大局者乎？如是则中国之国际地位，未有不日渐增高者。故曰：人格救国实今日之对症良药也，有心国事者，能不急起提倡耶？

（原文刊载于《学生文艺丛刊》第一卷第五集，民国十四年三月出版）

---

① 原文作者署名“嘉兴秀州中学詹渭”，即詹文浒。——编者注

② 原文模糊，疑为“自”。——编者注

自修指导：怎样征服自修的难关

照理论讲，凡是可学习的科目，都是可以自修的。需要强记和背诵的语言科目，像国语英语日语等，固不必说；需要悟解和推考的理论科目，像数学哲学等，也不必说，却连需要动手实验的科目，像物理化学之类，只要有适当的仪器设备，也都可以自修。然而事实上，为何自修成功的人，竟不像我们理想中所想的那么多呢？

我们倘欲解答这问题，只须把自修和在学校中受课①的情形，作一比较，就可得知一个大概。我们在学校内受课，教师讲授课业，我们一面看书，一面听讲，耳目两官，同时并用，自然印象较深，这在自修的人，就只能凭藉视觉，而不能借重听觉了；这是自修的第一个缺点。学生经教师讲授后，倘有不懂的地方。可以请问教师，这在自修的人，又办不到；这是自修的第二个缺点。然而这些，都是可以补救的缺点，我们既得不到听觉的帮助，倘用加倍的视觉的努力，也就可以抵补这缺陷了。有时，确有一再研究，而仍不能领悟的情形发生，这就碰到自修的真正难关了。我们所以碰到这个难关的主要原因，是上我们一向好高骛远，不肯从头做起的恶心理的当。我们不读完教学第一册，就来自修第二册，自然随时遇到困难了。我们不了解初步的英文文法，就想自修纳氏文法第四册自然处处要碰壁了，大多数，自修的人，都在这种地方，建造他们以后所要碰到的壁，所以我们对于蓄意自修的人的第一个劝告，就是“真功夫要从头做起”，不要企图越级，须知在学问上，是没有“越级”的那回事的。

自修的第三个难关，是不能够持久，开头时候，意志极浓，往往会比预定的分量，多读几页，多演几题。三四天过去了，兴趣渐淡了，

---

① 即听老师授课。——编者注

但一想到“自修要持久”的原则，还会再度挣扎，再度努力。一星期过去了，一个月过去了，觉得自修的成绩，不过尔尔，同时，又有外的诱因，叫你转到别个方向去。“转罢”！这么一声，自修的决意破坏了，自修的成效，也永不会得到了。

我们绝不苛责这种“中途自弃”心理，因为它是学习上的自然阶段。原来学习依照曲线的形式进行，刚开头时，进步神速，已而渐变迟缓，迄后，更加迟缓，终到一个时候。进步全然停顿，形成学习曲线上的“平坦之处”（Plateau）。到这阶段，学者很易心灰意懒，趣味全失，这是教育心理学上所昭示的铁一般的事实。也许《中途而废》，就基于这个心理学上不可抵抗的原则。我们在这时所需要的，是毅力，是挣扎。挣扎若干时，平坦之围突破了，进步又显著了。这样，我们对于蓄意自修者的第二个劝告，即为明白这个平坦之处的自然趋势，又从而攻破这个趋势。

自修和上课的最大区别，即为在学校内，有师长督促我们，又有考试逼迫我们，叫我们不敢不努力向前，战胜课业上的困难，完成学业上的成绩。换言之，我们在学校内。有师长和考试，强迫我们读书；在自修时，却没有这种强迫，因而容易冷淡，容易厌弃。我们谁都不能否认，在人们的心理中，总带几分惰性的，不到老虎追到脚跟，不肯开步奔跑。就因这种被动的心理，遂使自修变为很难打通的狭道；而我们战胜这种心理的方法，则于运用毅力和意志之外，又须把我们所要自修的课业，分或若干单元，限一星期内，完成一个单元。到星期五晚上，把一星期的成绩，做一个核算，倘认为已到标准，就可享受星期末的假日，正像学校内的学生所享受着的一般，否则，就得自己禁自己的假，在星期末的假日内，补上本周内缺下的功课。这样，一方面因自己常加核算，可以知道自己的学习，已进行到如何程度，已有多少进益，因而知所安慰：另一方面，又可逼迫自己，不好轻易贪懒，不到预定的计划完成后，不敢轻易休息自己管自己，而要管得严，这可算是自修的总秘诀！

（原文刊载于《青年周报》第三十二期，
民国二十七年十月廿二日，第 1 页）

关于读书的自白

1. 我的自白

关于读书的问题，目下讨论的人不可谓不多，毋须我再作冗长的论述。我在这里，只想把个人的经验，告诉一点给读者。

当然，我不是自认为读书读得很多的人；我也不自认为我的读书方法，乃是唯一的读书法。反转来说，却正因为我所读的书不多，我所认为合理的方法对于刚开始读书的青年，或许格外合用；也正因为我自己所养成的习惯，自己认为不满意，自己要求改进，读者可从我的自白中，看出我的错误，不致再走冤枉路。

2. 最大的毛病

我于读书时所犯的最大毛病，就是读书不能专一，不肯静下心来，读完一书，懂得该书的内容奥义后，再读其他的书。例如有时候，我在图书馆念书，念过若干页后，感觉该书所说的话，不是我所需要的，忽然想起教授在教室内，曾提出过其他的书，也许那书的内容，更合我的需要吧！此念一动，恨不得立即起身，借到那本书；万一该书已经借出，分外感觉该书的妙，不等借到，不肯罢休。等到借到以后，不容说，读过几页，又会想到其他的书，或竟感觉该书反不及第一书，重新再去读第一书。然而这中间时间与精力的浪费，读者已可体验得出了。我在学校中写论文时，往往犯这毛病，屡次想纠正它，但因习惯成性，虽蓄意改进，还未能完全改除。

我们知道，每一本书，——要使它确是一本书的话，——都有它自己的特点，自己的立场，和自己的系统。有时候，这种特点和立场，在书的开首处，已经表明；有时候，须在书的中部表明；又有时候，须在书的末端表明。不问它在开端处表明，或在中部表明，或在书末表明，总之，必须读完全书之后，方能把它的论点，融会贯通，透澈了解，决不能稍翻几页，就断定它的价值，或它对于我的有用或无用。反之，倘你拣定一本书，立意读完它，无论文字怎样困难，笔调怎样晦涩，意义怎样模糊，你只照你的主意，一句一句地读过去，不到全书读完，决不放手。你这样坚持下去，到了一个时候，必感觉到文字方面，愈读愈简单，笔调方面，愈读愈轻松，意思方面，愈读愈明了，你的兴趣来了，你的精神贯注了，你的心力集中了，你的运思迅速了，你把握住该书的真髓了。到那时候，虽要你搁置该书，另读他书，你也不愿意了。你第一次发现读书的真正乐趣了。

3. 本不是神秘的事

这不是什么神秘的事。原来每一本书，像我刚才所说过的，都有它自己的特点，不仅思想方面，立场方面，立意方面，与他书不同，即在用字方面，文章格调方面也与他书不同。你刚开首读，不仅要把握它的意识，还要把握它的笔调，它的用语，几样生疏的东西，夹在一处，自然感觉格外吃力。你因为读着感觉吃力，就此罢手，换读他书，那你非独这本书读不通，连任何书，都将读不通；因为你读任何一本新书，都须用毅力，一本书上用不通，别本书上，还是个不通。事实上，也许确有几个地方，你确实读不通；任凭你每一个生字都查出，每一个出处都找到，还是个不懂，那时，你尽让它跳过去好了，也许该句子或该意义的浅显解释，就在下一段或下一章哩！这是常有的事，凡认真读过名著的人，都会有相同的经验。倘你一次有过这样的经验，你就得到读书的奥诀，——假使读书确有奥诀的话，你就不必担忧读不懂任何书了。

4. 单单读完还不够

读书不能专一的第一个流弊，就是不能读完一本书，因而不能充分了解该书的内容；它的第二个流弊，在使我们读完一书，立读他书，不把刚才读完的书，加上一番整理，或把它的内容，作成笔记，或把它的思想，演成大纲。读完一本书而不把它细细整理一下，那不仅对于该书，不能有透澈的理解，因而不能活用它的材料，而且下次要用到它的时候，非重读一遍不可，那真是浪费。我个人，对于第二个流弊，犯得特别厉害，所以到了现在，你要我述说某书的大概，我还约略能够，倘你要我述说它的详细论据，我就没有办法，非再找到原书不可。

我早知道自己的这个错误，但从前还不自认为错误，以为只要我能活用材料，知道某样材料，可到某书去求也就够了，何必勉强去记忆呢？到了现在，我才知道这种见解不对。从前读书不多，单凭脑筋还能依稀记得，如今书稍读得多些，觉得各书的材料，混和一过，要有个清楚概念，非重读原书不可。重读原书，已够费时了，何况在这战乱期间，平日所购的有限几本书，全遭焚毁，更何处去读原书呢？

所以无论你怎样忙，我总劝你把读过的书，用一二天的时间，细细整理一过，作成笔记，供日后的参考。

5. 切勿把时间拖长

第三，你想读完一本书，或读完几本书，决不能把读的时间，拖延得太长，时间一拖长，效率就会减低；非独减低罢了，有时，竟会全然消灭。所谓不把时间拖长，就是限期完成，也就是专力完成的意思。在这里，我又犯了一个极大的弊窦①，这弊窦，也从读书不能专一

① 即产生弊害的漏洞。——编者注

发生，那就是说，我无论做什么事，都嫌太性急些，总想在极短期内，做成许多的事，因而把自己的日程表，填的满满的。这种少年野心，我自己还极自豪，但在实际的进行上，你要在同时期内，做成若干事，结果，你反一事都做不成。直到前一二年，我方感到限期做完某事的必要；做事如此，读书亦然。

6. 让我们有个计划

我真希望每个青年的读者，自即日起，定个读书程序，限定半年或一年内，必要读完几本书，又把每一本书，派定一个时期，在该时期内，务须读完它；不仅要读完它，而且读完以后，还须重加整理，做成笔记，供日后的参考。在这限定期内，任凭有其他的书，吹嘘得如何起劲，广告得如何厉害，也决不为所动，却只依照原定目标，一页一页地，一部一部地读下去。如是者，积年累月，读到三五年后，必可读点成绩出来了。尤其像这年头，我们被关在孤岛上，没有什么特别的事情要做，如其把时间空自消磨，何如用来埋头读书，读到战事完了，也着实有点成绩收获哩！

（原文刊载于《关于读书的自白》，民国三十七年十月四版四版，世界书局，67—71页）

信箱：答李卓惠等先生[①]

（一）答李卓惠先生

卓惠先生：你的问题，是目下中国青年的一般问题，下期将有专文讨论，承询其他各端，先答复如下：

（1）据我所知，现在在上海，没有免费的大学，但几个教会大学（如沪江之江东吴等），有部分的免费办法，但普通都得读上一年或一学期，看你成绩优异的话，再给你辅助。

（2）像你的情形，我以为倘有些微升学可能的话，就当尽想方法，达到升学目的；因在这种局面下，不升学做什么好呢？不过，在选科方面，要特别留意，将来战后的社会，必须用实际建设人才，应在这方面准备自己。

（3）倘内地有朋友或熟人，在这种局面下，理该到内地去服务；否则，不如用这笔路费，设法去升学。

（二）答黄鼎新先生

鼎新先生：要写作，得注意二点，第一要有内容，第二要有技巧，我看你来信，该在技巧方面，多加注意，背诵就是最好的方法。好的白话文，当然可以背，而且值得背。

---

① 标题为编者所加，原题为《信箱》。作者署名“文浒”。——编者注

(三) 答苏玉行先生

玉行先生：你的问题，已请上海联合中学的张浩先生，代为答出，因没有一般性，不拟在周报发表，请示尊址，当将答案寄上。

（原文刊载于《青年周报》第十六期，民国二十七年，六月二十五日，第11页）

自修室：四马路七〇六号
作舟学良二位来信并覆

文浒先生：

我辈在每期的周报上，得受先生的指导，是万分的感激；但我们还有一种疑惑，就是往往几个英文字有同样的解释，同样的意义，而不知其用法是否不同？近在第十一期青年周报上，阅到先生欲在十二期以后，辟一自修室来答复读者的疑问，这真是一个喜讯。我们有几个疑问，未知先生肯赐复否？我们的疑问就是：

Apt and easy. Jump, spring, and leap. Punish and blame. Test and try. Spoil and destroy. Grumble and complain. Matter and reason. Know and understand. Because and for. Expect and hope.

以上几个字，皆同样的意义，而且文法也皆为同一的词性，它们的区别，究在何处？

作　舟
学　良　同启

作舟学良二位：

你们所要解决的问题，普通都可在辨义字典上，求得解答，我从前曾和几位朋友，编过一本四用辞典（世界书局出版），内中于求解作文文法三项之外，也曾列入辨义一项，用中文讲解，可请参考。尊问各字，解答如下：

1. apt, easy。apt 的原意是“有……的倾向”（having a tendency to do）；一般的英汉字典虽把它解作“易”，但这个“易”字也是作“有……的倾向”解；所以它与“艰难”相反的“易”是没有同样意义的。一般英汉字典把 easy 也作“易”字解，这个易是“不难”的意思，与“艰难”相反。apt 和 easy 两字的原义①本无类似的地方，二位对于它们的疑惑或许是由“易”这个中文解释所引起的。如二位对这二字的解释还不明白，可把下面的句子仔细读一下；这样你们对于这两字或许可以得到一个明确的领悟。He is apt to catch cold（他易受寒=他有受寒的倾向）。He is apt to forget（他易忘=他有健忘的倾向）。这两句中的 apt 绝不能用 easy 代替。This book is easy（这本书容易=这本书不难）。English is easy to learn（英文易学=英文不难学）。但这两句中的 easy 绝不能用 apt 代替。

2. jump，leap，spring。这三个字都作“跳”解，但 spring 一字除“跳”以外还有很多别的完全不相同的解释。在“跳”的场合，这三个字的分别可略述如下：（a）jump 是最普通的用语。（b）leap 含有“跑而跳”的意味，它常指跳跃相当的间隔；jump 则特指“跳上”，如 to jump for joy，to leap across a brook. 但实际上这两个字是被人通用而无区别的。（c）spring 比 jump 更为通俗，它含有“突然”和“不意”的意味，如 She sprang to her feet with a cry.

3. punish，blame。blame 是“责备”，“非难”，“归咎于……”的意思；punish 是“处罚”，“惩罚”的意思。punish 有各种形式，如申诫，关夜学，打手心，监禁，充公，褫夺公权，处死刑等。blame 并不是“罚”，虽然有时不妨把它当作轻微的“罚”看。例：He was punished with death. He will be punished with lashes. He blamed me for my carelessness. Who is to blame in this matter?

4. test，try。test 作“试验”解；try 也作“试验”解，但除了“试验”以外还有“磨难”，“困恼”，“尝试”等解释，而这些意义都非 test 所有。test 只能当 transitive verb 用，而 try 当 transitive verb 或 intransitive verb 都可。在“试验”的意味上，test 比 try 来得强些正式化些。

5. spoil，destroy。spoil 语气没有像 destroy 来得强。spoil 是把东西伤坏而使之无用或减少效用，destroy 则把东西毁坏而使之无用或消灭，

① 即原意，原文如此。——编者注

我们可以说 The rain spoiled our pleasure，但不能说 the rain destroyed our pleasure。又 spoil 可当 intransitive verb 用，destroy 则不可，我们可以说 the meat will spoil，但不能说 the meat will destroy。

6. grumble，complain。这两字都有“怨”的含义。但如果说别人待你不公，因而向人诉说，你是在 complain；如果别人待你不公，因为自怨自言，你是在 grumble，所以 complain 是“怨诉”，grumble 是“发怨言”。

7. matter，reason。这两个字根本不是同义字，二位提出这两字颇费索解。照我推猜，二位或许是指 What is the matter 中的 matter 和 What is the reason 中的 reason。What is the matter 作“什么一回事”解，那末 matter 是指事的内容而言；What is the reason 作“什么理由”，或“什么原由”解，那末 reason 是指事的原由而言。

8. know，understand。这两个字都有“领悟”的意义，但前者多“知悉”的成分，后者多“了解”的成分，因此 know 用作“知悉”的时候较多，而 understand 用作“了解”的时候较多。又 know 可作“认识”或“熟识”解，understand 则不可；故 Do you know him? 作“你认识他么?”解，不能作“你了解他么?”解，又 Do you understand him? 作“你了解他么?”解，不能作“你认识他么?”解。

9. because，for。because 所表示的是原因，是直接的理由；for 所表示的是附加的理由，是推断的理由，如：the light went out，because the oil was out（表原因）。The oil must be out，for the light went out（表推断的理由）。

10. expect，hope。expect 作“预期”解，hope 作“希望”解。hope 所表示的“不定”的程度大于 expect，expect 差不多有必然的意思；又 hope 当对乐意的事情而言，expect 却不表示任何情感，如：I hope he will come soon（我希望他就会来）。I expect he will come soon（我想他就要来了）。

文浒谨复五月三十日

（原文刊载于《青年周报》第十三期，

民国二十七年六月四日，17—16 页）

中国教育之改革

——介绍陈著《中国教育改革之途径》

“看完三篇文章，第四篇文章也就出来了，”这是《中国教育改革之途径》作者陈果夫先生批评当前出版界的话。他在这本书里，提出他自己的独创见解。他检讨中国教育失败的主要原因，“在乎我们的教育，失去了自信主动的精神，只看见别人，却忘了自己，所以只知抄袭，不能消化，更不能创造。我们先抄日本，继学欧美，同时又把我们固有的教育的优良传统丢掉，结果是得了人家的皮毛，丢了自家的精华，这样的教育，还能不失败么？”今后的改革，应当遵循怎样的途径呢？

先从原则来说，他提出八点：第一，应以固有的伦理为出发点，特别致意于孝弟二端，由孝弟而仁爱，而忠信，而礼义，而廉耻，而和平，其余一切美德，均可相衍而生。第二，注重母教，母亲“不仅是操着儿女终身成败良莠之机，也即是握着国家社会治乱兴衰之柄。母亲的低声叮咛，儿童闻之若雷霆，母亲的微微暗示，儿童视之如日月；母亲在有意无意间轻轻松松的教育，比较他长大后读若干本关于修养的书，比较学校里以教员长年苦口婆心的讲演，比较政府的三令五申，比较法院的严厉惩罚效力都大！”。第三，顺应心智的发展，“人在十四五岁以前，记性最好，此后年龄渐渐增加，记性遂日渐衰退，可是悟性却逐渐发展”，本着这个分期他主张“反刍教育法”，乘其记性好时，使其多记一些，以便慢慢的[①]起反刍作用。留到悟性好时，慢慢的理解应用。第四，适合国情改良民性，特别致意于民性的长处的培养，与夫短处的改良。例如力行精神、科学态度、健康教育、纪律、组织力等□都当全力栽培。第五，因材施教，因地制宜，因时达变。

① 原文如此，根据上下文语境，应为“地”，下文同。——编者注

“现在中国的教育，因为没有因材施教，不能不取拆□办法，顾全一些人的资质。……天赋高的不能发挥其才力，天赋低的，又觉得赶不上，所以我主张在中等学校时，对天才者，应以教天才的方法去教，对普通的人，就教以普通的生活技能，这样才是教育的真平等。”至于因地制宜，“他要在某种环境里生存，我们就必得教之以适应该种环境的教育□对，否则便要陷于学非所用，用非所学的覆辙”。所谓因时达变，“就是教育要视当前的需要，而有缓急轻重之分，不仅战时教育与平时教育显有分别，即在平时教育中，亦当有个缓急轻重的程序。”第六，应为多数人打算，“例如现在有一班中学生，人数为一百人，升学的不过二十人，那么与其为了这二十人，使其余的八十人，无所成材，不如为这二十人，另办专为升学的教育，其余的八十人，则教以既可升学而又有生产技术的教育。”第七，应有最大的目的，“救国建国为我们教育之本，综救与建两者而言之，谓之国防，所以达成国防，就是我们教育最大的目的。”第八，应有最高的理想，那就是“数千年来历圣相称的大同世界。……这个理想，并不是达不到的，只要我们的教育，向着这方面去做，日复一日，年复一年，持之不变，行之有恒，总有达成的一天。”

根据上述八大原则而列为“人生教育系统”，则为：

第一，家庭教育，那是建立做人的基础的教育，以母亲为重心，人人必受，时间六年。第二，国民教育，建立做国民的基础，人人必受，时间四年或六年。第三，初级生活教育，那是培养每一个人自己生活的知识与技术的教育，所有的儿童在受过国民教育之后，除了一部分天才优秀的应受特种教育，及不正常的儿童，应受感化教育外，一律得受这种教育，时间三年。第四，高级生活教育，那是对于曾受初级生活教育而才能比较优秀的，再给以比较高深一点的生活教育，使之除了自己生活之外，还能帮助他人生活，和领导他人工作，时间三年。第五，特种教育，那是对于曾受国民教育而聪明才力独高的儿童，给以发展其天才的教育，修业时间，因人制宜，可以四五六年不等，毕业后，即可直接升入天学。第六，初级师范教育，那是培养国民学校师资的教育，入学资格是曾经受过初级生活教育，并服务二年以上者，修业时间三年。第七，高级师范教育，那是培养初级生活学校师资的教育，入学资格，是曾经受过高级生活教育，并服务一年以上者，修业时间三年。第八，大学预科教育。是为曾经受过高级生活教育的学生准备升入大学的教育，凡入大学的，除曾受过特种教育或边疆教学的学生之外，都必须先受这种教育，时间一年或二年。第九，大学教育，是纯为培植治理国家的人才而设的教育，时间四年至六年。第十，大学教育，是国内最高的教育，大学便是国家最高的学府，这种教育是配合国家政治的需要而设的，其时间除进修部系短期调训性质外，其余自二年至三年不等。第十一，留学教育，是给曾在各业中或政府机关内作过若干年实际工作，而最优秀最有成绩，且对于本国文化与本身职业有深切了解的人，派到外国去学习的一种教育，时间无一定限制。

此外，又配上侨民教育，边疆教育，补习教育，社会教育，感化教育，总之，“每一个人，在五十岁以下，可以视为受教的时期，到五十岁以上，便可视为教人的时期。人人一届教人之年，便应担任教育服务，依其程度，各尽所能。这种教育服务的年限，应与国民教育的年限相当，因为国民教育，可视为国民应享的权利，而这种教育服务，应该算是国民应尽的义务”。

到这里为止，仅及原著的一半，接着，作者又就教育行政机构，教育和国家建设的配合，平时教育与战时教育，男女教育问题，教与育的问题，考试和测验，教育方法，农业、工业、医学、政治、文艺、电化、始业各项教育，教育经费、教育设备、读书人心理的改革，各种教育之有机的配合、教育改革□行之程序诸点，发挥其独创与新颖的见解，务期中国的教育，真能发挥并实现三民主义的精神，亦即第一天下为公，第二人生服务，第三民族本位的精神，这里因篇幅关系，不能详为介绍。现在只想就“人生教育系统”的本部。提出几点意见，向作者请正。

本书的一个重要揭示，是在中等教育的阶段内，将生活与特种教育分科，其理由是基于目前教育界的一个严重事实，“尤其有时没有受过教育的人，能够自己好好生活，而受过教育的人，反倒自己不能生活，常要依赖他人，一旦自己失业，即有束手待毙的危险。我们常常看到，一个小孩子本来是可以成为一个自己生活的人，可是一给他多念一点书，反倒会变成一个不能自己生活的孩子，以至于学校中多一学生，即是社会上少一生产人，而添一徒然分利的分子，不但分利，连做人的一切道理，也未必明了。”补救之道，即将受完国民教育的儿童，视其才具禀赋之不同分成两组，大部分人受生活教育，使其优手万能，能够独立生活，少数才具优异儿童，则经过选择，使受特种天才教育。选取特种学校的学生，是根据两个标准，“第一个标准是天才颖异，能力超卓的，希望他们将来能成为发明家，创造家等。第二个标准是生而公忠正直的，从小就表现他处处能为公着想，处处能表现他意志坚强有牺牲及冒险的精神的。这两种儿童，都可以说是国家民族的宝贝，国家民族应特别珍惜他们，特别培植他们使之成为国家民族的栋梁”。这两种标准，原是极确定的，但怎样把抽象的标准，演成具体的测验，使测验及格的人，真正符合标准，真正天才颖异，公忠正直，实在是个问题。作者在“考试与测验问题”内会提出“要从大多数人中去选择为公而且贤能的人”，但这还是原则问题，其具体办法，仍付阙如。科学的测验方法，既未确立，则流弊所至，还是无法选择公正与贤能的人，使其进入特种学校，作各种领导与发明人才的储备，这是我们希望作者详为指述的第一点。

其次，作者对于天资颖异之人的爱护，可谓无微不至绝不顾其“以宝贵的光阴，消耗在浅近的学科之中得不到作高深造就的基础”，他们在中学阶级，只须修业四至六年不等，即可升入大学，而其他大多数人，则须在初级生活学校，肄业三年，高级生活学校肄业三年，倘望升入大学还须经过大学预科的阶级，为期一或二年。国家对于天才儿童理应加意栽培，这是毫无问题的，但真正的才能，必须从磨炼中选拔，也是正确不移的定律。现在这班被选儿童，在同龄儿童中，为数甚少，备受各种优越待遇，无形中已足长其傲气；就算在这当的教管之下，可以纠正傲气，但他们因为缺乏实际磨炼，脱离实际社会过远，及其大学毕业后，究竟能否真正治理国家，实为一个重大问题。因此，个人认为特种学校毕业的人，在其未入大学之前，应当有一年或二年时间参加国家组织的义务劳动，或竟编入军队作各种部门的服役与实习。这种实际生活的磨炼，在一方面，可以锻炼他们的体魄，增广他们的识见，使其进受大学教育之时，因为会有一度亲切体验，在认识上，可更为真切。同时，实际生活的磨炼，亦可把他们的锋芒和傲气稍微折低一些，使之更宜于管理众人的事。青年人需要磨拆①，十七八岁时的磨拆，更为迫切需要，经不起磨拆的人，就不配受大学教育，这倒是比较有效的测验。质之果夫先生以为如何？

第三，作者在“教育改革实行之程序”一节内，主以“由渐而成”为原则，其着手步骤，先以家庭教育为开端，家庭教育既着手后，就开始筹备国民学校，国民学校普遍开办之后，再筹备生活学校及特种学校的设立；至于师范学校及大学的开设，可以斟酌情形，有的可在初期即着手调整，或归并，或新设，以培植各项人才，应初期改革之需要。“总之，无论那一方面，可先改革者，即先改革，不能马上改革者，则俟其完毕一个段落时，再创办新的衔接上去，或再加改革，总之，不可使之青黄不接”。这是极周密极审慎的□划，不过个人还想提出一个意见，使与上项步骤，相辅而行。个人认为在实行改革之时在纵的展开方面，固当“按步就班，脚踏实地，为久远着想，依照一定的计划进行”，而在横的推行方面，似不妨选择若干教育较为落后，因而一般对于教育较少成见的省区，首先施行。推行任何新的改革，最怕执行的人，自具城府，先入为主，从种种方面，寻觅新制度的缺陷，而托词搪塞，或竟肆意阻挠。这种困难，在教育比较不普及的省区，大可减少，因而推行起来，亦易收实效。这是个人于拜读果夫先生大作以后的第三点意见。

① 即磨砺，下文同。——编者注

读书指导：学习外国语的一点经验

我自问对于学习外国语一层，有些许经验，可和读者谈谈。我最先学习英语，其次学习日语，又次学习法语，又次学习德语。就中学英语所用的时间最多，学日语的时间次之，学法语的时间又次之，学德语的时间，仅在柏林时的五个月，但因根据过去的经验，知道怎样的学习法，虽为时不多，成效亦颇有点。我不想把我学习外国语的经验，归成几个原则，劝读者照样去做，我只想述说我于学习这四种外国语时的经过情形，也许这些情形，对于有志学习或正在学习外国语的读者，有些许指示。

先从学习英语说起。

我的学习英语，虽从高小开头，但真正的学习，还在中学时代。我所进的中学，是浙江嘉兴秀州中学，是一个教会中学。那时中国的局面，非常的坏，省立学校，时时闹风潮，不是赶校长，就是逐教员，不是闹饭堂，就是打厨子，一学期当中，很少有几天，可以安心读书，倒不如在教会学校，因为没有政治背境①，教书的可以安心教书，读书的也可以认真为学。一般的学风，也比较整饬些。那时的秀州中学，因为主持的西人，是美国科仑比亚大学②教育学院出身，不像其他的美国教士，热心有余，才智不足，所以办学的经验，也比较多些，办学的成绩，也比一般的教会中学来得好些。

我第一次上讲堂，就看到一位地道的洋人，坐在那里，开始在那里讲解。他讲点什么，我全不知道，我真惭愧，连点名时应当怎样的回答，也全不知晓，引得全班同学，对我嘻笑。我不抱怨他们，就是我自己，看到我当时的情形，也不禁要失笑。头皮剃得光光的；国历

① 即背景。——编者注

② 即哥伦比亚大学。——编者注

八月的天气，穿着父亲替我新制的竹布大褂，走起路来，哗啦哗啦地发响，脚上又穿的老布袜，袜统子一半塞在裤脚内，一半露在脚外。不要弄错，我决不学名士派，我代表十足的乡下人。他们一面对我笑，一方面也着实表示同情，替我在外国人面前，说明我并不缺席，只是不知道如何报到，然而读者们很可想象得出，当时我所过的情形，是怎样的一副窘状。

我没有别的方法，我只好退下课来，回到房间里流泪。真的，这样的局面，如何过得下去！我原是自负不凡，不肯示弱的人，怎受得起这种局面呢？哭，除了哭以外，还有什么办法呢？

总得补习才好！一谈到补习，我真不能忘记该校青年给我的便利，他们发起一个英文补习班，由中学四年级的学生，趁九点钟校课完了，九点半熄灯就寝之前，替英文程度较差的低级同学，实行补习。据我当时的推测，在我一班之中，至少有半数以上的同学，会来补习，结果，全出我意料之外，只有三四个人，请求补习。过了几天，连这三四个人，也陆续退去，只剩我一个人了。唯其只剩我一个人了，所以我的机会，也特别好，可以完全依照个人的实际需要，请那位高年级同学讲解。我有什么字读不出，他会读给我听；我有什么句解不懂，他会解给我听；我有什么习题做不出，他会做给我看。如是者过了二个星期，我不必补习功课了，我要求补习课外书物了。这就表明我于英文课的本身，可跟得上了，教师让我读，我已读得出，教师要我拼，我也拼得出，教师要我答，我也答得出；可是有一点，万一教师讲到旁的地方去，那我就脱了板，就听不懂他的说话了。

我得补习会话才好！

不知在那位同学的书桌上，看见商务出版的一本《袖珍分类英语会话》，里面的句子，非常的短，而又非常的合用，我就动手来读，限定每天必须读熟五句。读的时候，就在每天四点钟后，躺在卧铺上，手执袖珍本，口中喃喃念着。头一二天没有成效，过了几天，我背出来的句子，先生懂得了，但先生回答我的，我还是不懂；后来，先生回答我的，我也可以猜出一部分的意思了。可是我得声明，我在那个学期的末了，还未能完全听懂洋先生在教室中所说的每一句话；我也得告诉你们，实则这何止我一个人不懂，其他的同学，也都未能懂得，不过他们是城里人，知道如何装做，使其他的人看来，好像他们确实懂得，我是乡下人，太老实了，不会学乖，所以有时候，明明懂得的话，因不知道怎么回答，老是摇头，表示我不懂得，也许在那时候，我的理解力，已比他们好些了；至少，我的学期成绩，竟出我意料之外，有九十分之多，比全级认为英文最好的那位同学，还多出一分。不容说，那位同学的英文，在那时候，确比我好，但他不肯悉心预备，至于我呢，每有新功课，非独尽量读熟，而且把后面的习题，一同做好，所以考试起来，自然格外有把握了。然而这种训练，正是我们所需要的。

直到如今，我每次想到初学英文时的情形，立刻就有最初几天退下课来在卧铺上暗自下泪的几幕，演在我的眼前；接着重演的，就是九点钟夜课钟响了后，各人都向卧室跑，而我却独自个，留在教室内，等候那位替我补习的同学来到的情形，接连第三幕，就是手执那本《袖珍分类英文会话》，在秀中新三层楼的一角，兀自喃喃念着，直把每天规定的五句，念得烂熟的情形。这些短句子，不仅赞助我的会话，对我后来的造句和作文，也有极大的贡献。

倘我现在再学外国语的话，我还要坚持“喃喃念诵，并念得烂熟”的原则；我于去年暑假，就用同样的方法，在柏林学习德语。

我一面在柏林大学的德文补习班上课，一面就在朱滋李先生那里，借到一本从他从国内带去的中华书局出版的德语会话，每天下午中觉醒了后，就带着那本书，到柏林的几个公园中去念。当然，因为四面所接触的，都是德国人，都要用德语招呼，学会一句，就有一句的用处，就有一句的方便，所以学习起来，精神格外振作，效率也格外提高。

我认为学习语言，另有一个诀窍，那就是多读多记。我在柏林，因为练习的机会多，很想不下苦工[①]，即与德人交际，从而学习语言，我曾做过这样的尝试：于是到了德国的第四天，一个人到跳舞厅去，身边带着字典，找到一个中年的德国男子，就开始和他谈话。他只懂得德语，自然是我学习德语的最好机会。我们同坐了一点多钟，我所

① 即苦功，下文同。——编者注

得到的益处，只把我所已经背熟的句子，用了一遍，读音稍正了些，用法稍明白了些，竟学不着什么新的东西。即此一点小经验，更使我相信，学习语言，只在多读多记，肚里有东西，不知道怎样用法，找个人去谈谈天，很可能从中得到一个练习机会，倘肚里空无所有，想从实际谈话中，去学得语言，那至少，从我这一点经验而言，是不可能的。我不否认与外人谈话的利益，尤其当你读过相当的书，脑子里有相当的句式和字汇时，你和外国人谈起天来，确可举一反三，得融会贯通之妙的。否则，还不如埋下头来，背熟五百句或一千句，再谈其他。会话如此，写作也如此。读和背总居第一，应用和练习，还居其次。唯其如此，所以语言是最容易自修的东西，只要立志要学，而又持之以恒，没有不会成功的。

我的一点日语知识，就是这样硬读硬记出来的。我在大学时代，曾读过二年日语，然而那二年的成绩如何，只有天晓得！原因，就因我把那个科目，当做知识科目，只求其懂，不加强记，学习语言，仅仅懂得，有什么用处呢？那时，李石岑先生，竭力劝我读通日文，我也相信，日语的阅读力，对我们从事编辑生涯的人，有极大用处，所以早有决心，想抽出一个时间来，把这个语言，弄弄好。后来，一二八的沪战发生了，世界停了工，我一个人，住在虹口。就利用那个时间，关起门来，专心补习日文。我不记单字，也不记语法，只硬记几个假名怎么连在一起，作什么解释；它们的前面，是什么样的句式，它们的后面，又是什么样的句式。记得那时，我所用的教本，并不是什么读本文法，乃是《转型期的经济学》。从头看下去，不看懂前一句，决不看后一句；不看它十回二十回，决不轻易去请教人。有时候，接连看了二个钟头，还看不懂一句（在柏林学德语时，曾有一次，用整个上午，看完德国大公报上某篇评论的第一段，约莫有十五行的长短)，然而一等到我看懂了，那个句式，就真被我懂得了，下次每碰到同样的句式，就很容易理会了。日文书报上所用的句式，根本不多，你能很透澈地把握住几十句，真的，你可很自由地阅读日文书报了。

拿住一本书做死工夫，硬干苦干，定会被你干出一条通路来。你不信吗？你去试试看！

关于法文的学习，一时想不起特别事例，我在这里，姑从略了。

不管你学习那一种语言，倘你还在初学的时候，我就劝你不要多换书，就拿你手头的书，来读来背。每一本教科书，都经过编者的慎重编制，又经过教育部的再三审查，绝不致错得太荒谬。你就拿它来读，不读得烂熟，决不换书；不读得烂熟，决不分心去看“怎样读通……”这一类书。倘你的程度，已经可以看书报，那我劝你化一二角钱，买一份日报，从头到尾，仔仔细细读完它一遍。哪怕是广告是讽刺画，对你的语言学习，也有极大帮助。不读懂一篇，决不读他篇；不看完该报，决不买他报。你认真地试行几回，就可懂得我之所以如此主张的理由了。

（原文刊载于《青年周报》第二十八期，
民国二十七年九月廿四日，第1、10页）

人生问题快乐的追求

译者前在本志，发表一文，论悲观主义的人生思想；略谓悲观主义之发生，并无坚强的事实之根据，再三申说战争，贫乏，缺陷的恋爱，与疾病，死亡等，并为足以造成悲观的人生思想。

但在我们青年界，其所以仍然充满着悲观的思想者，实因吾人的生活方式，未能得当：如动作的缺乏，食物的不适宜，以及与大自然的隔绝等，都当随时纠正，以免受其祸害。全篇的主意，在于说明悲观主义之非当，可以说是消极方面的论述；但同时，我们又当从积极方面，说明寻求快乐的必要，以及寻求快乐的方法。兹篇即从此点着眼，内中论点，不少采取杜伦博士的《哲学之宫邸》一书，(此书已由本人译成中文，归开明出版。)应向读者说明。——文浒谨识。

(一)

自来会有许多民族，皆在寻求快乐，且各因其所持快乐的观念不同，其所寻求的快乐对象，亦各不同；但没有一个民族，却寻到了真正的快乐。例如：埃及的民族，会在伟大的企业及建筑物中寻求快乐，犹太的民族，会在“经典的律法，不可增减一点一划”的信念中寻求快乐；印度的民族，在绝欲与涅槃中寻求快乐。迄后，哥伦布出世了，把白人的疆界，往外开拓，从地中海的世界，变为大西洋的世界，于是英吉利人，于帝国之中寻求快乐；日耳曼人，于科学之中寻求快乐；法兰西人，于天生的巧妙中寻求快乐；降而至于现代的美国人，又于财富之中寻求快乐。他们都会寻求快乐，都各有一定的对象追求着，但谁求得真正的快乐了呢?

埃及人求得快乐了吗？试想像：即在此时候，无数的沙石，正在攻击金字塔，包围它的四周，密不通风。又想象：“不死的”法老之魂，神出鬼没地徘徊于酷热的沙漠大气之中，而不得安息。什么是埃及？什么事埃及的伟大？唯一存在的，只是那些幽暗的坟墓，与破旧的艺术作品；而且这些艺术家，不能把自己的姓名，留给后人，作为纪念。试问：这班奴隶般的艺术家，以及监督他们的帝王，他们的快乐，究是什么呢？

再说印度的苦行僧，罗马的斯多噶派信徒，以及其他操持严肃主义与虔诚信仰的人，他们是否握住快乐的秘诀了呢？他们的共同方法，在于排斥自我，以便将来之时，握住真我。他们的苦行，不是目标，乃是求达快乐的目标时所使用的手段。现在不问他们用苦行的方法，能否到达快乐的目标一层；只就他们排除现有的真实之乐，已换取将来的不可摸捉之乐一点上立论，他们的愚蠢，已可想而知了。

若说在美丽之中，寻求快乐，当然比灭绝欲望，较为聪颖；但美丽有一舌头[①]，时候到了，她必须死亡。试问：天地间，还有比美丽的东西，更懦弱，更容易消灭的吗？时间是我们的友人，亦是我们的敌人；它是我们的友人，因它能供给智慧，它是我们的敌人，因它能给予死亡。试问：天地间还有比美丽之花的凋谢，与美丽之身多变形，更难忍受，更难愿恕的吗？但事实如此，又有什么办法呢？

无已，则求之与艺术品。艺术家所创造的美，虽比不上自然多美，但能给美以一种永久性。我们可于阿弗罗提女神（Aphrodite）的雕像中，永远欣赏美妙的手腕与姿态；又可于柯罗（Corot）与都纳（Turner）的壁画中，永远欣赏着美的春色，夏日，及其他自然的景色；就中尤以雕刻之物最有价值，因它在大理石中，雕铸人像，其耐久性，与大理石同，其柔滑性，又与人体同。可是它的皮肤，是冷酷的，即此冷酷，使我们的心理，不觉满足。艺术品的时间，虽可持久，但不具生命；阿弗罗提的像，虽则美丽，但不能恋爱我们，即连一刹那间的恋爱，亦不能办到。况且时间的大力，亦可减退大理石的颜色，并毁伤雕像的原型哩！

---

① 原文如此。——编者注

唯独科学的心灵，似较穿戴皇冠，或护卫皇冠的人，更为镇静。我们相信，在忙碌的实验室中，必有一种难言的快慰与镇静，必有一种因为离去真理不远，可与恋人在美的对象面前时，其所发生的热情与激动，互相比拟的快慰。可是科学的另一方面，是杀害与流血的刽子手，是各种战斗器具的发明者与制造者，让我们谨防着它吧！

至于说到财富，不常是“无辜”的，仅有许多地方，铜绿的毒气太重，必须用慈善事业的刷帚，洗刷一回。何况生命是短促的，普通一个人，欲于一生之内，既获财富，又得智识，是不可能的；欲自二者之中，任择其一，更属非常困难，因任何一面，均包涵[1]着悲哀的泪痕；我们只能说：一个具有智慧的人，同时，又有财富，方是大乐，但这是多困难的事！

究有什么鬼怪，在那里作祟，致使我们人类，永得不着真正的快乐呢？

（二）

亦许这是我们自己的过失，我们不明白自己所寻求着的东西，是如何性质。试问：究竟什么是快乐呢？

伊比鸠鲁的话不错，吾人到快乐，以“官觉之乐”（Pleasure），作为基础。快乐与“官觉之乐”的关系，是全体与部分的关系：快乐犹如一曲交响乐，而吾人的“官觉之乐”，乃是它的音符与段落。为欲探讨快乐的秘密，且让我们研究快乐的部分，既“官觉之乐”，以视其渊源与性质，究属如何。

第一，“官觉之乐”，乃由两种历程集合而成：其一，为吾人身体上的变动；其二，为吾人的心对于此身体上的变动之自觉。血液的循环增快一些，致使双睛之中发出新的光彩。据娄蛮洪（Lehmann）的试验，一切“官觉之乐”，皆使动脉澎涨[2]，心房的跳动增速；又使呼吸的速度增加，以促进身体中的热度，与组织中营养力与生活力的输送。

---

① 即包含，原文如此。——编者注

② 澎涨，亦作“澎胀”，高涨、扩大的意思。——编者注

其在腺的方面，又用多量汁液，注入胰液，向欢呼，嘻笑，与歌唱等方面，发泄它的势能。即此之故，所以罕弗来达维（Sir H. Davy），当其发现钾的原质时，不禁喜乐之余，舞于实验室中；亦即此故，所以嘻笑对于健康有益。诸如这些机官与腺液的变迁，凭神经的作用，传入大脑，遂组成吾人快乐的主体。

其次，“官觉之乐”，常伴同吾人所称为意欲的动作，但非意欲的动作的原因。最初时候，我们并不因为此物足矣取悦我们，是深深伏在社会或个人的需要中的。我们先有本能，迄后，此本能与我们的记忆混合，同时，我们的智识，又一天一天地增加，致使本非意欲的动作的原因底“官觉之乐”，亦可凭住记忆作用，重被唤起，作为现在的欲望的发动者。但此是学习的部分，追根究底，仍当归因于本能的欲求。所以总括一句：凡是快乐的动作，必是快乐的动作，必是合于本能的欲求底[1]动作；而“官觉之乐”，乃是合乎本能的欲求的动作底一种附属物。

以上说明“官觉之乐”的心理的性质，至于它在生理方面的意义，据斯宾塞说：“痛苦乃是对于机体有害的动作的关联物，而快乐乃是对于机体的幸福有利的动作的关联物。”此语虽嫌概括，但就全体立论，极为有用。就一般而言，普通的生物，类皆率循本能，排斥一切可以妨碍或损害机体的行为。一个严重的困难即有些动作，每足杀害机体，在机体本身，亦公然知之，但仍趋之若鹜，例如雄蜘蛛于交合之际，常被雌蜘蛛吞食，为何他总喜欢交合呢？此其故，因生殖是死亡的前幕，为欲生殖，不得不死亡，而生殖的结果，可以抵偿死亡绰绰有余。因此，我们可以补幸福有益。我们的本能，不必完全憎恶死亡，有时候，个体为国家而死，反而觉得非常甜蜜的！

总之，“官觉之乐”，乃是一种动作的附属物，对于个人，国家，或种族，具有竞存的价值，其主要部分，是个体对于成功的本能所发生的有机的反响；而快乐，乃是诸多“官觉之乐”的大和谐或交响乐。我们可于任何自然的动作中，发现它，并于自己的心灵内诸多协调的本能动作中，发现它。

---

① 底，在白话文中表达领属关系，今多作“的”。——编者注

(三)

假如上面的话不错，组成快乐的“官觉之乐”，确是本能的动作的附属物，那我们第一，应当在原始的冲动，——即食物的冲动中，发见最基本的与最简单的快乐。梅脱罗佗拉（Metrodorus）的话不错：“一切善良的事，皆与脏胃发生关系。”假如我们依据各人而上所镌刻着快乐，而来评判一人，那他的饭餐时间，即是他最快乐的时间。有一个兵士，曾如此说：我们皆用自己的生命，供一道菜，我们很可从它里面，体认食物时的快乐。

其次，当战斗的本能，激烈活动之际，我们亦可得着无上的快乐。正像尼采所说：亦许愤怒即是“健全的精神活动”。我们如此爱好它，所以每一句热烈的话，每一次沉痛的打击，它们本身，即是第二次动作的坚强理由。傲慢的事情，正如其他事情一样，一方面，是一桩罪恶，吞噬，又是一善德。它能发生能力，给予手臂，又发出自信之心，给予灵魂。没有一个天才家，可以缺少了它，而完成天才的工作。至于好战之心，更为统治的主要素质，许多健壮的心，皆可于，辄相率远避，与之绝缘。为此之故，所以我们于前进的动作中所发见的快乐，更多于后退的动作；于好奇中所发见的，更多于持重；于傲慢中所发见的，更多于怯弱；于战斗中所发见的，更多于逃避；于征胜中所发见的，更多于被征服。

又次，我们又可于剧烈的动作中，发见快乐。我们初听高尚的音乐，极为喜欢，但不久之后，即生厌倦；我们初听精巧的无线电话，欢呼喜跃[①]，但不久之后，即望其能变迁；我们为何发生厌倦，为何希望其能变迁呢？唯一的原因，即因快乐爱好活动，在受动的欣赏中，并无真正快乐之可言。试看那班击球与游泳的青年，他们的姿势，多么柔软！他们的动作多么包涵[②]诗意！他们的肩坎，多么光彩！他们的膝骨，多么软滑！他们的眼珠，多么伶俐！这一切共同组成身体与心

① 即喜悦，原文如此。——编者注
② 即包含，原文如此。——编者注

灵间的谐和，身与心的和谐，这是快乐的先决条件。

须知真正的快乐，并不系于思想，却系于动作。思想是人为的，是非自然的，非自然的东西，难使永远感觉满足。假如所有的哲学家，皆极苦闷，那必因为他们将过多的时间，用于静坐。姑让他们出去活动，与光天化日，重敦友谊。须知悲观主义，并非哲学，乃是一种疾病。只因某部分的感官，遭受疾病，遂以为宇宙全体，皆极难受，于是悲观的思想形成了。政治悲观的方法，不是任何辩驳，乃是一贴动作的泻剂。

上述三种本能，即求食，战争，动作三者，皆偏于个人方面，如让它单独发展，必失去快乐的最重要的元素。须知快乐不是孤独性的，如能与人相共，则所得亏啊了，必可倍于孤独之时。就中尤以爱的本能，包括群的元素最多，尤为快乐的渊源所在。据叔本华说：爱是个体对于种族的牺牲，但在我们看来，这是最光荣的牺牲，我们可以从它里面获得巨大的报偿。我们在上面已经说过，吾人之快乐，系于本能之上，我们在这里，应补充说一句，吾人之快乐，特别系于爱的本能之上。爱是我们所知道的热情中最坚强的一种，能使我们以沉痛的情调，感受无上的慰藉。莎士比亚的畔隆（Birow）说：“我现在恋爱期，我相信，恋爱使我入于苦闷。”我们相信此苦闷，实在任何其他境内所不能求获的苦闷。可惜在叔本华的经典内，没有提起这一层。

我们相信唯独爱人与受人爱的人，方能得到真正的快乐，唯独爱，方式快乐的主要源泉。躲避在狂乐的黑影之下的疑虑，非独不能损伤爱，且能增加爱的热度，犹如和谐的音韵，与无秩序的间断，有时，且可增加乐曲的伟大与雄壮。假如恋爱的时期，倏忽即过，使我们无限感伤，那我们只有谴责自己，不能归咎恋爱；因为我们的愚笨的灵魂，怎能盼望美妙的曲，永远演奏而无停止之一日呢？我们应当感激，因为恋爱的狂情，虽甚暂瞬，但总降临一次。假如恋爱之火，转瞬即灭，那只怪你自己，不为恋爱之事，偿付代价；不曾在摇篮旁边，看护婴儿，看他如何疾病，如何生长，唯此，方能使恋爱之焰，重获生命。

已而中年来到，我们的快乐，亦集中在父母性的本能中。我们的孩子，表示两重意义：其一，为形而上学的生命之持续；其二，为我们自己的自然作用之完成。要之，其能给予快乐，则又莫不相同。我们明白，生命的主要目的，在能偿付婴儿的债，而人生的最大快乐，亦即系于此婴儿的债务之偿付中。试想：我们居然做了父母，万一从此死去，生命可不中断，这是如何大的快慰！拿破仑会有许多机会，可以享乐，但他最快乐的时候，据他自己说，是当他枕在约瑟妃（Josephne）的手中，以及用甜蜜的糖浆，喂饲罗马王的时候。正唯其如此，所以每一贫苦的工人，可于自己的家庭之内，发见无上的快乐。须知真正的快乐，并不系于外面的经济关系，却系于旧式的与平凡的家庭环境之中，——产生一婴儿，逐渐逐渐地，看他生长，看他在微笑的面庞上，现出可爱的酒窝。无关人类的快乐，不单在富贵的望族内，可以见之，即在贫苦与简单的家庭内，亦同样的喧嚷着。

（四）

所以我们必得承认，真正的快乐，并不系于任何哲学，却系于真实的实际生活；并不系于巍峨的藏书楼与修道院，却系于自然的与原始的本能之完成与协调。快乐是无意识的状态，只当我们自在自如的时候，方始来到，一经分晰[①]，立即消灭，因为分晰之事，是人为的，是不合与自然的原则的。既如此，所以理智对于快乐，如有些微助益，那它绝不是快乐的主源，只是作成协调作用的中间人，只是一种工具，可用以唤出欲望的大和谐；然而这是必须的工具，因为假如我们的欲望，我们的本能，互相冲突，或竟致于互相崩溃，那虽完成了他们，亦有何义意呢？

这是任何人皆当学习的真理：虽则思维之事，不甚容易，但每个人，总须向他请命，以期获得思想的艺术。我们每一个人，必须把自己的欲望，排成有纪律的塔形，毋使次要的欲望，居于首位，以妨碍首要的欲望的发展。唯此，方能佐助我们，获得宇宙的总见地，并在

---

① 分晰，分辨清楚，下文同。——编者注

它里面，体认一切点真善美。那时，我们真能辨识事物，把小的看为小的，把大的看为大的，如此，是非善恶，方不致混淆了。有时，我们的计划，虽未即刻实现，但我们的心境，并不因而沮丧，因为我们明白，我们的欲望，只是组成宇宙的大冲动中最微渺的一个。

何况我们的一生，免不了苦难，而且在相当意义之下，只有苦难，是真实的。我们希望一生的苦难，不为前进的快乐之累，那我们更需要理智的指导，唯独它的智慧，可使我们免除无谓的苦痛。例如：这里是不幸，但理智说，它的里面，藏有快乐，且进去研究一下。你病了吗？好，你不是太胖了吗？疾病之后，将使你恢复婀娜的姿态。你被那美人拒绝，因而失恋了吗？且看她的美丽，即将消失，她的命运，即将陷入骄傲者与善辞令者之手，因而失去终生的幸福。你在投资中失败了吗？这是一笔学费，偿付学费，岂不十分正当的吗？你试回忆前次所得的利益，即知次次失败，不该十分抱怨；既名之曰投资，那有完全成功的道理的呢？试回想过去，有多少善事，皆藏在恶的包裹里面！

在聪明的人看来，一切事情，皆属特殊恩赐，因他们能于每次环境的转变中，发见一定的善，一定的用处。聪明的人，非独在不幸之中求获善意，且知感激佳遇，不稍放松。愚鲁的人，只知抱怨失望，及至佳运到来，反以为理该如此，从未表示感激。使有某种佳运降临尔身，尔当每日回忆，不稍疏忽，且当高声述说谢意，务使你的耳朵，听见愉悦的颂声，因而加倍快乐。试想：你的一生，干犯多少罪恶，但此世界，并未责罚你；试想：你的愚鲁，在在皆可毁身败家，但此社会，并不利用此机会，毁坏你的身誉；计算你的错误与过失，看此世界，是否待亏了你？正像卡莱尔所说的，亦许你的罪恶，要遭凌迟，但你只受了枪毙，岂非天大幸事！

毋向此宇宙要求过分，尚有其他要求，将与你的要求发生冲突。你只是全体中的一员，尚有其他诸员，盼望你能记住他们。要求过多，你将毫无所得；叩门过季，门将不为你开；寻找过速，你将不见什么。不要用杜撰的名词，呼唤宇宙，因它有其他的计划，要待完成。常用蔼茨克（Az-tec）[1] 待祭司对初生婴儿所说的话，对你自己说：“你既降生在此苦难的世界，忍受着保持一己的和平。”假如我们不把苦闷之

---

① 今译“阿兹特克”，14—16世纪时期墨西哥古文明。——编者注

声，喊得太高，那不久之后，即将不听见苦闷了。

栽培一个花园，切勿将你的快乐，放在悠远的境域内；你能做什么，即做什么，做完这些之后，方做较大的事。快乐并无地域性的。假如你在此处，不觉快乐，休想在旅行中，得着快乐。近代的心灵，任凭到什么地方，任凭作什么事，皆不觉快乐，却以为新奇的地方，必较可爱，新奇的事功，必容易做。须知道只是浪漫的迷梦，一俟警醒，将坠入不可言喻的苦闷中。须知悲观主义，只是浪漫主义的反面，只是幻想之夜的清晨。

如游戏是孩年的至乐，恋爱是青年的旨酒，那末，智慧必是老年的慰借。假如你于老年之时，欲得快乐，应模仿沙罗门，每天学些新的智识。教育不是一件事功，乃是终生的快乐，是与过去的伟人求相接近，又是用坦荡的神情，蹈入可爱的智慧的境界。假如年轻之时，我们与美人恋爱，因而获得快乐，那末年长之后，我们应当与天才之士，结为朋友。近百的哲学家，专在心灵之国，等候我们；近百的诗人，在那里吟咏；近百的艺术家，在那里雕塑，绘画；政治家，在那里研究重大的事情；圣者，在那里呼吁天国；聪明的教师，在那里传述永久的光明；美丽的妇人，在那里创造事功，但她们的美丽，并不因伟大而受折损。这是如何大的礼物！此理想的黄金国，把门开着，吩咐我们进去享受。

让我们进去，只须洁净我们的心灵，洗涤我们的脏胃，那班伟大的群众，必会欢迎我们，并将他们的智慧，毫不吝惜地施给我们。一俟我丢弃卑鄙之心，蓄意爱护真理之时，我们即有资格作亚里斯多德、培根、基督与尼采等人的信徒了。我们不能住入此天才的世界，——除非我们的本性，稍改善些。在那里，我们虽不能发现青春的销魂与狂悦，但将认识永久的与文雅的快乐，——一种深刻与伟大的快乐。任何时间，不能劫夺我们，除非时间的大力，毁灭一切！

让孩子们游玩，他们的噪声，隐示着永生的乐曲；让青年人恋爱，我们不必拘束他们。在我们的心里，亦正嘻笑游乐着；在我们的唇边，亦正热烈狂吻着。赖着智慧，我们超越了任何时间；任何快乐，皆当为我们所有。将来孩子们疲乏了，青年们忧郁了，我们将举出双臂，抱围他们，吩咐他们进入天国，坐在柏拉图的足前。

（原文刊载于《青年进步》1931 年第 145 期，第 1—13 页）

第五部分

哲学研究

三种文化发源说的研究与批判

引　言

文化为人类的产物，因人类而创造。人类居此世界，不绝地与环境奋斗：凶恶的野兽，必铲除之；极端的气候，必调节之；泛滥的洪水，必治平之；难得的食物，必栽培之，奋斗愈久，手段愈敏，经验愈富，对付的方法，愈益完善，文化的程度，亦愈益进步，文化无他，特“人类的生活方式”而已。故文化之发生，导源于人类一层，那是毫无问题的；我们所认为问题者，乃人类的文化，究竟是怎样创造出来的呢？是一次创造的，还是经过多次的演化而才到如今的地步呢？是一处创造的，还是汇集各处的文化而才有如今的内容呢？抑尚有其他方面，可以求个正确的答案否？此为吾人所急欲了解的问题；而当吾人研究新二旧大陆的文化状况时，此种问题，更有急切解答的必要.

新旧二大陆之间，重洋间隔，过往甚难，自地理环境方面立论，二者漠不相关；然自文化方面观察出去，情形就不同了。二地的生活方式，颇多相似之处，凡旧大陆所有的东西，新大陆内，皆可发现：以言器物，新大陆的器物亦自石器开端进而为紫铜器，又进为青铜器，唯尚不到铁器时代时，科伦布[①]已发现美洲，此后交通频繁，主要的器物，皆自欧洲传播过去，故不能称之曰单独的进化，若科伦布发现新大陆的日期，延迟数世纪，任凭彼地土著，自由演进，安知新大陆的文化，不亦从铜器时代演进到铁器时代，到铜器时代，而与旧大陆的文化所经过的“阶段”，如同一个长串，前后互相贯通呢？以言纺绩，

① 即哥伦布，下文同。——编者注

新大陆之方法，亦与旧大陆相似，顺着次序，始于简单的挂机（Simple Suspended Wearing[①]），继而发明横木机杼（Bar Lcom），终于发明纺织的织机；以言文字，亦初为象形字，继有拼音字（Phonetic Writing），唯于“字母制度”的新阶段（Alphabetic Stage），[②] 尚未发明；以言建筑，亦初有茅舍，继有房屋，终于建立寺院一类的东西；以言军火，军用器具，又皆不外棒，火，刀，箭等物，其中虽有出入，无关大体；若言数字，“零的制度”（Zero System），亦经发明，类此之事，更仆难尽，最希奇者，墨西哥秘鲁二古国内，曾有“城市国家”发现，若把此种古物，过细研究，即知“城市国家”，亦多根据政治与经济的原因而发生，开后世市镇制度之先声；是新大陆的经济组织，又与旧大陆的经济组织相同的了。

如上所说，新旧二大陆的交通，直到科伦布发现美洲以后，方始频繁，前此之时，罕有往来，两地人民，各据一处，自由发展，其结果，遂产生文化的东西；这一层，并不希罕[③]，各人既有创造文化的才具，遇到刺激，触动机心，各式各样的生活方式，自然络续[④]产生出来了。所希罕者，何以两地的文化，竟至如此相似的程度呢？这是一个最重要的问题，又即是困难的问题，自来解释之说，共有三种：一曰“单独发明说”（The Theory of Independent Origin）；二曰“传播说”（The Theory of Diffusion）；三曰“辐合说”[⑤]（The theory of Convergency）；各有理由，各有证据，谁是谁非，颇难论定。即此一点，亦可体验学说的困难处了。

单独发明说

新旧二大陆的文化，为什么如此相似的呢？主张“单独发明说”

① 原文为 Weaaing。——编者注

② 原文逗号位置。——编者注

③ 即稀罕，下文同。——编者注

④ 即陆续。——编者注

⑤ “美国人类学之父”鲍亚士提出的“辐合趋同”概念，指原先不相同的民族文化逐步变得相近或相似的过程。——编者注

者说，此吾之证据也，天下事之最自然者，莫过于此，有希罕者，实因少见多怪，难免“蜀犬吠日”之讥。原来他们承认各种人类的心理或天赋才具，根本相同，所以处于同一环境之内，各种人类，在文化的发展上，必定互相一致的？例如人有食物的需要，即会创造食物的文化；人有衣服的需要，即会创造衣服的文化；人有房屋的需要，即会创造房屋的文化；我们若把全人类的文化，作一归纳的研究，任凭你所举的例子，是极原始的文化，或极文明的文化，他们的差别，只有程度上的差别，而无性质上的差别，所以然者，即因人类的天性，根本相同之故。人的天性，既根本相同，所以当人类的进化，到了某个“阶段时”，即会有某种文化发生，而此所发生的文化，可以绝对不受时间与空间性限制的。为此之故，所以当新旧二大陆的人民感觉器物的需要的时候，即会不约而同的造出各式各样的器具来；又因他们的程度有高下之不同，所以到一四九二年科伦布发现新大陆时，美洲人民，尚居于铜器时代，而欧洲人民，已入于铁器时代了。器物如此，他物亦然，故“单独发明”之说，实可解释上面所叙述的文化现象的。

进而言之，若就被创造的东西方面立论，此理益觉圆满，原来人类的创造，有一个普通的限制，亦可名曰“限制的可能”（Limited Possibility），因此“限制的可能”的缘故，人类的创造，更有一致的倾向。例如衣食二事，人类皆有衣食的需要，这是关于人性的事，再看自然界所以供给我们的衣食的原料，极有限制，就衣而言，鸟兽的皮毛，当然是头等原料，除此之外，植物的纤维，亦可织成衣服，除此二者以外，纤维物亦是一个重大的发现，而衣料的可用性，亦就限于此三种；人类既欲衣而可衣的原料，又极有限制无怪人类的衣服，每多类同的了。再就食物而言，可食的东西；离较衣服的原料，种类繁多，但大体观之，亦有一个共同的限制，表现在外，所以人类的食料，亦多有一致的倾向了。推此以言新旧二大陆的文化状况，二地人民，皆欲创制器具，以征服野兽，以保卫同族；可以制作器具的原料，当求其坚硬锐利，易于伤人者为贵，而他们面前的尖角石片，即是一种天然的战具，平时用以斩截什物，战时用以杀害仇敌，一举两得，无不乐而用之，于是人类的文化，即进于石器的“阶段”。后来，偶然之间，发现石屑之中，有一种铜质的碎片，不易腐蚀，不易破裂，而其颜色，又较石片美丽得多，趋势所致，自然抛弃石器，采用铜器了：于是文化的阶段，亦自石器时代升至铜器时代，推至其他各种文物，亦多因为“可能的限制”的影响，而进于十分相似的境界，然则二大陆的文化之相似，不是一个极自然的现象吗？况二地之间，重洋险阻，传播之事，绝未所闻，唯一的解释，即是“单独发明”的学说了。

平心而论，“单独发明”的学理，切合情理，头头是道，对于解释文化现象之事，不无伟大贡献；可是他的价值，限于理论，无实际的事物，可作佐证，他们只能说某某二地之间，重洋间隔，山岭险阻，交通之事，绝对难能模仿之事，更无从说起，设此二地之文化，互相类似，且其类似之程度甚深，其必为“单独发明”的结果明矣。然使有人用小孩子每事好问的态度，张开二只圆而且大的眼睛，伸出手来，向他们搜索证据，他们即无以对付，换言之，他们只能从反面立论，证明某某二物之非出于“单独发明”不可，却不能坦荡荡的从事实上举出具体的证据来，他们的缺陷，即在于此。故若有人能用客观的态度，从事实上举出正确的证据，反驳他们，他们只好像学校内的顽童，遇着先生在教室内查问功课的时候，低下头去，呆呆立着，而不知如何措置问题的答案了。“单独发明说”之所以要被“传播说”在多面屈服者，就只为了他们缺乏肯定的证据的缘故。

传播说

“传播说”之昌明，在“单独发明说”之后，其立论处处与“单独发明说”相反。“单独发明说”解释相似的文化现象，谓每种文化之产出，不定限于一次，只要两地的环境不其悬殊，两地的问题大致相同，激于自然之反响，人类即会产生相似的文化，故相似的文化，尽可不约而同的在数个不同的时期与地域内产生的；他们所相信的，是文化的多元论，反之“传播说”者主张文化的一元论，承认每种文化，只能一次产生，决不能二次以上，产出完全相同的文化来的，若遇两地文化相似，其必为传播之结果无疑；人类学者的责任，只在于搜求充分的证据而已。他们的学派，现时非常流行，“单独发明”之说，几于全被屈伏①，考查他们所以能够屈伏“单独发明说”的理由，不外下列四端：

第一，近年以来，科学昌明，交通器具，非常发达，地球的面积，无形缩小许多，向者漠不相干的民族，今则互相往来，如一家人，人之所至，文化随之，新发明的文物，可于数小时内，传偏全世界，从此以后，文化不再是一国或一民族的私物，乃变成全世界公共的产业了；传播的现象，可称普遍极了。别的不讲，只就火车一例而言，火车之传播，无微不至，凡文明国皆知建筑铁路，以利运输，不知火车之特征者，仅盘踞地面极少数之原始民族而已。考火车之发明，导原英岛，其他民族，皆自英国人民的手中，学习过去；此所谓学习，即是模仿，即是传播，亦即是“传播说”最坚强的证据。近世民族以模仿著名，当推日本为第一，日本人原有的文化，从亚洲方面传去，故为亚洲的“边缘文化”（Marginal Culture）。后来，他们和美国接触，觉得美国文化，胜人一筹，不愧为先进国的文化，于是有一部分人，立即开始模仿，最初的时候，模仿机械实物，渐次，及于，抽象的观念和理论，越时不久，成绩惊人日本之后，中国继起，虽其成绩，不反日本，惟中国文化鹜趋于西洋化的一点，乃是不可磨灭的重大事实。推至其他物质文明较逊的国家，亦皆蓄意模仿，期望已国文化，有一日可与欧美先进国的文化，互相并峙，齐驱不下。凡此种种，皆为“传播派”最有力的证据，宜乎其说盛行当世，而非“单独发明说”所敢比拟的了。

进一步讲，近数年间，文化人类学（Cultural Anthropology）特别发达，一般学者，皆知沿用考古学的方法，博考古迹，寻求原委，发现许多东西，皆自一个中心点传播出来，传播的时代及其途径，历历可微；于是“传播”之说，益觉理由充足，证据充实了。举一个例，吸烟的习惯，现时非常流行，全世界人，几皆有吸烟经验，至少，他必看过他人吸烟；然试考查吸烟的故事之来源，皆罔无所知。不知吸烟之事，发源美洲中部，彼地土人，生活较易，闲暇无事，辄抽烟取乐，所抽之烟，略作卷烟状；稍进乃用空心芦管，一端装烟，一饔抽吸，

① 原文如此，即屈服，下文同。——编者注

烟来迟匀，更饶兴趣，实开后世烟斗烟竿之先声。少进：乃用竹管代替芦管，取其经久耐用，不易燃烧之故，竹管一端，装斗形之物，堆烟其上，仰天抽吸，手续简单，趣味增加；唯有一个缺点，仍需设法补救，原来烟斗装置竿端，抽烟之时，斗须向天，与人口成九十度直角，方始烟叶不致丢下，这是多么不方便的事啊！需要所致，改革随之，忽有人想到若把斗形之物，装置竿上，俾与竿垂直！则抽烟之时，虽平放烟竿，斗中烟叶，亦不会落下来了。一人创之，百人和之，现代人所用的烟具，终于经过长串改革的历史，而后发明出来了。此为烟斗的故事之大概，我们应当特别注意的，上面的故事，决非[①]一个部落所能单独作成功的，凡吸烟的习惯所到的地方，彼地居民，各因所宜，略加修改，修改的地方，虽不十分显著，但集合起来，即大有可观了。至其传播方向，概以美洲中部为主中心，自此出发，传遍南北美洲，后又传至东西二部，于是吸烟的习惯，传偏[②]新大陆，但与旧大陆的人民，尚未发生关系：其与旧大陆人民所发生的关系，当始于科伦布发现新大陆之后，首由西班牙人把此习惯传到欧洲，行不几时，传遍全欧时，亚拉伯人与欧人通商频繁，无意之中，又把此习惯传到亚洲非洲，再由之传到澳洲，于是吸烟的习惯，风行全世界了。此为一个最显著的传播事实，个中经过，历历可考，“单独发明论”者虽欲反转面孔，硬说吸烟习惯由各地土著单独发明，亦无人相信的了。故考古学与文化人类学二者，大足为传播之说张目。

若自文化的分布状况立论，每有许多场合，只有“传播说”的理论，讲得过去，“单独发明说”的理论，皆不可通，此为“传播说”胜过“单独发明说”之另一要点。姑举一例，说明此理：成语(Proverbs)的特征，几于传遍全个旧大陆，自极野蛮的西部阿非利加民族起，直到欧洲各文明国，皆知沿用浅近的与具体的成语，表明一个极深刻而又非常难解的思想，且其内容，亦多类似之处。“单独发明论”者遇着这样一个现象，也许可以立刻造成一个臆说，谓欧洲的白人，非洲的尼格罗人，同为人类，同有创造成语的可能，他们观察事物，尝觉极微小的与极平易的事理，可以解释极高深的与极难解的事

① 即绝非，原文如此。——编者注

② 即遍。——编者注

理，于是本其天赋才具，造成种种简短语句，传播民间，以喻真理；成语的创造，实为进化史上一个“阶段”，他们的臆说，似乎是非常圆满的了，而他们所能解释的，亦只限于此，岂知成语的特征，在旧大陆中，固然传播普遍，而于新大陆内，则绝无所闻，原始的印提安民族中，固无论矣，即在文化程度极高的玛琅①（Mayas）民族中，亦未之有闻；若谓玛琅民族，尚未进化到创造成语的“阶段”，则阿非利加西部的土人，他的文化程度，远在玛琅民族之下，何以就发明了成语的特征呢？到了这里，“单独发明”论者，只好闭口无言了，于是“传播论”者，高举义旗，创出他们的臆说来。据他们说：原始民族，并无成语的特征，亦不知成语之为何物；后来，忽有一处，有个天才者，造成几句简单而含有真理的语句，同伴闻之，引为满意，相继传诵，成语的特征，就此传遍全部落。他族效之，传播的区域愈广，一传再传，终于传遍全个旧大陆了。可是新旧大陆之间，重洋间隔，交通断绝，偶有几次来往，或在成语尚未发明之前，或已发明而来往两大陆的人，尚未学会流传的成语，所以成语的特征，终于不能传到西半球去，而西半球的民族，亦终于不知成语之为何物了。成语的特征，只发现于旧大陆而不发现于新大陆，可知成语的特征，一定不是普遍的人性；亦决不是个个民族所能单独发明的。“单独发明说”既不能解说此个现象，自不能不乞灵于“传播说”了。推而至于其他一切类似的文化现象，我们认定的传播的学说，似乎更能解明事物的真相。

更有许多场合，两种文化，非常相似，而其内容，却非常琐屑，并无自然的系统，联贯②其间；以琐屑与不相干的事物，联在一处，组成一个文化特征（Culture trait）而其分布，却又非常广远，唯一的解释，只好承认“传播说”的学理了。因为若有人提出“单独发明说”的学产来，当头的难关，即是这许多不相干的琐屑事物，何以如此凑巧而能在许多地方互相凑合而组成一个“文化特征”呢？即此一个问题，尽能压到“单独发明说”的学产而有余了。如举一例，更可明白得多，世界民族的传说中，有一个名曰“魔法的逃险”（Magic Flight）的故事，依据这个故事，有次，有个英雄，被一只极凶猛的野兽追随

① 即玛雅人。——编者注

② 连接贯通之意。——编者注

着，英雄的手中，拿着三个宝物；第一件宝物，是块砺石；第二件宝物，是个木梳，第三物宝物，是一瓶液汁。英雄将被猛兽追着了，就把第一宝物掷去，一砺石，立刻变成一座高山；过了些时，又将被猛兽捉住了，遂把第二件宝物掷去，一个木梳，立刻变成了一座森林；过了些时，猛兽又赶上来了，英雄没法，只得把第三件宝物一并掷去，一瓶汁，立刻变成汪洋大海，猛兽虽厉，亦不能跳过那个海，所以那个英雄，终于脱离危险。这个故事，传播甚广，除南美洲外，几于全世界内，皆有类此的传说听闻。所说的宝物，虽有三个四个五个之不同，而最少的限度，则为三个，即比一点，我们认为非常重要。如果这个传说中，只说及一件宝物，或单说砺石变为高山，或单说木梳变为森林，或单说液汁变为海洋，我们皆可用初民的迷信心理解释之，原始民族，智识未开，此种传说，根据魔术的心理而发生，固无足怪，且可深信他们是单独发明的。如今的故事中，偏有三件宝物，而此三件宝物，若砺石，若木梳，若液汁，根本不甚相连，三者之间，并无自然的系统可言，今强连在一处，而谓这个传说，可以根据相信魔术的原始心理，在全个地球上，不约而同的同时发生，这大概是不可能的一回事啊！换言之，“传播论”的解释，实较为合理而切近事实。

然而“传播说”决不是万能的理论，有时候，他的应用，亦要走入穷途的。不说别的，只就第一项内所举的新旧二大陆间的文化状况论之，“传播论”者，就走入绝境了。依据“传播论”者说，新大陆的文化，必是从旧大陆中传播过去，否则，两地的文化，决不至如此相似，即相似矣，其相似程度，亦决不至如此之深，这是他们当然的解释。我们姑且承认他们的假定是不错的，那末，传播的程序，必先定好的了；若不预先规定，何以石器之后，恰巧传入紫铜器，紫铜器之后，又把青铜器传去，个中程序，不迟不早，不先不后，恰恰凑巧呢？姑如所言，传播的程序，确是预先规定好的，那末，青铜器后，应该传入铁器，铁器的用处，较其他器物为广，其他器物，既有人传去，铁器特征，更应广为介绍；可是新大陆内，只有石器铜器，而无铁器发现，是预先规划好的传播学说，此处不能成立了。况在事实上，当科伦布未发现美洲之前，二大陆的交通，全可怀疑，故益知规划的传播说之非为事实。于是“传播派”人，退让一步谓此种传播，出于偶然，亦许航海之人，中途遇险，随风飘荡，流归美土，一时不能归来，即在美土住着，旧大陆的文化，亦因之传入美洲，如此说法，未免牵强附会，不近人情了。此为人类学上最难解答的地方，亦即“传播学说”道尽途穷的地方。

就近事而言，中国与印度的交通，据可靠的考证，始于汉代，秦以前，纪无交通的形迹遗留下来，既无交通，自无传播的机会可言了，而中国老子的思想，为何与印度的虚无思想，其相似程度，有如此之深呢？同理。我们既不能证明中国当战国之时，已与希腊相交通，为何中国出了一班如惠施公孙龙及其他别墨的诡辩派，而希腊的圣者（Sophists），亦在差不多的时期内，发生诡辩的哲学呢？此又为“传播说”辞穷之处。故“传播说”决非放诸四海推诸百世，而皆可以应用的“万应膏”。

辐合说

为欲补充“单独发明说”之不足，而其立论，处处与“传播说”为难，然在事实上，偏又与传播说大致相同的“辐合说”（The Theory of Convergence），遂继二说之后，另树一帜，出来解决文化上的复杂现象了。

文化这个东西，是具有持续性与累积性的，一切复杂的与高明的文化现象，皆自简单的浅近的事例中推演出来，个中情形，宛如雪地滚球，逐渐堆积，愈滚愈大，明乎此，“辐合说”的立脚点，即有一个着落处了。从大体上观去，“辐合”之说，专为“传播说”而发，是对着“传播说”宣战的一封挑战书，“传播论”派痛斥“单独发明说”之谬误，谓相似的文化现象，决不能在数个不同的时期与地域内，重复发明的，于是从各方面寻出数个证据，证明“单独发明说”不能成立；“单独发明说”既不能成立，则非单独发明的“传播说”，当然义不容辞，俨然处于正统派的地位了。其极，则凡遇相似的文化状况，必曰，此为传弊之结果，若过细考查，必可求出他的发源地点及传播时所遵循的途径来，为欲求出某物的发源地点及其传播途径，于是凭着主观，造出各式各样反乎常识的臆说来，武断之弊，在不可免；而

“辐合”之说，即在此种情境之下，高举义旗，大鸣不平。他们承认有许多文化现象，确非“单独发明说”所能解释的，但“单独发明”所不能解释的，未必“传播”之说，可以解释之；况有许多场合，骤然看去，似非“单独发明说”所能解明白，但过细研究，又觉非“单独发明说”去解释不可，类此诸事，我们又怎能用武断态度，把“单独发明说”的真价值，一笔抹煞了呢，他们——“辐合论”派——相信文化现象，皆自简单的原理中阐发出来，阐发之时，因为受着某种条件之影响，（说详下）能自数种不同的事物中，变出相同的东西来。举一个例，古物之中，有铜质之斧者，既发现于埃及，又发现于秘鲁，二者的形状，约如下式：（参阅（Clark Wissler：Man and Culture—06 页）

埃及之铜斧

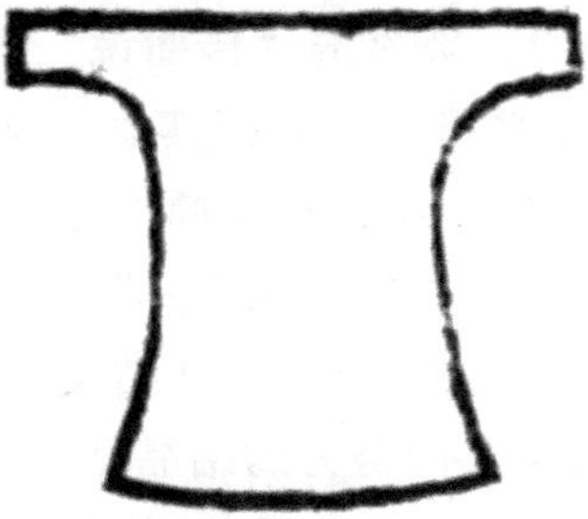

秘鲁之铜斧

二者之间，虽不无差异之点，可资识别，唯此差别，只有考古专家，方能鉴别，在一般人看去，二者不是完全相同的吗？其相似之深，可谓达于极度了。数年之前，曾有人注意此事，悉心研究，其结果，因为非美二洲之间，狂洋间隔，路途远，传播之事，必无可能，遂断定其为“单独发明”之结果。研究之人，且把埃及之斧与埃及地层中更古的铜质小斧，互相衔接，以为前者必自小斧中演化出来，证据确切，无庸[①]否认，然于秘鲁之斧之来源一层，一时无人研究。可是近数年来，忽有人自南美地层之中，发现一种石斧，他的形状，与秘鲁的铜斧，（即上面下图所示者）[②]，完全相似，又因石斧的年代，较铜斧为古，而其分布地域，又较铜斧为广，故可断定秘鲁之铜斧，必自南

① 即毋庸。——编者注

② 即上面右图。——编者注

美洲的石斧中蜕变出来的。埃及的铜斧与秘鲁的铜斧，虽极相似，惟其发源点，一自较小的铜斧上蜕变出来，一自相似的石斧中蜕变出来，形状不同，品质亦异；且其渊源所在，一在旧大陆，一在新大陆，更是南辕北辙，不可望即：但其结果，竟会产出完全相同的东西，而如上面图中所示的，不亦不可怪异的吗？说他是“单独发明”的吧？有几分相似，但不完全是“单独发明”，因为二者皆从他物身上蜕变出来。说他是“传播”得来的吧？亦有几分相像，但又不完全是“传播”得来，因为两陆之间，海洋险阻，实无“传播”之可能，此种似“传播”而又不是“传播”，似“单独发现”而又不是“单独发明”的文化现象，我们只好用“辐合说”的学理来解释了。

“辐合之说”，发明不久；所有证据，不能如何充足，惟比较起来，当推他最有希望，他的前途，较为光明。他以“单独发明说”为出发点，采取“单独发明说”中最精明的一段，来攻击“传播说”，又把“传播说”中的主点，采纳过来，所以他的学理，简直把其他二说，都采纳过来了。原来世界上的人类，皆自一处发源，其发源地点，据大多数人类学家说来，约在中亚细亚一带，那时候，人的环境，非常险恶，四面遇敌，措置艰难，人类群居一处，共同奋斗，其结果，遂产生各种文化，此为原始的文化，亦为全人类共同努力的结晶品，稍后，母土的物质环境，或因食物减少，或因气候旱酷，或因冰块侵蚀，或因地面爆裂，发生极大变动，不再宜于生活，人类如欲继续生活，非迁移新土不可，初民迁移，并无一定目的可言，有的向北走，有的向南行，又有向东西二方发展出去的。向北行的一派，因彼时亚洲北部，与美洲连成一块，故循格林兰一带地方，迁居美洲。人之所至，母地文化随之俱行，及至新地，驻扎下来，使用原有文化，与新环境奋斗，为此之故。新地文化，每为母地文化所牵制而莫能自由，亦唯此旧的文化之牵制，人类的文化，方可渐积渐进，向上发展。试观全人类的文化，每论其为极文明的文化，或极野蛮的文化，或古代的文化，或挽近的文化，综合归纳，不外下列九项：（参阅 Clark Wissler：Man and Culture，74 页）

1. 言语。

语言，文字等等。

2. 物质特征。

a 食物的习惯，

b 住宿，

c 运输与交通，

d 服装，

e 器械，工具等等，

f 战具，

g 职业与工业。

3. 艺术。

雕刻，绘画，刷漆，音乐等等。

4. 神话与科学智识。

5. 宗教行为。

a 礼拜，

b 医病，

c 丧葬。

6. 家庭与社会的制度。

a 婚姻方式，

b 传统方式，

c 承继问题，

d 社会制裁，

e 游戏与游艺。

7. 财产。

a 动产与不动产，

b 价值和交易的标准。

8. 政府。

a 政府的方式，

b 司法手续，

9. 战争。

此种根本相同的文化质素，在文化的人类学上，与以一个专门名词，称曰“普遍的模型”（Universal Pattern），盖为全世界人号文化的骨骼也；全世界人类的文化，皆建筑其上。考究此造成文化的骨骼的原因，亦当归根于最初的迁移事业上。人类既有此根本相同之点自母地传来，再加上人之本性，相差不远，各地环境，又多雷同，合此三因而创造文化，其创造出来的东西，理因相似的了。“辐合论”派以此为立足点，说明相似的文化特征，皆自简单的特征中蜕变出来，实为极自然的结论，无可否认。此种看重历史观念的学说，不可谓非“辐合说”胜过其他二说之处。

然此非谓“辐合”说必能解释万事万物也。吾人所处的社会，内容繁复，分子杂乱，每个分子，皆有一种特质，异于其他分子，故解释时，亦只能用特殊的原则，来解释特殊的事物，欲自其中求出一个普遍的原则，解释一切社会现象，实为非常难能之事。明此一层，则“辐合说”之不能解释一切文化现象，正如“传播说”或“单独发明说”之不能解释一切文化现象一样，三者皆有长处，亦各有其短处，我们当本近世批评的精神，批评得失，指陈优劣，使各学说毋陷于滞钝的与呆板的状态方可！

十七年五月一日

（原文刊载于《光华期刊》1928年，第3期，第1—10页）

整个的行为主义的研究及其批评

一、绪论

凡修过心理学学程或看过心理学书籍的人，大概都有读完一年模模糊糊不知所谓心理学者究是什么东西的经验。此其故，一方面固由于旧派心理学谈心谈灵谈意识，玄之又玄，不易使人摸着头脑；而在他方面，教授心理学的人，不能提纲挈领，把心理学的内容具体揭示出来，亦负着很大的责任。其实，所谓心理学者，概括论之，不外四大问题：第一为天赋行为的问题，第二为学习的问题，第三为适应新境的问题，第四为人格的问题。第一项所讨论者，到底人类是否具有遗传的行为，可供一切学习的基础？他的性质究竟如何？诸如本能、情绪等问题，皆可依附在内。有了此层知识以后，即可进而回答学习的问题。学习如何可能？为何有某种天赋行为以后，即可学习新的行为？学习所根据的原则是什么？到了第三项，即要研究人类如何应用既成习惯应付目前所发生的问题；说得含混点，如何应用经验，来解决问题；诸如知识、思想等等，皆可在此解决。末了，即要根据以前所讨论的局部知识，综合汇集，造成一个人格；换言之，促成人格的能力，究竟是什么？到了这里，全部心理学亦可告一结束。

二、天赋行为的问题

自从十八世纪下半期生物科学昌明以来，人类对于世界的看法，突然发生变动。以前的人，承认人是理智的动物；人的行为，皆受理智支配，皆为使用理智的结果；后来，生物学家研究动物的行为，发现蜂和蚁的行为，皆与人类相似，至少，在性质上，并无多大区别，人有理智，难道蜂和蚁亦有理智的吗？理智之说，实难可通。然而事实毕竟是事实，何以人类的行为不同于牲畜？而蜂和蚁的行为又不同于蜈蚣和蚯蚓呢？理智之说，既不能解释，必于理智之外，另求一个解释，于是本能的学说即应运而起。何以蜂能酿蜜？本能使然；何以蚁能结队作战？亦本能使然；本能的势力，愈弄愈大，始而行于低等动物，继而反于高等动物，终而及于人类的精神生活，变成心理学上最基本的观念，好像没有本能，人类心理学即写不下去了。天下事有正必有负，有盛必有衰，盛势既久，反动斯生，前三四年心理学界闹得最厉害的问题，即为反本能的问题；而行为论者即为反对本能最著名的代表。可是他们反对本能，只反对解释性的本能名词（Instinct as an explainatory[①] term），而于人类不学而能的行为，他们并不反对，所以华真承认（参阅华真《行为主义》第五讲。）：

> “人是一种动物，而有某种确定的构造。他有了那种构造，生下来，便不得不按确定的方法，反应刺激，（例如呼吸、心跳、喷嚏等等。）这一堆反应，在大体上，是人人之所同然。……我们称这一堆反应，为人之‘非学习的行为’。”

可是，

> “在这个比较简单的人类反应表中，没有一件与现在心理学者生物学者所谓‘本能’相当，所以我们认为没有本能，——我们从此便无应用这个名词之必要了。我们现今所称为本能的，大半都是教养的结果，——属于人之学习的行为。”

他们承认非学习的行为，全为构造的自然结果；人体如此构造，即不能不如此作用。例如人具消化器官，自口而内，经过口腔、食道、胃囊、小肠、大肠，直至肛门为止，此为人体的构造，人人之所同然。婴儿吮吸乳汁，流入口腔，激动涎腺，涎腺的构造，要他发生涎液，

---

① 即为 explanatory。——编者注

掺润乳汁；乳汁在口，直通食道，既已在口，必归食道，此为吞咽的作用，全为一个构造的关系；食道又与胃囊相连，故食道之乳，必须倾注胃囊，正与溪涧之水，必须流归河海一样，何以故，食道与胃囊间的构造如此，非如此作用不可；由此而小肠，而大肠，而渗透血液，皆为非学习的行为，皆为器官构造的必然结果。个中情形，宛如表的构造，可以计时，开足机条[①]，必要计时；又如不倒翁的构造，可使竖立，凡是如此构造的不倒翁，必可竖立不倒；我们既不因为表能计时，遂名计时为表的本能，又不因为不倒翁可以竖立，遂名竖立为不倒翁的本能，何以单单因为人有非学习的行为，遂名此非学习的行为为本能，使之包涵神秘的意义呢？换言之，他们只承认人有非学习的行为，而不承认人有与现代心理学者所谓“本能”相当的东西。

行为论者整天的在育婴室中观察数百儿童，从产生日起，至三十日止，有的竟至一年为止，他们所得关于非学习的行为的事实，约举之，则有喷嚏、呃噎、哭、举阳、小便、大便、眼动、笑、筋肉的反应、转头、抬头、手动、臂动、腿动及脚动、身躯、腿、脚指动作、哺啜反应、把握、瞥闪等等（参阅华真行为主义第六讲,）此是天赋的行为，有了此种天赋的行为作为根据，然后方好谈论学习的问题。

推而至于情绪方面，据行为论者说来，亦只是脏腑的行为罢了，并无什么神秘或了不得之处。既有复杂的脏腑行为，必有简单的脏腑行为作为基础，此之谓非学习的脏腑的行为。他们试验的结果，非学习的行为，计有（参阅谢循初译行为心理学大意五五至九五页）

1. 怕惧的行为模型——只有二种刺激，引起我们所称为怕惧的行为模型，一种是大声，一种是失恃；其公式为：

非学习的刺激，——引起非学习的反应。

大声失恃——怕惧。

2. 忿怒[②]的行为模型——轻轻捉住他的头，按住两臂，握住两足，不要过于粗暴，以引起楚痛，他的身体，立刻便挺直，啼哭，愈哭愈厉害，最后口完全张开，面孔变黑。其方式如下：

---

① 即发条。——编者注

② 即愤怒，下同。——编者注

非学习的刺激，——引起非学习的反应。

阻拦身体的运动，——忿怒。

3. 爱的行为模型——摸弄任何部分的皮肤，尤其是唇、面、胸口、生殖器，引起很大的变化；倘若婴儿在哭，哭便中止，发笑。其方式为：

非学习的刺激，——引起非学习的反应。

摸弄皮肤，——爱的表示。

有此三种非学习的脏腑行为基础，再加复杂的学习历程，即会变成许多复杂的情绪——复杂的脏腑的行为。假如 James，McDougall 这一班心理学家所列举的情绪是正确的，是实有其事的，那么，亦是学习的结果。至于如何学习？如何根据非学习的简单行为以引成复杂的行为？那是另一个问题，我们在下一项所讨论者，即为此点。

三、学习的问题，——学习如何可能？

行为主义的大领袖华真生平所最津津乐道者，厥为“谜中之鼠”(Rats in the maze)。华真以前，桑戴克氏曾于一九一一年刊《行动物的智慧》一书，所作试验，置障碍物于动物（普通皆用猫）与食物之间，食物之香味颜色，笼中之猫可望而不可即，于是开始蛮动，思欲脱笼，以就食物。蛮动至久，无所结果，后来忽然间，以鼻攻门，夺门而出。第二次被关禁时，虽亦蛮动些时，然不如第一次之甚；到了第三次，成绩益佳，所作蛮动，几于完全避免了。后来，华真制造迷笼，试验十九只白鼠，所得成绩，“第一次试验时，约须十七分钟，方能脱笼。在此十七分钟以内，笼中之鼠，时而陷入迷径，时而回复原处，往返行动，或以齿啮，或以鼻嗅，又或怒目对外，似下最后决心，如此蛮动多时，终于获得食物。此时试验者只许他咬着一口，略尝美味，重复幽禁笼中，他的动作，较前更为迅速。结果，十九只白鼠，平均计算，约经七分钟后，即出迷笼。到第四次，所需时间，仅三分钟。自此而往，直到第二十三次，进步甚微，……及至第三十次，所需时间，唯有三十秒钟而已。”（华真行为主义第九讲，第一五九至六〇页。)

这是什么缘故呢？何以小小白鼠竟能出人意外的造成如此优越的成绩呢？这是心理学上最根本的一个问题，自来[①]解释之人的意见，各不一致，有的用“联念论”来解释；有的用“苦痛或快乐的法则”来解释；更有的用“多因”与“近因”的原由来解释，即华真自己，亦曾用过此个解释；如今他却换个方向，专用“交替反射”的原则，解释一切学习作用了。所以他说（行为主义第九讲第一五七页：)

如今心理学者当中，只有极少数人注意这个问题，大多数人尚不承认这是一个问题。……又有许多心理学者，以为一个习惯之养成，必于脑神经中，开掘一条新路，好像神经当中，住着一位火神，一手持椎，一手持凿，接续不断的[②]开掘道路……我很觉得我们必须寻出一个简单的原理，可以解释一切历程，而所谓“交替反射”者，即为我自己的喉头历程接受刺激后所反应[③]出来的一个最简单与最新颖的解决法。

华氏所谓“交替反射，”究竟是怎么一回事呢？约在二十年前，俄国生理学家 Pavlov 研究各种腺分泌与消化作用的关系，发现涎腺的重要，于是专究涎腺的机能。涎腺的原有刺激为食物，铃声不能使动物垂涎，但铃声与食物同时发作，在二十次至三十次后，铃声便能单独引起垂涎的反应了。因为垂涎原是反射动作，本身没有什么大的变化，所不同者，为食物引起反应的效能由铃声取而代之，故称此变移的反应，为“交替反射。”以图表之：

S——————R

食物的刺激———引起垂涎，

交替之后

铃声——————亦引起垂涎。

这是很简单而又很重要的原理，全部行为主义都建筑在这个基础上面。如今的问题，何以“交替反射”可以解释学习的历程或习惯的

① 即历来。——编者注

② 应为地。——编者注

③ 今作“反映”。——编者注

原理呢？行为论者的答覆①，则谓“交替反射”为整个的习惯的单位。整个的习惯，无论他复杂难到如何程度，如把他们细细分析开来，除了一步步的“交替反射”外，并无他物。今试有一个人，完全受我控制，我用“交替反射”的方法，要他看见圆圈之时，向右一步；他又看见一个正方形，我用“交替反射”的方法，要他向前五步；五步之后，又有一个三角形的刺激物，触动视线，又用“交替反射”，要他向右上前一步；于是他与衣橱面面相对，他看见衣橱，又因“交替反射”的结果，向前跨上三步；假如我继续用此方法，尽可要他从一处出发，经过许多转折，仍复归于原处。如此试行既久，遂成习惯。就全体言，依据一定路程，绕室一周，是一个习惯；就内容言，整个的习惯，即由一层层的“交替反射”，架构成功；个中经过，不即是“谜中之鼠”的行为的写真吗？“谜中之鼠”的行为，不即是“交替反射”之总和吗？受验者因了“交替反射”的结果，可以向左，向右，向前，向后，而终回到出发点；“谜中之鼠”，何尝不因为“交替反射”的作用，继续蛮动，而终逃出迷笼，以获取食物呢？受验者经过交替之后，每遇圆圈，必向右一步，（这是很简单的一个“交替反射”，）及至向右一步，而他当前所碰见的，又是他从前曾经碰见过的情境，——例如正方形的刺激，——自然又向前五步去了；如此继续进行，只要外界的情境无有②改变，他那交替的反射，亦必无所改变，通常所称为“习惯”者，即是如此一套动作。以图表之当为：

刺激的顺序

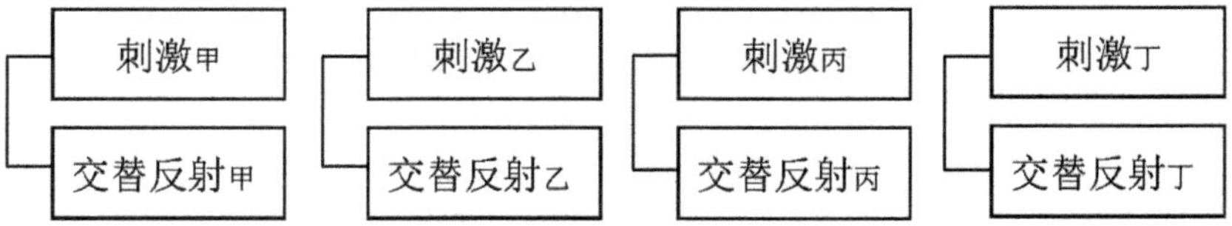

交 替 反 射 的 顺 序

刺激的顺序无有改变，“交替反射”的顺序亦无有改变，而且无可改变，于是一个个的“交替反射”终于联成一串；此为学习的第一个

---

① 即答复。——编者注

② 即没有。——编者注

过程。

及至第一个过程完成之后，第二个过程又起来了。在第一个过程内，我们必要外物的刺激，方能引起反应；我们必要看见圆圈之后，方会向右一步；又须听闻音叉声后，方会垂涎；换言之，我们必要外面有刺激——视觉、听觉、触觉等，——方会引起反应；及至训练成熟，我们尽可闭拢眼睛，塞住耳朵，又可包裹皮肤，毋使接受外面刺激，然而对于某个情境的反应，仍可继续前进，无或中断。原来我们的学习，此时已到第二个过程，第二次的"交替反射"又完成了。以前，我们必要接受外面的刺激，我们的筋肉和脏腑方会发生反应，到了此时，即此筋肉和脏腑的动作的本身亦可引起反应。第一次的筋肉运动，就第一个刺激言，他是反应，就第二个反应言，他又是刺激了；第二第三以及无数次的筋肉运动，莫不如此发生作用。（如欲完全了解这个原由，应记住我们的筋肉，一方面他是运动器官，同时，他又是感觉器官的一点。）举个简单的例，我们弹毛毛雨的曲调，第一次试弹之时，必须看照曲谱，依次弹去；我们看见第一个是 dol 字，即在 dol 上弹击一下，第二个是 mi 字，又弹击 mi，第三个是 rai，又弹击 rai。我们的弹击，皆为受了刺激以后所发生的相当的反应，此时进展的历程，甚为迟缓；及至练习既久，有人把曲谱移去，你可照常弹击；到了后来，只要一坐上琴，自然而然的弹出原调来了，虽当黑夜之际，亦可弹击无误。此其故，因为第一个字，他的本身已可引起第二个字，而第二个字又可引起第三个字；这是学习上的第二个过程。行为论者取他一个名词，称做"筋肉的习惯"（kinaesthetic[①] habit）。以图表之：

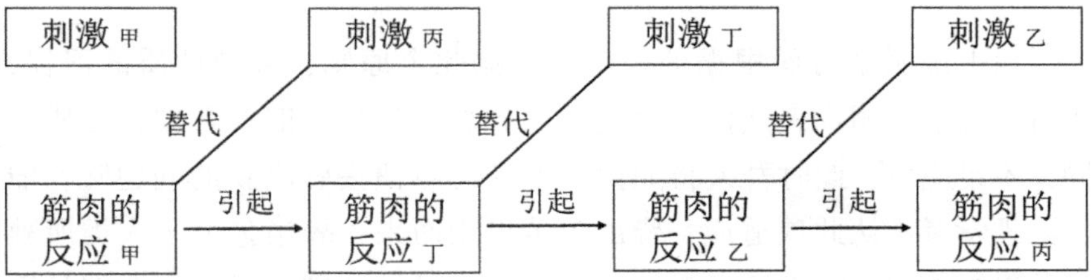

推而论诸语言的习惯，（所谓思想，或者记忆，）亦不外乎这个原

① 即 kinesthetic，下文同。——编者注

理。假如你读李太白的忆秦娥，“箫声咽，秦娥梦断秦楼月，秦楼月，年年柳色，灞陵伤别。”初读之时，你看见“箫”字，读出“箫”字的声音，（反应一,）看见“声”字，又读“声”音，（反应二,）看见“咽”字，又读“咽”音，如此继续下去，直至读完全词为止。不久以后，只要一说“箫”字，即可变为“筋肉的刺激”（kinaesthetic stimulus），引起“声”字的反应，“声”字又引起“咽”字的反应，终于全首词都背出来了。就是为了这个缘故，所以我们能够超越空间的限制，处于一个地方，大谈别处地方的风土人情，谈得活龙活现[①]，好像那些东西历历放在眼前一样；亦就为了这个缘故，所以我们能够超脱时间界限，可于这点钟内，谈论几年前所发的事情，或是旁人一句闲话，或是朋友一个问题，都可激发我们旧有的语言习惯，将现成一套语言一五一十的背诵出来。这是“筋肉的刺激”最简单的例子，亦即是“交替反射”最适当的例子。然而现代心理学者却要送他“记忆”的徽号，看为秘而又奥妙的事情，岂不可笑？

总之，行为论者承认习惯为“交替反射”之总和，“交替反射”为造成习惯的单位，他的内容，虽有两个过程，然而都不过“交替反射”之化身，并无难懂不易了解之处，更无神秘奥妙的心灵作用包含在内。人类如何学习？学习如何可能？行为论者的总答复以为：一切皆为“交替反射”的结果。

四、适应新境的问题

以上说明学习所根据的原则，根据此个原则，各种性质的习惯，皆可完全解释明白；然使一日突然遇到新的情境，旧有习惯，性质不同，不足应付，此时吾人将如何根据既有习惯去解决新的问题呢？旧派心理学者承认此项适应，皆由艰苦思索而来，故当乞灵于人类所独具的思维作用；行为论者对于这个问题，另具特别见解，如今即打算说明这个见解的大概。

① 即活灵活现，原文如此。——编者注

适应新环境为观察所得的事实，行为论者并不否认，不过他们的解释，大不相同；他们把旧派学者所说的思想的神秘部分删除了，另外加上一个简单与合理的解释。由他们看来思想是一种身体的活动，其简单与打网球相同；唯一的区别，是在打网球运用四肢躯干上的筋肉，而思想运用喉咙喉头和胸膛上的筋肉。倘在事实上，我们能看出思想时之喉咙喉头与胸膛上的筋肉的运动，思想便永不会沾染神秘了。打网球无神秘之可言，同一性质的思想，为何单要给他一个神秘解释呢？这是他们对于思想的总看法，如今专来研究人类如何适应新环境的问题。

现在有个朋友，预备开个工厂，要你立刻脱离现在你认为很满意的工作，和他一同去办工厂。他是一个很忠实的人，从未哄骗过人，你很信托他。他又有钱，稍微垫付一点资本，并不困难。他用种种语言来激发你，而在事实上，他那激发的语言，又极有根据。不过他说，这是你自己的事情，要你自己负责，决定一切。他又说，他还要去找朋友，请你于一小时内，给他答复。他去了你怎样？思想吗？是的！也许立起身来，一面踱步，一面说话，——无声的说话，有时候，你皱眉头，又有时候你抓头皮，用力太多了，也许额角流汗，于是坐下吸烟，藉资修养。那时你的全身都在运动，正与你爬山时运用全身力气一样；不过那时动作集中于喉咙喉头以及胸膛等部分罢了。终于你决定了，说：“好，去干。”或说：“不好，拒绝他吧！”

这是你的思想历程，亦是你解决新问题所经过的大概情形，在行为论者看来，你的动作正与“谜中之鼠”相似，并无大了不得之处。何以见得？试举猜谜之例而说明之：假如我出一个谜课，“弯弯床，弯弯被，弯弯小娘，困在弯弯里。”要你去猜，你必问道，这所猜的，是字还是物？如我说是物，你又问：属哪一类？属动物？属植物？抑属于矿物？如我说植物，你又问产地若何？是陆产的？水产的？如我说水产，你又问功用如何？用来穿的？用来吃的？抑尚有他功用否？我说用来吃的，你又自言自语的说是植物，是水产的植物，而且可以吃的，他的形状又是弯弯的。是莲心吗？不像；是茭白吗？不类；唯有水菱的条件，恰好符合，那必是水菱吧！我点头称是，你的问题就解决了。试看这个例子，你问长问短，划分界限，就是现成的表示，凡如此发问的人，对于猜谜之事，必有相当程度经验。及至自言自语自辩自答的时候，你的语言，特别迟缓，聚精会神，专作喉头部分的动作，此时也许有个蚊子，吮吸皮肤，你一扑了之，不大注意。据常识讲来，你正用心在思想方面，你却不断的自言自语，自辩自答，可知常识所谓思想，实为喉头部分的动作。又当你自言自语之时，有时你说，是莲心吗？与条件不合；又说，是茭白吗？又与条件不合；无论如何，在开端的时候，你只是“瞎猜”，这与白鼠跳来跳去，走入迷径，不能跳出笼外的“蛮动”，无甚差异；于是你又从新来过。如此往来久之，到了最后，终于猜中此谜，个中情形，又与白鼠再接再厉，终于跳出迷笼的行为相同。假如我们承认白鼠的行动。是由于构造的必然结果，而无神秘奥妙之可言，为何对于喉头的行动要加赠一个“神秘”的冠号呢？

然则所谓思维作用，亦不过是一套蛮动罢了。刺激引起行为——喉头的行为，行为继续未已，时而向一方面，此时旧有的习惯，层层展示出来，协同解决问题，已而动作妥当了，——与外面的情景适应了，——行为决定了，乃用有声语言表达出来，即所谓最后的判断（final judgment）是。何谓思维？潜伏的语言行为，即为思维；如何解决新的问题，喉头的动作解决新的问题，喉头的动作与外面的情境适应了，新的问题也就解决了；这是行为论者对于第三问题的总答复。

五、人格问题

如今要用行为主义的态度来解决人格问题了。在此问题之下，据看来，至少包含两个小问题：第一、我们的行为，穷极复杂，照行为论者看来，至少亦得有三种：一曰脏腑的行为，二曰手工的行为，三曰语言的行为。以如此复杂的行为所组成功的人格，何以会有“整个性”与“单一性”之表现呢？促成此种“整个性”与“单一性”的势力，究是什么？第二、我们的构造，大抵相同，我们的出发点，——非学习的反射作用，又大抵相同，何以社会之内，竟有“人心之不同，各如其面”之现象？何以有许多人，着着成功，威名显赫；有许多人，卑贱固陋，默默无闻呢？换言之，我们的人格，何以如此不同呢？促成这个不同的人格的质素，又是什么？

关于第一个问题，解答的人，不一其说；有的用“统觉说”（Apperception）来解释，人具有统觉能力，故能综合琐屑事物，俾就范畴，以期于统一；有的用“联念论”来解释，吾人每有所感觉，即有一个观念附带发生，在时间上，经过多次联结之后，散乱的观点可以联在一处，以形成其统一性；又有些人，说得更妙了，他们相信人生之间，确有如此一种势力存在着，至于此种势力，究竟是什么东西，他们不能回答，只说“内中必有物”（something in it）；柏格逊所说“生之冲动，”亚理斯多德①所说的“隐得莱希”（Entelechy），即是所谓“某物”。行为论者批评他们皆是中世纪黑暗时代所留下来的老古董，可以供把玩，不足与言学理；而他们自己则以有机体适应环境的努力解释之。他们承认人格为活动的总和，为我们的习惯统系②的总出产品；人格既为习惯统系的总出产品，而我们的习惯统系，又自适应环境而来，我们即可从环境方面，求出一个满意答复。今试先从习惯个体说起，姑以打网球为例；打网球是筋肉上的行为，初看上去，似与语言和脏腑的行为无关，其实不然。打网球时，我们非独需要筋肉的运动，同时还要语言的动作，于是自言自语：下次罚球应得用力一点，这不是语言的习惯吗？我们又需要腑脏的行为，打球激烈之际，胃液分泌必须改变速度，血液循环须增加速率，这不是腑脏的习惯吗？这样，我们的三种不同的行为，因为适应环境的结果，已经统而变为一种趋势了。推此以言，一个习惯和他个习惯的关系，亦因环境之故，可以统合而归乎一。何以言之？人类所有的环境，虽千端万绪，无从列举，但概括言之，亦就不外乎家庭、学校、宗教、国家等等，简而言之，不外一个社会的环境；今日所接触的，为社会环境，因而养成某种习惯，明白所接触的，又为这个社会环境，其所学习者，又为差不多相同的行为，推而至第三天、第四天、第三年、第四年，我们的社会环境，没有多大改变，我们的反应，亦向一条路上进展，习而久之，所有的习惯，自然趋向统一的路了，此所谓统一，只是一种趋势，

① 即亚里士多德。——编者注

② 即系统，下文同。——编者注

并非实有其事，所以华真在他界叙“人格为活动总和或我们的习惯系统的总出产品”以后，接着就有如此一段话（参阅华真行为主义第十二讲第二百十四页）：

“但在许多活动中间，有以手工的活动占优势者（实业之人）；有以喉头的活动占优势者（大演说家、大思想家、大政治家）；有以脏腑的活动占优势者，（惯用感情的人）；此类优势的活动，显著在外，易于识别；好评之人，即用此类活动，品评个人，普通所用以为鉴别人格的标准者，简括一句，只是少数占优势地位的习惯罢了。”

观此，可知华真所界叙的人格，并无绝对的统一性，只是相对的趋势罢了。

环境的势力，非独刺激人格，使之有单一化或整个化的趋势；吾人有生之初，构造同，所具非学习的行为同，及至长成之时，成败得失，各不相同，所以然者，亦就因为有环境在那里作怪。试看下面华真所说的话。

设若一对极亲爱的新婚夫妇，生了双胎，一男一女，使他们饮食相同，衣服相同。可是父亲宠爱女儿，以爱情包围她；母亲宠爱儿子，亦以爱情包围他。但父亲要儿子模仿他的举止动静，父亲对儿子很严肃，他不得不以他的法规规范儿子的行为；母亲要女儿循规蹈矩，像个女子。他们俩的行为立刻便表示很大的差异，他们俩从小的教养各不相同。父母又添了子女了。父亲现在须添加工作，母亲须多尽点社会的义务，因此便雇了佣人，年轻的小孩，有哥哥，有姐姐，他们生长的环境，与以前迥然不同。一个孩子害了病，严厉的教养，立刻抛弃，一切规则都不适用于病儿。一个孩子吓坏了，见物即怕，他胆怯，通常儿童的活动概受阻碍。

又有一段话，他说得更激烈了，但正因为他说得激烈，我们可以看出他的态度如何？

给我一打健康的、构造完整的婴儿，许我自己规定环境，以教养他们，我担保能够任意取出一个养成如何样式的专家，——医生、律师、画家、商贾‘甚至于乞丐盗贼，不问他的才能、嗜好、趋向、能力如何，不问他的祖先的职业种族如何。

如欲确定一个人的人格，只要研究这个人的社会环境，这是行为论者对于第二个小问题的答复。

人格何为而有统一的或整个的趋势，环境的势力实促成之；各个人为何而有不同的人格，环境或教养的势力，又促成之；此为行为论者对于人格问题的总看法。

六、批评

麦独孤（McDougall）批评锅逊，说他只懂得“反射动作”与“交替反射”二个观念，他的心理学说，说来说去，只是“反射动作”与“交替反射”在那里作怪（见一九二五年心理学家麦独孤讲人或机械）。麦氏的批评，正一拳打中华真的心窝。华真自己在行为主义第七讲内，批评詹姆士关于情绪的定义，讲此“詹姆士的金蛋之鹅”为不可通；唯独“交替反射”，概括一切。懂了他以后，即已捉住生蛋之鹅，不必再去研究个体的金蛋了，他说：

“唯独用此方法，找求怕的情绪的交替源委①，我们的研究，方算站在自然科学的基础上面；这是一只真能生产的鹅，至少，比詹姆士的鹅，要能生产得多。”

到底这只鹅娘，它的本身，是否完全健康的呢？它有内病否？单它一只，是否永远能够生蛋的呢？它得生产力，限于何种程度？它的身价，究值多少？如今所欲讨论的，即是此类问题。

“交替反射”的法则，既简单，又重要，他的应用，又极广阔，但无限的应用，亦有过其实之处。他的缺点，计有二端：其一，有许多事例，依据“交替反射”的原则说来，应可引起反射，而在事实上，却无所反应；其二，据现代研究动物心理学的结果，人类间有许多习惯，并不依据此条法则发生。兹先略论第一点。胡椒一字，据华真的原则讲来，应可使人喷嚏，但在事实上并无这个效果。吾人平日谈讲多汁的水果，可使口腔润湿，有时候谈论淫语淫词，身体内部可以引

① 即原因。——编者注

起相当的反应，然而喷嚏与呵痒的行为，绝非语词所能引起。即华真自己，亦曾举一表，说有四种反射动作，不能交替引起，举其名，则为喷嚏的反射，作噎的反射，瞥闪①的反射以及 boliski 的反射。四者之中，唯独瞥闪的动作，尚可勉强归入交替范围之内，其余三种，其余三种，绝对不能照办，观此可知“交替反射”的原则。效用虽广，但绝不是到处都可适用的万应膏。

第二个难点，较诸第一点更为重要，唯其本身价值如何，迄今还是一个疑问，不能任意擅断。据说，动物解决问题，不必完全依靠试行与错误的方法，有时候，尽可不必经过蛮动，只要依恃“灼见”(insight)，先在心灵之中，预定一个计划，然后再把这个计划实施出来；这是完形派心理学者的主张。一九一三年苛勒（köhler）作了许多关于猩猩的实验，他用一串香蕉，悬空挂着，旁置木箱若干，猩猩站立木箱上面，方能攫获香蕉。有时候，香蕉挂得很高，如欲取获香蕉，非用三四木箱，堆叠起来不可。又有时候，他把香蕉安放笼栅外面，笼与香蕉，相距颇远，伸手出来，难以相遇，笼内放置竹竿，猩猩用此竹竿，方可获取食物。有一次，有一个名叫 Sultan 的猩猩，手持二竿，竿短不能及物，试行数次无效，于是静坐一旁，若有所思。忽然间，他把较小的竹竿，插入较大的竹竿，二杆联结，并未一杆，杆身变长，自然达到目的物了。细观猩猩的行为，与华真的白鼠，截然不同，思有所得，即去实行，并无蛮动的行为，思与行间，直截痛快，毫不犹豫；他把自己所新发明的方法，认为非常满意，接连三四次，搜集许多香蕉，正与资本家倚恃机械拼命赚钱的行为相似。

苛勒说，“由我们的经验看来，可把学习的行为分为全然不同的二种：第一种行为，自始即把环境的特质和盘通算，而其行为即为和盘通算的结果；第二种行为，未曾仔细规划，自始至终，皆为蛮动，故与第一种行为迥然相殊。唯有第一种行为，方可称曰“灼见”，亦唯有第一种行为，方能检查动物的真智慧。”真的，动物的学习方法，似乎有二种：其一为“经验”的方法，即华真所主张者；其二为“灼见”的方法，乃苛勒所发现者；大抵经验的方法，虽在脊椎动物当中，已

① 即目光掠过，下文同。——编者注

可发现，唯“灼见”的方法，须于人猿以上的动物中，方可见之。其实非独动物之中有此二种学习方法，即连人类的学习亦可分而为二，据罗素（Bertrand Russell）的意见，吾人学习语言中的单字之时，所用方法，为华真式的方法，常从试行与错误的方法入手，直至学会各个单字为止。至于学习语句，自然难得多了，非把语言中所包含的整个的意义了解以后，不能办到，故其方法，当推“灼见”之说更为满意。推而至于各种高深的学习，学习者常于学习之时，百索不得其解，后来忽然间，心境开豁，疑团顿释，个中情形，正是 Sultan 所经过的经验，凡属深思力学之士，皆可深深体会得到的（参阅罗素所著哲学大纲第二章婴儿与动物的学习）。这是“交替反射”感觉困难之点，亦即是行为主义感觉困难之点。

（原文刊载于《教育杂志》1929 年，第二十一卷第七号，第 5—14 页）

柏格森哲学与实验主义的比论

挽近谈哲学的人，总喜欢把柏格森和实验主义放在一处说话，其实，他们二派，很有个区别。实验主义看重经验，用经验来解决以前的哲学家所提出的问题，又用经验来证验当前的问题，更用经验来建树自己的哲学，经验胜过一切，唯有经验，方算是真，是善，是美，经验是原始的本质，又是原始的实在，经验而外，概无所用，即连主客观的地位，亦由经验造成之，经验以外的东西，虚无幻缈，无法认识，而亦无须去认识；他们的态度，处处存疑，处处犹豫，与“怀疑主义”甚为相似。其说之可通不可通，现在不必追究，如今只问柏格森的哲学态度，是否与此相同？我们的答案，乃是一个否字。柏格森有一个具体而又肯定的认识论，据他说来，人类的心灵，包含二大质素：一曰理智，一曰直觉。理智的认识，限于物之外表，不能深入本质；物之格式如何，可以理智知之，物之内容如何，即非理智所能胜任，必得直觉之力，方得认识。所谓直觉，与“感应”同义，本此“感应”作用，诸如生命、精神等境界，皆可体会周到，深悉底细。理智与直觉，互相补充，人类的认识力，即无限扩大，实验主义者所认为神秘莫测的本体界，最为柏格森所津津乐道，其他实验主义所不谈的问题，柏格森皆用此个方法去认识他们。所以实验主义持守怀疑的认识论，而柏格森持守肯定而又具体的认识论，这是他们根本不同的一点。

然而他们确有相互沟通的地方，举其大者，约有三端：

第一，他们共同反对理智主义。单说柏格森反对理智，而不加以相当说明，很容易引起误会。就某个意义看去，柏格森并不反对理智，有了理智，人类可以应用，可以助长生活，可以发明许多幸福上的工具，他的价值，不容我们忽视；可是一牵连到时间的问题，运动的问题，以及宇宙的真谛问题的时候，理智的效用，即告穷期，强欲用之，必致丧失本来面目；此时唯有直觉之力，方可体悉入微，深获奥秘。例如我们欣赏合奏之乐，不当把它看为许多部分的总和，必于总和之上，另得一种新的完全，方算领略尽致，此之谓直觉之力，他的性质，是综合的，不是分晰[①]的；是自明的，无须证验的；若用理智之力，分析成为许多单独的音调，合奏之妙，完全丧失了。但在事实上，我们总喜欢把时间之流，切成许多时刻分秒，或把运动之流，切成许多顷刻端点，于是虚幻发生了，世界呆板了，人生无意义了；而一班传袭的哲学家，反洋洋得意，自负不凡，以为如此方算是真，方算是实在，他们的残忍，正如残忍的逆旅主人，铺设二张床榻，一长一短，遇有长的旅客，要他睡在短的床上，而把过长身段，生生截去；反之，遇到短的旅客，又要他睡在长的床上，勉强把他拉长，以求适合铺位。他们预先制成形式的逻辑，硬把世界装将进去，生泼泼的宇宙，完全被他们斫丧掉了，柏格森所反对的，即是如此性质的理智主义。他把宇宙看为一大冲动，人之小我，亦为一大冲动，冲动的情形，宛如点放花炮，花炮向上，代表精神，燃余灰烬，代表物质，理智所能观察的，只是向下丢落的灰烬，不能反顾向上升举的精神；如欲体会此种精神之力，那就非靠直觉不可，此为直觉之妙用，亦为他反对理智主义的主要战具。

即就为了此套思想，实验主义派人詹姆士，看为大了不得，生前致书，备极恭维，甚谓如无柏格森之启发，必无以自脱于理智之迷宫，(参阅詹氏所著《多元的宇宙论》）观此一语可知柏格森给予詹姆士的影响，甚是伟大。詹姆士演讲实验主义，把各派哲学家，因其性质之不同，分为二组，一曰硬心肠的人，一曰软心肠的人，各有各的特点，表列之，则为：

硬心肠派的特点	软心肠派的特点
唯物论	唯心论
经验论	理性论

---

① 即分析，下文同。——编者注

定命论	自由论
悲观论	乐观论
多元论	一元论
怀疑论	断定论

他自己的态度，求获一个调和，他于硬心肠派的特点中，探取多元论与经验论，排斥定命论与唯物论；而于软心肠派的特点中，比较近于自由论与唯心论，理性论一元论断定论三者，概遭排斥。我们说他比较近于唯心论，因他看重心物之交；又说他比较近于自由，因他主张求获自由，务使机械的成分，日渐减少，自由的成分，日渐增多；对于悲观乐观之争，亦要求悲观渐渐减低，乐观渐渐增加。他立于硬心肠派与软心肠派的中间地位，自成中间之说。看他主张多元，主张经验，偏向自由，偏向唯心等论，可知他的立场，实与柏格森相差不多，虽名之曰柏格森式的詹姆士（Bergsonian Jam's），亦不为过。推而至于严格的实验主义者杜威，反对形式的伦理学，重新建设实验的伦理学，此与柏格森的主张，又多么相像。其实，反对极端的理智主义，盖为现代哲学界的一般趋势，实验主义与柏格森哲学，特较为显著耳！

其次，柏格森是主张生命哲学的人，虽说他的全部哲学，建筑在“生的冲动”之上，亦无不可。实验主义派人，主张生物中心的（Biocentric）本体论，以为本体的东西，必须由认识去证明他，所谓认知，由他们说来，即是行为，换言之，本体应由行为去证实他。未证实前，只是大堆生硬的材料，到了经验里头，犹如炽红炭炉，材料进去，经过烧化，灰烬漏下，真理留存，非独留存，抑且一天天的扩大开来，所谓本体者，即是如此天天扩大起来的东西。他们的本体论，以生物为中心，以人类为本位，是多元的不是一元的，是进展的不是固定的，是未来的不是过去的，总说一句，是生的不是死的，这是他们与柏格森哲学相沟通的地方。然而柏格森之所谓生，自下而上，往前冲动，盲目冲动，无所鹄的；而实验主义则看重意志的质素，而有“意志主义”的倾向，这又是二派学说同中相异之处。

又次，实验主义主张纯粹经验论，未有主客观之前，经验已经存在，故有“经验在前，主客观在后”之语。当此主客观尚未发生，经验先前存在的时候，各种经验，当如何组成系统，打成一片？这是一个根本问题，他们必须首先解决此个问题，而后纯粹经验之论，方得成立，此时，他们可如康德之语，于经验之上，树立一个经验的Uberhampt，（英译 Ingeneral）；而在事实上，此个假定，确能解答上面的疑问，然在明眼人看来，仍有一个难点，隐伏在内。我们对于上面的解答，认为满意，因为我们始终持守“经验在前主客观在后”之语，然使进一步想，经验中的自我，由经验而来，自我既立之后，我们的经验当得以自我为中心了；既以自我为中心，上面所假定的 Uberhampt 不能通用，当于 Uberhampt 之外，再假定一个与“小我”发生直接关系的“大我”，从中主持一切，综合一切，而后他们的经验论，方得圆满；换言之，非于诸“小生命”上，装置一个“大生命”不可。关于此点，各人的意见不同：严格的杜威，只求实际有效，即可满足，不必追究此类问题；多方面的詹姆士，颇有承认此个假定之决心，观其恭维柏格森时，可以见之。即此詹姆士式的实验主义，与柏格森哲学根本相连。

柏格森根本承认此个世界为一大冲动，内中情形，恰似点放花炮，火药之力，装在花炮里面，点燃之时，向上直冲，冲到如何程度，事前并不知晓，冲到那里，就到那里，并无预定目的可言。即此冲动之力，埋伏深处，无可探悉，所以他在时间与自由意志的书上，承认意志是自由的；亦即因为此个冲动之力，所以他的宇宙观，生气勃勃，与众不同；宇宙万物，皆由冲动而来，人类的生命，亦因继续冲动，致归丰满；他的哲学之所以能够轰轰烈烈，震动全世界者，亦即妙在如此性质的大冲动。詹姆士难不公然主张此种冲动，可是凡读过他的心理学的人，总觉得他那界叙“本能为一种冲动”（James：*Text Book of Psychology*，P. 392）的微意，实与柏格森的“生之冲动”，无所区别。

……

如今打算把上面所举的四个要点，略加批评：第一，实验主义采取怀疑的认识论，一切皆以经验为标准，经验以外，一概不讲，此种说法，当然有其独到之处，但在我们看来，仍有怀疑之点。实验主义注重经验，但经验有公的经验与私的经验之不同，例如我坐在窗口，望见马路上有辆汽车，正在开驶；同时你亦望见此辆汽车。此时，我与你的眼力不同，也许我近视，你散光，我带颜色眼镜，你配无光玻璃；我与你所站的地位，又不相同；我与你平日对于汽车的观察，又大不相同；其结果，你所看见的汽车，与我所看见的，必大不相同，此之谓私的经验。实验主义对此，并无困难。然而除此之外，尚有公的经验存在着，你我同时看见此辆汽车，这是无可否认的事实；难道此轫正在开驶的汽车，亦是经验的产品吗？唯实主义者说：此汽车是客观的实体，单独存在外面，试问不承认有外物实体的实验主义，将何以措辞？此是实验主义的怀疑的认识论的大缺点。

柏格森主张具体而又明了的认识论，但他所谓具体，我们总觉得抽象；他所谓明了，我们总觉得糢稜①。这句话怎么讲呢？原来柏格森承接传统的神秘轮，当此理智闹到最高潮的时候，很希望借用直觉以压倒理智，但他所谓直觉，意即自己知道自己的绵延，故纯为主观的质素：你所感觉的绵延，不能告诉我，我亦不能把我的绵延告诉你，各人都有一个私的绵延，却不能宣布他人，在此私的基础上，怎能解释大时间之流？所以必要把主观的质素，变为客观的质素，而后他的学说，方站立得住，而所谓理智者，即足应付此个需要；于是神秘性的柏格森，亦不能一笔把理智的作用，完全抹煞。但他又觉得徒有理智，不足认识宇宙之真，不能体会生命之妙，所以必要用直觉的能力，补其不足。但如何补法呢？他的缺陷，即在于补法未能圆满。他希望用直觉来修正理智，但理智自成一个格式，硬用直觉来修正，非把理智的格式，重新改造一番不可；如此，理智的格式，将转返于主观的直觉，其说为不可通。于是他换个方面，分世界为二部分，一为物质性的部分，一为精神性的部分，关于物质性的部分，由理智去应付，而于精神性的部分，由直觉去应付，他那兼容并取的方法，似乎可以成立了。可是如此一分，他不得不主张二元论的宇宙观，而在物质与记忆的一本书上，他证明精神与物质，各自分立，确是二元论的思想；但在创化论上，又主张点放花炮式的宇宙观，物质与精神，同自精神深处（生之冲动），冲动出来，物质为“生之冲动”的附带结果，并非宇宙本质，这样，他又不像二元论的说法了。这是他那根本矛盾之处，即此矛盾，所以有人用两端论去解释，（参阅张东孙先生《柏格森哲学与罗素的批评》篇，见民译三卷一号。）一端为物质，一端为精

---

① 今作“模棱”。——编者注

神，物质之中，兼含精神性，精神之中，又兼含物质性，互相增减，互相消长，于是他那理智与直觉互相补充的假定，方得安插进去。然而这是多么神秘而又纠缠不清的假说啊！以神秘性的詹姆士，尚要评他近于神秘，（见《多元的宇宙》论，）其他可无论了。所以柏格森的认识论，表面上看去，似乎具体而又明晰，过细分晰，即大不相同了。

兹再批评实验主义与柏格森哲学相互沟通之处。

第一，即为反对理智主义的一项。——极端的理智主义，近于机械，近于呆板，况又不能阐明动与时间的真相，故易遭受反对；然而近世的理智主义，看重创造，看重灵悟，早有直觉的质素，融合在内，必不如柏格森与詹姆士所贬斥者之为甚，柏格森的攻击，确有“无的放矢”的嫌疑。（参阅胡适《五十年来之世界》哲学篇。）然我觉得柏格森最困难的地方：正当柏格森评击理智主义的时候，抨击的本身，已是一个大理智；试读柏格森自己的著作，他用许多积细的论辩，又用巧妙的比喻，又用最有力的议论，此非柏格森的理智之表示而何？他的著作，即可称为最高级的理智之成就。既如此，他所说的“理智的本体观，为谬误，为虚幻”一语，实难通得过去。他越想毁灭理智，即以相应的比率，越毁坏其理论；换句话，他越想证明自己的哲学，即以相应的比率，越驳倒其哲学。（Joad：*Introduction to Philosophy*）。

关于实验主义与柏格森相互沟通的第二点，——看重生命，看重人的本位的哲学，我们认为很能供给现代需要，且为现代哲学界之一般趋势，无可非难。若就内部立论，我们相信实验主义的主意论，较柏格森背后冲动的说法，更为圆满，说详下段。

关于第三点，柏格森用“生之冲动”解释宇宙本体之论，詹姆士亦采取此义，至于相当程度；我们认为：这是近代科学的致命伤。科学家试验科学，发明科学，皆有一个共同假定，设置后面，他们必要首先假定世界是有秩序，有条理的，然后奋门上去，方不至于失望；如谓世界根本是个偶凑，一切皆是个大浑乱，研究至末，依然求得一个嘈杂与混乱的报酬，他们必要失去研究的勇气了。而柏格森的宇宙观，根本是个大冲动，无目的，无方向，冲到那里，就算那里，冲进生命，享受生的幸福，冲进死路，挨受死的痛苦，人生如此，还有什么意义呢？讲究生命的柏格森，固不当如此；以科学为出发，希望把他的哲学系统，建立在科学的基础上面的柏格森，更不该如此！

本文主要参考书：

William James：*A Pluralistic Universe*,“Bergson & His Critique of Materialism”, P. 223-275

George R. Dodson：*Bergson & the Modern Spirit*, “Bergson and Pragmatism”, P. 179-225.

C. E. M. Joad：*Introduction to Modern Philosophy*, “The Philosophy of Bergson”.

（原文刊载于《光华期刊》1929 年，第 5 期，第 1—8 页）

现代哲学的派别

（一）绪论

任凭你用如何的观点，评述十九世纪的主要思想，你总不能否认达尔文的进化说的伟大影响，在哲学上，他的学说，最为唯物主义所借重，十九世纪中期唯物主义的重要证据，几于全从他那里得来。他的学说，解答了哲学界向来所不能解决的问题，那就是说，如无聪明的创造者，试问显于吾人机官[①]构造中的目的性，将如何加以解释呢？或换言之，若无最后因，我们怎能解明最后性（即目的性）呢？对于此项有神论派的精神主义所提出的难点，在达尔文主义中，有一满意的答复，可供唯物主义的取用，因此它就变成后者的必不可少的联盟了。真的，它们的联盟，是如此之密切，我们尽可把它们二者（即达尔文主义与唯物主义）看为二个同义字。

自从十八世纪以来，即有两大思想，相互对峙着：其一筑基于物种不变的假定上，承认每一动植物的种类，皆被单独创造，与其同类者无关，这就是林尼阿（Linnaeus）与屈费儿（Cuvier）的创进主义（Creationism）；其二为狄德罗（Diderot）与洛宾纳（Robinet）所执持，承认物种只是变性，比我们通常所说的变种，更为显著，更为持久，其中之一，皆自其他之一，产生出来，这就是变形说（Transformism）或进化论（Evolutionism）。即此变形说，它用物种变形的事实，对抗物种不变的教条。母体与子息，只有相似，从未相同，或换言之，在它们中间，有差别存在着。而且这些差别，可凭恃遗传，传递下去。但

---

① 即器官。——编者注

在这里，发生了一个问题，即凭什么原因，这些无极的变形与向前的变化，终被产生了呢？如何被产生的呢？再具体的说，究凭什么原因，猛虎与瞪羚，小鼠与大象，可自一个而且同一的渊源中产生呢？如何产生的呢？依据拉马克（Chevalier de Lamarek，1744－1826）则谓：可用环境给予有机体的影响，可用有机体对于生存条件所起的逐渐的适应，加以解释；如此的解释，虽可解明若干事例，但不能解明大部分事例，直到查理·达尔文（Charles Darwin，1809－1882）出来博集证据，于一八五九年，出版一本《物种原始》（*On the Origin of Species by Means of Natural Selection*），总算完成此大工作了。

据达尔文说：有机体的变形与它们的种的分化，其所以可能者，乃全由它们中间的自然竞存与生存竞争使然。竞争结果，适者生存，不适者淘汰，个中情形，可以饲鸽者的行为，作为实例：（见《物种原始》第六版页十四以下）他观察鸽子，发觉其中之一，多一尾羽；又发现一雌鸽，亦具此特征。他命二者交合，所生雏鸽，较诸原始种类，竟多出二根，三根，或四根以上的尾羽，终于他获得了扇尾鸽。他用同一方法，又获得球胸鸽，雅各宾鸽，传书鸽，及其他变种。同此原则，又被养马，养犬，养牛的人沿用着：他们依据某种特点，选择一定配偶，使之交合，竟造成了无限新种。他们根据一定观点，用人为淘汰法，求达他们的目的；其在自然界，却无一定目的，只用竞存或生存竞争法，求获相同结果，即种的变化。竞争结果，就完或一种淘汰作用，或选择作用，就中最强壮的与最聪明的因为某种原由①或其他原由，适于生存，而被蕃殖②着，其他不适者，则均归于灭亡。这在达尔文的术语中，称之为生存竞争的天择或淘汰作用。

凭此生存竞争的天择或淘汰作用，据达尔文说，可以解明生物进化的一切现象，且可说明有机体中每一目的性的特质。例如目与耳的形成，普通③都认为这是目的论与创造说的特殊证据，但我们知道，在动物界的进化历程中，第一只所生的眼，只是一雏形器官，其与现时高等动物的眼的分别，正像鱼鳍与人臂的分别。但它能折光，因而引

① 即缘由，下文同。——编者注
② 即繁殖。——编者注
③ 即普遍，全书同。——编者注

起光的感觉——就令其为非常薄弱的感觉，故能使它的所属者，于生存竞争中，获得莫大利益，并作成“自然的所择。”它那盲目的同类者，势必消灭，而由它独保其种，并将此视觉官，传给它的后嗣，愈传而愈变为完成。同此原因，继续活动着，继续累积着，其效果，经历数千世纪的进化之后，终于一日，完成现时人类所具的双睛，超过最完备的艺术作品，又超过最聪颖的智慧的总和；然而我们知道，它之所以完成此步者，并不倚恃智慧者的向外干预，却全凭恃自然淘汰的作用。(《物种原始》章六，页一三九以下。)

即此对于目的性的机械的解释，遂使当时的唯物主义，毫不迟疑地，而且极热烈地，接纳天然淘汰的学理。普通诿归于“神的智慧”和“自然之母的仁慈”者，在达尔文的学说内，均变为自然竞争以及由此竞争而发生的天然淘汰的产物。推此以言蜘蛛蚂蚁，蜜蜂，海狸，鸟类等的本能，据达尔文亦只是“遗传的习惯”，和“生存竞争”与“自然淘汰”所产生的“第二天性”而已。更进以言理知的习惯，似乎是现下的心灵组织的一部分，但在我们原始的祖宗时代，它们并非天生的东西。我们的祖先，皆凭日常经验，取获这些观念；既取获之，又因其在天择中，具有效用，故以“理知的习惯”与“理知的性气”的形式，传给吾人，所以由我们看来，倒变是天生的东西了。

此项变形说与天择说的必然系论，则为人自人猿而来的学说；达尔文于其第二部名著即《人之由来》(*The Descent of Man*, 1871) 中所申述的即为此学说。人是人猿的某一变种的子孙，其不同于人猿的其他变种者，只在生存竞争中，处于较利地位而已。但有人反对说，从人猿中，总不能产生该撒①，康德，歌德等人罢！在他们与人猿间，隔着多大的距离啊！但使我们致意下列二事，我们即觉此项反对，根本不能成立。第一，我们知道，在人猿与该撒间，有许多联系之结存在着，举能例，则如巴布亚人 (Papuans)，新西兰人 (New Zealanders)，略非尔人 (Caffirs) 等；第二，我们知道，自然 (即生存竞争与天然淘汰) 欲使人猿变而为该撒，歌德，其间不知要经历如何长的时期！不容说，圣经所说的地球年龄，即六千年的时期，是绝对不足的。近

---

① 即凯撒。——编者注

世古生物学的发现，已极确切地指示吾人，人类的历史，比这时代，要古得多，在这新的观点之下，就像埃及的文明（世界最古的文明），亦只比较的近代的产物而已。无限短的步骤与无限长的时期，此二者，据司特老司说，实为开通神秘之门的二大锁轮。

这是达尔文的学说的大概，他于十九世纪中叶时，用极坚强与极充分的证据，完成他那机械论的宇宙观，排斥一切目的性，放逐一切造物主，只凭生竞与淘汰的学说，解明一切宇宙现象。

哲学上的唯物主义，因有达尔文如此贯彻的学说出现，故于十九世纪中叶以后，重复抬头，重新恢复它于十八世纪末期所曾享受过的盛况。新实在论者柏黎氏（R. B. Perry）于补订威柏耳（Alfred Weber）的《西洋哲学史》的第四七二页内，会说如此的话：

“九世纪中叶以后……唯物主义企图着，希望扩充并联合各自然科学，藉以解明生活的意识的，伦理的，与属灵的方面，关于这些方面，一般均设想着，以为超乎科学之上，非科学所能解释。唯物主义与政治及宗教上的新进主义，互相摆手，这样，就邀获了公众的同情，它又从许多邀近[①]的发明与科学的理论中，获得有力的维护。它用拉马克与达尔文的变形说，去反对创造的奇迹；又用人猿的解剖学上的研究，去反对传统的见解，——以为在动物与人类之间，在物与心之间，存有不可逾越的鸿沟的见解；又用化学的综合的进展，去反对生机论的幻影；又用力的均衡与转变说，及电学上的发明，去反对需要另一种力去解明思想的臆说；又用地质学上的逐渐演进与不可知觉的变迁说，去反对地壳的剧变说（Theory of cataclysms），此种地壳的剧变说，据唯物论者说，在它后面，实隐藏着超自然力的强制干预的信念；末了，它用许多确定的事实，——凭着它们，可以毫无疑义地证明，原来在大脑与思想间，有一切实关系存在着的确定事实，去反对身与灵间的精神上的区别。”

唯物主义处此盛况之下，当然不会即时消灭，却有几个著名思想家，继承这个体系，发扬而光大之，在这一班思想家中间，我们可以举出斯宾塞（Herbert Spencer，1820－1902），赫克尔（E. H. Haeckel，

① 疑为“远近”之误。——编者注

1834-1919)，阿斯特瓦德（W. Ostward, b. 1853)，及马赫（E. Mach, 1838-1916）四人，他们虽不个个都是唯物论者，但他们的思想，多倾向于唯物论，势力论，或至少实证论的方面，我们姑名之为唯物论者的团体，这是现代哲学上的一派。

唯物主义在一方面，固有发扬的人，同时，亦于欧洲思想界上，引起剧烈的反动，形成观念论的复活，当中几个著名代表，在英国，我们可以举出格林（T. H. Green, 1436-1882）与卜拉特利[①]（F. H. Bradley, 1846-1920)；在德国，起了一个运动，企图把康德所发端的“超验的批评论”，重新开发一次，他们的标语，是“返归康德，”但在实际上，他们的思想，比康德更偏于思辨方面，而在批评方面，反稍有逊色。在这“新超验主义”的运动中，我们至少应当提出三人其一为柯恩（H. Cohen, 1842-1918)，其二为文德尔班（W. Windelband, 1848-1915)，其三为胡塞尔（E. Husserl, b. 1859)，前二位通称之为“新康德学派，”后者通称之为“现象论者”。此外，我们还当提出意大利的柯罗采（B. Croce, b. 1866）与美国的罗威斯（J. Royce, 1855-1916)。这一班观念论者，虽其主张各不相同，但均为唯物主义的反动者，在这共同观点之下，他们形成了第二派别。

在法兰西，反唯物论的趋势，采取另一方面，虽在历史上，与观念论相关，但以生物学为出发点，承认最后的实体，并非唯物论者的“物”，或观念论者的“思想”或“意识”，却是“生命”，谁都知道，红过一时的柏格森（H. Bergson, b. 1859）是他的著名主张者。又有同以生物学为出发点，但把生物学上的基本则律，用于论理学与认识论的方面，把各种信念，算为生活的工具，而以其有用与否以及功用的大小与否，定各信念的价值。它的主要代表，是美国的詹姆士（W. James, 1842-1910）与杜威（J. Dewey, b. 1859)。

观念论与反对唯物论方面，获得相当的成功，但它自身，亦引起了一种反动。有许多思想家，在一方面，与观念论者同调，承认从物质中，不能推出心灵，可是亦深自觉得，不能从心灵中，推出物质，或只把物质看为心灵的或种外形。此种反观念论的见解，通称之曰

① 今译作勃拉德莱，生卒年应为1846—1924。——编者注

"新实在论"，内中分成许多种类，但多承认在心灵（或意识）之旁，与心灵独立者，有某种东西的存在。在这一班思想家中，我们可举摩根（C. L. Morgan, b. 1852）、罗素（B. Russell, b. 1872）、摩尔（G. E. Moore, b. 1873）等人为代表。

这样，我在本文内所要述说的，是下面的五大派别，即（1）唯物论者的团体；（2）观念论者；（3）生之冲动者；（4）实验主义者；及（5）新实在论者。

（二）唯物论者的团体

我在文绪论内，曾谓现代哲学界，如加以概括分类，可分成（1）唯物论者，（2）观念论者，（3）生之冲动者，（4）实验主义者，（5）新实在论者。内唯物论者的团体，可以斯宾塞，赫克尔，阿斯特瓦德，及马赫为代表，兹特按次论其哲学思想的大概。

1. 斯宾塞（Herbert Spencer, 1820-1902）

斯宾塞以一八二〇年生于英之德贝（Derby），因无力入大学，故于一八三七年，任工程师职，迄后，到一八五三年，又任 *Economist* 报的副编辑职。至晚年，思想已定，自愿献其残生，对于这些思想，加以综合的研究。一八六〇年，他宣布综合哲学（Synthetic Philosophy）的计划，计分十大卷，各书的完成日期，约为：*First Principles*, 1862; *Principles of Biology* (2vols.), 1864 - 1867; *Principles of Psychology*. (2vols.), 1870 - 1872; *Principles of Sociology* (3vols.), 1876 - 1896; *Principles of Ethics* (2vols.), 1879-1892。

我们说，斯宾塞属于唯物论者的团体，这从两个方面，可以见之：第一，他把知识限于经验的范围，承认唯独科学，方能全成此条件；其次，他创立一宇宙哲学，在此宇宙哲学内，他从科学方面，借用进化的观念，又把人与社会，同化于物质的自然界。这样，他的哲学，分成二大部，其一为"不可知的实在论"（Agnosticrealism），组成第一原理（First Principles）与心理学的若干部分；其二为对于自然与人的进化论的看法。前者组成他那哲学的基本主张，又使他的哲学，得与信念和理性的要求，互相调和，不致冲突；至于后者，乃是他对于科学内容的总括与统一。

斯宾塞的体系，以“知识的相对性”为出发点，以为认识“非相对物”或“绝对体”，乃是全不可能的事，——虽则从前的形上学者，都如此梦想着。去认识某事物，即在把此事物，和其他事物，又和我们自己，联系一处，或换言之，即在加以限制的条件，因此，该事物的绝对性，必自吾人当中，逃避过去。但此非谓绝对的东西，只在吾人当中，占一纯消极的部分；须知，当我们承认限制时，我们即在超越此限制，抵达那一种力，那种把现象推入我们身上的力。因此，他虽称之为“不可知体”（The Un-Knowable），但不怀疑它的存在，而且在事实上，就某一意义说来，此“不可知体”，实为最熟悉的老友。科学于搜求最后因，最后目标，或最高的概括时，即须承认它；一切时代的宗教，亦只在它面前，显示殷勤。这样，它不啻是科学与宗教间的一个系结，一件调和的工具。

斯宾塞的哲学，在十九世纪后半期，是最壮丽的科学纪念碑，在它里面，广博的与散布的研究所得，皆被汇合一处，形成一宇宙的全图。各种科学（有机的与无机的）的材料，皆被取纳过来，不独取纳而已，又于发展或进化的原则下，联系结合，形成一有机的整个。势能不灭的定理，或用斯宾塞所最爱用的话，“力的持续”的定律，被接纳着。算是统治物质变迁的普遍法则，既从先验的立场上，去护卫它，又从实验的立场上，去拥护它。然而这条法则，如欲用于生命与心灵，就得先把生命与心灵，译成物理的与化学的名词。因此，他替“进化”下一实义说：“进化是物质的综合以及随之而发生的运动的消失，在此历程内，物质从不确定的与散漫的单纯性，变而为确定的与黏和的驳杂性，其在留存的运动方面，又经历同一变化”。关于此原则，他从现存的科学中，加以说明，又把它推用到新的领域中去。他于星体宇宙（从原始星云）的进化中，发现此原则；又于地球的历史与发展中，发现此原则；又于生命的渊源以及新的与较复杂的种属的起源中；又于复杂的观念（从原始的感官的“震颤”）的成形中；又于完成的意志（从初步的反射）的建立中；又于社会组织与社会分化的递增中，发现此原则。这样，这条原则的应用，实完成了两重目标，在一方面，它显示了发生学的方法的灵验。在另一方面，又显示了自然的整体性，既具有壮丽的轮廓，又具有可辨认的意义与方向。

斯宾塞的思想，又于当时的道德哲学与社会哲学上，设下强有力的影响，他实是当时思想界中所流行着的个人主义与自由主义的趋势的重要说明者。他承认，所谓善，根本即是可乐的活动。生活与幸福，乃是它那不可分拆的二个方面：生活而无快乐，根本不能称为善，而所谓快乐，推究其极，亦只是成功与适应的生活的符号。进化的路程，是趋于更善，所以“进化的社会”与“善的生活”，实是一样东西，而且是同一样东西。当生命演进时，在一方面，它趋于分化，在另一方面，它趋于综合；它不单在数的方面增多了，而且在配合方面，更趋于调和了。进化的社会，不单代表生命的最大量，且又代表生命的和谐的最高度，所以说，在它里面，涵蕴着幸福的最高点。

在此进化的社会内，人们自有许多追求，但各人的追求，将为社会关系的需要所限制，这样，人们将为追求物所激励，尤其为同情与仁慈所激励。去做各种事情，同时对于他人所追求者，亦属有利。趋向此种幸福状态的进展，经由人性的逐渐改变，（根据经验而得者），而渐次完成。因此斯宾塞把“习得性的遗传”，看为非常重要，即此原由，所以他于教育论（*On Edecation*①）一文内，认为应让每一个人，凭恃他那行为的自然结果，学习新的东西。同样，他又拥护政治与经济上的放任政策，以为在人与人的相互关系内，应当尽量减少人为的干预，应让每一个人，自己设法，期与其他个人，互相适应。此外，他又为个人主义与自由主义，寻出更重要的理由，因他相信，唯独个人，因他是自觉的幸福的住所，故亦为社会的唯一目标，社会只为个人而存在。

2. 赫克尔（Ernst Haeckel，1834-1862）

赫克尔是德国耶拿大学的动物学教授，他的思想，与斯宾塞相似，以进化的概念，作为中心，对于各种科学，加以哲学的概括。他于十九世纪的最后十年，实为德国境内自然主义的最有力的解释者，及至一八九九年，他的宇宙之谜（*Die Weltratsel*）出版，声誉亦为煊赫。据

① 疑为“Education”之误。——编者注

他说：我们凭恃感官印象，凭恃事物的“表象”——“我们相信它们的内容，即与其可知部分相符”的表象，可以认识外界的自然。“我们不知存于现象后的‘物如’，我们亦不知道，究竟此项‘物如’，是否存在”。他把“此项无结果的沉思工作，——关于此项理想的幻念的沉思工作，让给‘纯形上学者’去做”，而他自已，欲极诚恳地，去探究“自然的一元哲学”。

当时，有位著名生理学家，名叫雷蒙特（Emil Dubois Reymond，1818-1896），于一八七二年在莱比锡演讲，又于一八八〇年在柏林科学学会演讲，两次讲演的内容，都归结于“无知”（Ignorabimus）。据这位审慎的科学家说，降及此时，我们尚未知道生命的渊源，尚不能解释自然的有程序的配列，尚不知道理性与言语的起源，尚不知道关于自由意志的真理。除此而外，尚有数点，即关于物质与能力的性质，关于运动的起源，关于意识的起源，关于这三点，我们将永远无法知道。但在赫克尔，欲用二条基本法则，完全解决这“七大谜”。

但这二大溶剂，究是些什么呢？据他说，其中之一，是“本质的法则”，是“物质与能力不变的基本法则”。此条法则，虽在实验上，已为科学所证明，但至“最后的分析”，它是“因果律的必然结论”。物质的不变与能力的不变，此二者，就本原上说，只是同一事物，因为物质与能力，乃是本质的两个方面，其中之一，是本质的填注空间与占积的方面，其他之一，是本质的势能的方面。在占积与物质的方面之下，可概括一切实体的形式，包括可权衡的物质与不可权衡的以太，前者为后者的凝聚，而前后二者，共同占据“无限的空间”；在势能的方面，不单可以概括每一无机的力，又可包括生命力，精神力，及自觉的“亲和力”。

第二大溶剂，乃是“普遍的进化律”，凭此则律，生命从物理与化学的情境中突现，从原生质（Protoplasm），进而为“精神质”（Psychoplasm），又从精神质，进而为“神经质”（Neuroplasm）。生命是原生质的势能的表现；不自觉的心，是精神质的势能的表现；而自觉的心，则为大脑的联想中枢的势能的表现。在兽类与人中，无论其为认识力，或为意志力，皆历长串“精神的渐变”，从感受性与反射动作，进而为自觉的思想与自觉的目标。一切皆是一，而且皆是赓续着的，我们尽可自上向下看，将灵魂赋予元子①，亦可自下向上看，承认心灵只是一种力，外此即无他物。

3. 阿斯特瓦德（W. Ostward，b. 1853）

阿斯特瓦德在哲学上的最大贡献，即在完成了“势能”的哲学（Khilosopby②of“Eenergetis”），依此所说，最后的本质，不是心，亦不是物，乃是势（Energz），势能是工作的能力，是工作的效果，是使之变成工作者。物的各种性质，均可解释而为势能的各种方式。物的质量，可用工作与速率的名词来解释；物的容积，可用压缩性的名词来解释；物的形状，可用弹性的名词来解释。所谓物，乃是这许多势能的综合。热哩，光哩，声哩，磁性哩，电力哩③，这种种，都是势能的不同种类。一切化学质性，均系势能的方式，在本质的转变中，表现作用。所谓物体，乃是处于平衡状态的各种势能的较为稳固的并置。所谓有机体，乃是固定的物体，有自由的化学势能，致使新陈代谢，营养及生殖等作用，变为可能。他说：“整个的生命机械，可譬之如水轮（Watu Whul），内中自由的势能，与水相当，必须在一个方向，冲击轮齿，这样，可供以必需的工作量；至于机体的化学元素，相当于诸多轮齿，续转不已，将下降的水的势能，传至机械的各部分”。即连最高阶段的意识，推至究极，亦只是某种势能而已。所以在他的系统中，“灵魂的势能”（Soul-Energz）与神经的势能（Meroe-Energz），并名其称。

我们虽把阿斯特瓦德放入唯物论者的团体，但他的系统，并非严格的唯物主义，假如我们所说的唯物主义，是指那种把物质看为最后实体的学说。他既承认势能为最后的实体，当然排斥物质的最后性了。而且他又对于一般人对他所持的观念，提示抗议，一般人均设想，此为他所指的，在把生命与意识二者，归原而为单纯的物质势能。他的见解，只是说，在一方面，虽当把物质的势能，看为一切事物的基础，包括生命与意识在内，但同时，又需要他种辅助概念，解释生命与意识的现象。在这里，他就倾向生机主义的看法了。但无论如何，他的出发点，是唯物论派的潮流，何况他那势能说的最大佐证，即是近世

① 今为原子。——编者注

② 应为 philosophy。——编者注

③ 原文如此。——编者注

把元子看为重气放射的物理学说，所以我们毫不疑惑地把他归入唯物论者的团体。

4. 伊伦斯特·马赫（Ernst Mach，1838–1916）

马赫一生，曾有许多年，任布拉格大学（University of Prague）的物理学教授，迄后，又任维也纳大学的哲学教授。他的机械科学（*Mechaniki ihrer Entwicklung*），于一八八三年出版，乃是对于科学方法由一种历史的与批评的研究，在此书内，作者指示吾人，机械科学，自经长期发展之后，已逐渐明白，原来它的目标，乃是对于“事实的抽象的与数量的表显”。它不希望牵涉到目的或隐藏的原因，藉以“解明”现象，它只极概括地，对于现象间的相依关系，给以一个解释。他最著名的哲学著作，名曰《感觉的分析》（*Beitragenzur Analyse der Emptindungen*），第一版于一八八六年出书；在此书内，他研究物理学与心理学的相关问题，把它们的内容，归结而为共同的名词，又用如此的方式，界叙科学方法，使它既可用于物理学的研究，又可同样地用于心理学的研究。马赫惯以科学家的态度说话，并无任何存意，企图解明“宇宙之谜”。他的目标，只为科学洁除①一块场地，而其洁除方法，则为消除一切与科学家无关的问题。

马赫最大胆的主张，则为把物与心，归结而为共同元素。关于这一点，在他以前，已有柏克立（C. Berkeley），休姆（D. Hume），弥尔（J. S. Mill）及其他感觉主义派人，承认物质的东西，在其可知的方面，可被归结而为可感觉性的总和，这样，他们已为他的学说，铺设一条道路；而且他们当中，仅有许多哲学家，更欲把所谓“心灵”者，用相似方法，归结而为感觉的集合体。但除休姆的暗示之外，这班哲学家，类多承认该二种复杂体，是属心的东西，所以无形之中，仍信有一物质对象；隐于表象之后，或称之为感觉假象的摹本，或称之为神的活动，或称之为不可知体，或称之为感觉的永久可能性。但到马赫，欲大胆宣称，承认物质对象，即是与感觉假象相同的东西。这样，在物的东西与心的事情之间，并无任何区别，唯一不同之点，则为在元素与元素间的“相依方式”（Type of Dependence），至于此项元素，在

① 即清除，使干净。——编者注

其自身，当然无所谓物，亦无所谓心。例如可见的色，就其本身而言，既非心的，亦非物的；但当它依恃发光点时，它是物的，当它依恃网膜（我们说，它依恃网膜，因当眼睛闭拢时，它亦消失了）时，它又是心的了。换言之，所谓“心的”与“物的”，只代表同质的元素的两种系统如此而已。

我们在这里，仍须表示明白，他于有些地方，很显然地，排斥唯物主义。据他看，所谓物体，只是复杂的经验的思想符号。一般的人，其所以如此爱用“机械主义”的解释者，则因处此机械世界，人们太与机械相习熟了；另一个原因，则因欲求解释的简单，故乐用类推法，将机械的理论，比拟于一切事物，从而概括一切。他说，即令有种事物，可用机械的学理，解释明白，但我们仍不能把它们看成单纯机械的或单纯物质的。他对科学所持的概念，他于一般知识所持的见解，均受进化论的影响，尤其是生物必须向前适应环境以求生存的一点。这样，他与绪论中所说的达尔文的学说，具有紧密关系；至少，他是感染此派趋势极深的一个科学兼哲学家。

（三）现代观念主义

我在绪论当中说，十九世纪中叶后，是哲学上的唯物主义重新抬头的时期。该唯物主义的代表者是谁？他们的学说的内容如何？关于这些，我在本刊第五期“唯物论者的团体”中，亦略有论及。我们若把该项唯物主义，仔细加一探讨，那我们很可在“力的重视”与“生命的重视”两点上，看出唯物主义走入它那对体的路上去。

斯宾塞相信，力的感觉，最能表现“不可知”的实体，赫克尔的体系，在一方面，保持物的概念，同时又把能力，看为它那不可分离的属性，较此更前一步者，则为奥兹瓦德所持的见解，他是物理学上，化学上，以及自然哲学上的“势能”的著名宣讲者，这位哲学家；界叙可控衡与可接触的物质，说它是势能的配置物的形式，可用弹力的名词去解释，物质的容积，可用压缩的名词去解释，物质的重量，可用工作与速率的名词去解释。其他如热电声光等，亦可包括于同一概念之下生命本身，即是物理与化学的力的一种特殊的结合。既经自然全体，已被化归为势能，所有物与心的对峙，当可消灭了，因为所谓心，亦只是一种势能罢了。他不承认精神的势能与物质的势能，互相平行，却提议着说，精神的势能，自物理与化学的势能，转化而来；又可返归物理与化学的势能；此项转化，按照不灭的定律，以神经的势能，作为媒介，往前展着。不容说，这是极大胆的提议，如此一来，势能变为宇宙的本能，势能的不灭，变为宇宙的法则。可是，假使物质的势能，可与精神的势能，互相转换，那我们亦可以说，身可归结而为心，心亦可归结而为身。如此推究下去，自然而然会走到唯物论的对体方面去了。这是从“力的重视”一方面说法。

再就“生命的重视”方面来说，达尔文的原理——唯物主义者所绝对信服着的达尔文的原理（参看第一篇的绪论），如说它颠覆了内在的目的论，毋庸说它证实了目的论，岂不是吗？难道生存竞争，真是第一因，真是纯机械性的吗？岂非生存竞争，它自身，亦假定着生的意志，假定着意志或努力吗？真像莱布尼兹所说的，要使没有此项意志，即将没有本质哩！然则生存竞争，岂不先假定着居前的，超越的，与非物质的原因吗？所谓生存竞争，除了竞争为欲生存之外，我真不知它还有什么涵义哩！竞争为欲生存，即此一语，即把我们直接带入目的论中去了。何况除此而外，达尔文所用的全套术语，皆自目的论中取来，例如天择拣选，等，均将一种理知的要素，介入自然中去。也许有人说，这些用词，只是若干隐喻，不能直解其义。然而即此不能避用他们的事实，并不足以证明：我们不能用纯机械主义，来解释自然吗！

观念主义的思想，从如此的检讨中出发，那是最自然不过的事。我们在这里，即想把这班[①]偏于观念性的思想型的人，约略加以申述。

内中第一个，我们就要提出英国的格林（Thomas Hill Green，1836-1882）。他是公认的领袖，能于巴克尔，达尔文，斯宾塞等人，施以强有力的袭击。他于攻击自然主义时，推到它的根脚，从经验主义，攻击起首：这样，他排斥了整个的英国哲学的传统，据他说，此项传统的基本错误，在休姆的系统中，最为众多，最易看得出。真的，他个人

① 原文如此。——编者注

的见解，表现于他生前出版的著述中者，只有他附于休姆的《人性论》（*A Treatise on Human Nature*）上的一篇引言。他那最有系统与最重要著述，名叫《伦理学绪论》（*Prolegomena to Ethics*），在此书内，他从观念主义派的认识论中，推得自我实现的原理（Principle of Self-realization。）

格林的出发点，是“那种对于知识条件的分析，即此分析，不问有无康德其人，如此称它，实形成一切批评哲学的基础”。他说：知识的开端，是“对于联结的事实的经验”。经验主义（例如休姆所阐发者）弄错了，以为此种“关联，”其本身，即是事实中的一部，须知它是全然由思想提供出来的。康德式的方式与范□，由格林看来，即是可知世界的联结组织。事物不能凭恃自身，结成关系，却需某种“结合力”，自外参加进去。又因不与意识相关者，没有一物，得进入知识中去，所以此种“结合力，”必是意识的活动。“此种结合力，即我们所惯称为知慧者，”亦即“我们所惯称为运思的或自我辨别的意识”者。我们如欲解明自然的单一性，那我们只能把它看为自我的单一性的表现。

其次，我们要略述格林的弟子卜拉特赉（Francis Herbert Bradley，1846-1924）。他的名著《现象与实体》（*Appearance and Reality*），于一八九一年出书，表现他那心灵的特质，最为清楚。他那形上学与认识论的基础，系于下一区别，即一方面，是作为判断的题材的实体，另一方面，是判断所给予它的观念的内容；或换言之，一方面是“这”（That），另一方面是“何”（What）。实体在经验中，被指为我们所想到的这；但实体亦是我们所想到它的何。我们必须被迫而去想到它，又须被迫而去承认它即我们所想者，即此一点，已足以证明它决不像它被指示着那样的真实了。思想乃是一种奋力，意欲补救直接经验的显然的不适当，而其补救方法，则为于内外两方，引入各种区别，各种限制。但思想发现，要做成这步事功，是不可能的。它的各种确定，均超出自身的范围之外，所以一俟它们被制定了，它们即须被否认了。实没有方法，可脱此困难，我们不能不思维经验而接纳经验，但思维经验而望能得成功，是不可能的；思想是必需的，而又是自相矛盾的。此种特质，浸润于一切范畴间，而于关系的根本范畴中所表露者为尤甚。关系不能联系它的各项，因它自己，也需聊到这些项目中去，如此推求下去，一直至于无穷。卜拉特赉又用同一方法，排斥传统所说的初性与次性的概念，时间与空间，运动与变迁，因果，活动，自我，物如等概念；当然，我们知道，他于排斥这些概念时，于涵义上，即在排斥唯物论，现象论，不可知论，与单子式的精神论。

虽则此项批评，排斥了多数常识与哲学上的范畴，又强迫我们，放逐它们于"现象，"以别于实体，但其结果，并非完全消极的或负性的。第一，我们已发现了一标准，"最后的实体，不与其自身矛盾，"它必须自相一致，自相贯澈。第二，它必包涵现象，否则，我们即不能处置此项现象。连结此二者，我们下结论说，在实体中，现象必须"和谐，而别于它所显者。"第三，实体必须是一，因为不问我们把它们集合起来知觉，或把它们集合起来思想，要之，不同的实在，必互相限制；依据我们的基本标准，我们必设想它们，互相限制，犹如和谐的整体中的诸多部分。第四，实体是有感觉的经验，"在普通所称为心理的存在体外，即无实体或实在。"总括此四者，可知实体为一个人的经验，在此个人的经验内，一切现象，都极和谐地归而为一。即此实体，组成了绝对。

以上略论英国方面的观念论者，其在德国，有一班思想家，打着"返归康德"的旗号，对于唯物主义，表示反抗。我们为篇幅关系，拟略述科痕与文德尔班，算是新康德派的代表，又略述胡塞尔，算是现象学派的代表。

科痕（Hermann Cohen，1842–1918）是所谓马堡学派（Marburger Schule）中的一员，承接旧康德派排斥"物如"的系统，承认思想不是"与件"（Jhc Given）的组织，却是纯创造的历程。存在与被思，乃是一件事，而且是同一件事。只有科学和它的事功，此外，即无作为研究对象的自然了。在科痕的范畴说中，最著名的一点，则为他所给予创造的范畴的基本地位。即此范畴。表示了思想的建设力，只须综合不可分解的元素即得。此种元素，据科痕想，全为微积分中的"微点"（Infinitesimal）所供给。同此观念，现于数学诸范畴中，变为"实在"的范畴。就主要方面来说，数学是讲数量与数目的，假定着一种可计于可度的元素。此种元素，即各种数量，可凭而产生，但其自身，并非数量的，却是个别的与"实在的"元素，当然不是别的，正是微积分中的微点了。

文德尔班（Wilhelm Windelband）生于一八四八年，他所创立的学派，通务之为“德国西南学派”。他的思想，表现于他的哲学概论内，该书于一九一四年出版。

文德尔班从康德的知识论（即认知识为判断的综合动作）出发，承认有一较深的反省动作（Reflexive Act），凭此动作，判断自身，或被认为真实，或被认为虚妄。处于“集合内容置于一定关系的理知元素”之上者，尚有意志力方面承认或否认的动作，即此动作，界叙了价值的领域。真理不是观念对于事实的相符，却是对于主体的基本要求的满足。但因我们承认，所谓真理，须是普遍地真实的，所以真理所满足的主体，不能为特殊的经验的主体，却须为“一般的伦理的意识。”满足此项主体的要求的诸科学，既有的是唯理的（例如数学），又有的是经验的。其在经验科学中，又有“自然科学”与“历史科学”的分别，两者都是综合的与选择性的，各随主体之需要，以为决定；但前者是“定律性的”（Nomothetic），寻求概括，寻求统一，寻求程序，并欲把它自己，表显①于型式及法则，后者是“私己性的”（Idioraphio），涉及具体的个体，——只要这些个体，具备某种道德的，审美的或文化的价值。

处于伦理的价值之上者，尚有伦理的与审美的价值，此二者，就它们的普遍性而言，又须为超越的主体的要求。道德的意识，或曰责任的意识，可视之为社会意志对于个人的需索，而此所谓社会意志，其本身，又是“一类观念”的表显，或“宇宙的道德程序”的表显。此种普遍的生活，在历史上，常自现而为接续的文化体系，为欲实现它们，每一个人，应当负起责任，共同参与。至若审美的价值，又与道德价值不同，其不同之点，则为它们能脱离需要的感觉，又能脱离紧随欲望与意志而起的不满足之感灵感中，求获最完满的表现。

至于宗教，并不组成第四境界的价值，却只是伦理的，伦理的，或审美的价值的感觉的外面。以上三境界，均有一共同点，即对于规范意识（Normalbewusstsein）的蕴涵，即此规范意识的要求，存于人类经验，乃是一种未成遂的渴望。宗教所要求的，即欲在完满或“圣洁”

① 即显示、表现，下同。——编者注

中，求获这些要求的全部实现：或换言之，它所要求的，在欲征服价值与实在的二元性，我们都知道，这二元性，即为人类生活中不可透入的神秘，又为组成人类生活的主要特质。

胡塞尔（E，Husserl①，b. 1859）是“现象学”的倡导者，他先批评经验的心理主义，以明伦理主义的立场。他以为经验主义的归结，必不出怀疑论。他攻击自然主义，排斥历史主义，以建立极严密的哲学。他以为伦理学及几何学等的原则，红黄蓝白黑等的概念，都具有普遍性。例如“三角形三内角之和等于两直角”的命题，无论我们在此时此地思考它或不思考它，但它自身，常成一概念，并不因我们的思考与否而生改变。它是超时间，超空间，超人类而独立的。这样，所谓认识，即是使意味充实之意，即是将表达的意味，在对象上直觉之意。简言之，即是意味与直觉的统一。

本来，现象学可视它为观念论式的思想，亦可视它为实在论式的思想，全随我们的观点之不同，以为决定。不过胡塞尔极有一种倾向，欲把现象学与形而上学，看为同一东西，此项倾向，实充分表示了观念主义的趋势。因为现象学的题材是意识。在现象学中，一切意识的对象，均包涵“意识对象”的特质。从这观点出发，我们不得不说，并非对象与意识的关系，是被意指着或被观察着的关系，——在此关系中，对象先为存在，对象虽进入其间，但不妨碍其独立性；倒是对象，在其本质上，必须被意指着，或被观察者，或换言之，意识的客观化的复杂动作，在其认识实体的动作内，实创造了实体。

我们在结束此节之前，还得约略提出美国的罗益世，和意大利的柯罗采。罗益世（Josiah Royce，1855－1916）的哲学，像英国的经验主义，从“有限的观念”开端，承认此项观念，具一“内的”意义，又具一“外的”意义。判断的思想，往往超越自身，于它的内容之外，涉及它的对象。但此对象，不能视为“独立的真实，”要使如此，那就无法知道它了；亦不能视为神秘的直觉，能“扑灭”思想，要使如此，那就无法理解它了；更不能视为经验的可能，为真实的观念所决定，因为单纯的可能，只是空无所有，他既如此放逐了实在论，神秘论，

① 原文如此，即为 Edmund Husserl（1859－1938）。——编者注

与“批评的唯物论，”遂把观念主义，引了进来，承认所谓实体，乃是观念的成遂（Fulfilment of ideas），在这里面，观念所内涵的意志，于观念的外的意义——即经验中，求获实现。唯独观念自身，方能辨认它自己的对象，认定那是它所期望着的，并从而证实它自己的成遂。对象只当观念拣定它时，需要它时，不愿用其他事物获得满足时，方系“个体式的。”无论其为对象的特殊性，或殊物的单一性，都凭恃如此一种意想，即意想观念为具有它们自己的意志的东西。思想是一种自觉的“生活，”在这里面，观念于它们的对象中，获得满足。“所谓存在，推至最后一步，意即变成如此一种生活，是完成的，是呈现于经验的，是寻求完满而可获成效的；至于寻求完满，乃是每一有限观念于寻求任何对象时所必然采纳的。”

罗益世的思想，愈后愈看重社会的概念。在认识论内，他用“通译”（Interpretation）的名词，来界叙思想，不用观念的意义的名词，来界叙它。后者为观念与对象的直接关系，前者却为一社会关系，在此社会关系内，一个心灵的观念，由第二心灵看来，变为对象的一个符号。他的伦理学，集中于“输诚”（Loyalty）的原则，或个人对于大于其自身的“原因”的虔敬行为。终极的道德原理，乃是“交互输诚”（Loyalty to loyalty）的原理，在这里面，每一个人，于一方面，为他自己的原因努力，同时，又尊敬他在任何地方所碰遇的忠诚，并与之合作。罗益世极望用此输诚精神，解决各种种族与国际的问题，而其具体表示，则为“大社会”（The Great Community）的观念。末了，他于基督教中，发现他的主要常德，是“有信心者的共社”，“极存希望地而又极实际地，效忠于不可见的，但完全真实而又合于神性的普遍社会。”

末了，要说到意大利柯罗采（Benedetto Croce）的哲学。他在一方面，可视为后康德派的德国观念主义的发挥，在另一方面，又可视为意大利国家传统的表现，看重历史，看重普遍的文化。他的哲学，从历史的孕育中发生，所以倡说哲学即是历史学，意谓一切事情，只为永久与前进的反复解释中所表现着的，在能思的心灵中进展着；或换言之，历史即如史家所意想的，史家于从普遍方面，意想史实时，即在构想哲学，即是哲学家。柯罗采于意想实体时，把它看为合理化的历史行程，虽近乎黑格尔，但他绝不相信，可把历史或自然，置于普通的辩证法则之下，使之成为可先验地预示的东西。他自己的体系，即所谓“精神哲学，”全以“意识与实体为同一”的观念论者的原则，作为基础，不以单一性见称，却以它所给予诸精神领域的自主性为其特点。他这整个体系，于三部不同的著述内，被开展着，那即是美学（Estetica comes scienza dell’espresione e linguistica generale，1902）、伦理学（Logica comes scienza delconcetto puro，1905）及实践哲学（Filosofiadella Pratica：Economica ed Etica，1909）后者包括经济学与伦理学二部；如此说来，他的著述，已涵蕴着人类活动的四种基本形式了。

他的著述，虽论及人类活动的四种基本型形式，但以“区分”与“反对”的概念，保持它们的单一性。他相信，美，真，有效，与善，不是互相反对的，在它们间，并无辩证的关系，不能凭恃矛盾的对体，从一个当中，产生其他之一，而如黑格尔所执持着的。它们的单一性，只系于此事实，即它们不能被了解，除非把它们相互区分，又承认有一有程序的相倚，存于其间。它们共成一整体，该整体的部分，必须相互地并在整的观点之下，方得完全理解；而且这个整体，并非一倒退现象，却为一个圈，或一个循环体系，其中每一个部分，皆存于每一实体中。对抗的关系，不存于价值间，却存于每一价值内，最普通的，是确认与否认或正性与负性的关系；或详言之，存于美与丑之间，真与妄之间，有用与无用之间，善与恶之间。既然在每一价值内，具有负性的涵义，所以我们说，决无一物，是不具价值，或能不具备价值。这样，在“不真实”的东西中，必有直觉的价值（或曰美）；在错误或恶德中，必有经济的价值（或曰效用）。对抗的最大涵义，在能显示实体的基本动力性，把实体看为精神的活动，既能成功，亦会失败，只有凭恃竞争，凭恃征战，方能必达成功。

附言：我因时间关系，不能按预定计划，把六节文字，一气写完，对于本刊读者，非常抱歉。好在我的材料，大半取自 Weber and Perry，*History of Philosophy*，Fourth Period，“the Development of European and American Philosophy Since 1860”，该书已由我译成中文，不日即在世界出版，可请参考。

（《光华大学半月刊》，本文三个章节分别刊载于
1933 年第二卷第三期、第五期、第六期）

驳实验主义的真理论

自从十九世纪科学实验室的态度放大光明，达尔文生物进化的学说应用普遍以来，哲学界对于“真理”的观念，亦起了一个极大极大的变动。从前的人，承认“真理”是亘古不变，四海皆准的天经地义，如今只把他看作许多应用的假设，假设的对不对，全视他能不能发生他所应该发生的效果。既把他看为如此性质的假设，当然不承认他是半空霹雳，突然而来的了。所以如今研究“真理”，必要研究“真理”如何发生？如何得来？如何经大众公认等问题。“真理”原是人造的，是为了人才造的，是人造来供人用的，是因为他们有大用处所以才叫他们是“真理”的。“真理”不过是人造的一种工具，因为从前此种观念，曾经发生功效，所以从前的人，叫他为“真理”，因为他的用处，至今还在；所以如今还叫他“真理”；万一明天发生他种事实，从前的观念，不适用了，他就不是“真理”，我们就该去找别的“真理”，来代替他。例如从前的人，都相信“万物人造”之说为真理，神用他神奇万能的怪手，数日之间，造成各式各样的动植矿物，一经造成，即无所变更：人的后裔，总归是人；狗的后代，总归是狗；橡树种内，不会产生鸭脚种树；杏树梢头，不会生出苹果，此说盛行，凡数千年。后来，有人种植园艺，借用接枝方法，可使树木种性，发生变迁；又有人豢养家畜，借用择种方法，又把畜类种性，改换过来；于是神造之说，受一打击。后来又有人研究地质，发现地层之中，生物化石，累层减少下去，太古层中，非独不能发现人类化石，即连两栖类和鱼类的动物，亦不存在，所有的，只是一些微小的三叶虫化石罢了，可知最初之时，人类并不存在，于是“神造”之说，又受一个打击。又因他们研究地层化石，发现生物之类，随地层之次序而增减，愈近上层，生物之种类愈多，这样，除了否证“万物神造”之说以外，又足暗示生物演化的观念。后来又有人研究胚胎学，发现最初之人，只是一个雌雄生殖细胞的混合体，时间一天天的过去，此个混合体的细胞，亦一天一天发长起来，其中经过鱼类时期，两栖类时期，哺乳类时期，而终于变成一个“人”。此种发现，在消极方面，证明“神造”之说，不足凭信，在积极方面，更足证明人类确由下等动物进化而来。“神造”之说，既不可靠，即被抛弃，代之而兴者，则有生物进化之论，向之以“神造”只说，为“真理”者，今已改为进化之说的真理，将来亦许进化之说，失去时效，而发生其他的“真理”了。观此，可知所谓“真理”者，并不是固定的，并不是一成不变的，乃是随着时用而转变的：历时愈久，应用愈广，新的质素愈益附加上去，他的势力，他的范围，亦愈益扩张，愈益发展起来。吾人不欲了解真理的真正意义则已，如欲了解真理的真正意义，当用历史上演变遇化的眼光去观察他，因为他的本质，本不过是一个历史性的观念罢了；亦唯他的本质，是历史性的，是随着时地而转变而生长的，所以人们都喜欢用历史或生长的字眼去引伸他，挽近实验主义派人所说的“真现[①]生长说”，他的真正意义即是如此。

所以詹姆斯说：“凡是真理，都是我们能消化受用的，能考验的，能用旁证证明的，能稽核查实的，凡假的观念，都是不能如此。”又说：“真理的证实，在能有一种满意的摆渡作用，……如果一个观念，能把我们一部分的经验引渡到别[②]一部分经验，连贯的满意，办理的妥贴，把复杂的变简单了，把烦难[③]的变容易了，——如果这个观念能做到这步田地！他便‘真’到这步田地，便含有那么多的真理。”（参用胡适先生译文）换句话说，实验主义派人，承认：“假如一个观念是有用的，是有功效的，是可以表彰他的功用完成他的需要的，那末[④]，此个观念，即为一个真的观念。”（R. B. Perry：*Present Philosophical Tendencies*, P. 204）细细分析他们的主张，必要某个观念，完具他们所订的条件，适合他们所订的标准之后，那个观念，方算为真；而他们所希望的，亦只要他适合他们自己的标准，至于那个观念是否能够适合其他的标

① 疑为“理”。——编者注
② 即另，原文如此。——编者注
③ 即繁难，下文同。——编者注
④ 即那么，下文同。——编者注

准一层，他们一概不管。他们所公认的真理标准，归纳之，则为：

1. 成就的征验的标准（Verification by Operation）

2. 情感的征验的标准（Verification by Sentiment）

3. 功利的征验的标准（Verification by General Utility）

如今要问，此项标准，是否为最根本的标准？是否他项标准，皆可归附其下；所以只要适合此项标准，他项标准，皆可一概不问了呢？如此项标准，并非最根本的标准，除此以外，尚有他项标准，在价值上，可与他并驾齐驱，各不相下，那末，实验主义派人只要求一个观念能够适合他们所订的标准，其余标准，一概不加顾问的真理论，实为不公！如再进一步，假如我们证明了实验主义派人所订标准，非但不是最根本的标准，即连他们自己单独成立的可能性，亦未曾获得，非但不能包涵他项标准，反要被他项标准包围得去，变成他项标准的附属部分，那末，实验主义派人只要求一个观念能够适合他们所订标准，其余标准，概可不加顾问的真理论，非独不公，抑且不通了。而在事实上，实验主义派，的确犯着不通不公的大毛病。如今先把他项标准，约略提示一下，看他们究竟附属在实验主义派人所定标准之下呢？抑实验主义派人所订标准，反附属在他们的范围之内呢？

第一，我们不该忘掉“知觉的征验”的标准（Verification by Perception）——处此征验之下，我们的观念，无异于外物的导线，凭此导线，我们可以知觉我们观念中所蕴藏着的对象。当我用我的观念来发现观念中所蕴藏着的对象的时候，我即在征验着我的观念。假如我们知觉的对象，相符于观念指示我去知觉的对象，例如我说对面房子内，有三张桌子，及至开门进去，果有三张桌子，存在那里，我所知觉的，恰等于观念所盼望的，此时此个观念，即为正确；反之，设我开门进去，所发现的，不是三张桌子，乃是六张椅子，那时我的观念，即为不正确。这样，我欲征验我的观念，只要凭恃观念去寻求知觉的对象就得了，因此征验所注重的，只求其外物相符，所以又称之曰相符说（Correspondence Theory）。

第二，我们不该忘掉“一致性的征验”的标准（Verification by Consistency）——处此征验之下，一个观念之是否正确，当视其与既有标准是否互相一致以为断；当此观念与既有观念互相谐和，恰到好处的适合，这是一个真的观念。举一个例：假如我要征验长生不死是否为真理，只要一翻生理学书，如生理学告诉我，人到一定年龄，新陈代谢，不能平衡，必至于死，那末，我的观念，即不正确；因为他与既有的正确观念相冲突，相矛盾了。因此征验所注重的，只求其能够配入既有观念，恰到好处，故又称为“配入说”（Coherence Theory）。

以上二个标准，各自独立，代表哲学上的二大派别，前者为实在论派的标准，后者为理性论派的标准，实验主义对于此二个标准，并不加上相当注意，詹姆士虽则提到他们，亦不过承认他们是理论上的真理标准罢了。在他们看来，以为一个观念之是否真理，当观其能否发生实际功效，徒说相符，徒说配合，无济于事，所以敢于轻轻一笔抹过去了。到底这二个标准，是否可以轻轻抹煞的呢？这一点，姑俟我们批评实验主义的三个标准时，细细解答：

第一，我们先来批评“成就的征验”的标准（Verification by Operation）。所谓“成就的征验”，换言之，即是詹姆士所说以“事后的功效”（Sabsequential[①]Utility）来征验观念的意思；有时候，他又称之为“主动的”经验，以别于“他动的”经验。实则所谓“自动的经验”，所谓“事后的功效”，皆指做成某事的效果而言。例如我于今世刻苦修行，希望来世获得善报，设我死之后，果然获得报酬，那末，我的观念，才被证实了。失勒告诉我们说：“天下无无用的真理，凡是真的，必定有用，”他的意义，即是指此。不错，天下的真理，确乎皆有实用，但我们不能因为真理之实用，遂说真理即是实用，真理即由许多实用组织成功。例如国家敷设铁道，以便交通，于社会全体，甚有实用，但我们决不能因此而说此个实用，即是真理；如说此个实用，即是真理，那末，一旦国家发生变故，所敷设铁道，暂停数时，我们的真理，岂非亦将停止数时了吗？事之可笑，孰有甚于此者！观此，可知真理即是实用之说，实为不通。况自科学方法昌明以来，天下尽有许多观念，只要符合理论上的知识标准，即被认为真理，未必件件都要发生实际效果，而后“真理”资格，方能算到，所以我们如其说真理因效果而取得资格，毋宁谓真理因符合理智上的智识标准而取得

---

① 应为 subsequential。——编者注

资格之尤为正确。

况在事实上，拿“成就”来诊断真伪，此个标准，是否单独站立得住，迄今还是一个大大疑问。我们很有理由证明此个标准，不能单独成立，充其量，亦不过为既有真理的一个应用罢了。他自身并不能征验一个观念之真伪如何！摩耳教授（Prof. A. W. Moor）批评实验主义，曾有如此一句话说：“假如诊治某个牙齿的结果，可使牙痛变为不痛，那末，此个牙齿发痛的观念，必定是正确的。”此语可有二个说法，第一，我们怎么知道“此牙发痛？”此事之证明，或可寻求此痛之所在地，或可根据此牙病征，因而推测其为患痛之牙，二者皆属于上面所讲的二个标准——“知觉的征验”与“一致性的征验”——的范围内。及至此个断语证实以后，再把此个病牙拔去，于是牙痛减去，此事真理的一个实因，但拔牙与否，与我们已经证实的真理，并无多大关系，我们拔去此牙，牙痛全愈[①]，是拔牙效用，对于“此牙发痛”的断语而言，只占据一个次要的地位罢了！所谓真理即是效用者，其真情原不过如此！再就第二方面说话，吾人所用以证明“假如拔去此牙，牙痛即可全愈”一语的证据，乃为“牙齿被拔——牙痛即除”的一个历程，细察此个历程之成立，必要亲自知觉拔牙的手术人，方能领会周到，是其所用标准，仍为“知觉的征验”的标准。纵观上面两个论断，皆以“知觉的”和“一致性的征验”作为标准，而所谓“成就的征验”者，不过追随其后，仅居一个附属性质的次要地位而已。实验主义所用以攻击他人者，正是他自己受人攻击之处。

实验主义的第二个标准，可名之曰“情感的征验”，凡有一个观念，如他的作用，可以鼓舞情感，助进勇气，使人们感觉到生活的愉快，并增进了生活的价值，那末，此个观念，当给他以“真理”的美名。詹姆士在一八九六年发表了一篇“信仰的意志”（The Will to Believe）即以此个见解，作为根据，所以他说：

“假如那造化的上帝对你说：我要造一个世界，保不定可以救援的；这个世界要做到完全无缺的地位，须靠各个分子各尽他的能力。我给你一个机会，请你加入这个世界，你知道我不担保这个世界平安

---

① 即痊愈，下文同。——编者注

无事，这个世界是一种真正冒险事业，危险很多，但是亦许有最后的胜利，你愿来吗？你肯来吗？假如上帝这样问你，这样邀请你，你当真怕这个世界不安稳竟不去吗？你当真宁愿躲在睡梦里不肯出头吗？”(参用胡适先生译文)

这是詹姆士的“淑世主义”的挑战中，他要我们大着胆子，接受这个哀的米敦书[①]，所以然者，盖因此种信仰，可以鼓舞情感，很值得我们孤注一掷的。宗教若是假的，信仰的上当，存疑的可以幸免；但宗教若是真的，信仰的便占便宜，存疑的便吃亏。存疑与信仰，两边都有冒险，但因赌博时候，当局的人，大有赌赢希望，他的生活，当益为曲折而饶有兴趣，所以信仰总比存疑合算。“依实际主义的道理看来，如果‘上帝’那个假设有满意的功用，——此所谓满意，乃广义的，——那假设便是真的。”

实验主义如此主张，非不知观念之真伪，当拿知识来决定，但因此项问题，超越知识能力之上，非知识所能决定，又因此项问题，于实验生活，大有效用，不由得我们不去用他，因此就不得不拿“情感的征验”来决定一切，正如詹姆士所说的：“有时候，有些信仰的去取，是不能全靠智识方面来决定的，当这样时候，我们情感方面的天性，不但正可以，而且正必须出来决断。”然亦唯此我们看得出“情感的征验”不是单独可以存在的一个标准，他的效用，只是辅助性质的，必要到“知觉的征验”和“一致性的征验”不能决定一个观念的是非真伪之时，方才显著出来，虽不名之曰真理的标准可也；强欲名之，亦不过附属于其他二个标准的一个支流罢了。

“成就的征验”既不可通，“情感的征验”亦不成立，实验主义的三个真理标准，已去其二，其所剩留者，只有“功利的征验”而已[②]，他的大意，盖谓如欲证明一个观念之是否真理，当视此观念所供给的总成绩若何？他所供给于个人的功利者若何？他所供给于社会全体的功利者又若何？功利愈多，收效愈大，观念的真实性，亦愈益抬高。失勒说：“真理当以有用无用为标准，此所谓有用无用，小之专对个人

---

① 哀的美敦书。意为最后通牒。——编者注

② 原句引号位置有误。——编者注

生活而言，大之乃对形成我们最后鼓舞的生命的谐和而言。”① 例如我于来世生活，具有一定看法，假如此个看法，在各方面皆足证明他是一个高尚的生活理想，是一个依符事实而又与既有观念互相一致的理想，是一个实地适用而又富于安慰性与鼓舞性的假设，那末，他们必定是一个真理。假如同时之内他又是一个可以满足全人类的欲望的要求，那末，他那真理的度数，更升高若干。此之谓“功利的征验”。

批评此个标准，我们当先看清楚：实验主义者虽然反对“知觉的”与“一致性的征验”，但在这里，他们又把二者抄袭在内了，即此一点，已足证明实验主义所订标准，不能单独站立得住。其次，实验主义过于看重此个标准了，所以从他们的口吻中，往往可以听见许多极端的言论：“实验主义之字，盖含有一切真理皆要有实际的效果的意义，其在英国此字涵义，益为广泛，几于每个语句中所含真理皆要用功利的总量去决定他。”（James，*The meaning of Truth*，P. 52）真的，当我们读实验主义派人的著作的时候，每有如此的感想，以为实验主义所看重的，只是一个功利的观念只要他能够产生一个实际上的效果，各式各样的观念，皆可送他一个“真理”冠号，即令那个观念，明明与“事实相反”，他们不屑以真理名之。医生诊病，发现病势非常激烈，一不当心，即有生命之忧，这是事实，但因医生要宽解病人的心理状态，以使服药之后，克奏神效，于是告诉病人说，他的病征，并不十分危险，此是谎语，但因此个谎语，于病人有益，于实际有用，所以实验主义者亦要称此谎语为真理。我不要挖苦实验主义者然而他们的著作确有如此之表示将奈何！

实验主义到了此个地步，大有反动的嫌疑了。此所谓反动，乃是实验主义对于科学界所生的一个反动，科学所最征验的，厥维浅薄的功利观念，有了此种功利观念，科学家将以目前功利为重，以维持现状为一大能事，人人贪图苟安，人人不肯向前奋斗，科学界的进步，必要从此停顿下来了。科学家发明新理，必要费尽心机，刻苦研究，研究结果，未必一定有所发现，如此冒险行动，如何保持现状，多作生产事业，多享一点物质生活之为愈，人人如此，试问科学界还有什

① 原句引号位置有误。——编者注

么希望呢？此非科学界之反动思想而何？实验主义以科学实验室的态度为出发点，随时随地，皆讲科学方法，而他们自身，终于发生反科学的危险思想，此为实验主义的大缺陷，亦即世界本为一大矛盾的好证据。

总观上述，可知实验主义所用的三个真理标准，自身皆不能单独成立，必要依附于实在论派与理性论派的真理标准之下，方能发挥光大，另生独到见解；然而骄傲的实验者，偏以自定标准，引为满足，不肯虚心接受他项标准，无怪他们的学说，每有矛盾之处。实验主义者说："天下无绝对的真理"试问，"天下无绝对的真理"一语，他的自身，是否即是一个绝对的真理呢？

附注：此文批评实验主义的真理论，参用 R. B. Perry 之说为多，原文见其所著 *Present Philosophical Tendencies* 第二〇三至二十三页。

（原文刊载于《知难》1928 年，第八十七期，第 7—12 页）

《现代政治思想》小引

现代的政治思潮，虽不仅止观念论派，法西主义，共产主义，民治主义，三民主义的五派，但在现代实际政治上发生重要影响的，却为这五大思潮。就中观念论派是一个极端，把国家看做道德的实体，又看做高度的有机体，个人不仅必须在国家里面求获生存，而且必须在国家里面，发挥他的人格，寻求他所以做人的道理。这派思想推到极端，就把个人看做国家的工具，个人的地位绝对降低，国家的地位，绝对提高，个人的一切，都得受国家的管辖，并以国家为最后的指归。法西主义是观念论派政治哲学的具体应用，苏联共产主义的主要措施，亦受观念论派的重大影响，与此三派思想处于相反地位的，是英美式的民治主义，绝对尊重个人的地位，把国家仅仅看做个人于求达某项目标时的一种工具，对于个人的事，国家应尽量减少干预，国家只能以“幕后者”的身份，对于错综复杂的经济活动，□□活动，文化活动，加以必不可免的监察与辅助。我们倘用比较抽象的话来说，则观念论派的政治思想，可名之为全体主义的思想，民治主义的政治思想，可名之为个人主义的思想。至于中国的三民主义，以实行全民政治，作为政治上的终极目标，以推行全民享受，作为经济上的最高抱负，以实现国际大同，作为民族运动的最后指归。其着手处，则为组织坚强的民族国防体，与其说它是对于上述二大思潮的开和，毋□说是根据中国目前需要的自然产物。究竟这几派思想的渊源是什么？经过怎么样的演变，方成为现在的形式？它们的主要思想家是谁？它们的理论体系如何？我们对于目前国际政治的实际应用，又是怎样？诸如这一类问题，就是这本小册子所希望解答的问题。

这本小册子的主要部分，是我在中央政治学校讲授“现代思潮”一课时的讲义，因为适合讲授时的需要，尽量用通俗语句，来说明各派思想的蕴奥，不过在叙述观念派的政治思想时，究竟能否真正达到通俗的目标，那就需要读者判断，但我个人，总算已尽其最大努力了。还有，我编这本小册子时，取用 G. E. M. Goad 所著 *Guide to the Philosophy of Morals and Politics* 一书之处甚多，谨此向原著者致谢。

民国卅二年六月詹文浒谨识

（原文刊载于《现代政治思想》1943 年 12 月初版）

《西洋哲学讲话》小引

在写完了《现代思潮讲话》以后，觉得有一部[1]工作，必得要做，那就是把西洋哲学史上的几个重要体系，作一比较清楚的说明，使初学哲学的人，在合读这两本小册子以后，对于西洋思想的整个潮流，能有一个比较明白的认识。这本《西洋哲学讲话》的小册子，就是根据这个动机编写的。

因为这本小册子的目的，专是供初学用的，所以在编写时，时时顾到初学哲学的人的困难，尽量叙述每一体系的粗枝大叶，使读者在阅读时，对于每一体系的发展与演变，得一明晰的线索，其余无关大体的枝节观念，一概略去。读者看完本书以后，离开明白西洋哲学史的目标尚远，但有了这一点基础，再去攻读哲学史，当可得益不少。我们不能希望每一读者，都去攻读哲学史，但我们不能不希望每一读者，对于哲学史上的几个重要体系，都有一个概括的认识。本书的一个小小期望，就是能够满足读者的这个需求。

本书于编写时，多取材于十二年前所译的《哲学的故事》，那是美人杜伦所写的一部通俗哲学读物，出版以来，备受读者欢迎。中文译本因在青年协会书局出版，知道的人很少，到现在已经整整十二年了，三千部的初版书，还未曾售罄，也是开出版界的滞销记录的。此外，又参用罗杰士所著《学生哲学史》的材料，该书也是一部通俗而不肤浅的哲学史，读者倘对哲学史感觉兴趣的话，很可一读。

三十年六月一日（1941 年 6 月 1 日）编著者谨识

（原文刊载于《西洋哲学讲话》，1947 年 5 月再版，世界书局）

---

① 原文如此。——编者注

《世界教育史纲》例言

本书是 Ellwood P. Cubberley 所著的 *A Brief of History of Education* 的译本，原著书以西洋教育史为主，涉及中国，日本，暹罗诸国，所论范围极广，实是一部世界教育史，所以我就把它译成今名。

本书是原著人另一部大著作——即《教育全史》(*History of Education*)的节本。他编这部节本的理由，据他在自序上说，是要适合一般师范学校和普通大学生的需要，这班学生，只望读一二本教育通史，没有时间而且也没有意思去研究一部教育全史。本书根据《全史》编着，提纲挈领，扼要叙述，所有《全史》的精彩之处，均被采入，用以供给普通的教育学生应用，最为相宜。

原著人编著教育史的观点，在把一部教育史，看做整个的人类文化中的一部分，叙述之时，注重教育本身的实施，组织，与进步。他不偏重理论，但也不忘记理论。他看重事实，但以教育为改良种族、解放个人的工具的观点，来组织事实，来贯通事实，所以毫没有沉闷和烦重之感。他所再三注重的，是历史上人类理智获得解放的重大步骤。他不单从理论方面，来说明这些步骤，却以历史的记载，作为依据，来说明这些。就因为这一点，所以本书比其他同类的书，有特别值得我们注意的地方。

当然，原著人于叙述教育通史时，以近代的教育史作为重心，但他再三申明，所有近代的教育，实则只是古代教育的一种发展和累积。我们不欲明白现代的教育设施和教育问题则已，如欲明白它们，必须从研究悠久的与复杂的历史背景入手。例如近代国家教育制度的兴起，近代各国所设施的教育制度的不同，近代对于教育目标所具的各种新的观念，近代科学研究的勃兴，近代学校所完成的各种新的机能，近代各教育家所发挥的种种教育理想，近代所新发端的各种学校型式[1]和训练方式，诸如这一切，倘不从历史的背景上去着眼，休想看得真切，把握得住。原著者于叙述并探究这些问题时，都能头头是道的穷其根源，以明其趋势，这是最会引人入深的历史的写法。

我译本书的时候，在不失本来面目的范围内，尽量求文字上的流畅易读；原书的重要图版，也都经采入，极望对于国内研究教育的人，有些许的贡献。

1935 年 6 月 1 日译者谨识

（原文刊载于詹文浒译《世界教育史纲》例言[2]）

---

① 即形式，原文如此。——编者注

② 即著作前用来说明体例的语言文字。——编者注

《哲学概论》译者序

我们稍微研究过哲学的人，最怕被人考问的，就是“什么是哲学”的一个问题。当然，最便当的办法，莫如记住一二哲学家的定义，例如冯德（Wundt，1832-1920）的定义，一遇人询问，即答以“哲学是以统一各科学所供给的知识，构成无矛盾的体系为识志的科学”，作为应付；可是如此的回答，等于不答；不如举出几种参考书目，请他自去参考，更干脆些。然使我们换一方法，将哲学范围内的几种学问，如认识论，形上学，名学，伦理学，美学等，列举几种，告诉他说：哲学所研究的，是这几种学问，那他就懂得多了。如再进一步将这类名词的意义，稍加解释，或再举几个例，那听的人，必更加明白了。此其故：一方面，固然因为具体的举例，较诸抽象的说理，容易懂些；但同时，亦因人们所需要的，不是什么玄妙的定义定理，却是若干问题的明显的答案。这是一般人所共有的经验：手中所持的，明明是一直竿，插入水中，却变为曲形，若再从水里取出，却又恢复直形；于是灵敏的人，即要询问：到底那一个是竹竿的真形呢？是曲形，抑是直形？明明是基督所称颂的善德：——“凡帮助弟兄中间最弱小的一个，即是帮助我。”但尼采派的青年，大不以为然，他们以为此在破坏“超人”的道德；于是灵敏的人，又要询问：到底什么是善行呢？是怜悯人，抑是争胜人呢？明明是肤色黧黑，唇部突起的丑妇，但同族的伟男子，却目为西施美女，对之曲献殷勤；明明是“癞头刻脑[①]”，污秽满面的丑儿子，但自亲生的母亲看来，却是乖巧玲珑的小宝宝；于是灵敏的人，又要询问：到底什么是美，什么是丑呢？凡是人，都有这些疑问，既有这些疑问，就希望明达的人，给予他们以确切的答案。至于玄学玄理，他们本不是学道习德，穷心究理的老学者，当然无心

① 即头上长黄癣，形容人丑陋。——编者注

来注意了，更无心来理会了。

然而对于这些问题，予以确切的答案，岂是容易办到的事？数理学家所指示的，只是些抽象的理论与干枯的程式，对于实际的人生问题，当然难有贡献。生物学家所论争的，是“微变”与“突变”的问题，“先天”与“后天”的问题，这些问题，虽与人的行为，发生直接关系，但于人的行为之中占据首要地位的“心灵”问题，不知如何措置；因之，他们虽有意来解决人生问题，但终力不从心，徒呼奈何。至于心理学家，他们确是研究人类的心灵或精神方面的行为的，可是现代的心理学，正处于“无政府时代”，它的本身命运，尚未得解决，更无望其能解决牵涉其他的科学的人生问题了。唯独哲学，它是用综合的见地，来研究最后的问题与终局的问题的科学；是研究万有全体的科学；它以各种科学的材料，作为基础，居于各种科学之上，用居高临下的视度，扼住整个的见地，解决其他特殊的科学所不能单独解决的问题。对于复杂的人生问题，别的科学，如不能负责解决，犹有可言；独至为“一切科学的皇后”的哲学，为“一切科学知识的最高与最终的统一”的哲学而不能负责解决，实属无词可措。

而尤其处于现代的时会之下，研究哲学的人，对于此种复杂的人生问题，尤须负切实的解决之责。近世纪自科学昌明，产业界发生伟大的革命以来，人类生活的各方面，皆发生激烈的变动：机械发达了；工厂林立了；农村人民，皆如水赴壑，如蚁附膻般地聚集城市，图谋城市的生活去了，固有的道德规条破坏了，固有的风俗习例崩溃了；人们居于机械的世界内，犹如一个轮齿，一个螺旋，所见所闻，皆属琐屑的部分，与碎裂的碎片，不能于部分与断片之间，体认整个的意义，与全体的见地。假如从前手工业时代的人，需要一种整个的人生观，以资策励；那现在机械时代的人，更需要如此一种见地，作为指针。可是现代的科学，现代的专家，“为求安全的缘故，只攒在狭小的范围内，每一个人，只知他自己的部分，但不明白他的部分，在全体中，究占如何地位”。这岂是可以久长的局面！我们的世代，正像文艺复兴期的世代，一切原料，皆甚充裕，只缺少如哥白尼，培根等人，善用此原料，以建树一新的世代，与新的社会。现代的每一心灵，皆在向哲学请愿从速创出一调协的世界，与和谐的人生来。

再从哲学的本身命运着想，此种用整个的见地，而来建树一调协的体系的企图，尤属亟切需要。哲学在古昔的时候，是如何受人尊敬的皇祚！著名的苏格拉底不愿自敌人手中，逃避性命，却愿在哲学坛上，为哲学殉身。柏拉图为它的缘故，敢冒二次大险。马迦大帝爱好哲学，更甚于皇座。勃鲁诺①为它的缘故，虽遭焚毁，亦无怨言。这是多璀璨，多辉煌的时代！可是到了现在，非独前此的尊严，丧失无余，即其能否继续生存一点，并亦发生问题。究竟哲学能否继续存在，是否有它的将来的问题，包含复杂，现时姑不置论；但一种学问，——从前曾受各阶级人的尊敬的学问，现在居然有人要怀疑它的将来，即此一点，可知它的遭受，确乎凶险极了。考其所以如此者，虽有自外的原因，不能抹煞，但其本身，亦殊负有罪愆。回忆从前的哲学，是活泼生动的学问，是冒险进取的学问，是胆敢研究的一切，而其研究所得，又能指示实际生活的学问，是每一个人，皆愿听其指挥，受其教训，以为立身处世的指针的学问，总括一句，是生的学问，不是死的学问。可是自从经过中世纪的经院主义，——一种不敢向外研究实际问题，专在三段论中玩把戏，艳其名曰哲学，实属一种宗教的经院主义的麻醉之后，人们都自生的学问，走到死的路上去了。迄后，又出了一个笛卡儿②，昌言“我思故我在”的结语，“此所谓‘我’”，通认其为非物质的灵魂，此灵魂的本质，究属怎样的呢？我们都明白：一个物体，必当其被别个物体推动的时候，方能行动，如今我们的灵魂，是非物质的，既是非物质的，怎能推动大脑中的细胞组织，使之发出动作来呢？为欲解答此问题，于是在哲学上，产生了奇特的“唯物主义”，“观念主义”，与“心物平行论”的三种学说来，而哲学上的认识论争，亦就此开端；到了后来，整个的哲学界，皆卷入认识论

① 即乔尔丹诺·布鲁诺（Giordano Bruno，1548-1600），意大利思想家、自然科学家、哲学家和文学家。他勇敢地捍卫和发展了哥白尼的太阳中心说，并把它传遍欧洲，被世人誉为是反教会、反经院哲学的无畏战士，是捍卫真理的殉葬者。由于批判经院哲学和神学，反对地心说，宣传日心说和宇宙观、宗教哲学，1592 年被捕入狱，最后被宗教裁判所判为“异端”烧死在罗马鲜花广场。1992 年，罗马教皇宣布为布鲁诺平反。http：//baike. baidu. com/link？url = - BdyvWf0pZxCAaG - kXQnLoopp91Kqo - 9oOJrdH8tavz - AV9 _ PPm2tQGLroQcn9lmmeBgTNMe5QlT4enG_ pNMTq。

② 即笛卡尔。——编者注

的旋涡中去，而不能自拔。人们所研究的，不再是切实的人生问题，却变为干枯的心与物的问题，实体与现象的问题，理性与感觉的问题。当然，这些研究，从提高人类的运思力一点着眼，本不可厚非；可是对于一般人的生活，就根本不发生关系了。同时，又因各特殊科学，相继脱离哲学而去，哲学好似一个年老的母亲，活了数十岁，养了几个儿女，必须“寿终正寝”了。如今辩护哲学的存废问题，据我看来，毋须从理论上着眼，只须转换它的方向，使其重复，回到人的方面与实际生活方面的问题，佐助人类，解决切实的生活问题，要使它对于人类全体，有切实的贡献；那还怕人类不像从前的殉道者一样，赤胆忠心的去护卫他吗？

这是哲学的生死关头，亦是现代谈哲学的人所不得不负的仔肩。美国的杜伦博士，有鉴于斯，曾以上述观点，著述《哲学的故事》，活化全部哲学史。（该书已由我译出，在上海协会书局出版。）现又根据此观点，著述《哲学概论》（原名：*The Mansion of Philosophy*，照字面直译应为《哲学的宫邸》），切实解决哲学上，同时亦即是人的生活上的诸问题，他把哲学看为“科学的皇后”，居于各特殊科学之后，而又统治各特殊科学，故能用综合与调协的见地，或曰整个的见地，研究人生的诸问题。他把它们分成八项，各项自成一编，连同绪论，共九编。第一编绪论，题名《哲学的诱导》，从历史的见地中，述说今后哲学应走的新路。第二编《伦理学与认识论》，试为解答“什么是真理？”的问题。第三编《形而上学》，以最新的科学材料，阐明一己对于本体论，宇宙论，与自由意志问题的见解。第四编《伦理问题》，说明道德的终极标准，又为我们陈述具体的性格改造方案。第五编《美学》，说明“美之感觉，乃自性之诱引中流露出来，盖为性之诱引的分支与溢流。”第六编《历史哲学》，先说明历史的新见解，次回溯历史的过去，又推测文明的将来。第七编《政治哲学》，先批评时行的几种政治理想，又陈述自己的理想国，——一个以人心的改造，作为首要基础的乌托邦。第八编《宗教》，先论述宗教的渊源，次比论时行的诸教，后又论述最古典最新的“神与不朽”的问题。第九编《人生的究极》，比论悲观主义与乐观主义，并指示吾人以追求快乐的方法。试读他的书，不独对于上述各问题，有精确的讨论，与切实的解答，且能激发吾人，使吾人于生活上，增加不少勇气。换言之，他所赠予的，不单是一些知识，而且是一种信仰，一种安慰。谁能读了他的“生命是值得生活的吗?”一章，而于自己的生命前程，还会笼罩着悲观主义的暗影呢?谁能读了“快乐的追求”一章，而于追求快乐的方法，还会暗昧不明呢?他在原序开端处说:“此书之作，在建树一个调和的人生哲学。”在这一点上，他确乎是成功了。

说到译文方面，在第四编内，原书本有八章，第一二章，说明“道德是部分对于全体的调协”；第三章论我们为何恋爱异性；第四章论男女的区别；第五章论近代的妇女；第六章论近代婚制之崩溃；第七章论子女的教育。其意盖欲自恋爱出发，由恋爱而结婚，由结婚而育婴，按部就班，论述道德之涵养。最后一章，论性格之改造，为一般人述出具体的性格改造方案。我于三，四，五，六，七诸章，一因它们的内容牵涉太泛；二因它们所引的，尽是些美国材料，不甚切合中国的国情；三因它们所指陈的，在《性格的改造》章内，在全书的其他各章——如十七十八章内，多有重复的地方，略此数章，对于全书的认识，无大影响；所以经过长时间的迟疑后，终把它们删去了。其次，在第七编内，原书本有五章：第一章曰《自由的讼赞[①]》，第二章曰《民治政体果然失败了吗》，第三章曰《贵族政治》，第四章曰《社会主义果真死了吗》，第五章曰《乌托邦的创造》。前四章，是著者对于现行几种政治理想的批评，批评之后，又建议补救的方案。但无论其为批评或建议，章与章间，颇多相互重复之处，而尤以民治政体与贵族政治两章间的重复，更为显著。反之，若把此数章，汇聚一处，等观齐量地比较一下，当更能看出它们的优劣得失之处。有此两种缘由，所以竟大胆地将此四章，合并一章，改名曰《几种政治理想》。如此并和，在篇幅上，虽减少二万五千余字，但在意义上，并无多大减损，不过在□□方面，稍加减缩而已。还有，在最后一编内，原书本有三章，首章论生与死，把人生分幼年期，青年期，中年期，与死亡的四段，逐段寻出它的特点，加以论述，看其主旨，在为同编第二，三章之张本；但细读第二，三章，凡其所需要的材料，均于本章之内，详为申述，缺此一章，无碍得失，故亦把它删

---

① 即颂赞，原文如此。——编者注

去了。

其实，在全书内，译文与原文相出入的地方，不仅有上述的数点，即在各章之内，亦皆有删削与增加的地方。例如在《宗教》一编的三篇对话内，尽有许多，是谈话上的冗语，加了上去。虽可收“似真”之效，但于全编主旨，究属无关，故概将其删去。又如杜伦此著，正□在他的《哲学的故事》内，多用文学的词句，叙述哲学，有时且援引若何诗句，而此诗的涵义，已于正文中的说明，删之无伤大旨；关于此类诗句，亦概略而不译。还有几种在原著者的同国人看来，非常明瞭，但在我们中国人看来，简直不能懂得的讽刺语，例如在原书第五二七页内，有“我当听人引据原手的立法者的权威，说上帝是第十八条补充案的制定人。”此所说的第十八条补充案，是美国宪法上最近的一条，是规定“酒禁”的事情的。按原著人在上面一段，说明有许多部落的“禁物”，同时亦即其部落的道德条律，因与部落的生存关系至巨，故当于道德的制裁之外，加上宗教的制裁，谓其出于神授，以增其威权；而美国的“酒禁”亦属如此一种“禁物”，故立法者亦愿托名神祇，谓“上帝此补充案的制定人”。读者不明其中原委，当然难以懂得，若下注解，则原书已甚长，不便再加；好在它的涵义，已于前文说明，略之不关重要，诸如这一类语句，在译文内，亦大多删略了。此外，译者于原文所无的地方，亦有数处加入数语，使其意义，益为明瞭。举一个例，如在《神与不朽》一章中论“死去的神”一段内，有一处，在原文，只有“不管它的原因若何，但宗教之衰歇，确系事实。”我根据上文，略加结束，变为：“研究宗教的衰歇的原因，据詹姆士说，是人类道德观念的进步；据安得烈说，是人世间的痛苦与近世的大学教育；据克拉伦斯说，是新兴的财富；据保罗说，是近代的工业；据威廉说，是残酷的战争；……如今不问它的原因若何，但宗教之衰歇，乃是事实。”就清楚得多了。

总之，我认为说理的书，和描写的书不同，移译之时，不必逐字直译，直译了，反使意义晦涩，难于明瞭①，以致失去原著人的真意所在；尤其像杜伦那种通俗化的书，务求其意义明白晓畅，不以高深的

① 即了，原文如此。——编者注

文学描写为指归的著述，尤不必逐字呆译。我只求在说理方面，不辜负原著人的真意，其余少数字句间的出入，就不过细计较了。但我不说这是译书，不如称为“译述”，似较妥当些。

詹文浒二十年一月写于嘉兴

（原文刊载于威尔·杜伦著詹文浒译《哲学概论》
1931 年 12 月第 1 版）

《西洋哲学史》译序

这一部哲学史，本系艾尔弗雷德·韦伯（Alfred Weber）用法文写成，在英美各大学，均采作教本，但它的内容，仅到叔本华为止。当然，这从一本完备的哲学史教本的立场来看，是一个大缺陷，于是由美国哈佛大学的柏雷教授（Prof. R. B. Perry），把现代的部分，续写下去，而艾尔弗雷德·韦伯的原著，又由科纳尔大学的梯利教授（Prof. Frank Thilly）译成英文，复经柏雷教授的修订，两部合并，遂成此书，—— 一部从哲学的最初渊源起直讲到当代的哲学派别为止的极完备的哲学史。

柏雷于修订此书的序文内，曾谓："艾尔弗雷德·韦伯的《哲学史》，早经变为标准著作，在它当中，深邃的学力与浅显的文笔，获得极圆满的和合。"这不是一句随便说说的恭维话，我们愈读他的书，愈会觉出它的好处。我们不说别的，只请读者把它的目录，略一翻阅，即可发现它的特点。它于分期方面，虽亦与他种同类著作相似，分为希腊哲学，中古哲学及近代哲学三部，但在每部之下，又有极清楚与极明显的分类。就拿希腊哲学的第一期——形上学本部与自然哲学期来说罢：它把公元前600到400年间的哲学发展史，除述哲学的渊源外，提出变的问题，而以（A）变的否认，（B）普遍的变的学理，及（C）变的解释三项，概括从爱利亚学派以下直到德谟克利特为止的哲学，只要我们看到这三项标题，就可极系统地领会当时各哲学家的所说；其他对于希腊哲学的第二期，中古哲学，及近代哲学，都作如此的提示与归属，使读者在一瞥之下，对于二千五百余年的全部哲学史，有一整个与全体的了解。这是史识，这是哲学家所写的哲学史的特征。真的，这不仅是一部普通的哲学史教本，这部教本的本身，即代表一种哲学。

关于柏雷教授所加入的部分，他在修订版序文内曾有清楚的说明，读者读其序言，再察其内容，当知他所提出各点，在著述上，都一一履行了。

我译此书时，已有徐炳昶教授，根据法文原本，译成该书的希腊哲学部分，给我以充分参考的机会，我在这里，十分谢谢他。

1933 年 11 月詹文浒谨识

原文刊载于詹文浒译《西洋哲学史》

编者的话：竹庄先生论我及其他

本期有蒋竹庄先生分析我的一篇文字。竹庄先生本是个佛教学者，他不仅讲佛教而且行佛教，根据佛教的见地，来分析我，自然会引成如他在“我”的那篇文字中所引出的结论。的确，单就我们每一个人的“我”来讲，那不仅是合理的结论，而且是唯一的结论。任凭你是英雄美人，一口气断了，什么都完了。我们既不能生在这世间，永远不断气，就谈不到什么做人的真意义。再从此引伸[①]下去，即连修养的工夫，也觉无谓，有修养的人，不是和无修养的人，同样地一口气断了，一切都完了吗？我们分析到这个阶段，就不能不把“我”的意义，重新加以估评。

原来我们的我，具有二重意义，其一，是我们每一个人的我，可名之曰“小我”，竹庄先生所分析的，就是这小我。在这无数小我后面的，还有一个“大我”，那不是什么空虚与抽象的名字，它的存在，非常确定，非常真实，而且比我们每一个人“小我”，更来得确定，更来得真实。我们随便举几个例：我们的家庭，我们的社会，我们的国家，我们的民族，我们的文化，就是我所谓我们的“大我”。我们个人断了气，我们的众子孙，延续了我们在生物方面的生命，所以从生物的观点来说，我们的众子孙，就形成了我们的“大我”。我们个人断了气，我们所处于其内而为其一分子的社会，先我而存在，又继续存在下去，所以从社会组织的观点来说，它是我们的“大我”。我们断了气，我们的事业与成就，组成了人类整个文化的点滴，它的内容，因为众小我的努力，愈趋愈丰富，愈久愈辉煌，这样，从人类心血结晶的观点来说，“文化”又是我们的“大我”。

---

① 即引申，原文如此。——编者注

说个浅近的比喻，我们的“大我”，犹如一座森林，我们个人的“小我”，犹如森林中的许多小树，年代过去了，小树变成大树，大树腐朽而为肥料，栽培新起的小树。如此代代相承，个体的树，时有生灭，整个的森林，屹然不动，而且愈长愈大，愈大愈繁茂。我们每一个人的“小我”，一想到有整个的“大我”，作我们的继续体，那就在消极方面，不致感觉空虚，在积极方面，更足鼓励我们，勇往直前，为“大我”的更丰富更充实的生命而奋斗，因为我们知道，我们的奋斗与挣扎，决不至于落空的。

我们的国家和民族，现在正为生存和前途，与敌人战争。竹庄先生明白告诉我们，不该且亦不必“执”着小我，但我们应该且亦必须“执”着大我。在这战争进行的当儿，很有许多事情，于个人（小我）有利，于国家或民族（大我）有害，我们既明白“执”着小我之无谓，又明白“执”着大我之必需，我们就处处地方，存着为“大我而捐弃小我”的决心。我们所希望着的最后胜利，就全系在这一片“为大我而捐弃小我”的决心上。

本期中育之先生的“法币讲话”，能使我们对于目前的法币问题，有一极清楚的概念，希望读者注意。达年先生的“职业问题”，也能给我们许多启示。这二位先生，允许替周报每期撰稿，我们真感激他们。阿雪先生的“孟纳斯孟弟兄和摩洛哥问题”讨论欧战的原因，内容极饶兴趣，我们当尽量在三期之内，登完全文。还有吕周二先生关于指导升学与应试技术的文字，对于准备升学的青年有切实的指示，希格外留意。

（《青年周报》第十九期，民国二十七年七月十六日，封2页）

第六部分

辞书出版

《英汉（求解文法作文辩义）四用辞典》引言[①]

民国二十年的春天，苏君兆龙、葛君传槼、朱君生豪、邵君鸿鑫，连我共五人，共同计划编一部英文辞典——一部我们认为最完备最合用的英文辞典，使读者备了之后，不必再备其他辞典，只靠着它，普通对于英文的阅读和写作，都可以应付，换句话说，即要把各种类的辞典，融会贯通，编成一部辞典，使人有了这一部，就等于有了其他的许多部。我们定了这个目标之后，于是分别提出该辞典所当注重的项目，应该是那[②]几样，结果，共同议定了下列六项，即：(1) 注音，(2) 单字的解释，(3) 成语的解释，(4) 作文，(5) 文法，(6) 辨义。

先就注音来说，现在出版的辞典，无论大的小的，普通都有注音，但所用的音符，都限于韦氏音号[③]（Webster 字典中所用的音号）。最奇怪的，近来教育局，竭力提倡万国音号（alphabet of the International Phonetic Association），教育部所审定的初高中英语教科书，也都用万国音号注音，但坊间所出版的辞典，据我们所知，除中华书局的一本正音辞典以外，却没有一本是用万国音号注音的辞典，对于普通一班[④]读者，实不大相宜，因为他们弄熟了韦氏音号，一旦换用了万国音号，必会感到极大的不便，坊间所出的辞典，其所以不用万国音号注音者，大概也是为了这一层罢。现在我们在本辞典内，则兼用二种音号注音，

---

① 原文标题为《引言》。詹文浒主编的《英汉（求解文法作文辩义）四用辞典》，简称《四用辞典》或《英汉四用辞典》，1936 年付梓问世，就成为当时最畅销的英汉辞典，直至解放以后，港台地区还在继续印刷发行这部辞书。据毛泽东主席秘书兼英文“老师”林克同志回忆，《英汉四用辞典》是毛泽东在中南海的住地使用的最重要的两部工具书之一（林克：《忆毛泽东学英语》，龚育之、石仲泉：《毛泽东的读书生活》，生活·读书·新知三联书店 2010 年版）。——编者注

② 即哪，原文如此。——编者注

③ 即音标，下文同。——编者注

④ 即一般，原文如此。——编者注

先列韦氏音号，求其普遍，又列万国音号，藉资提倡。

第二项单字的解释和第三项成语的解释，都属于解释的范围，我们把它们拼合起来，构成“求解”的一项，包括在【解】字之下，取材以简明牛津辞典（H. W. Fowler: The Concise Oxford Dictionary）为主，而尤注意下列数点：（1）各字不同的解释，都用❶、❷、❸等数字分开；把最普通的解释，列在前面，较生僻的解释，列在后面，眉目清楚，极便检查。（2）搜罗新字新义，非常丰富，如 Ogpu（葛伯乌），yes-man（百依百顺的人），untouchable（不可接触者，——印度的不属于任何阶级的最下层群众），nudist（赞成裸体者），Peking man（在北平发现其遗骸的有史期前的北京人），Nazi（德国国社党）等，都是新近造成功的单字或片语。又如 peach（富于吸引力的女郎）、lemon（无吸引力的女郎）、mental（懦弱的，懦弱者）、looker（美貌的人）、yellow（卑怯的）等，都是新近附加到旧字上去的意义。诸如这一类的字，在近今的报章上，杂志上，都用得很多，而在国内一般的辞典中，还难于查到，我们都根据 1934 年出版的简明牛津辞典的附录，尽量补了上去。（3）注重解释的正确。关于这一点，一般英汉辞典，因为过分注重译语的简括，往往把译语和原字的意义，弄得相去极远。例如 object 作为及物动词用时，一般的辞典，都把它译作“反对”，殊不知 object 作“反对”解，乃是把它用作不及物动词时的解释，例如 I *object* to the proposal（我反对这提议）。Object 被用作及物动词的时候，该译作“提出……作为反对的理由”，例如 I *object* that he is a hypocrite（我因他是个伪善者而反对）。当然，我们也想到，过分严密的直译，会使一个解释，变成一条定义，在形式上，非常噜苏[①]，在应用上，难于记忆；但辞典的求解部分，目的是要使人求得正确的解释，总不应该为欲求得简括，而把正确这一层忘记了。（4）所有英文以外而为英文中所常用的外来字，概列入正文，如此，读者便不必先查正文，查而不得，再查附录，浪费许多时间。（5）成语按字母的次序排列，附在单字的解释之后，每句一行，极易检查，不像其他的英汉辞典，把成语散排在各处，致使读者非查完全个单字的解释，休想查得着某成语的解释。（6）翻译概用语体文，诸如形容词副词等的区

---

① 即啰嗦，原文如此。——编者注

别，尽量用“的”、“地”那样的字来表明。

至于我们注重作文这一项的目的，是要使读者对于某一个字的用法，发生疑难时，查了本辞典，就可解决该项疑难。我们本想在每一个单字后，都至少加上一个例句，后来一则因为篇幅不够，二则因为各种专门名词、科学术语，在求解上，非常重要，在写作上，很少用到，尽可不举例句。因而我们遇到写作上最常用到而又最易用错的字，所举例句特详。只要一翻 come、go、take、look 等字，便将发现每一个字都有近百句的例句，可供模仿和参考。

还有，在文法一项下，我们的目的，是要使读者对于文法有疑义时，可按照文法名词，翻查本辞典，而获得满意的解决，例如读者对于动词的语气有疑问，就可以查 mood 一字，在该字的【文】字下，便会发现各种关于 mood 的说明，所收材料之多，概在纳氏文法这一类文法书之上，而且我们在编译的时候，特别注重文法的活用，所以在写作的方面，更有助益。有时，我们也讲到修辞学，但不涉及空泛的修辞的理论，所讲的总以有益于实用者为限。

末了，关于辨义，我们相信在这方面所用的苦心，比任何其他同类的书，要用得多些。我们不像一般的英文辞典，只列举了几个同义字或异义字，就算了事；也不像其他的英文辞典，遇有辨义之处，只按西文辞典直译，使人看了之后，仍不知所云为何。我们所辨的字，都是国人最常用到而又最易用错的字；我们用中文，写出它们的不同处，指明它们在字原①上，怎样地不同，在用法上，又怎样地不同。我们又恐怕单有说明，不能把所辨的意义，完全表达出来，所以又在说明之后，附上例句，而且所选的例句，又大多是名作家的句子，并于可能范围之内，注明作家的姓氏。我们做这一步工作时，总抱着这样的主旨，要使读者看了我们的辨义之后，在脑海中，留下一个深刻印象，以后应用起来，再不致有误。又因在写作上，不但要熟知单字的区别，而且要熟知习用语句的区别，所以我们所辨析的范围，更包括成语短句在内。我们不敢自傲，以为这样的讲辨义，含有任何独创的意味在内，我们只是一种尝试。倘这种尝试，对于国内研究英文的人，

① 即字源。——编者注

确有切实的帮助，那我们将认为无上的荣幸。

我们按照上面的计划，编成原稿以后，到开始排印，又费过极大的周折，因为一部包括这许多项目的辞典，倘照一般的辞典版式排印，至少要在三千面以上，我们几经考虑，终于决定用最经济的方法，排成现下的版式，每面字数，约等于普通同类辞典每面字数的一又三分之一，这样，本当排成三千多面的，现只排成二千多面。我们仍恐大字本成本较高，售价较贵，在目下购买力一般薄弱的时候，不易于普及，因而另外制成一种缩影本，在照相，制版和印刷方面，都特别当心，所以缩影本的字体，虽小一些，但看上去，仍旧非常清楚。

我们在编译时所用的参考书，大抵注音方面，参考 Webster 的 Collegiate Dictionary 和 Daniel Jones 的 An English Pronouncing Dictionary；求解方面，参考 H. W. Fowler 的 The Concise Oxford Dictionary 和 The Pocket Oxford Dictionary，Webster 的 The New International Dictionary，C. T. Onions 的 The Shorter Oxford Dictionary；作文方面，参考 Kirkpatrick 的 Handbook of Idiomatic English，Reum 的 A Dictionary of English Styles，入江祝卫的《英文作文辞典》，及 H. W. Fowler 的 The Concise Oxford Dictionary 和 The Pocket Oxford Dictionary；文法方面，参考 Weseen 的 The Dictionary of Grammar and American Usage，Saito 的 Practical English Grammar，Nesfield 的 Idiom，Grammar & Synthesis for Middle Schools，东京开成馆编译所编著的 The Dictionary of Grammar；辨义方面，参考 Crabb 的 English Synonymes，Fernald 的 English Synonyms，Antonyms & Prepositions，及井上义昌的 A Dictionary of English Synonyms。

本辞典在民国二十年的春天动手，到今年春天出版，十足用了五年工夫。在编辑和校对方面，始终从其事者，有苏兆龙君、葛传椝君、朱生豪君、邵鸿鑫君、赵鸿隽君、凌善森君、史亦山君、陈徐堃君、余良艺君、沈经农君、谢济夏君、施瑛君、李景书君等二十余人。我们当这部工作完了的时候，谨向参考书的著作人及出版人志谢[①]，并乞国内各专家和读者的教正。

中华民国二十五年四月詹文浒谨识

---

① 即致谢，原文如此。——编者注

《活的英文法》编者的话①

这是我在中学□年级时的经验，我刚从内地出来，内地的小学，本不注重英文，而我所进的中学，又是个教会中学，第一次上课，就须和外国人直接对话。我自觉程度太差，所以决意自修，并听同学的劝告，先从纳氏文法第一册下手。一下手，就碰到 parts of speech 的三个大字，接下去是两组‘四大金刚’，一面写着 noun，verb，pronoun，及 adjective；一面写着 adverb，preposition，conjunction，及 interjection。这一类字，我在读本上，从未见过，我不晓得它们的读法，也不明白它们的意义。接下去是 A noun is the name of a person，place，or thing。在这句内，我本有几个字认识，但因如此组合，我就不解其义②，于是每一个字，都查字典，生字都查好了，但对这句子，还是不懂。我当时想，一本据说可以助进英文的文法书，为何如此难懂呢？为何要有这许多难字呢？究竟所为 parts of speech，所谓 noun，verb 等，是什么呢？为何一开端就要用着它们呢？能有方法避免吗？能有较好的本子，使我较易懂得吗？当然，我当时的难处，不仅是我个人的难处，我当时的希望，也不仅是我个人的希望。

本来，一个初学英文的人，要他能懂英文的文法定义和说明，是困难的。在他未了解关于文法的事实之前，不问皂白，就把一条抽象定义，放在他面前，要他能懂得，也是困难的。在他未明白所谓 noun，verb 等的用处之前，要他立意记住它们，或背出它们的定义，更是困难了。因为不懂英文而去读文法；希望读通文法，对于英文的了解和写作上，有所助益；如今却用英文的本子，叫他去读，这是矛盾。非

---

① 《活的英文法》由世界书局于民国二十三年八月初版印刷发行，后多次重印出版，直至 1959 年。——编者注

② 今为“不解其意”。——编者注

但用英文的本子，叫他去读，而且叫他去读的，尽是些抽象的术语，和枯燥的定义，这不仅是悖理的事，简直是残酷的事了。如此的局面，我们决不能够让它永久持续下去的。

我本着自己尝受过的苦难，编著这一本文法书，全书都用华文说明，而且务求其流畅易读，使读者无艰涩生硬之感，这样，对于初学英文的人，可避免文法上的困难了。其次，在编制方面，先从句子（sentence）下手，说明所谓词类（parts of speech）是造句时所用的各种材料，又把所谓句子，分成（1）essentials（要素），（2）modifiers（修饰词），和 connectives（连结词）的三大部分，把 noun，pronoun，和 verb，归属在 essentials 下，把 adjective 和 adverb，归属在 modifiers 下，把 preposition 和 conjunction，归属在 connectives 下，这样，系统一明，功用一著，自然易于理解了。又次，在介绍每一术语（term）和定义（definition）时，决不先立定义，使读者无从把握，却先叙述事实，又从事实中，引出定义，这样，只要了解事实，即懂得定义。又次，书中各重要术语，概于说明之后，殿以英文定义，并附以华文对译，这样，对于喜背定义的人，有各种方便。又次，读文法的一个大目的，在于读通文法后，于造句作文上，有大进步，因此本书特重正确的用法（correct use）和习题（exercise）。当然，在其他文法书上，也有讲正确的用法的，但像本书的条分缕析，集成一处，就很少见了。关于习题，不仅开列题目，就算了事，更于全书之末，附以答案，对于初学的人，更觉方便。还有，本书对于图解法（diagramming），特别注重，并于该章之下，列举各种句式的模范图解五十余幅，读者看完全书，再研究各种句式的图解，对于英文文法的了解，当更有把握。

本书的篇幅虽不多，但于编著之时，颇费苦心，倘能替初学英文的人，解除些许学习上的困难，也就不负这番苦心了。编者于此，敬请读者的指正和批评。

编著者谨识

（詹文浒《活的英文法》民国二十三年八月初版，世界书局出版）

英文作文文法两用辞典例言

1. 我们编本书的动机，蓄在很久之前，那时，我们在学校内教英作文，又替热心自修的人改英作文，发现文卷上的错误，虽各不相同，但不同之中，有一定的共同点可寻，这共同点，无形中就代表了我国学生所犯的共同错误。例如“My life is dangerous”，“I am very interesting”这一类句子，不时在文卷上发现，要待一一讲解，若无这许多时间，要找几本参考书，而国内的英文文法书，多系英美人所写，或自英美的文法书中，脱胎而出，对于这类我国学生所常犯的错误，根本不会讲到，所以用功点的学生，偶然改正了几个错误，而大多数人，依然说着或写着“Don't be polite”或“My father is not in home.”因此我们早想编一部书，把这些我国学生所常犯的错误，一一加以说明，加以指正。当然，在我们以前，也有许多在中国教英文的英美人，感觉到同样的需要，所以在1924年，曾有M. A. Couling氏，出版一本A Little Dictionary of Difficulties for Chinese Students of English；在1929年，又有Lawrence Faucett氏，出版一本Composition Correction Dictionary。同时，在日本方面，也有Complete Pocket Guide to Standard English一书出版。尤其这最后一书，搜罗东方人说英文或写英文时的错误，最为详尽。我们有了这些著作，作为参考，自然较易动手，而且经过数次改易，终于得使本书和读者见面了。

2. 本书既以纠正国人说英文或写英文时的错误为目的，所以在编制上，全以这些错误为出发点，将其分类归纳。有的有现成文规可循，即纳入现成的文法名词下，有的无现成文规可循，即在各单字下单独加以说明。关于文法名词方面，有的用得很多，已有公认的符号，代表它们，如adv. 之代表adverb，agr. 之代表agreement，我们在说明时，就以这些符号为本位，而以适当的说明，附于其下。因此在我们的编制中，有（1）文法名词的符号，用大写黑体排，如 **ADV.**；（2）文法名词，用小写黑体排，如 **adverb**；（3）单字，用黑斜体排，如 ***a* (*an*)**。各字排列，概照字母次序，极便检查。

3. 在文法名词（或文法名词的符号）下，先举该名词的英文定义，以便记忆，例如在 ADV. 下，我们说 adverb 是 a word that modifies an adjective, a verb, or another adverb（修饰形容词，动词，或另一副词的字）。次述关于该名词的各种知识，例如在 ADV. 下，详述副词的分类（见第三一至三二页），务使读者看完以后，对于普通文法书上所讲的种种，完全明瞭，而且是有系统的因而易于记忆的明瞭。次述该名词的应用，如在 ADV. 下，我们把我国学生最易错误的地方，纳成十二项（见第三二至三八页），用阿拉伯数字代表它们，每项意有未尽时，又用 1. 2. 等条目表出。我们相信，读者倘能融会这十二项，那对于副词的运用，不致再有错误了。

4. 在单字之下，我们把我国学生最常误用的单字，详辨其涵义，说明该字之后，常接什么词类（part of speech），该字之前，常冠什么词类。该字如何用法就错，如何用法才对。我们希望读者留意这些规则，在写作上，可避免不少错误。

5. 本书恐读者单懂原则，不生深刻印象，故特注重举例。又恐单举正确的例，不易寻出错误所在，故又将我国学生文卷上不时发现的误句，并列其上。如此正误并举，非但可使读者明白怎样才算正确，而且可使读者明白怎样就陷于错误，从而可避免错误，并改正错误。

6. 本书既可使读者明白错误所在，从而改正错误，故在开端之处，附“作文改错符号表”一张，教师改作文时，遇有错误，只须在错误处，冠以适当符号，令学生依照本书，自动改正。如此，可使学生对于自己所犯的错误，得深刻印象，不致一次再次地错下去。

7. 本书所用重要文法名词，概注原文于其后，但为节省篇幅起见，有时，也有不注原文的。读者如欲知其原名，可查本书译名索引表，该表依中字笔画之多少，排列前后，读者只须先数译名第一字的笔画，按数检查即得。其后附有阿拉伯数字，系该名词在本书中所在的页数。

8. 本书说明概用浅显中文，使读者不致因文害义；例句英汉对译，使读者一目瞭然；重要的名词和定义，英汉并举，无论背诵查考，均极方便。

9. 英文写作上最感困难的，是介系词的正确用法，本书对于词典，特别注重，故有一百二十七页之多，专讲介系词，希读者注意。

10. 本书搜罗极广，全书有一千七百余条之多，诸凡文法上的重要项目，和我国学生于写作及讲话时所最易犯的错误，概包括在内。虽有 M. A. Couling，Lawrence Faucett 等人的著作，作为参考，但错误之点，仍属难免，尚望海内明达，加以指正。

一九三四年八月詹文浒谨识

（詹文浒主编《英文作文文法两用辞典》中华民国二十三年十月初版）

附

录

詹文浒和《英汉四用辞典》[①]

一部《英汉（求解作文文法辨义）四用辞典》（以下简称《英汉四用辞典》）成就中国近现代双语词典出版史上的经典独特之作，聚集在它周围的编辑者们，后来其中绝大多数成了文化精英，这在近现代辞典编撰史上算是一段佳话。《英汉四用辞典》主编：詹文浒，编辑者：苏兆龙、葛传槼、朱生豪、邵鸿蠡、赵鸿隽、陈徐堃、史亦山、凌善森。1936 年世界书局出版，正文 1950 页。

精英辈出的编辑团队

主编詹文浒当时担任世界书局编译主任，这部外语词典和他的创意与策划是分不开的。我翻阅了一些旧书，又在网上搜了搜，关于他的资料很少，倒是发现一个“诸暨人”的博客里有一篇博文《詹文浒先生：著名新闻工作者、报人、编辑》，其中透露出一些信息。詹文浒“1905 年出生在浙江省诸暨县，早年毕业于上海私立光华大学哲学系，之后赴美国留学，荣获哈佛大学硕士学位，学成归国。在上世纪 30 年代[②]初期到嘉兴秀洲中学担任英文教员，不久就赴上海，在世界书局工作，担任编译所所长，负责《英汉四用辞典》的主编工作。1939 年 8 月，受时任《中美日报》社长吴任沧先生的大力邀请，聘请为《中美日报》总编辑，1941 年 12 月份，该报纸被查封停办，詹文浒先生前往重庆市，任国民政府属下的《中央日报》报社副社长，1943 年，任国民党中央政治学校新闻系主任。不久调任国民党中央宣传部普教处处

① 作者署名“元尚”。——编者注
② 即 20 世纪 30 年代。——编者注

长一职。抗日战争胜利后，受国民政府委派，以国民党中央宣传部上海特派员的身份，返回上海，接收新闻影视等行业媒体，任《新闻报》总经理，1946 年兼任上海市记者公会理事，1947 年 9 月兼职上海暨南大学新闻系主任。上海解放后，配合上海军管委等部门，《新闻报》受让上海市新闻部门，辞去总经理职位，留在上海。不久在发生的运动中受到牵连被送往青海省西宁市进行劳动改造。在漫长的劳动改造中悉心研究中医知识，为农场的病人治病，居然一举成名，深受器重。1973 年詹文浒先生在西宁市因病去世。”其所编《英文文法作文二用辞典》《自修高等英文典》寒舍均有藏本。这是一位值得大书特书的出版、文化精英，然而直到 70 年代还再版的这部辞典，其主编者却不为人们所闻，他在辞典编撰史上失踪了。

能找到的关于苏兆龙的资料用稀少来形容一点不为过，其生卒年不详，仅知道他在 1918—1924 年左右翻译过波特莱尔的散文诗，译作发表在《文学》1924 年第 143 期。其编撰代表作有：民国 29 年版《启明英汉辞典》、世界书局 1936 年出版《活用英文翻译法》等。

葛传槼（1906—1992）在 20 世纪 50 年代的时候是复旦大学英语语言文学系“三巨头”之一，是中国人研究英语惯用法的前辈人物，除了《英汉四用词典》外，《英语惯用法词典》即其代表作，他又是《新英汉词典》的主要编纂者之一。

其他几位编者就没有他们三个人那么幸运，关于他们的生平几乎见不着记载，就连生卒年都查不着。我大体能知道的，就是他们编着的一些和英文教育有关的参考书了，录下来算做一份纪念：

史亦山（生卒不详），《英文五百难点详解》史亦山编辑、朱生豪校订，世界书局 1937 年出版。

陈徐堃（生卒不详），曾编辑《活用英文习语八百句》，上海世界书局 1934 年出版。《英文阅读法》陈徐堃编著，世界书局 1939 年出版。

赵鸿隽（生卒不详），曾编辑《活用英文尺牍》，詹文浒校订，世界书局 1934 年出版。

邵鸿馨（生卒不详），曾编译《中文讲解英文正误法》，世界书局出版。

凌善森（生卒不详）。他更惨，什么资料也没找着。不过好在其名姓通过这部四用辞典得以保留下来。

曾有人这样评论说：这部《英汉四用辞典》的编撰“浓缩了我国编译界先驱们，即中国最早海归学者们的知识精髓和治学理念，因而倍受教育界、编译界推崇。”

这话，一点不假。

五年磨一典

很多留存下来的老双语词典，有的有前言、引言，有的没有，但是其中详细叙述辞典编撰过程的文字极其稀少。而詹文浒在《英汉四用辞典》的引言里面，十分详尽地记述了他们编辑这部辞典的全过程，可视为辞典编撰出版史上的极有价值的文献资料。

他向我们讲述了——

“民国二十年的春天，苏君兆龙、葛君传规、朱君生豪、邵君鸿馥，连我共五人，共同计划编一部英文辞典——一部我们认为最完备最合用的英文辞典，使读者备了之后，不必再备其他辞典，只靠着它，普通对于英文的阅读和写作，都可以应付，换句话说，即要把各种类的辞典，融会贯通，编成一部辞典，使人有了这一部，就等于有了其他许多部。我们定了这个目标之后，于是分别提出该辞典所当注重的项目，应该是那几样，结果，共同议定了下列六项，即：（1）注音，（2）单字的解释，（3）成语的解释，（4）作文，（5）文法，（6）辨义。”编辑这部书的缘起、参与者、宗旨及体例原原本本。这是引言的第一部分，在详尽论列了所举六项内容的编辑标准与编辑思路之后，詹文浒写道：“我们按照上面的计划，编成原稿以后，到开始排印，又费过极大的周折，因为一部包括这许多项目的辞典，倘照一般的辞典版式排印，至少要在三千面以上，我们几经考虑，终于决定用最经济的方法，排成现下的版式，每面字数，约等于普通同类辞典每面字数的一又三分之一，这样，本当排成三千多面的，现只排成二千多面。

我们仍恐大字本本成本较高，售价较贵，在目下购买力一般薄弱的时候，不易于普及，因而另外制成一种缩复印件，在照相，制版和印刷方面，都特别当心，所以缩复印件的字体，虽小一些，但看上去，仍旧非常清楚。”

从我收藏的不同年份的该辞典缩印本来看，的确如詹文浒所言，字体虽小，但仍很清楚。最后作者说：“本辞典在民国二十年的春天动手，到今年春天出版，十足用了五年工夫。在编辑和校勘方面，始终从事其事者，有苏兆龙君、葛传槼君、朱生豪君、邵鸿馨君、赵鸿隽君、凌善森君、史亦山君、陈徐堃君、余良艺君、沈经农君、谢济夏君、施瑛君、李景书君等二十余人。”这是一份非常宝贵的名单，它记载了那些出版史上失踪者线索和足迹。

《英汉四用辞典》1930年开始策划编辑，历经五年，于1936年编成，由世界书局出版，寒舍所藏该书诸版本中，有1949年的新二十四版，诸藏本中最晚的一个本子，是1979年的增订版，据书后知，其为世界书局的“内部交流”本（书中未标明为何地之世界书局），其增编部分83页，正文1950页与旧版内容相同，不同的是这个增订版删去了书前的手书题词，三篇序言、詹文浒引言，及主编与编著者，只保留了凡例。

名人翰墨书前增辉

一部书，多位名人为其题词作序，这在现代双语辞典出版史上，恐怕是不多见的，至少就我的见闻言之，印象就是这样。《英汉四用辞典》当属楚翘①。

书前题词四幅，依次为蔡元培、梅贻琦、黎照寰、张伯苓。第一位不用介绍，人人皆知。梅贻琦近两年由于不少文章常常提到，知道的人渐渐多起来。倒是后两位，比起前两位来，就差了一些。不过就当时情况言，从这里的排座名次上，也可以见出四位名人名头顺序。

① 即翘楚。——编者注

人的名气，大都是一种文化建构。虽说和他们各自的学问、造诣有关，不过有时候社会的推崇，往往会起到很大的作用。蔡先生的名气就一直延续着。记得我上中学的时候，几乎是所有的现代史上的文化名人差不多都从书本上消失了，留下的没有几个，其中就有蔡先生。蔡先生在为该书题词的时候，任北京大学校长。1940 年他在香港病逝。当时毛泽东还特地发了唁电，称赞其为“学界泰斗，人世楷模”。也许正是这样一个说法，才让蔡先生的身影保留到了后来。题词是：“择精语详”。

梅贻琦题词时任清华大学校长。他虽没有蔡先生幸运，但 80 年代之后，还是慢慢回来了，尤其是他的《大学一解》，渐渐受人重视，当年其痛斥的大学弊端之一，“通识之授受不足，为今日大学教育之一大通病。”至今仍未能改之一二。梅先生的故事轶事言论，这两年挖出来的不少，书本中，网络上，随处可搜，就不多说了。题词是：“学海思源”。

后面的两位题词者，不仅没有蔡先生幸运，甚至就连梅先生那样的运气也没有了。黎照寰当时任上海交大校长。张伯苓当时任南开大学校长。张伯苓有点印象，好像在哪见过这个名字，黎照寰这名字就好陌生。跟几位书友念叨了几次，也没有人对他有印象。还是在网上搜了一下，能见着这个名字。“凡学生须注重于德智体三育上之修养，盖学生于学识上须有充分之涵养，于体格上须练成健全之体魄，于道德上须有相当之训练，才识丰，体力雄，志行高，具此三者，始能任重致远，为国效劳。”教育上的“德智体”黎照寰看来也很重视，其题词也正好反映出其关于“智”的观念，黎氏解放后①任全国政协委员、上海市政协副主席，1968 年逝世于“文革”中。题词是：“钩深攫微”。

张伯苓（1876—1951），民国时期著名教育家，生于天津一个秀才家庭。1917 年秋赴美国，入哥伦比亚大学研究教育，第二年回国，着手筹办南开大学。1919 年秋正式开学。他的题词是：“文化工具，体例翻新，兼饷并饫，普益士林，绩学得此，不世之珍。”

---

① 即新中国成立后。——编者注

序文作者三位，亦非泛泛之辈，他们是中山大学校长邹鲁先生，大夏大学校长欧元怀先生，上海中学校长郑通和（西谷）。三人之中，按照现在衡量人物的标准，邹鲁名气居首，欧元怀其次，郑西谷最弱。话虽如此说，可郑先生1923年赴美留学，入斯丹福大学，后获教育学士学位。接着又进入哥伦比亚大学师范学院学习，1925年获教育硕士学位。回国后在上海大夏大学任教授诸职。1927年，由校长欧元怀推荐，任江苏省立上海中学校长之职。可见当时中学校长之水准，绝非简单胜任行政职务者可为。这三篇序文历述英汉辞典编撰之弊，可窥三人译学之说，亦是不可多得的出版史料文献。

一部书寻求名人题词、写序，这种习气由来已久，无非皆想借此抬高书本身价。不过绝大多数时候，就是有再多的名人来凑热闹，经过时间的冷却之后，一部书历史价值之大小即已定下来。那么对于《英汉四用辞典》来说，从其初版至1949年，短短十二三年间，已出版至新二十四版。可见此书，自身身价不菲，未给名人丢脸，亦未使名人掉价。七十余年过去，翰墨书香犹存一书。有时候读书上网见着一两个英文，虽然所藏辞典不少，可还是喜欢翻翻这部老东西。“择精语详”（蔡元培题词），对于我辈不懂英文者，随手把玩也是一件快事。

（原文刊载于《中华读书报》2011年6月1日第14版）

书报介绍：英文法作文两用辞典[①]

主编者：詹文浒——世界书局发行——二十三年十月初版——定洋三元。

这本辞典，提名为“文法作文两用”，确能名副其实。一方面编者将所有文法上的名词，不照文法书的惯例排制，而照字典法依字母的先后而排列；同时，在每个重要的文法名词下所附属的条例、解释等，仍加以简单的，有系统的叙述。例如动词中含有 tense，mood，voice…等部分，这些名词都单独的自成一条，有定义，有解释，有旧例，但在“动词”项下，仍再提到它们，凡普通文法书中所叙述的动词内容，亦均应有尽有。这种编制确能使读者易于翻阅。

初学英文者最觉得痛苦的一件事，就是遇到了许多同样意义的字，往往莫知所从。更有时所写的英文，在文法的结构上似乎毫无错误，因为不合惯用常例，仍常视作错误，其实他们不知道如何才是准确。这本书的编者为了这些初学者的便利起见，故特注重举例，又恐单举正确的例，不易寻出错误所在，故又将最易发现的误句误字，并列出来，使读者能够明白怎样才能改正错误。

介系词在汉文上，用途极易，惟在英文中则极为复杂，在以中国学生对于英文介系词的用法，最感困难。本书的编者，对于这点，特别注意，专讲介系词的用法，几占全书篇幅中六分之一，真所谓“对症下药”。

书中所有的说明都用简单浅显的文字，读者可毫不费力。初学英文的人有了这部辞典，当然受益不浅，对于自修英文的人，更是一种良好的参考，至于教授英文的先生们，尤应各备一册以资借镜。德音

（原文刊载于《华年》1934 年，第 3 卷 第 50 期，第 17 页）

① 标题有改动。作者署名“德音”。——编者注

书评：报业经营与管理[1]

詹文浒编著

三十五年十一月正中书局出版

七加二四八页附表二定价五元一角

过去许多已出版的新闻学书籍，不是失之简略，就是太偏重新闻编排技术，而专门讨论新闻业务方面的书籍还不大多见，这一本《报业经营与管理》的出版颇值得重视。

本书共分七篇：一、经验的背景：叙述三个美国报人和一个英国报人成功的故事，而对于英国绅士阶级所爱看的泰晤士报的风度，更有详尽的描写；二、创造自己的事业：著者认为如果要创造自己的事业，首先必得抱定一个后来居上的目标和决心，在报纸的形式上、印刷上、广告的招徕上，以及新闻评论等各方面，都要尽最大的努力。并举出中西有名大报裁培[2]声誉的例子数则。而要达到后来居上的目的，除了上面所述数事应该努力进行外，对于新闻网和认识读者两事也要加以重视。三、组织之道：叙述报馆的组织，由一般组织而及于报纸的特殊组织。脉络甚为清楚。首叙公司组织，次叙资本募集方法，再次叙登记之声请[3]，组织之系统，而于编辑政策，尤其不惮笔墨，详为叙述。四、发行原理：强调发行经理人员的重要，探讨决定发行的因素，分析销数的种类，研究组织报贩的方法并举出推广办法的例子，而于美国的发行稽核局更作一详尽的叙述。五、报纸广告；首先叙述报纸广告的特点和决定广告效力的因素，这是一般的原则。其次讨论

---

① 作者署名“绍麒”。——编者注

② 培养之意。——编者注

③ 即申请。——编者注

广告人员的训练方法；再次叙述分类广告的撰述和推广；最后讨论报纸广告的定价问题。六、排印问题：介绍西文的自动排字机和中文排字的改革方案，而关于铸版与印刷两事亦有着详尽的讨论。七、理财原则：叙述预算的控制，紧急局面的如何应付，以及报纸的估价及折旧问题。最后并有我国现行报业会计的举例。

本书的特点很多，分开来说：第一，它的叙述方法很成功，譬如第一篇经验的背景的写法，好似旧小说中的楔子，很有引人入胜的力量。它告诉了读者，所有世界上伟大的报人成功的如何不易，但是也同时告诉了读者，只要你努力干下去，成功是没有问题的。这种写法很特别，这是用写新闻的方法来写书，可以说是很别致而又很成功的。二，它能吸收欧美新闻事业经验的结晶。因为今日中国新闻事业远在欧美各国之后，仅为盛大发扬的前奏时代，而其前途也实在是未可限量。法先进之长，救自家之短，是今日中国新闻事业应取的捷径，本书于欧美报业的成功史实，多方加以引用，是深深的了解这个道理的。三，它能注意到许多最繁琐[①]的问题：在一般人的眼光中，报纸的编辑人员比业务人员重要，因而产生了重视编辑轻看业务人员的心理，造成许多不必要的人事摩擦，影响一个报纸的发展。而一般报业从事人员每多高谈天下大势，而厌闻日常业务上的琐碎事故，本书著者力辟此种观点之非。著者这种主张是十分正确的。因为报纸的最大目的即在以最少的金钱，作最大而又最有利于读者的事业，要达到这个目的，则报纸业务的重要决不下于编辑工作，而要业务办得好，首先要能够把许多琐碎事处理得井然有序，才能免掉许多不必要的人力物力上的浪费，集中所有的力量在报纸上，报纸无疑问的是可以蒸蒸日上的。本书在这一方面花了很多篇幅，不厌再三的加以陈述，可以说是很能击中当前中国报业要害的。譬如以报纸的理财方法来说，著者特著专篇（第七篇）来加以详细的叙述，主张报业理财须有确定的原则，依既定原则而理财，才不致因纷乱无绪而浪费。所以该篇看来虽似繁琐而实在却是达到条理化必经的途径，是不能加以忽略的。四，理论与实际均能顾到：这与第三点有着密切关系的。因为著者注重琐碎问题，因而书中所提出的各种方案都可切实实行，同时著者也不忽视报纸业

① 即繁琐，上下文同。——编者注

务向上性的提高，因而各种业务上的理论也多方的介绍，以理论为标的，以实际为试场，二者自然可以密切联系起来，既无陈义过高之弊，更无缙绅难言之病，真可以说是做到了“大处着眼，小处下手”的境地。就整个印象来说，本书的条理很清楚，文字也流畅，组织亦颇为严密。

但是本书也有未尽妥当之处，其最大毛病即为有时过分迷信英美报纸，而提出不适合国情的论调。举一个例子说说：英美报纸因为拼版方式是自左至右和从顶到底，读者先看左上角，因而新闻就排在那儿，后看右下角，因而广告便摆在那块。这是很好的版面设计。但是著者因此却也主张中国报纸采取这种形式，不过把新闻放在右上角而广告放在左下角罢了。这样一来，很容易破坏中国报纸版面的同一与美观。还不如另辟广告专页或如上面刊新闻下面载广告的办法为佳。而著者却有那一套的主张，不免有过于迷信英美报纸的心理在作祟(见本书页一五四至一五五)①。又如中文排字的改革问题，的确是中国报业上的一个重大问题，这件事牵连到中国的文字问题。书中虽然提出了以词为单位的排字改革方案，但是仅为治标而非治本的办法。在目前的情况下，固可少收加快排字速度的功效，但是中文排字的澈底②改进却仍有待于今后继续的努力。这是全中国报人乃至所有从事文化工作者的责任，本书著者不能提出澈底的改革方案，不足深怪。

（原文刊载于《国立中央图书馆馆刊》，1947 年复刊第 2 号，第 52—53 页）

① 原文如此。——编者注

② 即彻底，原文如此。——编者注

书评：评詹文浒先生新著《报业经营与管理》

在中国，办报的事业虽则已是为人所尽知，但是如何去办理与开拓这种事业，则很少为人了解。大家都在知其然的做，而不肯去知其所以然的研究，所以成功的往往出于偶然，而失败的则比比皆是，这完全都是不知利用前人经验之故。对于这些想办报而不知怎样才办得好的人，以及想从事报业而不知如何下手的人，我愿意郑重的介绍他们，读一读詹文浒先生所著的《报业经营与管理》。

这是一本切合实际的书，对于有心投身报业的人，这本书给他一个激励的启发，对于一个已从事报业的人，这本书给他一个有力的指示。在第一篇《经验的背景中》，作者引述了许多各报人的故事，给你作再接再厉的鼓舞，史东的诚实政策，纳尔逊的认真精神，以及奥区史北严爵士的艰苦奋斗，都是我们有力的“他山之石”。第二篇《创造自己的事业》中，詹先生诚挚的对有志报业工作的人提供无限珍贵的经验：（一）必须以创造的特色来造成“后来居上”的印象，（二）再以诚实的态度服务精神来栽培自己的声誉。对于这两点，他引述了著名的《纽约地球报》的奋斗故事作例，说明了一个肯别出心裁诚恳服务的新生报纸，一定可以打出一条出路，获得后来居上的地位。

作者坚持一个报纸应当保持一个特色，以作为它“出人头地”的武器；同时他也主张报纸应有勇敢的正义感，来指导社会走向对的路上去，他举出《纽约地球报》的洁食运动与中美日报的讨奸运动为例。这两运动在社会中产生莫大的效果了，这两张报纸也成功了。对于办报的其他秘诀，作者指出“吸引读者”与“认识读者”两点，他认为报纸为了争取更多更新的消息起见，应该不惜重资的分派记者到各地工作，他同意陈博生先生多用记者的主张，认为即使这班人一字不写，只要他们是从事采访的工作，就都是好的。他又认为报纸的主持人，最要紧的就是要了解自己的读者，重视他们的兴趣与利益，他引用史东先生的话，认为“读者价值超过广告户，读者的地位高于广告户。”这意见即使在目前的中国报界，也是个珍贵的教训。

在本书第三编《组织之道》起，分编叙述“发行原理”，“报纸广告”，“排印问题”与“理财原则”，作者在这几章中展开了他的论述，提供了许多的意见。对普通的读者虽属专门性一点，但你看了全书一致娓娓诱人的文笔，以及那些平实而动人的见解，都会使你一口气的读下去。对于从事新闻事业的读者，那这几编都是应当逐条琢磨细心研读的。例如，在发行方面，本书提示了组织报贩，加强推广与吸引读者的许多具体而有效的办法；在广告方面，本书特别注意分类广告，也提示了许多值得仿行的办法，更重视广告人员的训练，这是我们全国各报业所忽视的问题。对于“排印问题”，本书也有许多技术上问题的探讨，对于中文自架的排列与油墨纸张的管理，都有特别的心得，虽则是一言半语，但你得到这经验，就可给报馆一年省不少的浪费。《理财原则》是最后的一章，也是最难写的一章。在中国很少人研究这问题的，因为所有的报纸几乎都亏本，亏耗了则由发行人员东挪西凑的设法弥补，谁也不顾到如何理财两字。詹先生接到了美国内地协会的材料作一次比较的参考，每为中国报纸立一个设计的预算，规定一些会计项目，作为中国办报者遵循的根据；而其中《怎样应对紧急局面》一章，尤可给我们中国许多在经济上一无基础的报纸作极珍贵的参考，总之，这部书值得给一般对新闻事业有兴趣的人参考，那些想办而不知怎样才办得好的人，以及想从事报业而不知从何下手的人，都值得一读。

（原文刊载于《申报》1947 年 1 月 30 日）

若水：世界人物①

原任世界书局英文编辑詹文浒，抗战军兴，即远赴内地，天日重光后，奉命来沪任宣传部驻沪特派专员，旋即担任新闻报总经理，不久以前，又获选市参议员。

世界书局编辑朱翊新氏，抗战时期，因家室所累，未及他往，一度曾任中美日报编辑，嗣以受敌伪威胁，旋即离职，除深居简出，替书局编书外，虽生活困顿，终不为利所诱，威所屈，忠贞不贰之心，因压榨而益觉芬芳。胜利后，进民国日报充编辑云。

世界书局英文编辑主任林汉达，事变初起，即由世界当局派赴海外留学，归国后，任各大学英语教授，生活反不若詹文浒舒适。

新文学家徐蔚南原任上海大学教授，思想左倾，当陈德徵长②上海教育局长时，上海大学即以此遭封闭处分，徐氏且曾通缉，后陈局长因反日会事涉嫌撤职，徐氏始敢出头露面，后进世界书局当编辑，此次抗战胜利，进民国日报当副刊觉悟主编云。

魏冰心主编世界小学国语，颇为各地小学界所赞誉，于事变之初，应教育部之聘，乃向世界当轴辞职，不获所请，改为长假，兹已飞归沪壖参与小学课程标准修订会议。

（原文刊载于《文饭》1946年，第17期，第5版）

---

① 本文主要介绍和世界书局相关的人物。作者“若水”，生平不详。——编者注

② 疑为“任”之误。——编者注

记詹文浒①

詹文浒是诸暨的一个农家子，家境颇为平常，故在大学毕业后，不得不找寻职业，亟谋自立之道。经人介绍，入世界书局英文部任编译员。为了工作得力，成绩优异，不久，即升为英文部部长。这在一般常人，定也可踌躇满志的了。但他绝不以此自满，仍照着原定的计划，自费赴美留学。

可是，他所积得的钱并不多，只足敷一年之用，而照他的计划，却需读满二年，取得硕士学位以归。这不是发现了困难么？然而一点也不，因为他早已探听得，美国大学中采取的是学分制，只消把学分读满就得，时间原是无关的。因此他已决定下，不论情形如何的艰苦，他须得在一年的时间中，修毕二年的课程。当他未出国以前，即把这番意见对人说起，人家一壁②虽是对他嘉许，一壁却兀自摇着头，认为是不可能。

有志者事竟成，终于在一年间，给他达到了这目的，并在很优越的成绩下，取得硕士学位了。在这里，连得一般美国教授都对他十分惊异的，一手翘起了大拇指，向他啧啧地说："挺好，挺好！像你这般的勤学苦读，在我们美国的学生中固然不会有，就在贵国的留学生中，也很难，找到几个的确是太不容易了！"

可是，当他一到交际场中，却是活泼异常，谈笑风生，大有美国人之风，谁又知道他是这么能刻苦耐劳的呢。

据一般的统计，中国的学生到外国去留学的，大都刻苦勤读，所以成绩斐然，但是一回国来往往因环境使然，也不能充分发展。

（原文刊载于《海风》1946 年，第 28 期，第 3 页）

---

① 作者署名"平步"。——编者注

② 即一边，原文如此。——编者注

后　记

本书的编纂始于2013年秋。当时，暨南大学新闻与传播学院为纪念暨大新闻系创办70周年，计划为历任系主任编一套文集。第一位系主任冯烈山先生的文集，已由邓绍根教授编纂成《冯烈山新闻文集》出版（世界知识出版社），第二位系主任詹文浒先生的文集，则由本人负责。编纂工作历时三年，由于詹先生一生著作等身，创作时间跨度长，涉及领域广泛，散见于各类报刊、图书，从未系统整理出版过，因此我们的搜集整理工作遇到诸多困难。好在编写过程中，我们得到许多同事朋友、前辈学者的帮助。本书的出版有幸得到暨南大学“高水平大学建设项目”的资助。邓绍根教授为本书的编写提供了宝贵建议，王明亮博士在台湾访学期间，给予了非常有价值的资料和线索。朱生豪先生的嗣子朱尚刚先生为编者贡献了詹文浒先生发表在《青年周报》的文章扫描件。《朱生豪传》作者朱宏达、吴洁敏教授分享了他们在20世纪80年代收集到的第一手材料，并帮助我们联系到詹文浒先生的后人。詹先生的长子詹志远先生和嫡孙詹晓康先生对本书初稿提出了宝贵的意见和建议。我的研究生孙莉、吴思源、王治城、陈吉、吴雨芹、张锐、李娜娜、曾银娣、李月儿、王丹、张思宇、冯乐乐、邓之祺、苏婷婷、王昕、冀晓岚、邓榆凡等同学，历史系苏颖、万千、卢玉敏、李美怡、江映帆等同学以及选修本人“中外广告发展史”课程的部分同学，先后协助编者完成了部分资料的收集、录入或初校工作。特别是本书责任编辑刘豫徽女士为本书顺利出版付出了大量的辛勤劳动。在此一并表示诚挚的谢意！

编　者

2016年7月

于广州暨南园